여러분의 합격을 응원하는
해커스소방의 특별 혜택!

JN391201

FREE 소방학개론 특강

해커스소방(fire.Hackers.com) 접속 후 로그인 ▶ 상단의 [무료강좌 → 소방 무료강의] 클릭하여 이용

 해커스소방 온라인 단과강의 20% 할인쿠폰

BDC9B4BD237C947E

해커스소방(fire.Hackers.com) 접속 후 로그인 ▶ 상단의 [내강의실] 클릭 ▶
좌측의 [인강 → 결제관리 → 쿠폰 확인] 클릭 ▶ 위 쿠폰번호 입력 후 이용

* 등록 후 7일간 사용 가능(ID당 1회에 한해 등록 가능)

해커스소방 무제한 수강상품(패스) 5만원 할인쿠폰

FDEA76EA99ADQ2XJ

해커스소방(fire.Hackers.com) 접속 후 로그인 ▶ 상단의 [내강의실] 클릭 ▶
좌측의 [인강 → 결제관리 → 쿠폰 확인] 클릭 ▶ 위 쿠폰번호 입력 후 이용

* 등록 후 7일간 사용 가능(ID당 1회에 한해 등록 가능)
* 특별 할인상품 적용 불가

쿠폰 이용 관련 문의 **1588-4055**

단기 합격을 위한 해커스소방 커리큘럼

입문
탄탄한 기본기와 핵심 개념 완성!

누구나 이해하기 쉬운 개념 설명과 풍부한 예시로 부담없이 쌩기초 다지기

TIP 베이스가 있다면 **기본 단계**부터!

기본+심화
필수 개념 학습으로 이론 완성!

반드시 알아야 할 기본 개념과 문제풀이 전략을 학습하고
심화 개념 학습으로 고득점을 위한 응용력 다지기

기출+예상 문제풀이
문제풀이로 집중 학습하고 실력 업그레이드!

기출문제의 유형과 출제 의도를 이해하고 최신 출제 경향을 반영한
예상문제를 풀어보며 본인의 취약영역을 파악 및 보완하기

동형모의고사
동형모의고사로 실전력 강화!

실제 시험과 같은 형태의 실전모의고사를 풀어보며 실전감각 극대화

마무리
시험 직전 실전 시뮬레이션!

각 과목별 시험에 출제되는 내용들을 최종 점검하며 실전 완성

PASS

* 커리큘럼 및 세부 일정은 상이할 수 있으며, 자세한 사항은 해커스소방 사이트에서 확인하세요.

단계별 교재 확인 및 수강신청은 여기서!

fire.Hackers.com

해커스소방
김정희
소방학개론

단원별 핵심지문 + 기출 OX

김정희

약력

고려대학교 공학석사
고려대학교 공학박사 과정
미국 워싱턴 주립대학 MIS과정 수료
현 | 해커스소방 소방학개론, 소방관계법규 강의
현 | 경기대학교 일반대학원 소방·방재학과 강의
현 | 충청소방학교 강의
현 | 한국화재소방학회 건축도시방재분과 의원
현 | 한국화재소방학회 정회원
현 | 대한건축학회 정회원
전 | 국제대학교, 호서대학교, 목원대학교 강의
전 | 에듀윌, 에듀피디, 아모르이그잼, 윌비스 강의
전 | 국가공무원학원, 종로소방학원, 대전제일고시학원 강의

저서

해커스소방 김정희 소방학개론 기본서
해커스소방 김정희 소방관계법규 기본서
해커스소방 김정희 소방관계법규 3단 비교 빈칸노트
해커스소방 김정희 소방학개론 단원별 핵심지문 + 기출 OX
해커스소방 김정희 소방관계법규 단원별 핵심지문 + 기출 OX
해커스소방 김정희 소방학개론 단원별 기출문제집
해커스소방 김정희 소방관계법규 단원별 기출문제집
해커스소방 김정희 소방학개론 단원별 실전문제집
해커스소방 김정희 소방관계법규 단원별 실전문제집
해커스소방 김정희 소방학개론 실전동형모의고사
해커스소방 김정희 소방관계법규 실전동형모의고사

소방공무원 시험 합격을 위한 필수 교재
소방학개론 단원별 핵심지문 + 기출 OX

소방공무원 공부, 어떻게 해야 할까?

소방공무원 공채·경채 기출문제가 공개된 이후, 소방공무원 시험의 난이도가 급격히 상승하였으며, 이에 맞춰 학습해야 할 범위도 크게 늘어났습니다. 그에 따라 기본서와 기출문제집의 방대한 양은 수험생 여러분들이 스스로 정리하기에 어려워졌으며, 시험에 자주 출제되거나 출제가 예상되는 필수 지문을 정리하고 학습하기 위한 OX 문제집에 대한 필요성이 높아졌습니다.

『해커스소방 김정희 소방학개론 단원별 핵심지문 + 기출 OX』 교재는 다음과 같은 특징을 가지고 있습니다.

첫째, 소방학개론 기출문제 지문과 단원별 주요 핵심지문을 선별하여 수록하였습니다.
최근 출제경향을 분석하여 파악한 빈출 지문과 각 단원별 주요 이론을 정리한 단원별 핵심지문을 OX 문제 형태로 수록하였습니다. 이를 통해 반복적으로 출제되거나 출제가 예상되는 주요 논점들을 자연스럽게 파악하고, 시험에 자주 등장하는 지문과 키워드를 효과적으로 학습할 수 있습니다.

둘째, 문제 풀이 과정에서 주요 이론을 복습할 수 있도록 상세한 해설을 수록하였습니다.
옳은 지문 및 옳지 않은 지문 모두에 대한 상세한 해설과 관련 이론을 함께 제시하였습니다. 정답의 근거와 오답의 포인트까지도 알려주는 상세한 해설을 통해 교재에 수록된 지문을 완벽하게 이해할 수 있으며, 지문과 관련된 이론을 통해 주요 이론을 복습하는 효과를 얻을 수 있습니다.

더불어, 소방공무원 시험 전문 사이트인 해커스소방(fire.Hackers.com)에서 교재 학습 중 궁금한 점을 나누고 다양한 무료 학습 자료를 함께 이용하여 학습 효과를 극대화할 수 있습니다.

부디 『해커스소방 김정희 소방학개론 단원별 핵심지문 + 기출 OX』 교재와 함께 소방공무원 소방학개론 시험의 고득점을 달성하고 합격을 향해 한걸음 더 나아가시기를 바랍니다.

김정희

목차

I 기출 OX

PART 1 연소론
POINT 1-1 연소 — 10
POINT 1-2 연소생성물 — 45
POINT 1-3 소방화학 — 58

PART 2 폭발론
POINT 2-1 폭발의 개관 — 70
POINT 2-2 폭발의 분류 — 76
POINT 2-3 대표적인 폭발현상 — 84
POINT 2-4 방폭구조 — 86

PART 3 화재론
POINT 3-1 화재의 개요 — 89
POINT 3-2 실내건축물의 화재 — 100
POINT 3-3 건축의 방재와 피난 — 112
POINT 3-4 화재조사 — 115
POINT 3-5 화재진압 — 123

PART 4 소화론
POINT 4-1 소화이론 — 125
POINT 4-2 수계 소화약제 — 129
POINT 4-3 비수계 소화약제 — 141

PART 5 소방시설
POINT 5-1 소방시설 개론 — 151
POINT 5-2 소화설비 — 156
POINT 5-3 경보설비 — 173
POINT 5-4 피난구조설비 — 179
POINT 5-5 소화용수설비 — 179
POINT 5-6 소화활동설비 — 179

PART 6 위험물
POINT 6-1 위험물의 개요 — 180
POINT 6-2 위험물 유별 성상 등 — 186
POINT 6-3 위험물시설의 안전관리 — 200

PART 7 소방조직
POINT 7-1 소방의 역사 및 조직 — 201
POINT 7-2 소방공무원법 등 — 213
POINT 7-3 소방관계법규 — 216

PART 8 구조구급론
POINT 8-1 구조·구급의 개념 — 218
POINT 8-2 구조·구급 장비 — 218
POINT 8-3 로프기술 — 218
POINT 8-4 응급처치 — 218
POINT 8-5 119구조·구급에 관한 법률 — 219

PART 9 재난관리론
POINT 9-1 총칙 — 220
POINT 9-2 안전관리기구 및 기능 — 235
POINT 9-3 안전관리계획 — 238
POINT 9-4 재난의 예방 — 239
POINT 9-5 재난의 대비 — 242
POINT 9-6 재난의 대응 — 243
POINT 9-7 재난의 복구 — 247
POINT 9-8 안전문화 진흥 등 — 248
POINT 9-9 보칙 — 248

Ⅱ 단원별 핵심지문 OX

PART 1 연소론 252

PART 2 폭발론 310

PART 3 화재론 330

PART 4 소화론 366

PART 5 소방시설 390

PART 6 위험물 423

PART 7 소방역사 및 소방조직 443

PART 8 구조·구급론 454

PART 9 재난관리론 461

이 책의 구성

빈출 기출지문 OX 문제로 문제풀이 능력 키우기

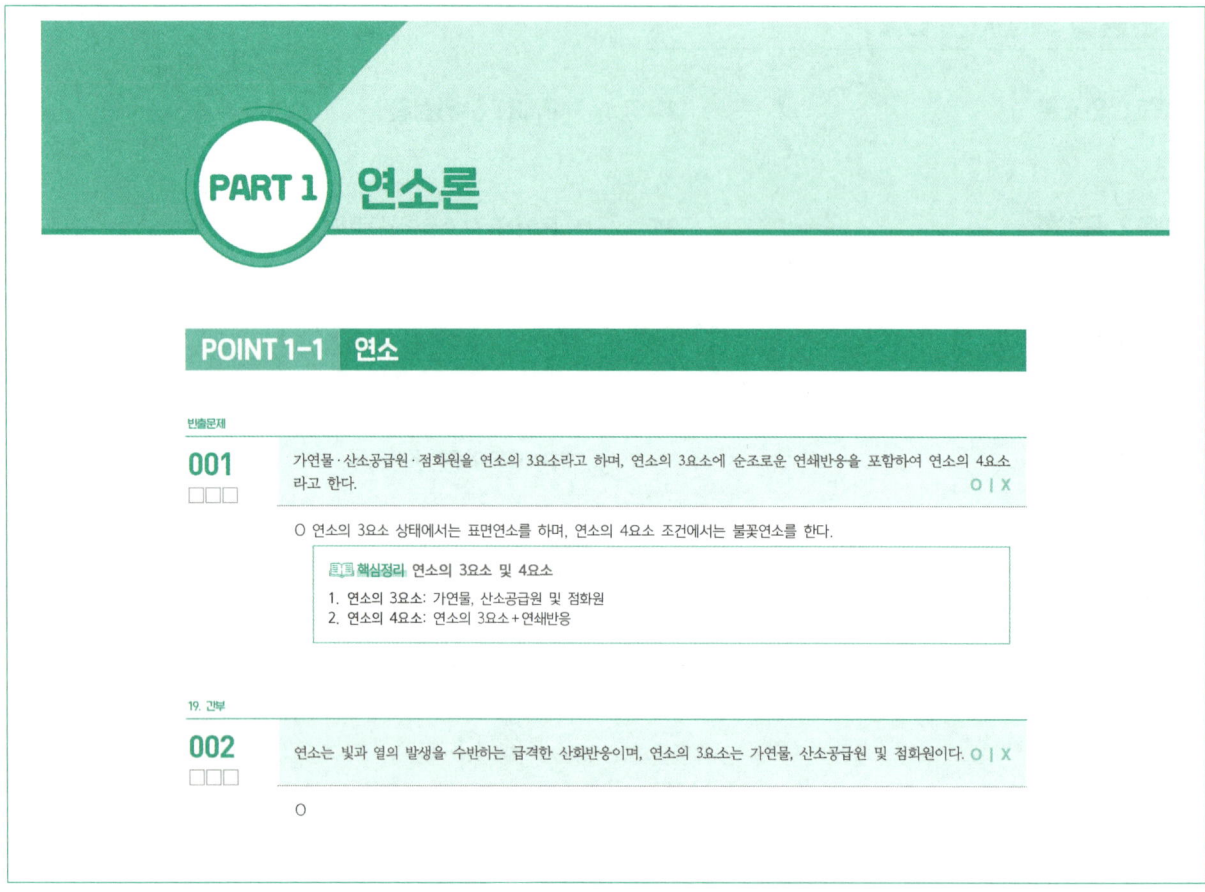

1. 소방공무원 소방학개론 시험에 자주 출제되는 기출지문을 단원별로 수록하였습니다. 자주 등장하는 지문과 키워드를 효과적으로 학습함으로써 문제풀이 능력을 크게 향상시킬 수 있습니다. 또한 기본서와 동일한 단원 구성으로 분류하여 OX 문제를 정리하였습니다. 이를 통해 기출지문과 해설의 핵심정리 내용을 함께 학습할 수 있으며, 기본서와 같은 단원별 구성으로 이론을 스스로 정리할 수 있도록 하였습니다.

2. 모든 옳지 않은 지문에 키워드 위주의 직관적인 해설을 수록하여, 지문의 핵심 내용을 쉽게 파악할 수 있으며 빠르게 지문을 확인하고 회독하기에 용이합니다. 또한 해설의 '핵심정리'를 통해 단순히 지문만으로는 파악하기 힘든 관련 이론의 대략적인 내용을 함께 제시하였습니다. 이를 통해 OX 문제 풀이를 속도감 있게 진행할 수 있으며, 모든 지문을 완벽하게 이해할 수 있도록 구성하였습니다.

단원별 핵심지문 OX 문제로 실전 감각 키우기

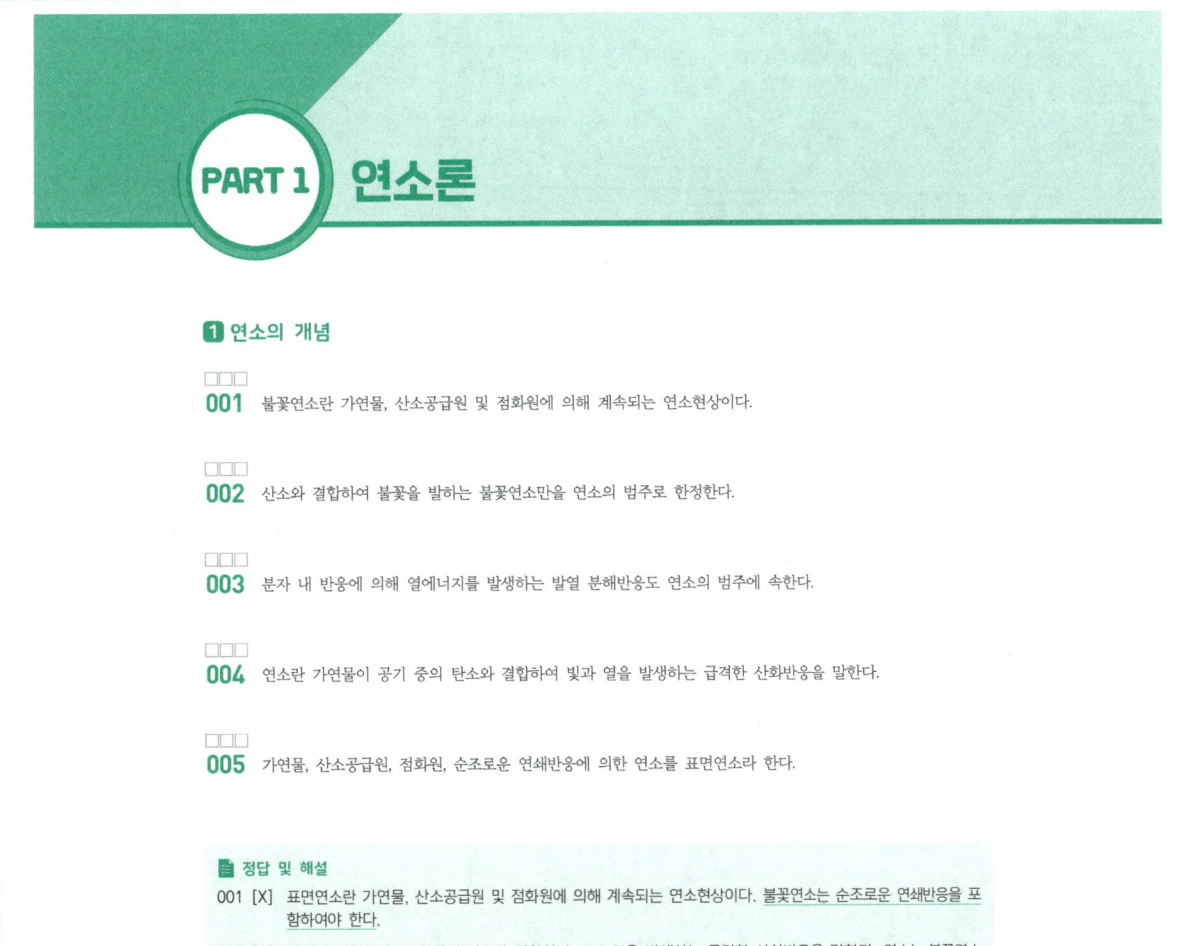

1. 소방공무원 소방학개론 시험의 출제 경향을 분석하여 시험에 출제될 가능성이 높은 주요 이론을 OX 문제 형태로 정리한 단원별 핵심지문을 수록하였습니다. 이를 통해 기출문제에서 다루어지지 않았던 새로운 내용 및 유형의 지문을 선제적으로 학습하면서 소방공무원 시험에 적극적으로 대비할 수 있습니다.
2. 문제와 정답 및 해설을 분리 구성하여 문제 풀이에 집중할 수 있도록 수록하였습니다. 이러한 방식을 통해 실제 시험 지문을 푸는 감각을 키울 수 있으며, 학습 정도 역시 함께 확인할 수 있습니다. 또한 해설의 '핵심정리'를 통해 관련되는 이론을 함께 학습하여 주요 이론에 대한 복습이 가능하도록 구성하였습니다.

해커스소방 학원·인강
fire.Hackers.com

I

기출 OX

PART 1 연소론
PART 2 폭발론
PART 3 화재론
PART 4 소화론
PART 5 소방시설

PART 6 위험물
PART 7 소방조직
PART 8 구조구급론
PART 9 재난관리론

PART 1 연소론

POINT 1-1 연소

빈출문제

001 가연물·산소공급원·점화원을 연소의 3요소라고 하며, 연소의 3요소에 순조로운 연쇄반응을 포함하여 연소의 4요소라고 한다. O | X

O 연소의 3요소 상태에서는 표면연소를 하며, 연소의 4요소 조건에서는 불꽃연소를 한다.

> 📖 **핵심정리** 연소의 3요소 및 4요소
> 1. **연소의 3요소**: 가연물, 산소공급원 및 점화원
> 2. **연소의 4요소**: 연소의 3요소 + 연쇄반응

19. 간부

002 연소는 빛과 열의 발생을 수반하는 급격한 산화반응이며, 연소의 3요소는 가연물, 산소공급원 및 점화원이다. O | X

O

빈출문제

003 연소란 가연물이 공기 중의 산소와 결합하여 빛과 열을 발생하는 급격한 산화반응과 빛과 열을 발하지 않는 느린 산화반응으로 구분할 수 있다. O | X

X 연소는 급격한 산화반응이다. 철이 녹스는 현상은 산화반응이지만 빛과 열을 발하지 않기 때문에 연소라고 할 수 없다.

확인학습문제

004 산화제란 자신은 산화되고 다른 물질을 환원시키는 물질을 말한다. O | X

X 산화제란 자신은 환원되고 다른 물질을 산화시키는 물질을 말한다.

📖 **핵심정리** 산화반응과 환원반응

구분	산화	환원
산소	얻음	잃음
산화수	증가	감소
전자	잃음	얻음
수소	잃음	얻음

확인학습문제

005 산화수(Oxidation number)는 하나의 물질(홑원소 물질, 분자, 이온화합물)에서 전자의 교환이 완전히 일어났다고 가정하였을 때 물질을 이루는 특정 원자가 가지는 전하수를 말하며 산화 상태(Oxidation state)라고도 한다. 산화수가 감소하는 것을 산화라 한다. O | X

X 산화수가 증가하는 것을 산화 반응이라 한다.

빈출문제

006 염화 나트륨은 Na^+와 Cl^-이온들을 함유하고 있기 때문에 나트륨 원자로부터 염소 원자로 전자 이동이 포함되어야 한다. Na^+과 같이 전자를 잃는 것을 환원이라고 정의하고, Cl^-과 같이 전자를 얻는 것을 산화라고 정의한다. O | X

X 전자를 잃는 것을 산화라고 정의하고, 전자를 얻는 것을 환원이라고 정의한다.

23. 간부

007 가연성물질이 되기 쉬운 조건으로, 활성화에너지가 크고 발열량이 작아야 한다. O | X

X 활성화에너지가 작고 발열량이 커야 한다.

빈출문제

008 가연물의 구비조건 중 활성화에너지는 크고 발열량은 작아야 한다. O | X

X 활성화에너지는 작고 발열량은 커야 한다.

PART 1 연소론 **11**

빈출문제

009

가연성 물질이 되기 쉬우려면 열전도도 값이 작아야 하고 산소와 접촉할 수 있는 표면적이 커야 한다. O | X

O 열전도율 또는 열전도도는 작아야 하고, 비표면적은 커야 한다.

빈출문제

010

한계산소농도(LOI)가 낮을수록 낮은 농도의 산소 조건에서도 연소가 가능하므로 가연물이 되기 어렵다. O | X

X 한계산소농도(LOI)가 낮을수록 가연물이 되기 쉽다.

> **핵심정리 가연물 관련 용어 정의**
> 1. **열전도율**: 전도의 방식으로 열을 전달하는 능력을 말한다. 가연물의 열전도율이 낮으면 열의 전달이 잘 발생하지 않으므로 열을 축적하기 쉽게 된다.
> 2. **비표면적**: 단위질량당 표면적을 말하는 것으로 가연물질의 질량이 일정할 때 당연히 표면적이 커지면 비표면적도 커진다.
> 3. **활성화에너지**(최소발화에너지: Minimum Ignition Energy)
>   • 혼합가스에 착화원으로 점화 시 발화에 필요한 최소에너지를 말한다.
>   • 물질의 종류, 혼합기의 온도·압력·농도 등에 따라 변한다.
> 4. **한계산소농도**(한계산소지수: Limited Oxygen Index)
>   • 연소를 지속하기 위한 최소한의 산소 체적분율(%)을 말한다.
>   • 연소를 계속 유지할 수 있는 최저산소농도를 말한다.
>   • LOI는 난연성 측정을 위해 많이 사용한다.

빈출문제

011

열전도율은 열을 전도의 방식으로 전달하는 능력을 말한다. 가연물의 열전도율이 낮으면 열의 전달이 잘 발생하지 않으므로 열을 축적하기 어렵게 된다. O | X

X 가연물의 열전도율이 낮으면 열의 전달이 잘 발생하지 않으므로 열을 축적하기 쉽게 된다.

빈출문제

012

비표면적은 단위질량당 표면적을 말하는 것이다. 가연물질의 질량이 일정할 때 표면적이 커지면 비표면적도 커진다. O | X

O

확인학습문제

013

열의 축적이 용이하려면 열전도율이 작아야 한다. 일반적으로 열전도율은 기체 → 액체 → 고체 순으로 크다(기체 상태가 가장 크다). O | X

X 기체 상태의 열전도율이 가장 작다. 기체 상태보다는 액체, 액체 상태보다는 고체 상태의 열전도율이 크다.

확인학습문제

014 가연물은 일반적으로 산화되기 쉬운 물질로서 산소와 결합할 때 발열량이 커야 한다. O | X

O

> 📖 **핵심정리** 가연물의 구비조건
>
> 1. 탄소(C)·수소(H)·산소(O) 등으로 구성된 유기화합물이 많다.
> 2. 일반적으로 산화되기 쉬운 물질로서 산소와 결합할 때 발열량이 커야 한다.
> 3. 열전도율이 작아야 한다(기체 < 액체 < 고체).
> 4. 연속적으로 연쇄반응을 일으키는 물질이어야 한다.
> 5. 산소와 접촉할 수 있는 비표면적이 큰 물질이어야 한다.
> 6. 조연성 가스인 산소·염소와의 결합력이 강한 물질이어야 한다.
> 7. 연소반응을 일으키는 점화원의 활성화에너지(최소발화에너지)의 값이 적어야 한다.
> 8. 한계산소농도(LOI)가 낮을수록 낮은 농도의 산소 조건에서도 연소가 가능하므로 가연물이 되기 쉽다.
> 9. 건조도가 높아야 한다.
> 10. 화학적 활성도가 높아야 한다.

> 📖 **핵심정리** 산화성 물질
>
> 「위험물안전관리법」상 제1류 및 제6류 위험물을 말한다. 물질의 산화반응은 큰 발열반응을 수반하며, 이러한 산화반응이 강렬하게 촉진되어 폭발적 현상을 생성하는 물질이다.

> 📖 **핵심정리** 공기 중의 산소
>
> 1. 지구를 둘러싼 대기의 하층부를 구성하는 공기의 조성은 장소와 고도 및 기타의 조건에 따라 다르다.
> 2. 일반적으로 공기에는 질소 78.03%, 산소 20.99%, 아르곤 0.95%, 탄산가스 0.03%, 그 외에 헬륨 등이 포함되어 있다. 즉, 공기 중에는 질소와 산소가 대부분을 차지하고 있다.
>
> | 구분 | N_2 | O_2 | Ar | CO_2 |
> |---|---|---|---|---|
> | 부피 백분율(vol%) | 78.03 | 20.99 | 0.95 | 0.03 |
> | 무게 백분율(wt%) | 75.51 | 23.15 | 1.30 | 0.04 |

22. 간부

015 CO_2(이산화탄소), P_2O_5(오산화인) 및 HCN(시안화수소)은 불연성 물질에 해당한다. O | X

X HCN(시안화수소)는 가연성가스이면서 독성가스에 해당한다.

> 📖 **핵심정리** 가연물이 될 수 없는 물질
>
> 1. **완전산화물질**: 이산화탄소(CO_2), 오산화인(P_2O_5), 삼산화크로뮴(CrO_3), 삼산화황(SO_3) 산화알루미늄(Al_2O_3), 규조토(SiO_2), 물(H_2O) 등
> 2. **산화흡열반응물질**: 질소
> 3. **주기율표 18족(0족, 8A족)의 비활성 기체**: 헬륨(He), 네온(Ne), 아르곤(Ar), 크립톤(Kr), 크세논(Xe), 라돈(Rn) 등
> 4. **자체가 연소하지 않는 불연성 물질**: 흙, 돌 등

확인학습문제

016

질소는 산화흡열반응물질로 산소와 결합하여 흡열반응을 하는 물질에 해당한다.   O | X

O 질소와 산소는 화학적으로 안정되어 있어 쉽게 화학반응을 일으키지 않고, 고온·고압 상태에서 화학반응이 일어나게 된다. 산소와 화합하여 산화물을 생성하나 발열반응을 하지 않고 흡열반응을 하는 물질은 가연물이 될 수 없는 조건에 해당한다.

> **핵심정리** 산화흡열반응물질(질소)
>
> 질소와 산소는 화학적으로 안정되어 있어 쉽게 화학반응을 일으키지 않고, 고온·고압 상태에서 주로 화학반응이 일어나게 된다. 산소와 화합하여 산화물을 생성하나 발열반응을 하지 않고 흡열반응하는 물질은 가연물이 될 수 없는 조건에 해당한다.
>
> $$N_2 + O_2 \rightarrow 2NO - Qkcal$$
> $$N_2 + \frac{1}{2}O_2 \rightarrow N_2O - Qkcal$$

확인학습문제

017

헬륨(He), 네온(Ne), 아르곤(Ar), 크립톤(Kr), 크세논(Xe), 라돈(Rn) 등은 산소와의 친화력이 좋아 가연물이 되기 쉽다.   O | X

X 주기율표 18족(0족, 8A족)의 비활성 기체에 해당하는 헬륨(He), 네온(Ne), 아르곤(Ar), 크립톤(Kr), 크세논(Xe), 라돈(Rn) 등은 가연물이 될 수 없는 물질에 해당한다.

확인학습문제

018

조연성 가스는 가연성 가스와 함께 산소와 결합하여 급격한 연소반응을 일으킬 수 있는 물질이다.   O | X

X 조연성 가스는 자기 자신은 타지 않고 연소를 도와주는 역할을 하는 가스이다.

빈출문제

019

조연성 가스로는 산소(O_2), 일산화탄소(CO), 이산화질소(NO_2), 산화질소(NO), 불소(F_2), 오존(O_3), 염소(Cl_2) 등이 있다.   O | X

X 일산화탄소(CO)는 가연성 가스에 해당한다.

19. 간부

020

연쇄반응이 일어나기 쉬운 물질, 열전도율이 높은 물질, 활성화에너지가 낮은 물질은 가연물이 되기 위한 조건에 해당한다.   O | X

X 열전도율이 낮은 물질이다.

확인학습문제

021 제1류 위험물, 제2류 위험물 및 제5류 위험물은 연소의 필수요소인 산소공급원에 해당한다. O | X

X 제2류 위험물 가연성 고체는 환원제에 해당한다.

빈출문제

022 연소를 증대시키는 가연물의 특성으로 인화점, 점성, 비점 및 비중은 작을수록 위험하다. O | X

O

> 📖 **핵심정리** 발화점이 낮아지는 조건
> 1. 직쇄탄화수소 길이가 늘려질 때
> 2. 탄소쇄 길이가 늘려질 때
> 3. 분자구조가 복잡할 때
> 4. 발열량, 산소와 친화력, 농도가 클수록
> 5. 최소점화에너지(활성화에너지)가 작을수록
> 6. 열전도율이 작을수록
> 7. 화학반응에너지가 클수록

23. 간부

023 분해열, 압축열, 연소열 및 산화열은 열에너지원의 종류에서 화학열로 분류된다. O | X

X 압축열(단열압축)은 기계적 점화원에 해당한다.

> 📖 **핵심정리** 점화원의 종류
>
> | 열적 점화원 | 고온표면, 적외선, 복사열 |
> |---|---|
> | 기계적 점화원 | 단열압축(압축열), 마찰스파크, 충격 |
> | 화학적 점화원 | 용해열, 연소열, 분해열, 자연발화에 의한 열 |
> | 전기적 점화원 | 정전기, 전기저항열, 낙뢰에 의한 열, 전기스파크, 유도열, 유전열 |

23. 공채

024 도체 주위의 자기장 변화에 의해 발생된 유도전류는 전기화재의 점화원으로 작용할 수 있다. O | X

O

22. 간부

025 정전기 예방대책으로 접촉하는 전기의 전위차를 크게 하는 것이 있다. O | X

X 접촉하는 전기의 전위차를 작게 해야 한다.

> 📖 **핵심정리** 정전기의 예방대책
> 1. 공기를 이온화하여 방지한다.
> 2. 전기전도성이 큰 물체를 사용하여 전하의 발생을 방지한다.
> 3. 접지시설을 한다.
> 4. 상대습도를 70% 이상으로 한다.
> 5. 전기의 전위차를 작게 하여 정전기 발생을 억제한다.

22. 간부

026 정전기의 예방대책으로 공기를 이온화하고, 전기전도성이 큰 물체를 사용하는 것이 있다. O | X

O

빈출문제

027 기화(잠)열, 융해열은 화학적 점화원에 해당한다. O | X

X 점화원은 열적 점화원, 기계적 점화원, 화학적 점화원, 전기적 점화원 및 원자력 점화원 등으로 구분할 수 있다. 기화(잠)열, 융해열, 단열팽창, 절연저항의 증가 등은 점화원에 해당하지 않는다.

빈출문제

028 유도열, 연소열, 분해열은 전기적 점화원에 해당한다. O | X

X 연소열과 분해열은 화학적 점화원에 해당한다. 정전기, 전기저항열, 전기불꽃, 유도열, 유전열, 아크, 코로나 등은 전기적 점화원에 해당한다.

빈출문제

029 점화원에 의해 가연성 혼합기가 발화하기 위해서는 점화원이 일정 크기 이상의 에너지를 가할 수 있어야 한다. 이러한 착화에 필요한 최소에너지를 최소위치에너지라 한다. O | X

X 최소발화에너지(MIE)에 대한 설명이다.

빈출문제

030 최소발화에너지는 물질의 종류, 혼합기의 온도, 압력, 농도(혼합비) 등에 따라 변화하지 않는 물질의 고유한 값이다. O | X

X 최소발화에너지는 물질의 종류, 혼합기의 온도, 압력, 농도(혼합비) 등에 따라 변화한다. 또한 공기 중의 산소가 많은 경우 또는 가압하에서는 일반적으로 작은 값이 된다.

24. 공채

031 가연물의 최소발화에너지가 클수록 더 위험하다. O | X

X 가연물의 최소발화에너지가 작을수록 더 위험하다.

빈출문제

032 가연성 혼합기의 농도가 양론농도 부근일 때 MIE가 가장 크다. 일반적으로 이것보다 상한계나 하한계로 향함에 따라 MIE는 감소한다. O | X

X 가연성 혼합기의 농도가 양론농도 부근일 때 MIE가 작아진다. 일반적으로 이것보다 상한계나 하한계로 향함에 따라 MIE는 증가한다.

빈출문제

033 압력이 높을수록 분자 간의 거리가 가까워져 MIE가 작아진다. O | X

O 온도가 높을수록 분자 운동이 활발해져 MIE가 작아진다. 열전도율이 낮으면 MIE가 작아진다.

빈출문제

034 마찰전기의 발화과정은 전하의 발생 – 전하의 축적 – 방전 – 발화의 순이다. O | X

O 어떤 물질이 다른 물질과 마찰 또는 접촉하면서 각 물질 표면에 양(+)전하와 음(-)전하가 축적되는데, 이 축적된 전기를 정전기(마찰전기)라고 한다. 축적된 정전기가 방전될 경우 점화원(전기적 점화원)의 역할을 할 수 있다.

확인학습문제

035 충전이란 대전체가 전하를 잃는 과정으로 대전체에서 전기가 방출되는 현상을 말한다. O | X

X 방전에 대한 설명이다. 대전체가 전하를 잃는 과정으로 대전체에서 전기가 방출되는 현상을 말하며, 충전의 반대 과정이다. 일반적으로는 충전되어 있는 전지(電池)로부터 전류가 흘러 기전력(起電力)이 감소하는 현상을 말한다. 쉽게 말해 일상생활에서 전지가 닳는 것을 말한다.

빈출문제

036 정전기는 전도성 부유물질이 많을 때 발생한다. O | X

X 비전도성 부유물질이 많을 때 발생한다.

> 📖 **핵심정리** 정전기의 발생원인
> 1. 비전도성 부유물질이 많을 때 발생한다.
> 2. 휘발유, 경유 등의 비전도성 유류의 유속이 빠를 때 발생한다.
> 3. 좁은 공간·필터 등을 통과할 때 쉽게 발생한다.
> 4. 낙차가 크거나 와류가 생성될 때 발생하기도 한다.

빈출문제

037 전기전도성이 큰 물체를 사용하거나 전기의 전위차를 크게 하여 정전기의 발생을 억제한다. O | X

X 전기의 전위차를 작게 하여 정전기 발생을 억제한다.

빈출문제

038 공기를 이온화하거나 상대습도를 70% 이하로 하여 정전기의 발생을 억제한다. O | X

X 상대습도를 70% 이상으로 한다.

확인학습문제

039 전기장 안에서 단위 전하에 대한 전기적 위치에너지를 전위라 한다. 전위차란, 두 지점 사이의 전위의 차이를 의미하는 것으로 기준점에 대한 상대적인 차이로 나타낸다. O | X

O 전압, 즉 전위차는 전하당 에너지로 표현한다. 볼트(volt)는 1쿨롱당 1줄(Joule)과 같다(1V = 1J/C). 기호는 △V이지만 V라고 쓴다.

> 📖 **핵심정리** 전하와 방전
> 1. <u>전하</u>: 물체가 띠고 있는 정전기의 양으로 모든 전기현상의 근원이 되는 실체이다. 양전하와 음전하가 있고 전하가 이동하는 것이 전류이다.
> 2. <u>방전(Discharge)</u>: 대전체가 전하를 잃는 과정으로 대전체에서 전기가 방출되는 현상을 말하며, 충전의 반대 과정이다. 일반적으로는 충전되어 있는 전지(電池)로부터 전류가 흘러 기전력(起電力)이 감소하는 현상을 말한다. 쉽게 말해 일상생활에서 전지가 닳는 것을 말한다.

15. 공채

040

정전기를 방지하기 위한 예방대책으로 전기의 저항이 큰 물질은 대전이 용이하므로 부도체 물질을 사용한다. O | X

X 전기전도성이 큰 물질을 사용하여야 한다.

> 📖 **핵심정리** 정전기 대전 방지대책
> 1. 접지시설을 한다.
> 2. 공기를 이온화한다.
> 3. 습도를 70% 이상으로 한다.
> 4. 전기전도성이 큰 물체를 사용한다.
> 5. 접촉하는 전기의 전위차를 적게 하여 정전기의 발생을 억제시킨다.

25. 간부

041

유지류의 경우 아이오딘값(Iodine value)이 작을수록 자연발화하기 쉽다. O | X

X 유지류의 경우 아이오딘값(Iodine value)이 클수록 자연발화하기 쉽다.

> 📖 **핵심정리** 아이오딘값
> 1. 유지를 구성하고 있는 지방산에 함유된 이중결합의 수를 나타내는 수치이다. 유지 100g에 흡수되는 아이오딘의 g수를 말한다.
> 2. 아이오딘값의 의미
>   - 아이오딘값이 클수록 자연발화성이 높다.
>   - 아이오딘값이 클수록 산소와의 결합이 쉽다.
>   - 아이오딘값이 클수록 불포화도가 높다.
>   - 아이오딘값이 클수록 건성유이다.
> 3. 유지의 종류
>   - **불건성유**: 아이오딘가 100 이하
>   - **반건성유**: 아이오딘가 100~130 미만
>   - **건성유**: 아이오딘가 130 이상

25. 간부

042

황린의 자연발화를 방지하기 위해서는 물 속에 저장해야 한다. O | X

O

25. 간부

043

자연발화를 방지하기 위해서는 저장공간의 공기 순환이 잘되게 해야 한다. O | X

O

18. 하반기 공채

044 자연발화가 되기 쉬운 가연물의 조건은 발열량과 표면적은 작아야 하고, 열전도율은 낮아야 한다. O | X

X 발열량과 표면적은 커야 한다.

빈출문제

045 일반적으로 정전기는 화학적 점화원, 자연발화는 전기적 점화원으로 분류한다. O | X

X 일반적으로 정전기는 전기적 점화원, 자연발화는 화학적 점화원으로 분류한다.

빈출문제

046 외부로부터의 점화원이 없이도 장시간 일정한 장소에서 저장하면 열이 발생되며, 발생된 열을 축적함으로써 발화점까지 온도가 상승되어 불이 붙는 현상을 유도발화라고 한다. O | X

X 자연발화에 대한 설명이다.

> 📖 **핵심정리** 자연발화를 일으키는 물질
> 1. 유지류(동식물유류)는 아이오딘가가 클수록 자연발화가 되기 쉽다. 불포화도가 크고 아이오딘가가 클수록 산화되기 쉽고 자연발화의 위험성이 크다.
> 2. 일반적으로 금속분은 금속의 분말형태를 말한다. 금속의 분말형태로 존재할 때 산소와의 접촉면적이 커져서 단위면적당 반응속도가 커지기 때문에 자연발화가 용이해진다.

확인학습문제

047 중합반응은 저분자 물질(단위체)에서 고분자 물질로 바뀌는 화학반응이다. O | X

O 고분자화학에서 중합은 단량체 분자들이 화학적 반응에 의해 고분자 사슬을 만들거나 삼차원 망상구조가 생성되는 것이다.

빈출문제

048 금속분과 건성유는 산화열에 자연발화를 일으킨다. O | X

O 산화하는 과정에서 발생하는 열을 축적함으로써 자연발화가 일어난다. 종류로는 황린, 기름걸레, 석탄, 원면, 고무분말, 금속분, 건성유 등이 있다.

빈출문제

049 거름과 퇴비는 분해열에 의한 자연발화를 일으킨다. O | X

> X 미생물열(발효열)이다. 미생물열은 물질이 발효되는 과정에서 발생하는 열을 축적함으로써 발생한다. 종류로는 거름, 퇴비, 먼지, 곡물, 비료 등이 있다.

빈출문제

050 제5류 위험물, 아세틸렌(C_2H_2), 산화에틸렌(C_2H_4O)은 분해열에 의한 자연발화를 일으킨다. O | X

> O

빈출문제

051 적당한 수분은 촉매 역할을 하기 때문에 반응속도를 빠르게 하여 자연발화를 쉽게 일으킨다. O | X

> O
>
> **핵심정리** 자연발화에 영향을 주는 요인
> 1. **열전도율**: 열전도율이 작을수록 열 축적이 용이하다. 산화·분해 반응 시 반응열이 크고 그 열이 축적되기 쉬운 상태일 때 자연발화가 발생하기 쉽다.
> 2. **공기의 이동**: 통풍이 잘되는 공간에서는 열의 축적이 비교적 어렵기 때문에 자연발화가 발생하기 어렵다.
> 3. **온도**: 주변온도가 높으면 반응속도가 빠르기 때문에 열의 발생속도는 증가한다.
> 4. **퇴적방법**: 열의 축적이 용이하게 퇴적될수록 자연발화가 쉽다.
> 5. **수분(습도)**: 적당한 수분은 촉매 역할을 하기 때문에 반응속도를 빠르게 하여 자연발화가 쉽다.
> 6. **발열량**: 열 발생량이 클수록 축적되는 열의 양이 많아져 자연발화가 쉽다.
> 7. **촉매**: 발열반응에 정촉매 작용을 하는 물질은 반응을 빠르게 한다.

빈출문제

052 유지류(동식물유류)는 아이오딘가가 클수록 자연발화가 되기 쉽다. 불포화도가 크고 아이오딘가가 클수록 산화되기 쉽고 자연발화의 위험성이 크다. O | X

O

> 📖 **핵심정리** 아이오딘값
> 1. 유지를 구성하고 있는 지방산에 함유된 이중결합의 수를 나타내는 수치이다. 유지 100g에 흡수되는 아이오딘의 g수를 말한다.
> 2. **아이오딘값의 의미**
>   - 아이오딘값이 클수록 자연발화성이 높다.
>   - 아이오딘값이 클수록 산소와의 결합이 쉽다.
>   - 아이오딘값이 클수록 불포화도가 높다.
>   - 아이오딘값이 클수록 건성유이다.
> 3. **유지의 종류**
>   - **불건성유**: 아이오딘가 100 이하
>   - **반건성유**: 아이오딘가 100~130 미만
>   - **건성유**: 아이오딘가 130 이상

빈출문제

053 단열압축 및 단열팽창은 기계적 점화원에 해당한다. O | X

X 단열팽창은 점화원에 해당하지 않는다.

> 📖 **핵심정리** 단열압축 및 디젤엔진
> 1. 단열압축은 내부와 외부와의 열의 출입을 차단하여 압축하는 형태로서 기체를 높은 압력으로 압축하면 온도가 상승한다. 대표적인 예로 디젤엔진이 있다.
> 2. **디젤엔진**: 내연기관의 연소실에서 가연성 혼합가스를 주입하여 점화하는 방법으로 불꽃점화방식과 압축점화방식이 있다. 가솔린 엔진기관에서는 불꽃점화방식을 사용하고, 디젤엔진기관에서는 압축점화방식을 사용한다.

확인학습문제

054 도체 주위에 변화하는 자기장이 있을 때 전위차가 발생하고 이로 인해 전류 흐름이 일어난다. 이 유도전류에 의하여 발생되는 열이 유전열이다. O | X

X 유도(가)열에 대한 설명이다.

> 📖 **핵심정리** 유전열
> 유전체는 절연체를 의미하며 전선 피복과 같은 절연체가 절연능력을 갖추지 못해 발생하는 열이다. 즉, 누설전류를 말한다.

확인학습문제

055 라디칼(radical) 또는 자유라디칼(free radical)은 홀전자(unpaired electron)를 가진 원자 또는 분자이다. O | X

O

> 📖 **핵심정리 라디칼**
> 원자 간의 공유결합은 공유 전자쌍으로 이루어져 있으며, 이 결합이 균일 분해 과정을 거치면 각각의 원자는 홀전자를 갖게 되는데, 이 원자는 라디칼이 된다. 예를 들어 탄소 간의 공유결합이 균일 분해가 되면 탄소 라디칼이 형성된다. 일반적으로 원자 간 공유결합에서 불균일 분해가 유발되며, 이 경우에는 한 원자가 결합에 관여한 모든 전자를 가져가게 된다.

빈출문제

056 억제소화는 심부화재에는 효과적이나, 연쇄반응이 없는 표면화재에는 효과적이지 않다. O | X

X 억제소화는 불꽃화재에는 효과적이나, 연쇄반응이 없는 작열연소 또는 심부화재에는 효과적이지 않다.

22. 간부

057 연소범위는 물질이 연소하기 위한 물적 조건과 관련이 크다. O | X

O 연소범위는 가연성가스가 공기 중에서 연소할 수 있는 적정한 농도범위를 말한다.

> 📖 **핵심정리 연소범위에 영향을 주는 요인**
> 1. **온도**: 온도가 올라가면 분자의 운동이 활발해지므로 분자 간 유효충돌 가능성이 커지며, 연소범위는 넓어져 위험성은 증가된다.
> 2. **압력**
>   • 압력이 높아지면 분자 간의 평균거리가 축소되어 유효충돌이 증가되며 화염의 전달이 용이하여 연소범위가 넓어진다.
>   • 연소하한계 값은 크게 변하지 않으나 연소상한계가 높아져 전체적으로 범위가 넓어진다.
>   • 예외적으로 수소(H_2)와 일산화탄소(CO)는 압력이 높아질 때 일시적으로 연소범위가 좁아진다.
> 3. **산소농도**: 산소농도가 증가하면 연소하한계의 변화는 거의 없고, 연소상한계가 넓어져 연소범위가 넓어진다.
> 4. **비활성 가스**: 가연성 가스의 혼합가스에 비활성 가스를 투입하면 공기 중 산소농도가 저하되므로 연소상한계는 크게 낮아지고 연소하한계는 작게 높아져 전체적으로 연소범위가 좁아진다.

22. 간부

058 일산화탄소는 압력이 증가하면 연소범위가 넓어진다. O | X

X 일산화탄소는 압력이 증가하면 연소범위가 일시적으로 좁아진다.

> 📖 **핵심정리** 연소범위의 개념
> 1. 연소하한계(LFL; Low Flammable Limit)
>   - 연소범위의 희박한 측의 한계를 말한다. 일반적으로 온도 증가에 따라 약간 감소하는 특성이 있다.
>   - 연소하한계의 농도 이하에서는 점화원과 접촉될 때 화염의 전파가 발생하지 않는 공기 중의 증기 또는 가스의 최소농도를 말한다.
> 2. 연소상한계(UFL; Upper Flammable Limit)
>   - 연소범위의 농후한 측의 한계를 말한다. 온도 증가에 따라 비교적 크게 증가한다.
>   - 연소상한계의 농도 이상에서는 점화원과 접촉될 때 화염의 전파가 발생하지 않는 공기 중의 증기 또는 가스의 최고농도를 말한다.

22. 간부

059 불활성기체가 첨가되면 연소범위가 좁아진다. O | X

O 가연성 가스의 혼합가스에 비활성 가스를 투입하면 공기 중 산소농도가 저하되므로 연소상한계는 크게 낮아지고 연소하한계는 작게 높아져 전체적으로 연소범위가 좁아진다.

24. 간부

060 수소, 아세틸렌, 메탄, 프로판 중 연소범위가 가장 넓은 것은 아세틸렌이고, 위험도가 가장 낮은 것은 프로판이다. O | X

X 연소범위가 가장 넓은 것은 아세틸렌이고, 위험도가 가장 낮은 것은 메탄이다.

> 📖 **핵심정리** 연소범위와 위험도
>
> | 구분 | 연소범위(%) | | 위험도 | |
> | --- | --- | --- | --- | --- |
> | 수소 | 4~75 | 71.0 | $\frac{75-4}{4}$ | 17.8 |
> | 아세틸렌 | 2.5~81 | 78.5 | $\frac{81-2.5}{2.5}$ | 31.4 |
> | 메탄 | 5~15 | 10.0 | $\frac{15-5}{5}$ | 2.0 |
> | 프로판 | 2.1~9.5 | 7.4 | $\frac{9.5-2.1}{2.1}$ | 3.5 |

20. 간부

061 일반적으로 가연성 가스의 온도와 압력이 높아지면 연소범위는 넓어진다. 반면에 불활성 가스의 농도가 높아지면 연소범위는 좁아진다. O | X

O

> **핵심정리** 연소범위에 영향을 주는 요인
>
> 가연성 가스의 농도가 너무 희박하거나 너무 농후해도 연소는 잘 일어나지 않는다. 연소범위는 연소 발생 시 온도, 압력, 산소농도 및 비활성 가스의 주입 등에 따라 달라진다.
> 1. **온도**: 온도가 올라가면 분자의 운동이 활발해지므로 분자 간 유효충돌 가능성이 커지며, 연소범위는 넓어져 위험성은 증가된다.
> 2. **압력**
>   - 압력이 높아지면 분자 간의 평균거리가 축소되어 유효충돌이 증가되며 화염의 전달이 용이하여 연소한계는 넓어진다.
>   - 연소하한계 값은 크게 변하지 않으나 연소상한계가 높아져 전체적으로 범위가 넓어진다.
>   - 예외적으로 수소(H_2)와 일산화탄소(CO)는 압력이 높아질 때 일시적으로 연소범위가 좁아진다.
> 3. **산소농도**: 산소농도가 증가하면 연소하한계의 변화는 거의 없고, 연소상한계가 넓어져 연소범위가 넓어진다.
> 4. **비활성 가스**: 가연성 가스의 혼합가스에 비활성 가스를 투입하면 공기 중 산소농도가 저하되므로 연소상한계는 크게 변화하고 연소하한계는 작게 변화하여 전체적으로 연소범위가 좁아진다.

20. 공채

062 메탄의 연소범위는 5~15%이고, 프로판의 연소범위는 2.1~9.5%이다. 위험도는 프로판이 메탄보다 더 크다. O | X

O

23. 공채

063 폭발(연소)범위는 초기온도 및 압력이 상승할수록 분자 간 유효충돌할 가능성이 높아지기 때문에 넓어진다. O | X

O

빈출문제

064 가연성 가스의 위험도는 연소범위를 MOC 값으로 나눈 값을 말한다. O | X

X 위험도는 연소범위를 연소범위 하한계 값으로 나눈 값을 말한다.

빈출문제

065 아세틸렌(연소범위: 2.5~81%)의 위험도는 이황화탄소(연소범위: 1.2~44%)의 위험도보다 크다. O | X

X 이황화탄소의 위험도가 35.7로 아세틸렌의 31.4보다 크다. 따라서 이황화탄소가 아세틸렌보다 더 위험하다고 할 수 있다.

066

에테인(C_2H_6)이 완전연소한다고 가정했을 때 존스(Jones) 식에 따라 산출된 연소하한계(LFL)는 1.7(%)이다. (단, 계산 결과는 소수점 둘째 자리에서 반올림한다.) O | X

X 연소하한계(LFL)는 3.1(%)이다.

1. 에탄(C_2H_6): $C_2H_6 + \frac{7}{2}O_2 \rightarrow 2CO_2 + 3H_2O$

   산소의 몰수 3.5 따라서, 공기몰수 = $\frac{3.5}{0.21} \fallingdotseq 16.7$

   ($\because$ 공기몰수 = $\frac{산소몰수}{0.21}$)

2. $Cst(vol\%) = \frac{연료몰수}{연료몰수 + 공기몰수} \times 100$

   따라서, $Cst(vol\%) = \frac{1}{1 + 16.7} \times 100 \fallingdotseq 5.6(\%)$

3. LFL = 0.55Cst

   따라서, LFL = $0.55 \times 5.6(\%) \fallingdotseq 3.08(\%)$
   정답은 3.1(%)

> **핵심정리 연소범위에 영향을 주는 요인**
>
> 가연성 가스의 농도가 너무 희박하거나 너무 농후해도 연소는 잘 일어나지 않는다. 연소범위는 연소 발생 시 온도, 압력, 산소농도 및 비활성 가스의 주입 등에 따라 달라진다.
> 1. **온도**: 온도가 올라가면 분자의 운동이 활발해지므로 분자 간 유효충돌 가능성이 커지며, 연소범위는 넓어져 위험성은 증가된다.
> 2. **압력**
>   - 압력이 높아지면 분자 간의 평균거리가 축소되어 유효충돌이 증가되며 화염의 전달이 용이하여 연소한계는 넓어진다.
>   - 연소하한계 값은 크게 변하지 않으나 연소상한계가 높아져 전체적으로 범위가 넓어진다.
>   - 예외적으로 수소(H_2)와 일산화탄소(CO)는 압력이 높아질 때 일시적으로 연소범위가 좁아진다.
> 3. **산소농도**: 산소농도가 증가하면 연소하한계의 변화는 거의 없고, 연소상한계가 넓어져 연소범위가 넓어진다.
> 4. **비활성 가스**: 가연성 가스의 혼합가스에 비활성 가스를 투입하면 공기 중 산소농도가 저하되므로 연소상한계는 크게 변화하고 연소하한계는 작게 변화하여 전체적으로 연소범위가 좁아진다.

067

프로페인(C_3H_8)의 위험도는 3.5이고, 일산화탄소(CO)의 위험도는 4.9이다. O | X

구분	연소범위(%)		위험도	
[O]프로판(C_3H_8)	2.1~9.5	7.4	$\frac{9.5 - 2.1}{2.1}$	3.5
[O]일산화탄소(CO)	12.5~74	61.5	$\frac{74 - 12.5}{12.5}$	4.9

25. 공채

068 수소(H_2)의 위험도는 17.8이고, 아세틸렌(C_2H_2)의 위험도는 31.4이다. O | X

O

구분	연소범위(%)		위험도	
[O] 수소(H_2)	4~75	71.0	$\frac{75-4}{4}$	17.8
[O] 아세틸렌(C_3H_2)	2.5~81	78.5	$\frac{81-2.5}{2.5}$	31.4

> 📖 **핵심정리** 물질의 연소범위
>
> | 물질명 | 연소범위(vol%) | 물질명 | 연소범위(vol%) |
> |---|---|---|---|
> | 아세틸렌(기체) | 2.5 ~ 81(100) | 메탄(기체) | 5 ~ 15 |
> | 산화에틸렌(기체) | 3 ~ 80(100) | 에탄(기체) | 3 ~ 12.5 |
> | 수소(기체) | 4 ~ 75 | 프로판(기체) | 2.1 ~ 9.5 |
> | 일산화탄소(기체) | 12.5 ~ 74 | 부탄(기체) | 1.8 ~ 8.4 |
> | 암모니아(기체) | 15 ~ 28 | 에틸알코올(액체) | 4.3 ~ 19 |
> | 톨루엔(액체) | 1.3 ~ 6.8 | 가솔린(액체) | 1.4 ~ 7.6 |
> | 이황화탄소(액체) | 1.2 ~ 44 | 아세톤(액체) | 2.6 ~ 12.8 |

24. 공채

069 수소, 메탄, 아세틸렌, 이황화탄소 및 산화에틸렌 중에서 산화에틸렌의 위험도가 가장 크다(단, 1기압, 25℃ 공기 중의 연소범위를 기준으로 한다). O | X

X 이황화탄소가 가장 크다.

> 📖 **핵심정리** 위험도
>
> 1. 수소: 4 ~ 74(vol)% → $\frac{74-4}{4} = 17.50$
> 2. 메탄: 5 ~ 15(vol)% → $\frac{15-5}{5} = 2.00$
> 3. 아세틸렌: 2.5 ~ 81(vol)% → $\frac{81-2.5}{2.5} = 31.40$
> 4. 이황화탄소: 1.2 ~ 44(vol)% → $\frac{44-1.2}{1.2} = 35.7$
> 5. 산화에틸렌: 3 ~ 80(vol)% → $\frac{80-3}{3} = 25.7$

24. 공채

070 ☐☐☐

- 르샤틀리에 공식을 이용한다.
- 혼합기체의 부피비율은 A기체 60%, B기체 30%, C기체 10%이다.
- 연소하한계는 A기체 3.0%, B기체 1.5%, C기체 1.0%이다.

위 조건에 따른 연소하한계는 1.0%이다. O | X

X 혼합기체의 연소하한계 $= \dfrac{100}{\dfrac{60}{3} + \dfrac{30}{1.5} + \dfrac{10}{1}} = 2.0\%$

> 📖 **핵심정리** 르샤틀리에 공식
>
> $$LFL(\%) = \dfrac{100}{\dfrac{V_1}{L_1} + \dfrac{V_2}{L_2} + \dfrac{V_3}{L_3} + \cdots}$$
>
> LFL: 혼합가스의 폭발하한계(vol%)
> V_1: 각 단독성분의 혼합가스 중의 농도(vol%)
> L_1: 혼합가스를 형성하는 각 단독 성분의 폭발하한계(vol%)

19. 공채

071 ☐☐☐

가연성 가스를 공기 중에서 연소시키고자 할 때 공기 중의 산소농도가 증가하면 연소속도는 빨라지고, 발화점과 화염의 온도가 높아진다. O | X

X 발화점은 낮아진다.

20. 간부

072 ☐☐☐

가연성 물질의 연소형태로 나프탈렌과 황은 확산연소를 하고, 가솔린엔진과 분젠버너는 예혼합연소를 한다. O | X

X 나프탈렌과 황은 증발연소를 한다.

23. 공채

073 ☐☐☐

가연성 액체의 연소와 관련된 온도는 발화점, 연소점, 인화점 순으로 높다(발화점이 가장 높다). O | X

O

> 📖 **핵심정리** 발화점[Ignition point(temperature)]
>
> 1. 점화원 없이도 스스로 불이 붙을 수 있는 최저온도이다.
> 2. 착화점, 발화온도, 자연발화점, 착화온도라 부르기도 한다.
> 3. 실내장식물의 모양, 가연성 가스의 비중은 발화점과 관계없다.

23. 공채

074 인화점과 발화점이 가까운 액체일수록 재점화가 어렵고 냉각에 의한 소화활동이 용이하다. O | X

X 인화점과 발화점이 가까운 액체일수록 재점화가 쉽고 냉각에 의한 소화활동이 용이하지 않다.

23. 공채

075 인화점과 연소점의 차이는 외부 점화원을 제거했을 경우 화염 전파의 지속성 여부에 따라 구분된다. O | X

O

> 📖 **핵심정리** 인화점 및 연소점
> 1. 인화점: 가연물에 점화원을 가하였을 때 불이 붙을 수 있는 최저온도를 말한다.
> 2. 연소점: 점화원을 제거한 후에도 계속적으로 연소를 일으킬 수 있는 최저온도를 말한다.

24. 공채

076 점화원을 제거해도 자력으로 연소를 지속할 수 있는 최저 온도를 연소점(Fire point)이라고 한다. O | X

O

24. 공채

077 점화원에 의해서 가연물이 발화하기 시작하는 최저 온도를 발화점(Ignition point)이라고 한다. O | X

X 인화점(Flash point)에 대한 설명이다.

24. 공채

078 가연물의 연소점은 발화점보다 높다. O | X

X 일반적인 온도 관계는 인화점 < 연소점 < 발화점이다.

22. 공채

079

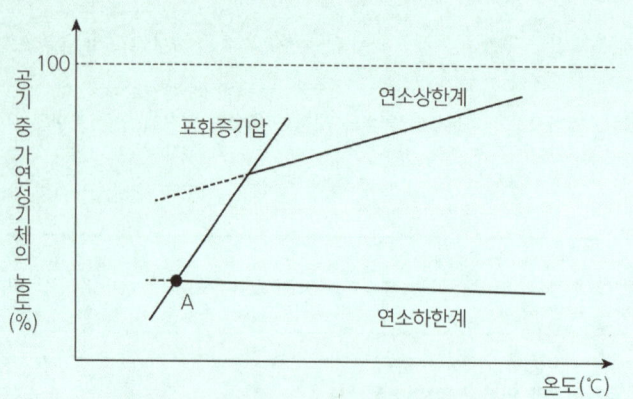

그림에서 'A'는 물질적 조건과 에너지 조건이 만나는 최저연소온도를 말하며, 화학양론비에서의 최저연소온도를 말한다.

O | X

X 'A'는 인화점을 말한다. 인화점은 점화원(외부에너지)에 의해 발화하기 시작하는 최저연소온도이다. 즉, 온도(에너지조건)와 가연성기체의 농도(물적조건)가 충족된 상황에서 점화원이 주어지면 연소할 수 있는 최저연소온도이다. 화학양론 농도는 연소 하한계 농도보다 높다.

> **핵심정리** 화학양론농도(조성비, Stoichiometric ratio)
> 1. 화학양론농도는 물질의 반응이 가장 잘 일어나는 완전연소 혼합비율을 말한다[NTP(21℃, 1기압) 상태에서 가연성 가스, 공기계에서 완전연소에 필요한 농도비율이다].
> 2. 연료와 공기의 최적합의 조성 비율이다.

확인학습문제

080

온도가 낮아질 때 열의 발열속도가 방열속도보다 커지므로 연소의 범위는 넓어진다.

O | X

X 열의 발열속도가 방열속도보다 작아지므로 연소범위는 좁아진다.

확인학습문제

081

물질이 발화·연소하는 데는 가연물·산소공급원·점화원·연쇄반응의 4요소가 필요하다. 이때 물적 조건과 에너지 조건을 만족하여야 하는데 연소범위는 물적 조건, 발화온도·발화에너지·충격감도는 에너지 조건이라 할 수 있다.

O | X

O

22. 공채

082 가연성 물질은 비열, 연소열, 비점이 작거나 낮을수록 위험하다. O | X

X 연소열은 높을수록 위험하다.

> 📖 **핵심정리** 가연성 물질의 화재 위험성 인자
> 1. 비열, 비점(끓는점), 비중, 융점(녹는점), 증발열은 낮(작)을수록 위험하다.
> 2. 연소열, 압력은 높을수록 위험하다.
> 3. 연소속도는 빠를수록 위험하다.
> * 열전도도, 활성화에너지는 작을수록 위험하고 온도, 열량, 화학적 활성도, 폭발범위는 높을수록(넓을수록) 위험하다.

22. 공채

083 가연성 물질은 표면장력, 인화점, 발화점이 작거나 낮을수록 위험하다. O | X

O

22. 공채

084 가연성 물질은 비중, 압력, 융점이 크거나 높을수록 위험하다. O | X

X 비중, 융점(녹는점), 증발열은 낮(작)을수록 위험하다.

22. 공채

085 가연성 물질은 증발열, 연소열, 연소속도가 크거나 빠를수록 위험하다. O | X

X 증발열은 낮(작)을수록 위험하다.

23. 공채

086 연소반응은 열생성률(Heat production rate)이 외부로의 열손실률(Heat loss rate)보다 큰 조건에서 지속된다. O | X

O

확인학습문제

087 파라핀계의 탄화수소는 탄소 수의 증가에 따라 인화점과 발화점이 낮아진다.   O | X

X 인화점은 높아진다. 발화점은 탄소 수가 많을수록 표면적이 커져서 열에 의해 그 구조가 파괴되기 쉬워진다. 따라서 파라핀계의 탄화수소는 탄소 수의 증가에 따라 발화점이 낮아진다.

📖 **핵심정리** 파라핀계 탄화수소의 인화점 및 발화점

파라핀계 탄화수소	인화점	발화점
메탄	-188°C	537°C
에탄	-135°C	515°C
프로판	-104°C	466°C

24. 간부

088 파라핀계 탄화수소는 분자량이 클수록 발화온도가 높아진다.   O | X

X 파라핀계 탄화수소는 분자량이 클수록 발화온도가 낮아진다.

📖 **핵심정리** C_xH_y 수의 증가(파라핀계)

1. 인화점이 높아진다.
2. 발열량이 증가한다.
3. 발화점이 낮아진다.
4. 분자구조가 복잡해진다.
5. 휘발성(증기압)이 감소하고 비점은 상승한다.
6. 연소범위가 좁아지고 하한계는 낮아진다.

확인학습문제

089 파라핀계의 탄화수소는 탄소 수의 증가에 따라 휘발성(증기압)은 감소하고 비점도 낮아진다.   O | X

X 비점은 상승한다.

확인학습문제

090 파라핀계의 탄화수소는 탄소수가 증가하면 연소범위가 좁아지고 하한계는 낮아진다. O | X

O

📖 **핵심정리** 파라핀계 탄화수소의 연소범위

파라핀계 탄화수소	연소범위(vol%)
메탄	5~15
에탄	3~12.5
프로판	2.1~9.5
부탄	1.8~8.4

20. 공채

091 액체가연물의 인화점은 액면에서 증발된 증기의 농도가 연소하한계에 도달하여 점화되는 최저온도이다. O | X

O

📖 **핵심정리** 인화점 및 연소점
1. **인화점**: 가연물에 점화원을 가하였을 때 불이 붙을 수 있는 최저온도를 말한다.
2. **연소점**: 점화원을 제거한 후에도 계속적으로 연소를 일으킬 수 있는 최저온도를 말한다.

📖 **핵심정리** 발화점[Ignition point(temperature)]
1. 점화원 없이도 스스로 불이 붙을 수 있는 최저온도이다.
2. 착화점, 발화온도, 자연발화점, 착화온도라 부르기도 한다.
3. 실내장식물의 모양, 가연성 가스의 비중은 발화점과 관계없다.

빈출문제

092 디에틸에테르의 인화점은 -45℃, 이황화탄소의 인화점은 11℃이다. O | X

X 이황화탄소의 인화점은 -30℃이다.

빈출문제

093 가솔린, 벤젠, 톨루엔의 순으로 인화점이 낮다. O | X

O 가솔린의 인화점은 -43~-20℃이고, 벤젠은 -11℃, 톨루엔은 4℃이다.

빈출문제

094 아세톤의 인화점은 메틸알코올보다 높다. O | X

X 아세톤의 인화점은 -18℃이고, 메틸알코올은 11℃이다.

빈출문제

095 등유의 인화점은 크레오소트유보다 낮다. O | X

O 등유의 인화점은 30~60℃이고, 크레오소트유는 약 74℃이다.

확인학습문제

096 가솔린의 발화점은 등유 및 경유의 발화점보다 낮다. O | X

X 가솔린의 발화점은 300℃이고, 등유는 200℃, 경유는 210℃이다.

빈출문제

097 발화점이 낮을수록 발화의 위험성이 크다. 황린의 발화점은 34℃이고 CS_2(이황화탄소)의 발화점은 100℃이다. O | X

O

24. 간부

098 발화점은 발화 지연시간, 압력, 산소농도, 촉매물질 등의 영향을 받는다. 발화점이 낮을수록 발화의 위험성은 커진다. O | X

O

> **핵심정리** 발화점이 낮아질 수 있는 조건
> 1. 분자구조가 복잡할 때
> 2. 압력과 화학적 활성도가 클수록
> 3. 발열량·농도가 클수록
> 4. 산소와 친화력이 클수록
> 5. 접촉금속의 열전도율이 작을수록
> 6. 최소점화에너지(활성화에너지)가 작을수록
> 7. 증기압이 낮을수록
> 8. 탄화수소의 분자량이 클수록

24. 간부

099
최소발화에너지는 가연성 혼합기를 발화시키는 데 필요한 최저에너지를 말한다. 압력이 상승하면 최소발화에너지는 작아진다. O | X

O

> 📖 **핵심정리** 최소발화에너지(Minimun Ignition Energy) 영향 인자
> 1. 압력이 높을수록 분자 간의 거리가 가까워진다.
> 2. 온도가 높을수록 분자 운동이 활발해져 MIE가 작아진다.
> 3. 가연성 혼합기의 농도가 양론농도 부근일 때 상한계나 하한계로 향함에 따라 MIE는 증가한다.
> 4. 열전도율이 낮으면 MIE가 작아진다. 일반적으로 이것보다 상한계나 하한계로 향함에 따라 MIE는 증가한다.
> 5. 전극 간 거리가 짧을수록 MIE가 감소되나 어떤 거리 이하로 짧아지면 방열량이 커져서 아무리 큰 에너지를 가해도 인화되지 않는다. 이 거리를 소염거리라 한다.
> 6. 일반적으로 연소속도가 클수록 MIE값은 작아진다.
> 7. 압력이 매우 낮아서 착화원에 의해 점화하여도 점화할 수 없는 한계가 있는데 이를 최소착화압력이라 한다.

21. 공채

100
연소속도에 영향을 미치는 요인으로는 가연성 물질의 종류, 촉매의 존재 유무와 농도, 공기 중 산소량 및 가연성 물질과 산화제의 당량비가 해당된다. O | X

O

18. 간부

101
숯, 코크스, 목탄 및 금속분은 열분해 반응에 의한 가연성가스가 표면에서 산소와 반응하여 연소한다. O | X

X 열분해 반응을 하지 않고 표면에서 산소와 반응하여 연소한다.

24. 공채

102
작열연소는 화염이 없는 표면연소이다. O | X

O

18. 간부

103
셀룰로이드 및 트리나이트로톨루엔은 분자 내에 산소를 가지고 있어 가열 시 열분해에 의해 가연성 증기와 함께 산소를 발생시켜, 자신의 분자 속에 포함되어 있는 산소에 의해 연소한다. O | X

O

16. 간부

104 고체연료의 분해연소란 목재, 종이, 섬유, 플라스틱 등과 같은 고체가연물에 충분한 열이 공급되면 복잡한 열분해 과정을 통하여 발생된 가연성 가스가 공기와 혼합되어 연소하는 형태를 말한다. O | X

O

24. 간부

105 석탄, 종이, 목재, 합성수지 및 파라핀은 고체 가연물의 연소 중 분해연소를 하는 물질이다. O | X

X 파라핀은 증발연소를 한다.

24. 간부

106 상온에서 고체 상태로 존재하는 가연물의 연소 형태에는 표면연소, 분무연소, 폭발연소, 자기연소 및 예혼합연소가 있다. O | X

X 고체연료의 연소형태는 표면연소, 분해연소, 자기연소 및 증발연소의 형태가 있다. 분무연소는 액체연료, 폭발연소와 예혼합연소는 일반적으로 기체연소의 형태로 분류된다.

핵심정리 가연물 상태에 따른 연소의 형태

고체연료(가연성 고체)	표면연소, 분해연소, 자기연소, 증발연소
액체연료(가연성 액체)	증발연소, 분해연소, 분무연소
기체연료(가연성 기체)	확산연소, 예혼합연소

25. 공채

107

고체 가연물인 피크르산(Picric Acid)의 연소 형태는 표면연소이다. O | X

X 피크르산은 제5류 위험물 중 나이트로화합물에 해당한다. 제5류 위험물의 연소 형태는 자기연소이다.

> 📖 **핵심정리** 피크르산
>
> - 트라이나이트로톨루엔(TNT)의 분해반응식
> $2C_6H_2CH_3(NO_2)_3 \rightarrow 2C + 3N_2 + 5H_2 + 12CO$
> - 트라이나이트로페놀(피크르산)의 분해반응식
> $2C_6H_2OH(NO_2)_3 \rightarrow 2C + 3N_2 + 3H_2 + 4CO_2 + 6CO$

📖 **핵심정리** 제5류 위험물

구분	종류
유기과산화물	과산화벤조일, 과산화초산, 과산화에틸메틸케톤, 아세틸퍼옥사이드
질산에스터류	나이트로셀룰로스, 나이트로글리세린, 셀룰로이드, 질산메틸, 질산에틸
나이트로화합물	트라이나이트로톨루엔(TNT), 트라이나이트로페놀(피크르산)
나이트로소화합물	p-다이나이트로소벤젠, 다이나이트로레조르신
아조화합물	아조벤젠
다이아조화합물	다이아조다이나이트롤페놀
하이드진유도체	염산하이드라진, 황산하이드라진
하이드록실아민	
하이드록실아민염류	황산하이드록실아민

22. 공채

108

역화는 연료의 연소속도가 분출속도보다 빠를 때 불꽃이 연료노즐 속으로 빨려 들어가 연료노즐 속에서 연소하는 현상이다. O | X

O

📖 **핵심정리** 비정상연소 등

비정상연소	연소속도와 분출속도의 관계
역화	연소속도 > 가스분출속도
선화	연소속도 < 가스분출속도
블로우오프	연소속도 ≪ 가스분출속도

25. 공채

109 연료의 분출속도가 연소속도보다 느려 꽃이 염공(焰孔) 속으로 빨려 들어가 혼합관 속에서 연소하는 현상을 역화 (back fire)라 한다. O | X

O

📖 **핵심정리** 역화와 선화
1. **역화**: 가연성 가스의 연소 시 노즐에서 혼합가스의 분출속도가 연소속도보다 느릴 때 역화현상이 발생한다(**분출속도 < 연소속도**).
2. **선화**: 역화현상과 반대현상으로 버너의 불꽃이 버너에서 부상하는 상태이다. 선화현상은 혼합가스의 분출속도가 연소속도보다 빠른 경우에 불꽃이 버너의 노즐에서 떨어지는 현상을 말한다(**연소속도 < 분출속도**).

22. 공채

110 연료노즐에서 흐름이 난류(turbulent)인 경우, 확산연소에서 화염의 높이는 분출속도에 비례한다. O | X

X 연료노즐에서 흐름이 층류인 경우, 확산연소에서 화염의 높이는 분출속도에 비례한다. 연료노즐에서 흐름이 완전성장 난류화염인 경우, 분출속도가 증가하여도 화염의 높이는 일정하다.

📖 **핵심정리** 난류연소
1. 층류일 때보다 연소가 잘되며 화염이 짧아진다.
2. 난류유동은 화염 전파를 증가시키지만 화학적 내용은 거의 변하지 않는다.
3. 유속이나 유량이 증대할 경우 시간의 지남에 따라 화염의 높이는 거의 변화가 없다.

22. 공채

111 황염은 분출하는 기체연료와 공기의 화학양론비에서 공기량이 적을 때 발생한다. O | X

O

빈출문제

112 노즐구멍의 확대 또는 노즐이 부식되었을 때, 용기 밖의 압력이 낮을 때 역화현상이 발생하기 쉽다. O | X

X 용기 밖의 압력이 높을 때 역화현상이 발생하기 쉽다.

빈출문제

113 황염이란 혼합가스의 분출속도가 연소속도보다 빠른 선화현상 상태를 유지하다가 공기의 유동이 강하거나 혼합가스의 분출속도가 더욱 증가하여 불꽃이 노즐에 정착하지 않고 꺼지는 현상을 말한다. O | X

X 블로우 오프(Blow off)에 대한 설명이다.

22. 공채

114

선화는 불꽃이 연료노즐 위에 들뜨는 현상으로 연료노즐에서 연료기체의 연소속도가 분출속도보다 느릴 때 발생하는 현상이다. O | X

O

18. 상반기 공채

115

역화(Back fire)란 연료가스의 분출속도가 연소속도보다 클 때, 주위 공기의 움직임에 따라 불꽃이 노즐에서 정착하지 않고 떨어져 꺼지는 현상이다. O | X

X 블로우 오프에 대한 설명이다.

24. 공채

116

불완전연소는 산소 과잉 상태에서 발생하고, 일산화탄소, 그을음과 같은 연소생성물이 발생한다. O | X

X 산소가 충분히 공급되지 않았을 때 불완전한 연소가 진행된다.

> **핵심정리 불완전연소**
> 1. 산소가 충분히 공급되지 않아 불완전한 연소가 진행되면, 가연물질로부터 열분해가 되어 발생되는 생성물에 가연성 물질이 남아 있는 것을 말한다.
> 2. 불완전연소할 때의 대표적인 생성물은 일산화탄소(CO), 그을음, 유리탄소 등이다.

24. 공채

117

불완전연소는 "연소실 내 배기가스의 배출이 불량할 때", "불꽃이 저온 물체와 접촉하여 온도가 내려갈 때" 발생한다. O | X

O

> **핵심정리 불완전연소의 발생 원인**
> 1. 연소가스의 배출 불량 등으로 유입공기가 부족할 때
> 2. 공급되는 가연물의 양이 많을 때
> 3. 가스량과 공기량의 균형이 맞지 않을 때
> 4. 불꽃이 낮은 온도의 물질과 접촉할 때
> 5. 연소 초기에 공급되는 공기의 양이 부족할 때
> 6. 연소생성물의 배기가 충분하지 않을 때

빈출문제

118 숯, 목탄, 금속분 및 코크스는 표면화재의 특성을 보인다.   O | X

X 심부화재의 특성을 보인다.

> **핵심정리** 가연물 상태에 따른 연소의 형태
>
> | 가연물의 상태 | 종류 |
> |---|---|
> | 고체연료(가연성 고체) | 표면연소, 분해연소, 자기연소, 증발연소 |
> | 액체연료(가연성 액체) | 증발연소, 분해연소, 분무연소 |
> | 기체연료(가연성 기채) | 확산연소, 예혼합연소 |

빈출문제

119 고체연료는 표면연소, 확산연소 및 증발연소를 한다.   O | X

X 확산연소는 기체연료의 연소이다. 일반적으로 고체연료는 표면연소, 분해연소, 자기연소 및 증발연소를 한다.

> **핵심정리** 고체·액체연료의 분해연소
>
> 1. **고체연료의 분해연소**: 석탄·목재·종이·섬유·플라스틱·고무류 등은 분해연소를 한다.
> 2. **액체연료의 분해연소**: 점도가 높고, 비중이 큰 중질유인 중유를 열분해하면 분해연소를 한다.

빈출문제

120 고체 연료의 외부에서 열을 가하면 가연물 자체 내에서 가연성 기체와 산소가 발생하면서 연소하는 것을 증발연소라 한다.   O | X

X 자기연소에 대한 설명이다. 증발연소는 고체 가연물이 분해연소와 같이 열분해를 일으키지 않고 증발하여 연소하는 것을 말한다.

> **핵심정리** 고체의 연소형태
>
> 1. **분해연소**: 목재, 석탄, 종이 및 플라스틱은 가열하면 열분해 반응을 일으키면서 생성된 가연성 증기와 공기가 혼합하여 연소한다.
> 2. **승화성 고체의 증발연소**: 황과 나프탈렌은 가열하면 열분해를 일으키지 않고 증발하면서 증기와 공기가 혼합하여 연소한다.
> 3. **자기연소**: 질산에스터류, 셀룰로이드 및 트리나이트로톨루엔은 분자 내에 산소를 가지고 있어 가열 시 열분해에 의해 가연성 증기와 함께 산소를 발생하여 자신의 분자 속에 포함되어 있는 산소에 의해 연소한다.
> 4. **융해성 고체의 증발연소**: 파라핀(양초)은 가열하면 융해되어 액체로 변하게 되고 지속적인 가열로 기화되면서 증기가 되어 공기와 혼합하여 연소한다.
> 5. **표면연소**: 숯, 목탄, 금속분, 코크스 등이 표면연소를 하며, 나무와 같은 가연물의 연소 말기(숯)에도 표면연소가 이루어진다.

24. 공채

121 자기연소는 제3류 위험물과 같이 물질 자체 내의 신소를 소모하는 연소로서 연소속도가 빠르다. O | X

X 자기연소는 제5류 위험물이 해당한다.

> **핵심정리 고체연료의 자기연소**
> 1. **자기연소**는 가연물이면서 자체 내에 산소를 함유하고 있어 외부에서 열을 가하면 분해되어 가연성 기체와 산소가 발생하게 되므로 공기 중의 산소를 필요로 하지 않고 그 자체의 산소에 의해 연소되는 것이다.
> 2. 자기연소를 하는 가연성 물질은 질산에스테르류(질산에스터류), 셀룰로이드류, 니트로화합물류(나이트로화합물류), 히드라진(하이드라진) 유도체, 히드록실아민(하이드록실아민) 등이 있다.
> 3. 일반적으로 제5류 위험물은 자기연소를 한다.

빈출문제

122 황 및 승홍($HgCl_2$)은 고체연료의 분해연소를 하는 대표적인 물질이다. O | X

X 황, 나프탈렌($C_{10}H_8$), 승홍($HgCl_2$), 아이오딘, 장뇌 등은 승화성 고체의 형태를 보이는 가연물로 증발연소한다. 참고로 양초(파라핀)는 열에 녹아 액체상태를 거쳐 증발연소하는 융해성 고체에 해당한다.

24. 공채

123 황이나 나프탈렌이 열분해되면서 일어나는 연소를 분해연소라 한다. O | X

X 황이나 나프탈렌은 증발연소한다. 증발연소는 고체 가연물이 분해연소와 같이 열분해를 일으키지 않고 증발하여 연소하는 것을 말한다.

24. 공채

124 증발연소는 액체에서만 발생하는 연소형태로서 액면에서 비등하는 기체에서 발생한다. O | X

X 증발연소는 주로 휘발유, 경유 및 등유의 액체연료에서 발생하지만, 황이나 나프탈렌과 같은 고체연료에서도 증발연소를 한다.

빈출문제

125 액체 가연물질이 연소할 때는 액체 자체가 빠른 속도로 산소와 결합하여 연소하는 특성을 보인다. O | X

X 액체 가연물질의 연소는 액체 자체가 연소하는 것이 아니다. 증발이라는 과정을 거쳐 발생된 가연성 기체가 일정한 공간에서 연소 가능한 농도를 조성하였을 때 점화원에 의해 연소한다.

빈출문제

126 액체의 온도가 인화점 이상이 되면 액체표면으로부터 많은 양의 증기가 증발되어 연소가 활발해진다. 이러한 증발연소를 액면연소라고도 한다. O | X

O

빈출문제

127 증발연소하는 액체 가연물질의 종류로는 휘발유, 등유, 경유, 알코올류 및 중유 등이 있다. O | X

X 중유는 분해연소의 특성을 보인다.

25. 공채

128 아세톤, 휘발유 및 알코올류는 분해연소하는 물질로 분류한다. O | X

X 아세톤, 휘발유 및 알코올류는 증발연소하는 물질로 분류한다.

> **핵심정리 증발연소(Evaporating combustion)**
> 1. 액체연소의 가장 일반적인 연소 형태이다. 액체가연물은 액체상태의 연소가 아닌 액체로부터 발생된 기체가 연소하는 것이다.
> 2. **액체 가연물질은 액체 자체가 연소하기보다는 액체 표면에서 증발된 증기가 연소하는 것이다.**
> 3. 액체의 온도가 인화점 이상이 되면 액체표면으로부터 많은 양의 증기가 증발되어 연소가 활발해진다. 이러한 증발연소를 액면연소라고도 한다.
> 4. 증발연소하는 액체 가연물질의 종류로는 휘발유, 등유, 경유, 알코올류, 에테르, 이황화탄소 등이 있다.

25. 공채

129 확산연소는 예혼합연소에 비해 연소속도가 빠르고, 화염온도가 낮다. O | X

X 확산연소는 예혼합연소에 비해 연소속도가 느리다. 확산연소는 예혼합연소에 비해 화염온도가 낮다.

> **핵심정리 확산연소(Diffusive burning)**
> 1. 연소버너 주변에 가연성 가스를 확산시켜 산소와 접촉하게 함으로써 연소범위의 혼합가스를 생성하여 연소하는 현상으로 기체의 일반적 연소 형태이다.
> 2. 가연성 기체가 공기와 혼합되는 과정이 필요하기 때문에 연소속도는 예혼합연소보다 느리다.
> 3. **화염의 온도는 예혼합연소에 비해 낮다.**
> 4. 불꽃은 황색이나 적색을 나타낸다.

빈출문제

130 분해연소하는 물질의 종류로는 중유, 글리세린, 벙커C유 등으로 제3석유류, 제4석유류, 동식물유류 등이 있다. O | X

O

> 📖 **핵심정리** 액체연료의 분해연소(Decomposing combustion)
> 1. 점도가 높고 비휘발성이거나 비중이 큰 액체 가연물질은 쉽게 연소 가능한 농도를 발생시키기 어렵다.
> 2. 중유와 같은 중질유는 열분해하여 가솔린·등유 등으로 변하여 가연성 증기의 발생을 증가시켜 연소가 잘 이루어지게 하는 연소의 형태이다.
> 3. 분해연소하는 물질로는 비중이 큰 중유, 글리세린, 벙커C유 등으로 3석유류, 4석유류, 동식물유류 등이 있다.

빈출문제

131 확산연소의 연소속도는 예혼합연소보다 빠르다. O | X

X 확산연소의 연소속도는 가연성 기체가 공기와 혼합되는 과정이 필요하기 때문에 예혼합연소보다 느리다.

> 📖 **핵심정리** 기체연료의 연소형태
> 1. 확산연소: 연료가스와 공기가 혼합하면서 연소하는 형태
> 2. 예혼합연소: 가연성 기체와 공기가 미리 연소범위 내에 균일하게 혼합되어 연소하는 형태
> 3. 폭발연소: 가연성 기체가 일시에 폭발적인 연소현상을 일으키는 비정상연소의 형태

빈출문제

132 예혼합연소(Premixed burning)는 동일한 농도의 혼합 상태가 유지되는 상태에서 균일하게 진행되므로 균질연소를 한다. O | X

O

> 📖 **핵심정리** 예혼합연소와 확산연소

구분		예혼합연소			확산연소
		전1차공기식	분젠식	세미분젠식	적화식
필요공기	1차 공기(%)	100	40~70	30~40	0
	2차 공기(%)	0	60~30	70~60	100
불꽃의 색		청록색	청록색	청색	약간 적색
불꽃의 온도(℃)		950	1,300	1,000	900

빈출문제

133 불꽃점화식의 내연기관 연소실 내에서의 연소와 분젠버너의 연소는 확산연소를 한다. O | X

X 예혼합연소를 한다.

134 불꽃연소는 예열대의 존재유무에 따라 예열대가 존재하지 않는 확산연소와 예열대가 존재하여 화염을 자력으로 수반하는 예혼합연소가 있다. O | X

O

> 📖 **핵심정리** 화염대
>
> 화염대가 온도곡선의 변곡점을 경계로 하여 예열대와 반응대로 구분한다. 예열대는 반응대에 유입 직전의 영역으로 화학반응은 일어나지 않고 온도만 상승한다. 반면 반응대에서 연소반응이 발생한다.
>
>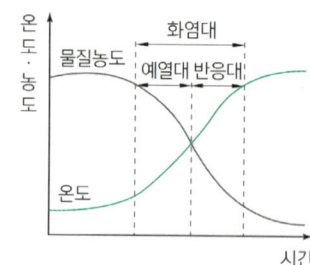

POINT 1-2 연소생성물

확인학습문제

135
연소는 발열반응을 통해 연소생성물을 생성하고 가연물의 고온화를 통해 연소를 지속시킨다. 연소생성물에는 열, 연기, 빛, 화염(불꽃), 연소가스 등이 있다. O | X

O

확인학습문제 고압가스안전관리법 시행규칙

136
가연성 가스는 지정품목 외에 공기 중에서 연소하는 가스로서 폭발한계의 하한이 10퍼센트 이하인 것과 폭발한계의 상한과 하한의 차가 50퍼센트 이상인 것을 말한다. O | X

X 폭발한계의 상한과 하한의 차가 20퍼센트 이상인 것을 말한다.

빈출문제 고압가스안전관리법 시행규칙

137
독성가스는 암모니아, 일산화탄소 등 지정품목 외에 공기 중에 일정량 이상 존재하는 경우 인체에 유해한 독성을 가진 가스로서 허용농도가 100만분의 5,000 이하인 것을 말한다. O | X

O 허용농도는 해당 가스를 성숙한 흰 쥐 집단에게 대기 중에서 1시간 동안 계속하여 노출시킨 경우 14일 이내에 그 흰 쥐의 2분의 1 이상이 죽게 되는 가스의 농도를 말한다.

확인학습문제 고압가스안전관리법 시행규칙

138
암모니아·일산화탄소·이황화탄소는 가연성 가스이면서 독성가스이다. O | X

O

21. 간부

139
가연물이 연소할 때 발생하는 독성가스 중 일산화탄소는 인체 내의 헤모글로빈과 결합하여 산소의 운반기능을 약화시켜 질식하게 한다. O | X

O

25. 공채

140 연소 시 발생하는 황화수소(H_2S)는 계란 썩는 냄새가 나는 가연성가스이다. O | X

O

> 📖 **핵심정리** 황화수소(H_2S)
> 1. 고무, 동물의 털, 가죽 등 황이 함유되어 있는 물질이 불완전연소할 때 발생한다(허용농도 10ppm).
> 2. 계란 썩는 듯한 냄새가 후각을 마비시켜 유해가스의 흡입을 증가시킨다.
> 3. 공기와 섞여 폭발성 혼합물을 형성할 수 있다.
> 4. 흡입 시 두통, 현기증, 기침, 메스꺼움, 불안정한 호흡을 유발할 수 있다.
> 5. 황화수소는 공기보다 밀도가 약간 더 크다. 그 혼합물은 폭발성이 있으며, 산소와 반응하여 이산화황과 물이 형성된다.

23. 공채

141 황화수소는 화재 시 연소생성물로, 썩은 달걀과 비슷한 냄새가 난다. O | X

O

23. 공채

142 TLV(Threshold Limit Value)로 측정한 독성가스의 허용농도는 불화수소, 시안화수소, 암모니아, 포스겐 순으로 높다. O | X

X 독성가스의 허용농도는 암모니아, 시안화수소, 불화수소, 포스겐 순으로 높다.

> 📖 **핵심정리** 독성가스의 허용농도
> 1. 불화수소: 3ppm
> 2. 시안화수소: 10ppm
> 3. 암모니아: 25ppm
> 4. 포스겐: 0.1ppm

23. 공채

143 일산화탄소는 산소와 헤모글로빈의 결합을 방해하여 질식에 이르게 할 수 있다. O | X

O

25. 공채

144 연소 시 발생하는 시안화수소(HCN)는 청산가스라고도 하며 동물의 털이 불완전연소할 때 발생한다. O | X

O

> **핵심정리 시안화수소(HCN)**
> 1. **청산가스**라고도 불리는 시안화수소는 질소성분을 가지고 있는 합성수지, 동물의 털, 인조견, 모직물 등의 섬유가 **불완전연소**할 때 발생하는 무색의 맹독성 가스이다.
> 2. 일산화탄소와 달리 헤모글로빈과 결합하지 않고도 호흡의 저해를 통한 질식을 유발한다.
> 3. 시안화수소의 독성허용농도(TLV-TWA 기준)는 10ppm(g/m^3)으로서 0.3% 이상의 농도에서는 즉시 사망한다.

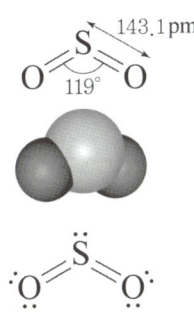

19. 공채, 20. 간부

145 시안화수소(HCN)는 청산가스라고도 하며, 인체에 대량 흡입되면 헤모글로빈과 결합되지 않고도 질식을 유발하는 연소가스이다. O | X

O

21. 간부

146 가연물이 연소할 때 발생하는 독성가스 중 브로민화수소(HBr)는 방염수지류 등이 연소할 때 발생하며, 상온·상압에서 물에 잘 용해되지 않는다. O | X

X 브로민화수소는 상온·상압에서 물에 잘 용해된다.

18. 공채, 20. 간부

147 암모니아(NH_3)는 질소 함유물이 연소할 때 발생한다. 냉동시설의 냉매로 많이 쓰이고 있으므로 냉동창고 화재 시 누출 가능성이 크며, 독성의 허용 농도는 25ppm이다. O | X

O

25. 공채

148 포스겐은 폴리염화비닐 등이 연소할 때 발생되는 맹독성가스이다.   O | X

O

> 📖 **핵심정리** 시포스겐
> 1. 열가소성 수지인 폴리염화비닐(PVC), 수지류 등이 연소할 때 발생하는 연소생성물로서 발생량은 많지 않다.
> 2. 독성이 큰 맹독성 가스로서 독성의 허용농도는 0.1ppm이다.
> 3. 불연성 가스로 공기보다 무거워 지면을 타고 확산된다.
> 4. 물과 접촉 시 분해되어 독성, 부식성 가스를 생성한다.
> 5. 질식성 독가스, 강한 자극제로서 폐수종을 유발할 수 있고 질식에 이르게 할 수 있다.
> 6. 증기상의 물질은 공기보다 무거워 공기와 교체되어 질식을 유발할 수 있으며, 액체 접촉 시 동상을 일으킬 수 있다.

20. 간부

149 포스겐($COCl_2$)은 폴리염화비닐(PVC)과 같이 염소가 함유된 수지류가 탈 때 주로 생성되는데 독성의 허용 농도는 5ppm이며 향료, 염료, 의약, 농약 등의 제조에 이용되고 있고, 자극성이 아주 강해 눈과 호흡기에 영향을 준다.   O | X

X 염화수소에 대한 설명이다.

21. 공채

150 화재 시 발생하는 연기(smoke)의 수직 이동속도는 수평 이동속도보다 느리다.   O | X

X 연기의 수직 이동속도는 수평 이동속도보다 빠르다.

21. 공채

151 중성대는 실내 화재 시 실내와 실외의 온도가 같은 면을 의미하고, 굴뚝효과는 건축물의 내부와 외부의 온도차에 의해 내부의 더운 공기가 상승하는 현상이다.   O | X

X 중성대는 건물 내부의 압력이 외부의 압력과 일치하는 위치를 말한다.

20. 간부

152 기체는 중성대 상부에서는 실내에서 외부로 유출되고 중성대 하부에서는 외부에서 실내로 유입된다. 중성대 상부는 열과 연기로부터 생존이 어려운 지역이고 중성대 하부는 신선한 공기로 인해 생존 가능성이 높은 지역이다.   O | X

O

23. 공채

153 감광계수는 연기로 인한 빛의 감소를 나타내며, 가시거리와 반비례한다. O | X

O

18. 상반기 공채

154 연기의 농도가 진할수록 감광계수가 커지고, 가시거리도 증가한다. O | X

X 감광계수는 커지고, 가시거리는 감소한다.

빈출문제

155 화재 시 연기는 처음에는 백색연기, 나중에는 흑색연기로 변한다. O | X

O 수소가 많으면 백색연기, 탄소수가 많으면 흑색연기로 변한다. 화재초기 발연량은 화재성숙기의 발연량보다 많다고 할 수 있다.

빈출문제

156 탄소의 함량이 많을수록, 공기의 공급량이 적을수록 연기의 발생량은 증가한다. O | X

O

빈출문제

157 연기 속을 투과하는 빛의 양을 측정하는 연기농도 측정법은 입자농도 측정법이다. O | X

X 투과율법(감광계수법)에 대한 설명이다. 입자농도 측정법은 연기 입자의 개수를 측정하는 방법이다.

빈출문제

158 감광계수는 연기 속을 빛이 투과하는 데 저하되는 빛의 비율을 측정하여 계수로 나타낸 것을 말한다. O | X

O 감광계수(Cs)의 단위는 $m^{-1} = \dfrac{m^2}{m^3}$이다. 즉, 단위체적당의 연기에 의한 빛의 흡수 단면적을 말한다.

빈출문제

159 감광계수로 표시한 연기의 농도와 가시거리의 상관관계는 비례 관계이다. O | X

X 감광계수로 표시한 연기의 농도와 가시거리의 상관관계는 반비례 관계이다.

빈출문제

160 감광계수가 0.3일 때 가시거리는 5m 정도이고, 어두침침한 것을 느낄 정도이다. O | X

X 감광계수가 0.3일 때는 건물 내부에 익숙한 사람이 피난에 지장을 느낄 정도이다. 어두침침한 것을 느낄 정도의 감광계수는 0.5이다.

빈출문제

161 감광계수가 10일 때는 출화실에서 연기가 분출될 때의 연기 농도이다. O | X

X 감광계수 10은 화재 최성기 때의 정도이다.

20. 공채

162 고층건축물의 연기유동요인으로는 부력효과, 바람에 의한 압력차, 굴뚝효과, 공기조화설비의 영향 등이 있다. O | X

O 굴뚝효과는 고층건축물에서 건물 내부와 외부의 밀도와 온도차에 의한 압력의 차이로 인해 건물 내부의 더운 공기는 상승하고 외부의 차가운 공기는 아래로 내려오는 현상이다.

빈출문제

163 외벽의 기밀도 및 건물 내부와 외부의 온도차는 굴뚝효과의 영향인자에 해당한다. O | X

O

> **핵심정리** 굴뚝효과에 영향을 주는 인자
> 1. 건물의 높이
> 2. 외벽의 기밀도
> 3. 건물 내부와 외부의 온도차
> 4. 건물의 층간 공기누설

24. 공채

164 굴뚝효과가 발생할 때는 개구부에 형성된 중성대 상부에서 공기가 유입되고, 중성대 하부에서 연기가 유출된다. O | X

X 굴뚝효과가 발생할 때는 개구부에 형성된 중성대 하부에서 공기가 유입되고, 중성대 상부에서 연기가 유출된다.

확인학습문제

165 건축물 굴뚝효과의 크기에 직접적인 영향을 주는 요소로는 층의 높이와 면적, 화재실의 온도 및 건축물 내·외의 온도차 등이 있다. O | X

X 층의 면적은 굴뚝효과의 크기에 직접적인 영향을 주는 요소에 해당하지 않는다.

빈출문제

166 중성대의 아래쪽으로 계속해서 공기가 유입되어 화재가 확대되면 중성대의 위치는 높아지게 된다. O | X

X 중성대의 위치는 낮아지게 된다.

25. 간부

167 중성대의 하부 개구부로 외부 공기가 유입되면, 중성대는 위쪽으로 상승한다. O | X

X 중성대의 하부 개구부로 외부 공기가 유입되면, 중성대 위치는 아래쪽으로 낮아진다.

> 📖 **핵심정리 중성대**
> 1. 건물 내부의 압력이 외부의 압력과 일치하는 위치를 말한다.
> 2. 건물에 화재가 발생했을 때, 연소가스와 연기 등은 밀도의 감소로 부력이 증가하므로 위쪽으로 상승하게 된다. 아래쪽에서는 신선한 공기가 건물의 안쪽으로 들어오게 되고 상승한 연소가스, 연기 등은 위쪽에서 나가게 되며 이때 압력차가 0이 되는 곳이 형성되는데, 이를 중성대라고 한다.

> 📖 **핵심정리 중성대의 특징**
> 1. 상층 개구부를 개방한다면 연소는 확대되지만 발생한 연기는 빠른 속도로 상승하여 외부로 배출되므로 중성대의 경계선은 위로 올라가고 중성대 하층의 면적이 커지므로 대원과 대피자들의 활동공간과 시야가 확보되어 신속히 대피할 수 있다.
> 2. 중성대의 아래쪽으로 계속해서 공기가 유입되면 중성대의 위치는 낮아지게 된다.
> 3. 화재현장에서 소방관은 중성대의 형성 위치를 파악하여 배연 등의 소방 활동에 적용하는 요령이 있어야 하는데, 배연을 할 경우에는 중성대 위쪽에서 배연을 하여야 효과적이다.

25. 간부

168 중성대의 상부 면적이 커질수록 대피자들의 활동공간과 시야가 확보되어 신속히 대피할 수 있다. O | X

X 중성대의 상부 면적이 커질수록 대피자들의 활동공간과 시야가 확보가 어려워 신속한 대피가 어려워진다.

25. 간부

169 중성대의 상부 개구부를 개방한다면 연소는 확대될 수 있지만, 연기가 빠른 속도로 상승하여 외부로 배출되므로, 중성대의 상부 면적은 감소하고 중성대의 하부 면적은 증가한다.   O | X

O 상층 개구부를 개방한다면 연소는 확대되지만 발생한 연기는 빠른 속도로 상승하여 외부로 배출되므로 중성대의 경계선은 위로 올라가고 중성대 하층의 면적이 커지므로 대원과 대피자들의 활동공간과 시야가 확보되어 신속히 대피할 수 있다.

20. 간부

170 중성대의 상부에서는 실내에서 외부로 기체가 유출되고, 중성대의 하부에서는 외부에서 실내로 기체가 유입된다.   O | X

O

20. 간부

171 중성대 하부 개구부를 개방하면 공기가 유입되면서 연기가 외부로 배출되어 중성대가 위로 상승하고 중성대 하부 면적이 커져 소화활동이 용이하게 된다.   O | X

X 공기가 유입되면서 화재의 확대가 이루어지고 실내 상부의 압력 상승에 따른 영향으로 중성대는 아래로 내려온다.

20. 간부

172 건물 내부의 압력이 외부의 압력과 일치하는 수직적인 위치가 생기는데, 이 위치를 중성대라 한다.   O | X

O

20. 간부

173 중성대 상부는 기체가 외부에서 실내로 유입되고 중성대 하부는 내부에서 외부로 기체가 유출된다.   O | X

X 중성대 상부는 기체가 실내에서 외부로 유출되고 중성대 하부는 외부에서 실내로 기체가 유입된다.

20. 간부

174 중성대 상부는 열과 연기로부터 생존이 어려운 지역이고 중성대 하부는 신선한 공기로 인해 생존 가능성이 높은 지역이다.   O | X

O

25. 간부

175 전도는 뉴턴의 냉각법칙을 따르며, 고체 표면과 움직이는 유체 사이에서 일어난다. O | X

X 대류는 뉴턴의 냉각법칙을 따르며, 고체 표면과 움직이는 유체 사이에서 일어난다. 전도는 푸리에(Fourier)의 열전도 법칙을 따른다.

> 📖 **핵심정리** 전도
> 1. 푸리에(Fourier)의 열전도 법칙을 따른다.
> 2. 물질의 이동 없이 고온의 물체와 저온의 물체를 직접 접촉시킬 때 고온의 물체에서 활발하게 일어나는 분자운동에 의하여 에너지가 전달된다. 이때 접촉면에서의 충돌에 따른 자유전자의 이동이나 분자의 진동운동에 의하여 저온 물체의 분자운동이 활발하게 된다.

25. 간부

176 대류는 유체의 유동이 외부로부터 작용하는 힘에 의해 이루어지는 강제대류와 온도차로 인한 부력에 의해 이루어지는 자연대류로 구분할 수 있다. O | X

O

> 📖 **핵심정리** 자연대류(Natural convection)와 강제대류(Forced convection)
> 유체의 실질적인 흐름에 의하여 열이 전달되는 현상으로 밀도차에 의한 자연대류, 압력차에 의한 강제대류 등이 있다.
> ① 자연대류는 기계적 도움 없이 물질의 밀도차에 의하여 발생되는 열전달이다. 즉, 온도차나 압력차에 의하여 생긴 부력에 의한 대류현상이다.
> ② 강제대류는 건물의 공기조화설비 등과 같이 기계적으로 대류를 발생시키는 것을 말한다. 즉, 인위적인 유동에 의하여 형성되는 대류현상이다.

> 📖 **핵심정리** 대류
> 대류는 Newton의 냉각법칙을 따른다.
> $$\dot{Q} = hA(T_S - T_\infty)$$
> $\dot{Q}$: 열전달율(W), h: 대류 열전달계수[W/m²K]
> A: 표면적
> T_S: 고체 표면의 온도
> T_∞: 유체의 온도

25. 간부

177 복사는 열에너지가 복사체로부터 대상물에 전자기파 형태로 전달되는 현상이다. 복사에너지는 스테판-볼츠만(Stefan-Boltzmann)의 법칙을 따른다. O | X

O

> **핵심정리**
>
> 복사는 스테판 볼츠만의 법칙(Stefan-Boltzmann's law)에 따른다.
>
> $$\dot{Q} = \epsilon \sigma T_S^4$$
>
> $\dot{Q}$: 복사열전달율(W)
> ϵ: 방사율(흑체의 경우 1)
> σ: 스테판-볼츠만 상수
> T_S: 고체 표면의 온도

19. 간부

178 열의 전달 방법 중 복사는 중간 매개체 도움 없이 발생하는 전자파에 의한 에너지의 전달이다. O | X

O

16. 간부

179 전도(Conduction)의 열전달 방식에서 단면적이 일정한 도체일 경우 열전달량은 전열면적과 온도차에 비례하고 두께 차에 반비례한다. O | X

O

22. 간부

180 복사열전달 현상은 열에너지가 전자기파의 형태로 전달되는 현상이고, 진공상태에서는 복사열은 전달되지 않는다. O | X

X 복사열전달 현상은 진공상태에서도 전달된다.

22. 간부

181 복사열전달 현상은 푸리에의 법칙을 따른다. O | X

X 푸리에의 법칙은 전도와 관련이 있다. 열전달 속도는 열전달 면적, 고온부와 저온부의 온도 차이에 비례하고 열이 전달되는 거리에 반비례한다.

> 📖 **핵심정리** 푸리에의 법칙에 의한 열전달량
>
> $$\text{열전달량 } \dot{Q} = kA \frac{(T_1 - T_2)}{L}$$
>
> k: 열전도율(W/mK)
> L: 물체의 두께
> A: 열전달 부분의 면적
> $(T_1 - T_2)$: 각 벽면의 온도 차
> T_1: 고온 측 표면온도(K)
> T_2: 저온 측 표면온도(K)

25. 공채

182 푸리에(Fourier)의 열전도법칙은 물질의 두께에 비례하고, 물질의 전열면적에 반비례한다. O | X

X 푸리에(Fourier)의 열전도법칙은 물질의 두께에 반비례하고, 물질의 전열면적에 비례한다.

25. 공채

183 푸리에(Fourier)의 열전도법칙은 물질 양면의 온도차에 비례한다. O | X

O

22. 간부

184 복사열전달 현상은 열전달이 고체 또는 정지 상태의 유체 내에서 매질을 통해 이루어진다. O | X

X 전도에 의한 열의 전달 현상이다.

> 📖 **핵심정리** 전도에 의한 열의 전달 현상
>
> 1. 물질의 이동 없이 고온의 물체와 저온의 물체를 직접 접촉시킬 때 고온의 물체에서 활발하게 일어나는 분자운동이 접촉면에서의 충돌에 따른 자유전자의 이동이나 분자의 진동운동에 의해 저온 물체의 분자운동을 활발하게 하여 에너지를 전달한다.
> 2. 금속이 비금속에 비해 열전도율이 큰 이유는 자유전자의 이동성 때문이다.
> 3. 열전도도는 고체 → 액체 → 기체의 순서이다.
> 4. 콘크리트가 철근보다 열전도율이 작다.

24. 공채

185 화염의 직경이 0.1m 인 화원의 중심으로부터 1m 떨어진 물체에 전달되는 복사열유속은 5[kW/m²]이다. (단, 화염의 열방출률은 120kW, 총 열방출에너지 중 복사된 열에너지 분율은 0.5, 원주율은 3으로 계산한다)   O | X

O $Q = \dfrac{0.5 \times 120kW}{4 \times 3 \times 1m^2} = 5[kW/m^2]$

> 📖 **핵심정리** 화염직경의 두 배 이상 떨어진 목표물에 대한 복사열 계산
>
> $$Q = \dfrac{Xr\dot{Q}}{4\pi r^2}$$
>
> $\dot{Q}$: 화재의 연소에너지 방출(kw)
> Xr : 총 방출에너지 중 복사된 에너지 분율(0.15~0.6)
> r : 화재중심과 목표물의 거리(m)
> $4\pi r^2$: 구의 표면적

22. 간부

186 유체입자의 유동에 의해 열에너지가 전달되는 현상은 대류에 의한 열의 전달현상이다.   O | X

O
> 📖 **핵심정리** 대류
> 1. 유체의 흐름이 층류일 때보다는 난류일 때 열전달이 잘 이루어진다.
> 2. 열복사 수준이 낮은 화재초기 상태에서 중요한 현상으로 부력의 영향을 받는다.

확인학습문제

187 화재플럼이 천장과 충돌하면 고온의 플럼가스는 충돌점(Stagnation point)을 중심으로 축대칭으로 퍼져나가게 되는데 이를 연돌효과라 한다.   O | X

X 천장제트(Ceiling jet)에 대한 설명이다.

17. 공채

188 천장제트흐름의 두께는 천장에서 화염까지 높이의 5~12% 내외 정도 범위이다.   O | X

O 천장제트흐름은 화재 플럼의 부력에 의하여 발생되며 천장면을 따라 빠르게 흐르는 기류이다. 화원의 크기와 위치 그리고 화원에서 천장까지의 높이에 영향을 받는다.

17. 공채

189 스프링클러헤드와 화재감지기는 천장제트흐름의 영향범위를 피하여 부착한다.   O | X

X 스프링클러헤드와 화재감지기는 천장제트흐름의 유효범위 내에 설치한다.

빈출문제

190 가연물질의 완전연소 시에는 공기의 공급량이 충분하기 때문에 연소불꽃은 암적색으로 나타난다. O | X

X 휘백색(1,500℃)으로 나타난다. 암적색은 약 520℃이다.

빈출문제

191 가연물의 온도, 혼합물의 조성 및 난류는 연소속도에 영향을 미치는 주요 요인이다. O | X

O

> **핵심정리 연소속도에 영향을 주는 요인**
> 1. 가연물의 온도
> 2. 산소의 농도에 따라 가연물질과 접촉하는 속도
> 3. **혼합물의 조성**: 연소속도는 화학양론적 혼합조성에서 최고가 된다. 혼합물이 연소한계에 가까워질수록 연소속도는 느려진다.
> 4. **난류**: 난류에 의해 주름잡힌 화염은 큰 표면적과 에너지를 가지게 되어 연소속도를 증가시킨다.

POINT 1-3 소방화학

확인학습문제

192 원자량이란 질량수가 12인 탄소의 원자량을 12로 정해 놓고 이를 기준으로 한 원자들의 상대적 질량을 말한다.　　O | X

O

> 📖 **핵심정리** 1몰의 질량과 몰의 개수
> 1. 1몰의 질량은 원자량에 g을 붙인 값을 말한다. 따라서 탄소 1몰의 질량은 12g이다.
> 2. 1몰의 개수(아보가드로 수)란 1몰의 질량 안에 들어 있는 입자수를 말한다. 1몰의 입자수는 6.02×10^{23}개이다.

확인학습문제

193 서로 결합된 원자들의 집합체인 분자는 화합물 고유의 화학적 성질을 지닌 최소단위이다.　　O | X

O

확인학습문제

194 화학식의 실험식이란 분자의 특성을 알 수 있도록 작용기를 사용하여 나타낸 식이다.　　O | X

X 시성식에 대한 설명이다.

> 📖 **핵심정리** 화학식의 표현
> 1. 분자식(Molecular formula): 한 분자를 이루는 원자의 종류와 수를 나타낸 식이다.
> 2. 실험식(Empirical formula): 물질을 구성하는 원자나 이온의 종류와 수를 가장 간단한 정수비로 나타낸 식이다.
> 3. 시성식(Rational formula): 분자의 특성을 알 수 있도록 작용기를 사용하여 나타낸 식이다.
> 4. 구조식(Structural formula): 화합물을 이루는 원자 사이의 결합이나 배열 상태를 결합선을 사용하여 나타낸 식이다.

확인학습문제

195 비금속원소와 비금속원소가 만나 비금속원소들이 서로 전자를 내어 놓아 전자를 공유하는 형태로, 원자들의 결합이 이루어지는 결합을 이온결합이라 한다.　　O | X

X 공유결합에 대한 설명이다. 이온결합은 금속양이온과 비금속음이온이 만나 이루어지는 결합이다. 나트륨 원자(Na)는 염소에 전자 1개를 주고 이온(Ion)이라 부르는 전하를 띤 두 개의 입자를 형성한다.

확인학습문제

196
□□□

비활성 기체는 모두 반응성이 가장 큰 비금속으로서, 실제로 모든 금속 및 대부분의 비금속들과 서로 반응한다. O | X

X 할로겐족 원소에 대한 설명이다.

확인학습문제

197
□□□

극성 분자끼리, 무극성 분자끼리는 잘 녹지 않는다. 반면, 극성 분자와 무극성 분자는 잘 녹는다. O | X

X 극성 분자끼리, 무극성 분자끼리는 녹기 쉽다. 반면, 극성 분자와 무극성 분자는 잘 녹지 않는다.

확인학습문제

198
□□□

이온결합이란 전기음성도가 다른 두 원자가 공유결합을 할 때, 전기음성도가 큰 원자 쪽으로 공유 전자쌍이 끌려 부분 전하를 띠는 결합을 말한다. O | X

X 극성공유결합에 대한 설명이다. 물은 산소와 수소원자가 극성공유결합을 하고 있다. 전기음성도란 원자와 원자가 공유 전자쌍을 끌어당기는 강도를 말한다.

확인학습문제

199
□□□

물(H_2O) 분자는 3개의 원자가 접힌 선형으로 결합한 무극성 분자가 된다. O | X

X 물(H_2O) 분자는 3개의 원자가 접힌 선형으로 결합하므로 결합의 극성이 지워지지 않고 극성 분자가 된다.

확인학습문제

200
□□□

배수비례의 법칙에 따라, 순수한 화합물에서 성분 원소 간의 질량비는 항상 일정하다. O | X

X 일정성분비의 법칙을 의미한다.

> **핵심정리 배수비례의 법칙(돌턴)**
> 두 원소가 결합하여 두 가지 이상의 화합물을 만들 때 한 원소의 일정량과 결합하는 다른 원소의 질량 사이에는 간단한 질량비가 성립한다. 이것은 원자가 쪼개지지 않은 채로 항상 정수의 개수비로 화학결합을 하기 때문이다.

확인학습문제

201
□□□

화학반응에서 발열반응은 반응물질 에너지가 생성물질 에너지보다 더 작을 때 나타난다. O | X

X 발열반응은 반응물질 에너지가 생성물질 에너지보다 더 클 때 나타난다.

확인학습문제

202 비중이란 어떤 물체의 단위질량 1[g(kg)]을 1[℃(℉)] 올리는 데 필요한 열량[cal(kcal)]을 말한다. O | X

X 비열에 대한 설명이다. 비중은 물질의 고유 특성으로서 기준이 되는 물질에 대한 상대적인 비를 말한다. 일반적으로 액체의 경우 1기압 하에서 4℃ 물을 기준으로 하고, 기체의 경우에는 20℃ 공기를 기준으로 한다.

빈출문제

203 잠열이란 열의 출입이 상(태)변화에 사용되지 않고 온도변화 현상으로 나타나는 열을 말한다. O | X

X 현열에 대한 설명이다.

> **핵심정리 현열 및 잠열**
>
> 1. 현열
>
> $$Q(현열: kcal) = C(비열: kcal/kg \cdot ℃) \times m(질량: kg) \times t(온도차: ℃)$$
>
> 2. 잠열
>
> $$Q(잠열: kcal) = m(질량: kg) \times \varsigma(잠열: kcal/kg)$$
>
> - 물의 기화열(증발잠열: 액체 → 기체): 539kcal/kg
> - 얼음의 융해열(융융잠열: 고체 → 액체): 80kcal/kg

확인학습문제

204 열역학 2법칙에 따라, 어떠한 방법으로든 절대영도(-273.15℃)에는 도달할 수 없다. O | X

X 열역학 3법칙을 말한다.

> **핵심정리 열역학 2법칙(에너지흐름의 법칙)**
>
> 1. 실제적으로 일은 열로 변환이 쉽게 일어나는 자연현상이지만, 열이 일로 변환하는 데에는 제한이 따른다. 열역학 2법칙은 에너지흐름의 법칙으로 비가역적인 현상을 말한다.
> 2. 일은 열로의 전환이 가능하나 열은 일로 전부 전환시킬 수 없다.
> 3. 열은 스스로 저온에서 고온으로 이동할 수 없다.

확인학습문제

205 열역학 1법칙은 에너지변환의 양적 관계를 명시한 것으로 비가역적인 법칙이다. O | X

X 열역학 1법칙은 가역적인 법칙이다.

> 📖 **핵심정리 열역학 1법칙**
> 1. 열과 일은 에너지의 일종으로 열과 일은 상호 변환이 가능하다.
> 2. 밀폐계가 임의의 사이클을 이룰 열전달의 총합은 이루어진 일의 총합과 같다.
> 3. 열역학 1법칙은 에너지변환의 양적 관계를 명시한 것으로 가역적인 법칙이다.

확인학습문제

206 샤를(Charles)의 법칙에 따르면 일정한 온도에서 기체의 질량을 고정하였을 때 기체의 부피는 기체의 압력에 반비례한다. O | X

X 보일(Boyle)의 법칙에 관한 내용이다. 샤를(Charles)의 법칙에 따르면 일정한 압력에서 일정량의 기체의 부피는 그 절대온도 T에 정비례한다.

확인학습문제

207 이상기체 상태방정식은 $PV = nRT$, $PV = \frac{w}{M} RT$이다.

P: 압력(atm), V: 부피(m^3), n: 몰수(Kmol), R: 기체상수($atm \cdot m^3/Kmol \cdot K$)
T: 절대온도(K), M: 분자량(kg/Kmol), w: 질량(kg) O | X

O 일정한 온도에서 'PV = 일정', 일정한 압력에서 'V/T = 일정', 일정 온도와 압력에서 '기체의 부피는 몰수에 비례($n \propto V$)'한다는 아보가드로의 법칙 등을 포함한다.

확인학습문제

208 질량보존의 법칙은 표준상태(0℃, 1atm)에서 모든 기체 1kmol(mol)이 차지하는 부피는 $22.4m^3$(L)이며, 그 속에는 6.023×10^{23}개의 분자가 존재하는 것을 의미한다. O | X

X 아보가드로의 법칙을 의미한다. 기체는 온도와 압력이 같다면 같은 체적 속에는 같은 수의 분자수를 갖는다.

빈출문제

209 이상기체 상수 값은 $0.082(atm \cdot L/mol \cdot K[atm \cdot m^3/Kmol \cdot K])$이다. O | X

O 이상기체 상수(R) = $1atm \times 22.4m^3/1Kmol \times 273K$
= $0.082 atm \cdot m^3/Kmol \cdot K$

빈출문제

210

화씨온도는 물의 어는점이나 끓는점을 사용하지 않고 에너지에 비례하도록 온도를 정의한 것으로, 열역학적으로 생각할 수 있는 최저온도로서 기체평균 운동에너지가 0으로 측정된 -273℃를 0K로 정한 온도이다.　　　O | X

X 절대온도에 대한 설명이다. 화씨온도(Fahrenheit)는 1기압에서 순수한 물의 어는점을 32°F, 끓는점(비점)을 212°F로 하여 그 사이를 180등분한 것이다.

빈출문제

211

섭씨온도를 화씨온도로 환산변환식은 '°F = $\frac{5}{9}$ ℃ + 32' 이다.　　　O | X

X 환산변환식은 °F = $\frac{9}{5}$ ℃ + 32 이다.

빈출문제

212

1몰의 메탄이 완전연소할 때에는 2몰의 산소가 필요하며, 1몰의 프로판은 3몰의 산소가 필요하다.　　　O | X

X 1몰의 프로판이 완전연소하기 위해선 5몰의 산소가 필요하다. 즉, 프로판이 완전연소하려면 메탄보다 2.5배의 산소가 더 필요한 것을 알 수 있다.

빈출문제

213

이론공기량 = $\frac{이론산소량}{0.21}$ (단, 공기 중의 산소의 농도는 21vol%)이다.　　　O | X

O 이론산소량 = 이론공기량 × $\frac{21}{100}$

빈출문제

214

메탄계 탄화수소는 탄소 간의 하나의 이중결합을 포함하고 있다.　　　O | X

X 메탄계 탄화수소(파라핀계)는 탄소 간에 단일결합을 하고 있다. 에틸렌계보다 반응성이 작다.

> **핵심정리** 지방족 탄화수소의 분류
> 1. 메탄계 탄화수소(파라핀계, AlKane족): 단일결합, 반응성이 작아 안정된 화합물
> 2. 에틸렌계 탄화수소(올레핀계, AlKene족): 이중결합, 메탄계보다 반응성이 큼
> 3. 아세틸렌계 탄화수소(AlKyne족): 3중결합, 반응성이 매우 큼
> 4. 알킬기의 일반식: C_nH_{2n+1}

빈출문제

215 산소농도를 최소산소농도보다 낮게 하면 연료의 농도에 관계없이 더 이상 연소가 진행되지 못한다. O | X

O 최소산소농도는 화염전파를 위한 최소한의 산소농도를 말한다.

$$MOC = LFL(\%) \times \frac{산소의\ 몰수}{연료의\ 몰수}$$

확인학습문제

216 불활성화(Inerting)는 가연성 혼합기체에 불활성 물질을 첨가하여 산소의 농도를 낮추어 연소를 멈추게 하는 것이다. O | X

O
> 📖 **핵심정리** 불활성화에 의한 퍼지방법
> 1. 진공 퍼지(Vacuum purging)
> 2. 압력 퍼지(Pressure purging)
> 3. 스위프 퍼지(Sweep through purging)
> 4. 사이폰 퍼지(Siphon purging)

빈출문제

217 한계산소지수가 클수록 위험도가 높다고 할 수 있다. O | X

X 한계산소지수가 클수록 안전도가 높다고 할 수 있다.

> 📖 **핵심정리** 한계산소지수(LOI; Limited Oxygen Index)
> 1. 시료가 발화되어 열원을 제거하였을 때 3분간 꺼지지 않고 연소하는 데 필요한 공기 중의 최소산소부피(%)를 말한다. 즉, 시료가 연소를 지속하는데 필요한 최소한의 산소체적분율(%)을 말한다.
> 2. 한계산소지수(LOI)(%) = $\dfrac{O_2}{O_2 + N_2} \times 100$

확인학습문제

218 공기비는 실제공기량을 이론공기량으로 나눈 값을 말한다. O | X

O 공기비 = $\dfrac{실제공기량}{이론공기량}$ = $\dfrac{실제공기량}{실제공기량 - 과잉공기량}$

확인학습문제

219 이론공연비는 단위질량의 연료를 완전연소시키는 데 필요한 공기량을 말한다. O | X

O 이론공연비 $S = (\frac{A}{F})st = \frac{m_{air}}{m_{fuel}}$

확인학습문제

220 연소과정의 공기과잉 혹은 연료과잉의 정도를 정량적으로 나타내기 위하여 이론연공비에 대한 연소과정의 연료공기비(실제연공비)를 당량비(Equivalence ratio, φ)로 정의한다. O | X

O 당량비 $\frac{실제연공비(F/A)}{이론연공비(F/A)st} = \frac{이론공기량}{실제공기량}$

확인학습문제

221 대부분의 화재에서 초기 화재 발생 시 당량비(φ)는 1보다 작은 상태로 시작하며, 화재가 성장하면서 증가하고, 화재성장단계를 거치는 동안 1보다 큰 상태가 된다. O | X

O '당량비(φ) < 1'인 경우 실제공기량이 이론공기량보다 크고, 공기과잉상태로 연료지배형 화재의 특성을 보인다. '당량비(φ) > 1'인 경우 이론공기량이 실제공기량보다 큰 상태이며, 공기부족상태이므로 불완전연소를 한다. 따라서, 환기지배형 화재의 특성을 갖는다.

21. 공채

222 최소산소농도(MOC; Minimum Oxygen Concentration)는 연소상한계에 의해 결정된다. O | X

X 연소하한계에 의해 최소산소농도가 결정된다.

23. 공채

223 화학양론비 부근에서 가연성 혼합기의 최소발화에너지(MIE; Minimum Ignition Energy)는 최저가 된다. O | X

O 가연성 혼합기의 농도가 양론농도 부근일 때 MIE가 작아진다. 일반적으로 이것보다 상한계나 하한계로 향함에 따라 MIE는 증가한다.

23. 공채

224 열전도율이 낮아지면 최소발화에너지는 커진다. O | X

X 열전도율이 낮아지면 최소발화에너지는 작아진다.

확인학습문제

225 화염을 전파하기 위해서는 최소한의 산소농도가 요구되며 이를 최소산소농도(MOC; Minimum Oxygen Concentration)라 한다. 가연성가스의 농도와 상관없이 산소 농도를 MOC 이하로 낮추면 연소는 불가능하게 된다. O | X

O
> 📖 **핵심정리** 최소산소농도(MOC)
> 1. 화염을 전파하기 위해서는 최소한의 산소농도가 요구되며 이를 최소산소농도(MOC; Minimum Oxygen Concentration)라 한다.
> 2. 가연성가스 농도가 얼마든지 산소 농도를 MOC 이하로 낮추면 연소는 불가능하게 된다.
> 3. 불활성기체가 첨가되면 연소범위가 좁아진다.
> 4. 실험 데이터가 충분하지 못할 때 MOC 값은 연소반응식 중의 산소의 양론계수와 연소하한계의 곱을 이용하여 추산되며 이 방법은 많은 탄화수소에 적용된다. 즉, 'MOC = 산소몰수 × 연소하한계'이다.

22. 공채

226 메틸알코올(CH_3OH)의 최소산소농도(MOC; Minimum Oxygen Concentration)는 14.0%이다(단, CH_3OH의 연소상한계는 37%, 연소범위의 상·하한 폭은 30%이다). O | X

X 최소산소농도(MOC) = 연소하한계 × $\dfrac{\text{산소의 몰수}}{\text{가연물의 몰수}}$ 이므로, 최소산소농도는 7 × 1.5 = 10.5%이다.

> 📖 **핵심정리** 메틸알코올의 완전연소반응식
> $$2CH_3OH + 3O_2 \rightarrow 2CO_2 + 4H_2O$$

23. 간부

227 에틸알코올(C_2H_5OH)의 최소산소농도(MOC)는 12.9%이다(단, 에틸알코올의 연소범위는 4.3~19Vol%이며, 완전연소생성물은 CO와 H_2O이다). O | X

O $C_2H_5OH + 3O_2 \rightarrow 2CO_2 + 3H_2O$
에틸알코올의 연소 범위는 4.3~19Vol%이다.

최소산소농도(MOC) = 연소하한계 × $\dfrac{\text{산소의 몰수}}{\text{가연물의 몰수}}$ 이다.

따라서, 에틸알코올의 최소산소농도 = $4.3 \times \dfrac{3}{1}$ = 12.9%이다.

21. 공채

228 1기압, 20℃인 조건에서 메탄(CH_4) $2m^3$가 완전연소하는 데 필요한 산소 부피는 $4m^3$이다. O | X

O

24. 간부

229 0℃, 1기압인 조건에서 1mol의 프로페인(C_3H_8)이 완전연소하는 데 23.8mol의 공기가 필요하고, 0.5mol의 프로페인(C_3H_8)이 완전연소하는 데 필요한 공기 중 질소의 양은 18.8mol이다. O | X

X 프로페인(C_3H_8)의 완전연소 반응식은 $C_3H_8 + 5O_2 \rightarrow 3CO_2 + 4H_2O$이다.
프로페인 1mol 완전연소할 때
- 5mol의 O_2 [$5 \times 36 = 180(g)$]
- 3mol의 CO_2 [$3 \times 44 = 132(g)$]
- 4mol의 H_2O [$4 \times 18 = 72(g)$]
- 필요한 공기량 5 / 0.21 ≒ 23.8[mol]
- 필요한 공기량 중 질소의 양 23.8[mol] × 0.79[vol%] ≒ 18.8[mol]

프로페인 0.5mol 완전연소할 때 필요한 공기 중 질소의 양은 $18.8[mol] \times \dfrac{1}{2} = 9.4[mol]$%다.

25. 공채

230 표준상태에서 메테인(CH_4) 2mole이 완전연소할 때 필요한 산소의 부피[L]는 44.8[L]이다. O | X

X 표준상태에서 메테인(CH_4) 2mole이 완전연소할 때 필요한 산소의 부피[L]는 89.6(L)이다.
1. 메탄(CH_4)의 완전연소 반응식: $CH_4 + 2O_2 \rightarrow CO_2 + 2H_2O$
메테인 2몰이 완전연소할 때 필요한 산소의 몰수는 4몰이다.
2. 따라서, 산소의 부피 = 4몰 × $\dfrac{22.4(L)}{1몰}$ = 89.6(L)

> **핵심정리** 탄화수소 연소반응식
> 1. 메탄(CH_4): $CH_4 + 2O_2 \rightarrow CO_2 + 2H_2O$
> 2. 에탄(C_2H_6): $C_2H_6 + \dfrac{7}{2}O_2 \rightarrow 2CO_2 + 3H_2O$
> 3. 프로판(C_3H_8): $C_3H_8 + 5O_2 \rightarrow 3CO_2 + 4H_2O$
> 4. 부탄(C_4H_{10}): $C_4H_{10} + \dfrac{13}{2}O_2 \rightarrow 4CO_2 + 5H_2O$

확인학습문제

231

비열은 단위질량의 물체 1g을 1℃ 올리는 데 필요한 열량과 물 1g의 온도를 1℃ 올리는 데 필요한 열량과의 비율을 말한다. O | X

O

22. 공채

232

황의 연소반응식은 $S + O_2 = SO_2$이다. O | X

O

22. 공채

233

800℃, 1기압에서 황(S) 1kg이 공기 중에서 완전 연소할 때 발생되는 이산화황의 발생량은 2.75(m^3)이다. O | X

O 이상기체반응식 $PV = nRT$
　$V = nRT/p$
　　$= 31.25(몰) \times 0.082(atm \cdot L/K \cdot 몰) \times (800+273)K/1atm$
　　$= 2,749(L) \times (\dfrac{1m^3}{1000L}$: 환산인자$)$
따라서, 이산화황의 발생량은 2.75(m^3)이다.

확인학습문제

234

액체를 주입하면 다시 증발되어 증발과 액화가 평행 상태에 이른다. 이때의 증기압을 최소증기압이라고 한다. O | X

X 이때의 증기압을 포화증기압이라고 한다.

확인학습문제

235

어떤 액체의 절대압력이 그 액체의 온도에 상당하는 포화증기압보다 낮아지면 비등(Boiling)하게 된다. 따라서 수계시스템에서 국소압력이 포화증기압보다 낮으면 기포가 발생한다. 이러한 현상을 공동현상(Cavitation)이라 한다. O | X

O

확인학습문제

236
□□□

유체의 표면에 작용하여 표면적을 최소화하려는 힘으로 액체 상태에서 외력이 없는 경우 거의 구형을 유지하려는 데 작용하는 장력을 부력이라 한다. O | X

X 표면장력이라 한다. 부력은 중력이 작용하는 공간에서 높이 차이에 따른 압력의 차이로 생기는 힘이다.

> **핵심정리** 표면장력
> 소화에서 가장 중요한 물의 특성인자 중의 하나이며, 물 표면에서 물분자 사이의 응집력 증가는 물의 온도와 전해질 함유량에 좌우된다.
> 1. 물에 함유된 염분은 표면장력을 증가시킨다.
> 2. 비누·알코올·산과 같은 유기물질은 표면장력을 감소시킨다. 즉, 비누나 샴푸 등의 계면활성제는 표면장력을 적게 해 주기 때문에 소화효과를 증대시킨다.
> 3. 표면장력은 분자 간의 응집력과 직접적인 관계가 있으므로 온도의 상승에 따라 그 크기는 감소한다.
> 4. 가연성 물질의 표면장력이 작을수록 위험성이 커진다.

확인학습문제

237
□□□

표면장력은 온도에 따라 변화하며, 온도가 높을수록 증가하게 된다. O | X

X 표면장력은 온도에 따라 변화하며, 온도가 높을수록 응집력이 떨어지므로 감소하게 된다.

확인학습문제

238
□□□

밀도는 물체의 구성입자가 얼마나 조밀하게 들어 있는가를 나타내는 물리량으로서 단위 체적(단위 부피)이 가지는 유체의 질량 또는 비질량(Specific mass)이라 한다. O | X

O

확인학습문제

239
□□□

비중이란 기준물질에 대한 단위 체적당 질량비로 나타낸다. O | X

O 기준물질과 어떤 물질과의 밀도의 비를 나타낸다.

확인학습문제

240
□□□

어떤 물질의 증기압이 대기압과 같아질 때의 온도를 융점이라고 한다. O | X

X 비점(비등점, 끓는점)에 대한 설명이다. 비등점이 낮은 가연물은 증기압이 커서 기체가 되기 쉬우므로 화재의 위험성이 크다고 볼 수 있다.

확인학습문제

241 일반적으로 액체의 점도가 크면 유동성이 좋지 못하므로 화재의 확대가 느릴 수 있다. O | X

O 가연성 액체의 점도는 액체의 유동성에 영향을 주어 화재가 확대되는 요인이 되기도 한다.

확인학습문제

242 온도가 상승하면 액체의 점도는 감소하지만, 기체의 점도는 증가한다. O | X

O 기체의 점도는 온도 상승에 따라 분자의 진동과 충돌이 증가하여 점도가 증가하는 특징을 보인다.

확인학습문제

243 SI기본단위로는 미터(m), 킬로그램(kg), 초(s), 암페어(A), 켈빈(K), 몰(mol), 칸델라(cd)의 7개 단위가 있다. O | X

O

PART 2 폭발론

POINT 2-1 폭발의 개관

빈출문제

001 폭발은 압력상승의 원인에 따라 물리적 폭발, 화학적 폭발 등으로 분류한다. O | X

O

> **핵심정리** 압력상승에 따른 분류
> 1. **물리적 폭발**: 증기폭발, 수증기폭발, 보일러폭발, 전선폭발, 감압폭발
> 2. **화학적 폭발**: 산화폭발, 분해폭발, 중합폭발, 촉매폭발
> 3. **물리·화학적 폭발**: 블레비(BLEVE) 현상
> 4. 핵폭발

빈출문제

002 물리적 폭발은 물질의 상태가 변하거나 온도, 압력 등의 조건의 변화에 의한 폭발로서 화염을 수반하지 않는다. O | X

O 반면에 화학적 폭발은 화학반응의 결과로 급격한 압력 상승을 수반한 폭발로서 화염을 동반한다.

> **핵심정리** 기상폭발과 응상폭발
> 폭발을 일으키는 원인물질의 상태에 따라 **기상폭발과 응상폭발**로 분류할 수 있다. 여기서 응상이란 고체상과 액체상을 모두 포함하는 말이며 기상이란 기체상을 말한다.
> 1. **기상폭발**: 가스폭발, 분무폭발, 분진폭발, 가스의 분해폭발, 증기운폭발(UVCE)
> 2. **응상폭발**: 증기폭발, 수증기폭발, 전선폭발, 물질의 혼합에 의한 폭발, 폭발성 물질의 폭발

> **핵심정리** 폭발의 성립조건
> 1. 밀폐된 공간과 연소의 요소가 있어야 한다.
> 2. 폭발한계(폭발범위) 내에 있어야 한다.
> 3. 가연성 가스 및 분진을 발화시킬 수 있는 점화원이 있어야 한다.
> 4. 급격한 압력 상승이 수반되어야 한다.

빈출문제

003 폭발의 원인물질의 분류에 따라 기상폭발과 응상폭발로 분류한다. O | X

> O
>
> **핵심정리** 원인물질의 상태에 따른 분류
> 1. **기상폭발**: 가스폭발, 분진폭발, 분해폭발, 분무폭발, 증기운폭발
> 2. **응상폭발**: 증기폭발, 수증기폭발, 전선폭발

24. 간부

004 분해폭발, 증기운폭발 및 증기폭발은 기상폭발의 범주에 해당한다. O | X

> X 증기폭발은 응상폭발에 해당한다.
>
> **핵심정리** 분해폭발
> 1. 산소에 관계없이 단독으로 발열·분해반응을 하는 물질에 의해서 발생하는 폭발현상이다. 압력과 온도의 영향을 받아 분해되며, 분해반응 시 발생하는 열과 압력에 의해서 주위에 많은 재해를 주는 폭발을 말한다.
> 2. 분해반응에 의해서 폭발을 일으키는 물질에는 과산화물·아세틸렌·다이아조화합물·하이드라진 등이 있다.
> 3. 아세틸렌은 공기 중에서 연소범위가 2.5 ~ 81%로서 연소범위가 넓어도 폭발을 일으킬 위험성이 높은 가스이며, 이를 압축하면 $C_2H_2 \rightarrow 2C + H_2 + 54kcal$의 분해방정식과 같이 분해를 일으키므로 이 열에 의하여 폭발이 일어난다.

빈출문제

005 폭연과 폭굉을 구분하는 기준은 화염의 전파속도이다. O | X

> O 폭연과 폭굉은 일반적으로 반응속도가 음속 이하인 것은 폭연, 음속 이상인 것은 폭굉으로 구분한다.
>
> **핵심정리** 폭연과 폭굉의 비교
>
> | 구분 | 폭연(Deflagration) | 폭굉(Detonation) |
> |---|---|---|
> | 화염의 전파속도 | 0.1 ~ 10m/s, 음속 이하 | 1,000 ~ 3,500m/s, 음속 이상 |
> | 폭발압력 | 초기압력의 10배 이하 | 10배 이상 |
> | 충격파 | 없다. | 있다. |
> | 에너지 방출속도 (온도 상승) | 물질(열)의 전달속도에 영향을 받는다. | 열에 의한 전파보다 충격파에 의한 압력에 영향을 받는다. |
> | 화염면 | 화염면에서 상대적으로 완만한 에너지 변화에 의해서 온도, 압력, 밀도가 연속적으로 나타난다. | 화염면에서 급격한 에너지 변화에 의해서 온도, 압력, 밀도가 불연속적으로 나타난다. |
> | 화염전파원리 | 반응면이 열의 분자 확산 이동과 반응물과 연소생성물의 난류혼합에 의해 전파된다. | 충격파에 의해 전파된다. |

23. 간부

006 폭연은 충격파를 형성하지 않고, 화염의 전파속도가 음속보다 느린 것을 말하며, 그 화염의 전파속도는 0.1~10m/sec 정도이다. O | X

O

23. 공채

007 예혼합가스의 초기압력이 높을수록 폭굉 유도거리가 길어진다. O | X

X 예혼합가스의 초기압력이 높을수록 폭굉 유도거리가 짧아진다.

23. 공채

008 화염전파속도는 폭연의 경우 음속보다 느리며, 폭굉의 경우 음속보다 빠르다. O | X

O

> **핵심정리** 폭연과 폭굉
> 1. 폭연
>   - 폭연에서는 반응면이 열의 분자확산 이동, 반응물과 연소생성물의 난류혼합에 의해 전파된다.
>   - 폭연은 폭굉으로 변화될 수 있으며, 에너지 방출속도가 열전달속도(물질의 전달속도)에 영향을 받는다.
>   - 폭연은 폭굉과 달리 충격파를 형성하지 않는다.
> 2. 폭굉
>   - 에너지 방출속도는 열전달속도에 기인하지 않고 압력파에 의존한다.
>   - 폭굉파는 음파와 달리 폭굉파가 통과한 곳은 화학적 조성이 변하므로, 가역적인 탄성파로 취급되지 않는다.

24. 간부

009 폭굉은 급격한 압력의 상승 또는 개방에 의해 가스가 격한 음을 내면서 팽창하는 현상이고, 화염의 전파속도는 약 0.1~10m/s이다. O | X

X 폭굉은 폭발적 연소반응으로서 화염의 전파속도가 음속보다 빠른 것을 말하며 일반적으로 화염의 전파속도는 1,000~3,500m/s이다. 이때의 온도 상승은 열에 의한 전파라기보다는 충격파의 압력에 기인한다.

23. 공채

010 폭연은 폭굉으로 전이될 수 없으나 폭굉은 폭연으로 전이될 수 있다. O | X

X 폭연은 폭굉으로 전이될 수 있다.

> **핵심정리** 폭굉유도거리(DID)
> 1. 점화에너지가 강할수록 짧아진다.
> 2. 연소속도가 큰 가스일수록 짧아진다.
> 3. 관경이 가늘거나 관 속에 이물질이 있을 경우 짧아진다.
> 4. 압력이 높을수록 짧아진다.

> **핵심정리** 폭연에서 폭굉으로의 전이과정(메커니즘)
> 1. 점화원에 의하여 화재가 발생하면 미연소부분으로의 화염전파가 시작된다.
> 2. 연소파에 의하여 화염의 전방에서 압축파가 발생한다.
> 3. 압축파는 계속해서 발생하는 압축파와 중첩되면서 강한 충격파로 전이된다.
> 4. 충격파는 단열압축을 수반하면서 발화점 이상으로 온도가 상승하게 되어 발화를 촉진한다.
> 5. 충격파가 배후에 연소를 수반하면서 엄청난 폭굉파를 발생한다.

24. 간부

011 압력이 높을수록 폭굉으로의 전이가 쉽다. O | X

O

24. 간부

012 폭굉유도거리가 짧아질수록 위험도는 커진다. O | X

O

23. 공채

013 폭연은 화염면에서 온도, 압력, 밀도의 변화가 불연속적으로 나타난다. O | X

X 폭굉은 화염면에서 온도, 압력, 밀도의 변화가 불연속적으로 나타난다. 폭연은 화염면에서 상대적으로 완만한 에너지 변화에 의해서 온도, 압력, 밀도가 연속적으로 나타난다.

23. 간부

014 폭연은 반응 또는 화염면의 전파가 분자량이나 공기 등의 난류확산에 영향을 받는다. O | X

O

빈출문제

015 폭굉은 충격파를 형성하지 않는다. O | X

X 폭굉은 폭발적 연소반응으로서 화염의 전파속도가 음속보다 빠른 것을 말하며 일반적으로 화염의 전파속도는 1,000~3,500m/s이다. 이때의 온도의 상승은 열에 의한 전파라기보다는 충격파의 압력에 기인한다.

빈출문제

016 폭굉은 온도, 압력, 밀도 등이 화염면에서 불연속적으로 나타난다. O | X

O 반면에 폭연은 온도, 압력, 밀도 등이 화염면에서 연속적으로 나타난다.

24. 간부

017 폭굉유도거리란 최초의 완만한 연소에서 폭굉까지 발전하는 데 필요한 거리를 말한다. O | X

O

24. 간부

018 폭굉유도거리는 관경이 가늘수록, 점화에너지가 작을수록 짧아진다. O | X

X 폭굉유도거리는 점화에너지가 강할수록 짧아진다.

> **핵심정리 폭굉유도거리 영향요인**
> 1. 점화에너지가 강할수록 짧아진다.
> 2. 연소속도가 큰 가스일수록 짧아진다.
> 3. 관경이 가늘수록 짧아진다.
> 4. 관속에 이물질(장애물)이 있을 경우에 짧아진다.
> 5. 배관의 상용 압력이 높을수록 짧아진다.

23. 간부

019 폭연은 에너지 방출속도가 물질전달속도에 영향받지 않고 매우 빠르다. O | X

X 폭연은 폭굉으로 변화될 수 있으며, 에너지 방출속도가 열전달속도(물질의 전달속도)에 영향을 받는다.

18. 간부

020 폭굉 시의 온도 상승은 열에 의한 전파보다 충격파의 압력에 기인하고, 화염면에서 온도와 압력 그리고 밀도가 연속적으로 나타난다. O | X

X 폭굉 시 화염면에서는 급격한 에너지의 변화에 의해서 온도와 압력 그리고 밀도가 불연속적으로 나타난다.

빈출문제

021 폭연은 물질의 전달속도에 영향을 받고, 화염면의 전파가 물질의 분자량이나 공기의 난류확산에 영향을 받는다. O | X

O

POINT 2-2 폭발의 분류

빈출문제

022 과열액체의 증기폭발(비등액체팽창증기폭발)은 화학적 폭발에 해당한다. O | X

X 물리적 폭발에 해당한다. 액체가 들어 있는 밀폐용기가 화재 시 외부로부터 가열되면 증기압이 상승하여 용기가 파열되면서 기체와 액체 간의 평형이 깨지는 현상이 발생할 수 있다. 일반적으로 이러한 현상을 물리적 폭발로 분류한다.

핵심정리 압력상승에 원인에 따른 분류

물리적 폭발	화학적 폭발
• 양적변화 • 상변화에 따른 폭발 • 액화가스 증기폭발 • 수증기폭발 • 전선폭발(알루미늄 전선) • 감압폭발 • 과열액체 증기폭발(블래비) • 고상간 전이에 의한 폭발	• 질적변화 • 화학반응에 따른 폭발 • 분진폭발 • 분해폭발 • 가스폭발 • 분무폭발 • 박막폭발

빈출문제

023 전선폭발은 물리적 폭발로 분류한다. O | X

O 미세한 금속선에 큰 용량의 전류가 흘러 전선의 온도 상승으로 용해되어 갑작스러운 기체의 팽창이 짧은 시간 내에 발생하는 전선의 폭발도 물리적 폭발에 해당한다.

빈출문제

024 화학적 폭발은 산화폭발, 분해폭발, 중합폭발 등으로 분류한다. O | X

O 화학적 폭발은 물질의 화학반응에 의하여 온도가 상승·과열되어 단시간 내에 급격한 압력 상승이 발생하여 폭발하는 현상을 말한다.

빈출문제

025 화학적 폭발 중 산화폭발에는 분진폭발, 분해폭발, 분무폭발 등이 있다. O | X

X 분해폭발은 산소에 관계없이 단독으로 발열·분해반응을 하는 물질에 의하여 발생하는 폭발현상이다. 분해폭발은 산화폭발에 해당하지 않는다. 압력과 온도의 영향을 받아 분해되며, 분해반응 시 발생하는 열과 압력에 의하여 주위에 많은 재해를 주는 폭발을 말한다.

22. 공채

026 밀폐공간에서 조연성가스가 폭발범위를 형성하면 점화원에 의해 가스폭발이 일어난다. O | X

X 조연성가스는 자신은 연소하지 않으면서 다른 물질이 타는 것을 도와주는 역할을 한다. 조연성가스는 가스폭발을 일으키지 않는다.

20. 공채

027 폭발은 물리적, 화학적 변화의 결과로 발생된 급격한 압력 상승에 의한 에너지가 외계로 전환되는 과정에서 파열, 폭음 등을 동반하는 현상을 말한다. O | X

O

23. 공채

028 증기폭발은 액체의 급속한 기화로 인해 체적이 팽창되어 발생하는 현상이다. O | X

O

20. 공채

029 증기폭발은 폭발물질의 물리적 상태에 따른 분류 중 기상폭발에 해당한다. O | X

X 증기폭발은 응상폭발에 해당한다. 기상폭발에 해당하는 폭발은 가스폭발, 분진폭발, 분해폭발, 분무폭발 및 증기운폭발 등이 있다.

21. 간부

030 산화폭발, 분해폭발, 중합폭발은 화학적 폭발에 해당한다. O | X

O

22. 공채

031 아세틸렌과 산화에틸렌은 분해폭발을 일으키기 쉬운 물질이다. O | X

O

> **핵심정리** 분해폭발
> 1. 공기가 섞이지 않은 상태에서도 폭발이 가능하므로 폭발상한계는 100%가 될 수 있다.
> 2. 아세틸렌, 산화에틸렌, 하이드라진, 에틸렌, 오존, 아산화질소, 산화질소, 시안화수소

21. 공채

032 중합폭발은 가연성 액체의 무적(霧滴, mist)이 일정 농도 이상으로 조연성 가스 중에 분산되어 있을 때 착화하여 발생한다. O | X

X 분무폭발에 대한 설명이다. 중합폭발은 단량체의 중축합반응에 따른 발열량에 의한 폭발로 대표적인 예로는 산화에틸렌, 시안화수소, 염화비닐 등이 있다.

23. 공채

033 분해폭발은 공기나 산소와 섞이지 않더라도 가연성 가스 자체의 분해 반응열에 의해 폭발하는 현상이다. O | X

O

21. 공채

034 분해폭발은 산소에 관계없이 단독으로 발열·분해반응을 하는 물질에서 발생하고, 물리적 폭발은 물질의 상태(기체, 액체, 고체)가 변하거나 온도, 압력 등 조건의 변화에 따라 발생한다. O | X

O

16. 간부

035 수증기폭발은 밀폐 공간 속의 물이 급속히 기화하면서 많은 양의 수증기가 발생함으로써 증기압이 높아져 이것이 공간을 구획하고 있는 용기나 구조물의 내압을 초과하여 파열되는 현상이다. O | X

O

16. 간부

036 가스폭발은 가연성 가스가 폭발범위 내의 농도로 공기나 조연성 가스 중에 존재할 때 점화원에 의해 폭발하는 현상으로 물리적 폭발에 해당한다. O | X

X 가스폭발은 화학적 폭발에 해당한다. 화학적 폭발은 화학반응의 결과로 급격한 압력이 발생하여 발생되는 폭발이다.

22. 공채

037 상온에서 탱크에 저장된 중유가 유출되면 자유공간 증기운폭발이 일어난다. O | X

X 상온에서 탱크에 저장된 중유가 유출되어 증기운 폭발이 발생하기는 어렵다.

22. 공채

038 다량의 고온물질이 물속에 투입되었을 때 물의 갑작스러운 상변화에 의한 폭발현상을 반응폭주라 한다. O | X

X 수증기폭발에 대한 설명이다.

> 📖 **핵심정리** 반응폭주에 의한 폭발
> 화학공장에서는 화합, 분해, 중합, 치환 등의 반응을 이용하는데 이러한 반응을 제어하는 데 실패할 경우 반응폭주가 일어나며, 폭발로 이어질 수 있다.

20. 간부

039 보일러와 같이 고압의 포화수를 저장하고 있는 용기가 파손 등의 원인으로 동체의 일부분이 열리면 용기 내압이 급속히 하락되어 일부 액체가 급속히 기화하면서 증기압이 급상승하여 용기가 파괴되는 폭발은 기상폭발에 해당한다. O | X

X 보일러폭발은 응상폭발에 해당한다.

20. 간부

040 공기 중에 분출된 가연성 액체가 미세한 액적이 되어 무상으로 부유하고 있을 때 착화에너지가 주어지면 폭발하는 현상은 기상폭발이다. O | X

O

15. 간부

041 가스폭발에 비해 분진폭발은 발생에너지와 발열량은 크고, 연쇄폭발(2차 폭발)이 일어나지 않는다. O | X

X 분진폭발은 연쇄폭발이 발생할 수 있다.

빈출문제

042 가연성 고체의 미분 상태에서 분진 입자와 밀도가 작을수록, 비표면적이 클수록 분진폭발이 잘 발생할 수 있다. O | X

O

빈출문제

043 일반적으로 아세틸렌과 산화에틸렌은 분해폭발, 금속분과 밀가루는 분진폭발의 위험이 있다. O | X

O

18. 하반기 공채

044 가스폭발은 가연성 고체의 미분이 공기 중에 부유하고 있을 때에 어떤 점화원에 의해 에너지가 주어지면 폭발하는 현상을 말한다. O | X

X 분진폭발에 대한 설명이다.

23. 공채

045 가스폭발은 분진폭발보다 최소발화에너지가 크다. O | X

X 가스폭발은 분진폭발보다 최소발화에너지가 작다.

> 📖 **핵심정리** 분진폭발의 특징
> 1. 가스폭발과 같이 조연성 가스의 균일한 상태에서 반응하는 것이 아니고 가연물 주위에서 불균일한 상태에서 반응한다. 즉, 분진폭발은 가스폭발에 비하여 불완전연소가 많이 발생하기 때문에 일산화탄소의 발생량이 상대적으로 크다고 볼 수 있다.
> 2. 가스폭발보다 착화를 일으킬 수 있는 최소발화에너지가 크다.
> 3. 2차 폭발, 3차 폭발을 일으킬 수 있다.
> 4. 일반적으로 연소속도와 폭발압력은 가스폭발에 비교하여 작다고 할 수 있다. 반면에 연소시간이 길고 발생에너지가 크기 때문에 연소규모가 크다고 할 수 있다.

23. 공채

046 분진의 단위체적당 표면적이 작아지면 폭발이 용이해진다. O | X

X 입도가 작을수록 비표면적이 증가하므로 폭발성이 증가한다. 분진의 단위체적당 표면적이 작아지면 비표면적이 감소하므로 폭발이 용이하지 않다.

> 📖 **핵심정리** 분진폭발의 영향인자
> 1. 입도가 작을수록 비표면적이 증가하므로 폭발성이 증가한다.
> 2. 분진폭발을 일으키는 분진입자의 크기는 약 100마이크로(μ) 또는 $76\mu m$(200mesh) 이하이다.
> 3. 입도가 동일한 경우 구상 → 침상 → 평편상 순으로 폭발성이 증가한다.

24. 간부

047 분진의 발열량이 클수록, 휘발성분의 함유량이 많을수록 분진폭발하기 쉽다. O | X

O

24. 간부

048 평균 입경이 동일한 분진일 경우 분진의 형상에 따라 폭발성이 달라진다. O | X

O

> **핵심정리 분진폭발의 영향 인자**
> 1. **분진의 화학적 성질**: 분진의 발열량과 휘발성이 클수록 폭발성이 크다.
> 2. **분진의 부유성**
>   • 부유성이 클수록 공기 중에 체류시간이 길고 위험성도 커진다.
>   • 공기 중에서 산화피막을 형성할 수 있는 가연성 분진은 공기 중의 부유시간이 길어지면 폭발성이 감소할 수도 있다.
>   • 분진 중에 존재하는 수분은 분진의 부유성을 억제할 수 있다. 이에 따라 가연성 분진의 폭발하한계가 높아져 폭발성을 약하게 할 수 있다.
>   • 수분과의 반응성이 있는 금수성 물질의 분진은 가연성 가스의 발생을 촉진시킬 수 있어 폭발의 위험성이 커질 수 있다.
> 3. **입도 및 형상**
>   • 입도가 작을수록 비표면적이 증가하므로 폭발성이 증가한다.
>   • 분진폭발을 일으키는 분진입자의 크기는 약 100마이크로(μ) 또는 76μm(200mesh) 이하이다.
>   • 입도가 동일한 경우 구상 → 침상 → 평편상 순으로 폭발성이 증가한다.
> 4. **산소의 농도**: 산소의 농도가 낮아지면 최소점화에너지는 증가한다.

24. 간부

049 알루미늄과 마그네슘 금속분진의 경우 분진 속 수분량이 증가하면 폭발성이 증가한다. O | X

O

24. 간부

050 열분해가 용이할수록, 기체 반응속도가 빠를수록 분진 폭발하기 쉽다 O | X

O

23. 공채

051 분진의 부유성이 클수록, 분진의 발열량이 클수록 폭발하기 쉽다. O | X

O

19. 간부

052 증기운폭발은 대기 중에 기화하기 쉬운 가연성 액체가 유출되어 가연성 혼합기체가 대량으로 형성되었을 때 점화원에 의해 착화되어 일어나는 폭발현상을 말한다. O | X

O

빈출문제

053 극저온 액화가스의 증기폭발과 과열액체의 증기폭발은 기상폭발에 해당한다. O | X

X 응상폭발에 해당한다.

> 📖 **핵심정리** 증기폭발
> 1. **극저온 액화가스의 증기폭발**: 저온의 액화가스가 상온의 물 위에 분출되었을 때와 같이 액상에서 기상으로 급격한 상변화에 의하여 발생하는 폭발현상을 말한다.
> 2. **과열 액체의 증기폭발**: 보일러와 같이 고압의 포화수를 저장하고 있는 용기가 파손 등의 원인으로 동체의 일부분이 개방되면 용기 내압이 급속도로 하락되어 일부 액체가 급속히 기화하면서 증기압이 급상승하여 용기가 폭발(파괴) 되는 현상을 말한다.

23. 간부

054 분진폭발, 분해폭발 및 분무폭발은 응상폭발에 해당한다. O | X

X 기상폭발에 해당한다.

19. 간부

055 저온의 액화가스가 상온의 물 위에 분출되었을 때와 같이 액상에서 기상으로 급격한 상변화에 의해 발생하는 폭발현상은 응상폭발에 해당한다. O | X

O

22. 간부

056 분진폭발, 증기운폭발 및 증기폭발은 화학적 폭발에 해당한다. O | X

X 증기폭발은 물리적 폭발에 해당한다.

> 📖 **핵심정리** 압력상승의 원인에 따른 분류
>
> | 물리적 폭발 | 화학적 폭발 |
> | --- | --- |
> | • 양적변화
• 상변화에 따른 폭발
• 액화가스 증기폭발
• 수증기폭발
• 전선폭발(알루미늄 전선)
• 감압폭발
• 과열액체 증기폭발(블래비)
• 고상간 전이에 의한 폭발 | • 질적변화
• 화학반응에 따른 폭발
• 분진폭발
• 분해폭발
• 가스폭발
• 분무폭발
• 박막폭발 |

빈출문제

057 전선폭발 및 감압폭발은 물리적 폭발에 해당한다. O | X

O

빈출문제

058 양적변화에 따른 화학반응에 의한 폭발은 화학적 폭발에 해당한다. O | X

X 질적변화에 따른 화학반응에 의한 폭발은 화학적 폭발에 해당한다.

빈출문제

059 과열액체 증기폭발(블레비)와 고상간 전이에 의한 폭발 및 UVCE(증기운폭발)는 물리적 폭발에 해당한다. O | X

X UVCE(증기운폭발)는 화학적 폭발에 해당한다.

25. 간부

060 블레비(BLEVE)는 물리적 폭발에 해당한다. O | X

O 고압 상태인 액화가스용기가 가열되어 물리적 폭발을 하고 순간적으로 화학적 폭발로 이어지는 현상이다.

25. 간부

061 증기운폭발(UVCE)은 저장탱크에서 유출된 가스가 증기운을 형성하여 떠다니다가 점화원과 접촉하여 발생하는 누설 착화형 폭발에 해당한다. O | X

O

POINT 2-3 대표적인 폭발현상

21. 공채

062 블레비(BLEVE; Boiling Liquid Expanding Vapor Explosion) 현상은 액화가스저장탱크에서 물리적 폭발이 순간적으로 화학적 폭발로 이어지는 현상이다. 직접 열을 받은 부분이 액화가스저장탱크의 인장 강도를 초과할 경우 기상부에 면하는 지점에서 파열하게 된다. O | X

O

17. 공채

063 액화가스탱크에 외부에서 가해지는 열에 의해 액체가 비등하면서 내부의 압력이 상승하여 액화가스용기의 물리적 폭발이 발생되고 순간적으로 화학적 폭발로 이어지는 현상을 보일오버라 한다. O | X

X 블레비(BLEVE) 현상에 대한 설명이다.

17. 간부

064 블레비(BLEVE) 현상에 영향을 주는 인자로는 저장된 물질의 종류와 형태, 저장용기의 재질, 주위의 온도와 압력상태 등이 있다. O | X

O

빈출문제

065 블레비(BLEVE) 현상은 물리적 폭발이 순간적으로 화학적 폭발로 이어진다. 그 화학적 폭발의 결과로 파이어 볼(Fire ball)이 발생되기도 한다. O | X

O

빈출문제

066 증기폭발은 대기 중에 기화하기 쉬운 액체가 유출되어 대량의 가연성 혼합기체가 형성되어 발화원에 의하여 폭발하는 현상을 말한다. O | X

X 증기운폭발(UVCE; Unconfined Vapor Cloud Explosion)에 대한 설명이다.

24. 공채

067 블레비(BLEVE) 현상으로 저장탱크 균열로 인한 액상, 기상의 동적 평형 상태가 유지된다. O | X

X 블레비(BLEVE) 현상으로 탱크 균열로 인한 액상, 기상의 동적 평형상태가 깨지는 물리적 폭발을 말한다.

> 📖 **핵심정리** 블레비(BLEVE; Boiling Liquid Expanding Vapor Explosion)
>
> 블레비 현상(비등액체팽창 증기폭발)은 가연성 액체가 들어있는 액화가스저장탱크가 화재로부터 열을 공급받아 압력이 상승하여 탱크의 일부가 파열되고, 탱크 균열로 인한 액상, 기상의 동적 평형상태가 깨지는 물리적 폭발을 말한다. 블레비 현상으로 대기 중으로 기화된 가스가 점화원에 의하여 폭발할 수 있다.

24. 공채

068 블레비(BLEVE) 현상은 가연물이 비점 이상으로 가열될 때, 저장탱크의 기계적 강도 이상의 압력이 형성될 때 발생한다. O | X

O

> 📖 **핵심정리** 블레비(BLEVE) 발생의 메커니즘
>
> 1. 저장탱크의 온도가 상승한다.
> 2. 내부 압력이 상승한다.
> 3. 탱크의 벽면에 연성파괴가 발생한다.
> 4. 일시적인 압력감소 현상이 발생한다.
> 5. <u>급격한 비등팽창이 발생한다.</u>
> 6. 압력이 급격히 재상승한다.
> 7. <u>탱크 외벽의 취성이 파괴되는 현상까지이다.</u>

24. 공채

069 블레비(BLEVE) 현상은 저장탱크의 외부 표면에 열전도성이 작은 물질로 단열 조치하여 예방한다. O | X

O

> 📖 **핵심정리** 블레비(BLEVE) 발생의 방지대책
>
> 1. 탱크 내의 압력을 감압시킨다.
> 2. 내압강도를 높게 한다.
> 3. 열전도도가 좋은 물질로 탱크 내벽을 제작한다.
> 4. <u>화염으로부터 탱크로의 가열을 방지한다.</u>
> 5. 경사를 지어서 화염이 직접 탱크에 접하지 않도록 한다.
> 6. 탱크표면에 냉각장치를 설치하여 탱크내부의 증기발생을 감소시킨다.
> 7. 외부의 저장탱크의 물리적 충격·충돌의 발생을 방지한다.
> 8. 폭발방지장치를 설치한다.

POINT 2-4 방폭구조

22. 간부

070
정상시 및 사고시(단선, 단락, 지락 등)에 발생하는 전기불꽃, 아크 또는 고온에 의하여 폭발성 가스 또는 증기에 점화되지 않는 것이 점화시험 및 기타에 의하여 확인된 방폭구조는 안전증가 방폭구조이다. O | X

X 본질안전 방폭구조에 대한 설명이다.

> **핵심정리 방폭구조**
> 1. 내압 방폭구조(d): 전폐구조로 용기 내부에서 폭발성 가스 또는 증기가 폭발하였을 때 용기가 그 폭발압력에 파손되지 않고 견디며, 폭발한 고열의 가스가 접합면, 개구부 등을 통하여 외부로 나가는 일이 발생하여도 그동안에 냉각되어 외부의 폭발성 가스에 인화될 우려가 없도록 한 구조이다.
> 2. 압력 방폭구조(p): 점화원이 될 우려가 있는 부분을 용기 내에 넣고 신선한 공기 또는 불연성 가스 등의 보호기체를 용기의 내부에 넣어 줌으로써 용기 내부에는 압력이 형성되어 외부로부터 폭발성 가스 또는 증기가 침입하지 못하도록 한 구조이다.
> 3. 유입 방폭구조(o): 전기기기의 불꽃, 아크 또는 고온이 발생하는 부분을 기름(절연유) 속에 넣고 기름면 위에 존재하는 폭발성 가스 또는 증기에 인화될 우려가 없도록 한 구조이다.
> 4. 안전증(가) 방폭구조(e): 정상운전 중에 폭발성 가스 또는 증기에 점화원이 될 전기불꽃, 아크 또는 고온이 되어서는 안 될 부분에 이러한 것의 발생을 방지하기 위하여 기계적·전기적 구조 상 또는 온도 상승에 대해서 특히 안전도를 증가한 구조이다.
> 5. 본질안전 방폭구조(ia 또는 ib): 정상 시 및 사고 시(단선, 단락, 지락 등)에 발생하는 전기불꽃, 아크 또는 고온에 의하여 폭발성 가스 또는 증기에 점화되지 않는 것이 점화시험 및 기타에 의하여 확인된 구조를 말한다.

빈출문제

071
안전증가 방폭구조는 정상운전 중에 폭발성 가스 또는 증기에 점화원이 될 전기불꽃, 아크 또는 고온이 되어서는 안 될 부분에 이러한 것의 발생을 방지하기 위하여 기계적·전기적 구조 상 또는 온도 상승에 대해서 특히 안전도를 증가한 구조이다. O | X

O

빈출문제

072
내압 방폭구조는 점화원이 될 우려가 있는 부분을 용기 내에 넣고 신선한 공기 또는 불연성 가스 등의 보호기체를 용기의 내부에 넣어줌으로써 용기 내부에는 압력이 형성되어 외부로부터 폭발성 가스 또는 증기가 침입하지 못하도록 한 구조이다. O | X

X 압력 방폭구조에 대한 설명이다.

> **핵심정리 내압 방폭구조**
> 전폐구조로 용기 내부에서 폭발성 가스 또는 증기가 폭발하였을 때 용기가 그 폭발압력에 파손되지 않고 견디며, 폭발한 고열의 가스가 접합면, 개구부 등을 통하여 외부로 나가는 일이 발생하더라도 그 동안에 냉각되어 외부의 폭발성 가스에 인화될 우려가 없도록 한 구조이다.

073 압력 방폭구조는 전기설비 용기 내부에 공기, 질소, 탄산가스 등의 보호가스를 대기압 이상으로 봉입(封入)하여 당해 용기 내부에 가연성 가스 또는 증기가 침입하지 못하도록 한 구조를 말한다. O | X

O

> **핵심정리 특수 방폭구조(s)**
> 1. 폭발성 가스 또는 증기에 점화 또는 위험 분위기로 인화를 방지할 수 있는 것이 시험, 기타에 의하여 확인된 구조이다.
> 2. 특수 사용조건 변경 시에는 보호방식에 대한 완벽한 보장이 불가능하므로, 제0종 장소나 제1종 장소에서는 사용할 수 없다.
> 3. 용기 내부에 모래 등의 입자를 채우는 충전 방폭구조 또는 협극 방폭구조 등이 있다.

> **핵심정리 충전 방폭구조(q)**
> 1. 위험 분위기가 전기 기기에 접촉되는 것을 방지할 목적으로 모래 분체 등의 고체 충진물로 채워서 위험원인과 차단·밀폐시키는 구조를 말한다.
> 2. 충진물을 불활성 물질이 사용된다.

> **핵심정리 비점화 방폭구조(n)**
> 1. 정상동작 상태에서 주변의 폭발성 가스 또는 증기에 점화시키지 않고 점화시킬 수 있는 고장이 유발되지 않도록 한 방폭구조이다.
> 2. 정상 운전 중인 고전압 등까지도 적용 가능하다.

> **핵심정리 몰드(캡슐) 방폭구조(m)**
> 1. 보호기기를 고체로 차단시켜 열적 안정을 유지하게 하는 방폭구조이다.
> 2. 유지보수가 필요 없는 기기를 영구적으로 보호하는 방법에 효과가 매우 크다.
> 3. 용기와 분리하여 사용하는 전자회로판 등에 사용한다. 충격, 진동 등 기계적 보호효과도 크다.

074

위험장소의 분류 중 0종 장소는 "이상 상태하에서 위험 분위기가 단시간 동안 존재할 수 있는 장소"를 말한다.

O | X

X 2종 장소에 대한 설명이다. 0종 장소는 항상 폭발분위기이거나 장기간 위험성이 존재하는 지역, 인화성 액체용기나 탱크내부, 가연성 가스용기 내부의 장소를 말한다.

> **핵심정리 위험장소**
>
> 위험장소란 가연성 가스가 폭발할 위험이 있는 농도에 도달할 우려가 있는 장소를 말한다.

> **핵심정리 제0종 장소**
>
> 1. 인화성 물질이나 가연성 가스가 폭발성 분위기를 생성할 우려가 있는 장소 중 가장 위험한 장소
> 2. 폭발성 가스의 농도가 연속적이거나 장시간 지속적으로 폭발한계 이상이 되는 장소 또는 지속적인 위험상태가 생성되거나 생성될 우려가 있는 장소
> 3. 상용 상태에서 가연성 가스의 농도가 연속해서 폭발하한계 이상으로 되는 장소(상시 폭발한계 내의 농도가 되는 장소)

> **핵심정리 제1종 장소**
>
> 1. 상용 상태에서 가연성 가스가 체류해 위험하게 될 우려가 있는 장소
> 2. 제1종 장소의 예: 환기가 불충분한 장소에 설치된 배관계통으로 쉽게 누설될 우려가 있는 곳

> **핵심정리 제2종 장소**
>
> 1. 이상 상태하에서 위험 분위기가 단시간 동안 존재할 수 있는 장소
> 2. 가연성 가스가 밀폐된 용기 또는 설비의 사고로 인해 파손되거나 오조작의 경우에만 누출할 위험이 있는 장소
> 3. 환기장치에 이상이나 사고가 발생할 경우에 가연성 가스가 체류하여 위험하게 될 우려가 있는 장소

PART 3 화재론

POINT 3-1 화재의 개요

21. 공채

001 A급 화재는 일반화재로 면화류, 합성수지 등의 가연물에 의한 화재를 말한다. O | X

O

📖 **핵심정리** 가연물에 따른 화재의 구분

구분	A급	B급	C급	D급	E급
화재 종류	일반화재	유류화재	전기화재	금속화재	가스화재
표시색	백색	황색	청색	무색	황색
연기색	백색	검은색	-	-	-

24. 공채

002 "외출 시 전원이 차단된 콘센트에서 불이 난 경우", "통전 중인 배전반에서 불이 난 경우"는 전기화재에 해당한다. O | X

X "외출 시 전원이 차단된 콘센트에서 불이 난 경우"는 일반화재에 해당하고, "통전 중인 배전반에서 불이 난 경우"는 전기화재에 해당한다.

📖 **핵심정리** 전기화재(C급 화재)
1. 전기화재는 전류가 흐르는 전기장비와 관련된 화재이다.
2. 전기화재의 발생원인으로는 단락(합선), 전기스파크, 과전류, 접속부 과열, 지락, 낙뢰, 누전, 열적경과, 절연불량 등이 있다.
3. 전기화재는 할로겐화합물 소화약제, 분말소화약제 또는 이산화탄소와 같은 비전도성 소화약제를 사용하여 진압할 수 있다.

24. 공채

003 실외 난로가 넘어지면서 새어 나온 석유에 불이 붙은 경우는 일반화재에 해당한다. O | X

X 유류화재에 해당한다. 유류화재는 가솔린, 등유 등과 같은 인화성 액체(제4류 위험물)의 화재이다.

> 📖 **핵심정리** 유류화재(B급 화재)
> 1. 유류화재는 가솔린, 등유 등과 같은 인화성 액체(제4류 위험물)의 화재이다. 그 외에 오일, 라커, 페인트 등과 같은 가연성 액체와 관련된 화재도 포함된다.
> 2. 연소 후 재를 남기지 않으며, 연소열이 크고 인화성이 좋기 때문에 일반화재보다 위험하다.
> 3. 포를 이용한 질식소화가 효과적이다.

24. 공채

004 실험실 시험대 위 나트륨 분말에서 불이 난 경우는 일반화재에 해당한다. O | X

X 나트륨 분말에서 불이 난 경우는 금속화재에 해당한다.

> 📖 **핵심정리** 금속화재(D급 화재)
> 1. 금속분자가 적절히 집중되어 있는 상태에서 적절한 발화원이 제공된다면 강력한 폭발을 일으킬 수 있다.
> 2. 가연성 금속화재는 알루미늄, 마그네슘, 티타늄 등과 같은 가연성 금속과 관련된 화재이다.
> 3. 금속화재를 통제하기 위한 특수한 D형 소화약제들을 이용할 수 있다.

빈출문제

005 유류화재는 포를 이용한 질식소화 또는 물 소화약제를 이용한 냉각소화 한다. O | X

X 유류화재는 연소확대의 위험 등 물을 이용한 냉각소화는 적응성이 없다.

빈출문제

006 전기화재의 발생원인은 단락, 전기스파크, 단선 등이 있다. O | X

X 단선은 전기화재의 발생원인에 해당하지 않는다. 전기화재의 발생원인으로는 단락(합선), 전기스파크, 과전류, 접속부 과열, 지락, 낙뢰, 누전, 열적경과, 절연불량 등이 있다.

21. 간부

007 이산화탄소 소화약제, 고체에어로졸화합물, 팽창질석·팽창진주암은 전기화재에 적응성이 있는 소화약제이다. O | X

X 팽창질석·팽창진주암의 적응대상은 일반화재와 유류화재이다. 이산화탄소 소화약제는 유류화재 및 전기화재, 고체에어로졸화합물은 일반화재, 유류화재, 전기화재 적응성이 있다.

19. 간부

008 가스화재는 가스가 누설되어 공기와 일정 비율로 혼합된 상태에서 점화원에 착화되어 발생하며, 주된 소화 방법은 밸브류 등을 잠그거나 차단시킴으로 인한 제거소화법이다. O | X

O

20. 공채

009 낮은 산소분압에서 화재가 발생하였을 때 초기에 화염 없이 일어나는 연소를 훈소연소라 한다. O | X

O

24. 공채

010 보일오버(Boil over)은 유류저장탱크 내 유류 표면에 화재 발생 시 뜨거운 열류층이 형성되고 그 열파가 장시간에 걸쳐 바닥까지 전달되어 하부의 물이 비점 이상으로 가열되면서 부피가 팽창해 저장된 유류가 탱크 외부로 분출되는 현상을 말한다. O | X

O

25. 간부

011 오일오버(oil over)는 저장된 유류 저장량이 내용적의 70 %를 초과하여 충전되어 있는 저장탱크에서 발생한다. O | X

X 탱크 내의 유류가 50% 미만 저장된 경우, 화재로 인한 내부 압력 상승으로 탱크가 폭발하는 현상을 말한다.

> **핵심정리 유류화재의 이상현상**
> 1. 오일오버(Oil over): 탱크 내의 유류가 50% 미만 저장된 경우, 화재로 인한 내부 압력 상승으로 탱크가 폭발하는 현상을 말한다.
> 2. 보일오버(Boil over): 중질유 탱크 화재 시 액면의 뜨거운 열파가 탱크 하부로 전달될 때, 탱크 하부에 존재하고 있던 에멀션(Emulsion) 상태의 물을 기화시켜 물의 급격한 부피 팽창으로 탱크 내의 유류가 분출하는 현상을 말한다.
> 3. 슬롭오버(Slop over): 중질유 탱크 내에 화재로 연소유의 표면온도가 물의 비점 이상 상승했을 때, 물분무 또는 포(Foam) 소화약제를 뜨거운 연소유 표면에 방사하면 물이 수증기가 되면서 급격한 부피 팽창으로 연소유를 탱크 외부로 비산시키는 현상
> 4. 프로스오버(Froth over): 점성이 큰 뜨거운 유류 표면 아래에서 물이 끓을 때 화재를 수반하지 않고 유류가 넘치는 현상을 말한다.
> 5. 증기폭발 또는 블레비(BLEVE): 액화가스저장 탱크의 외부 화재로 탱크가 장시간 과열되면 내부 액화가스의 급격한 비등·팽창으로 탱크 내부 압력이 급격히 증가되고, 최종적으로 탱크의 설계압력 초과로 탱크가 폭발하는 현상을 말한다.

25. 간부

012 □□□ 보일오버(boil over)는 상부가 개방된 저장탱크의 하부에 존재하던 물 또는 물-기름 에멀션이 뜨거운 열류층의 온도에 의해 급격히 부피가 팽창되어 다량의 불이 붙은 기름을 저장탱크 밖으로 분출시키는 현상이다. O | X

O

25. 간부

013 □□□ 분출화재(jet fire)는 탄화수소계 위험물의 이송배관이나 저장용기로부터 위험물이 고속으로 누출될 때 점화되어 발생하는 난류확산형 화재이다. O | X

O

20. 간부

014 □□□ 보일오버(Boil over)는 중질유 탱크 내에 화재로 연소유의 표면온도가 물의 비점 이상 상승했을 때, 물분무 또는 포(foam) 소화약제를 뜨거운 연소유 표면에 방사하면 물이 수증기가 되면서 급격한 부피 팽창으로 연소유를 탱크 외부로 비산시키는 현상을 말한다. O | X

X 슬롭오버에 대한 설명이다.

빈출문제

015 □□□ 유류화재의 오일오버 현상은 저장탱크 내에 저장된 제4류 위험물의 양이 내용적 가득 충전되어 있을 때 화재로 인한 증기압력이 상승하면서 저장탱크 내의 유류를 외부로 분출하고 탱크가 파열되는 것을 말한다. O | X

X 오일오버 현상은 제4류 위험물의 양이 내용적의 2분의 1 이하로 충전되어 있을 때 발생한다.

빈출문제

016 □□□ 유류화재의 보일오버 현상은 상부에 지붕이 없는 저장탱크에 점성이 크고 단일성분 액체의 경질유에서 화재가 발생하여 장기간 화재에 노출되는 경우 발생할 수 있다. O | X

X 점성이 크고 비점이 다른 성분의 중질유에 화재가 발생하여 장기간 화재에 노출되는 경우 발생할 수 있다.

> **핵심정리 보일오버 현상**
> 1. 단일성분 액체인 경질유는 열류층을 형성하지 못한다. 반면에 다성분 액체인 중질유는 끓는점이 달라 200~300℃의 열류층(Heat Layer)을 형성한다.
> 2. 열류층이 천천히 하강하며 탱크 바닥으로 도달하게 되는데, 이때 물이 수증기로 변하면서 급작스런 부피팽창이 발생하여 유류가 외부로 분출되는 현상을 보일오버라고 한다.

빈출문제

017 슬롭오버 현상은 점성을 가진 뜨거운 유류 표면의 아래 부분에서 물이 비등할 경우 비등하는 물이 저장탱크 내의 유류를 외부로 넘쳐흐르게 하는 현상으로, 다른 이상현상보다는 발생 횟수가 많으나 직접적으로 화재를 발생시키지는 않는다. O | X

X 프로스오버 현상에 대한 설명이다.

23. 공채

018 주방화재의 가연물 중 하나인 식용유의 발화점은 비점보다 낮다. O | X

O

23. 공채

019 식용유로 인한 화재 시 유면상의 화염을 제거하면 복사열에 의한 기화를 차단하여 재발화를 방지할 수 있다. O | X

X 식용유로 인한 화재 시 발화점이 비점보다 낮은 상태이므로 유면상의 화염을 제거하는 것만으로는 충분하지 않다. 재발화할 가능성이 높으므로 산소를 차단하는 질식소화와 함께 온도를 발화점 이하로 낮추는 냉각소화가 요구된다.

> **핵심정리 식용유(주방)화재(K급 화재)**
> 1. 식용유화재는 끓는점보다 발화점이 낮아 불꽃을 제거하더라도 재발화할 가능성이 높다.
> 2. K급 소화기는 산소를 차단하는 질식소화와 함께 온도를 발화점 이하로 낮추는 냉각소화에 적합한 강화액 약제로 비누처럼 막을 형성하여 재발화를 차단한다.

23. 공채

020 전기화재의 발생 원인 중 누전은 전류가 전선이나 기구에서 절연 불량 등의 원인으로 정해진 전로(배선) 밖으로 흐르는 현상이다. O | X

O

> **핵심정리 전기화재(C급 화재)**
> 1. 전류가 흐르는 전기장비와 관련된 화재를 말한다.
> 2. 전기화재의 발생원인으로는 단락(합선), 전기스파크, 과전류, 접속부 과열, 지락, 낙뢰, 누전, 열적경과, 절연불량 등이 있다.
> 3. 할로겐화합물 소화약제, 분말 소화약제 또는 이산화탄소와 같은 비전도성 소화약제를 사용하여 진압할 수 있다.

빈출문제

021 지락은 다리미 등과 같은 발열체에서 나오는 열이 축적되어 주위의 가연물을 발화시키는 것을 말한다. O | X

X 열적경과에 대한 설명이다. 열적경과는 전기화재의 발생원인에 해당한다. 지락은 전류가 대지를 통하여 흐르는 것을 의미한다.

빈출문제

022 식용유화재에 K급 소화기를 사용하는 이유는 산소를 차단하는 질식소화와 함께 온도를 발화점 이하로 낮추는 냉각소화에 적합한 강화액 약제로 비누처럼 막을 형성하여 재발화를 차단하기 위한 목적이다. O | X

O 주방에서 사용하는 식용유는 끓는점보다 발화점이 낮아 불꽃을 제거하더라도 재발화할 가능성이 높다. 따라서 K급 소화기를 사용하여 식용유의 온도를 발화점 이하로 낮추어야 한다.

25. 공채

023 인화성 액체의 화재패턴: 도넛패턴(Doughnut pattern) - 인화성 액체가 쏟아지면서 주변으로 튀거나, 연소되면서 발생하는 열에 의해 가열되어 액면에서 끓고, 주변으로 튄 액체가 포어패턴(Pour pattern)의 미연소 부분에서 국부적으로 점처럼 연소된 흔적 O | X

X 스플래시 패턴(Splash pattern)에 대한 설명이다.

> **핵심정리** 도넛패턴(Doughnut pattern)
> 인화성 액체가 웅덩이처럼 고여 있을 때 더 많이 연소된 부분이 덜 연소된 부분을 둘러싸고 도넛 모양의 패턴을 보이는 흔적(주변부의 화염이 바닥을 탄화시키지만 비교적 깊은 중심부는 액체가 증발하며 냉각되는 효과로 인하여 발생됨)

25. 공채

024 인화성 액체의 화재패턴: 틈새연소패턴(Seam Burn Pattern) - 인화성 액체가 바닥에 쏟아졌을 때 그 액체가 연소된 부분과 그렇지 않은 부분의 경계선 흔적 O | X

X 포어패턴(Pour Pattern)에 대한 설명이다.

> **핵심정리** 틈새연소패턴(Seam Burn Pattern)와 고스트마크(Ghost Mark)
> 1. 틈새연소패턴(Seam Burn Pattern): 고스트마크와 유사하지만 마감재 표면에서 주로 나타나는 패턴으로 주로 화재 초기에 발생하는 흔적(강한 화염속에서 사라질 수 있음)
> 2. 고스트마크(Ghost Mark): 강렬한 화재 열기 속에서 타일(바닥재)의 틈새에서 나타나는 변색 흔적(마감재의 접착제로 인하여 강렬하게 연소된 결과를 수반함)

빈출문제

025 액화천연가스는 액화석유가스에 비하여 연소속도가 상대적으로 빠르며, 액체에서 기체로의 체적변화는 일반적으로 250~300배이다. O | X

X 액화천연가스의 체적변화는 600배 정도이다.

빈출문제

026 액화석유가스의 주성분은 메탄이다. O | X

X 액화석유가스의 주성분은 프로판 및 부탄이다.

빈출문제

027 액화천연가스는 상온·상압에서 기체이며, 10~15℃, 10Kg/cm²에서 액화 보관한다.   O | X

X 액화천연가스는 상온·상압에서 기체이며, -162℃에서 액화 보관한다.

빈출문제

028 액화석유가스는 기체는 공기보다 가볍고, 액체는 물보다 가볍다.   O | X

X 액화석유가스의 기체는 공기보다 무겁고, 액화천연가스는 공기보다 가볍다.

빈출문제

029 화재하중을 산출하는 요소에는 가연물의 배열 상태, 가연물의 질량, 가연물의 단위발열량, 목재의 단위발열량, 화재실의 바닥면적 등이 있다.   O | X

X 화재하중을 산출하는 요소에 가연물의 배열 상태는 해당하지 않는다.

> 📖 **핵심정리** 화재하중 관계식
>
> $$\text{화재하중}(Q) = \frac{\Sigma(G_t H_t)}{HA} [kg/m^2] \ (\Sigma: \text{합})$$
>
> - G_t: 가연물의 양(kg)
> - H_t: 단위발열량(kcal/kg)
> - H: 목재 단위발열량(4,500kcal/kg)
> - A: 화재실 바닥면적(m^2)

25. 공채

030 화재실의 최고온도와 화재실의 개구부 높이는 내화구조물의 화재가혹도 판단을 위한 주요 요소 중 화재지속시간을 산정하기 위한 인자에 해당한다.   O | X

X 화재실의 최고온도는 화재지속시간 산정을 위한 인자에 해당하지 않는다.

> 📖 **핵심정리** 화재지속시간
>
> $$\text{화재지속시간} = \frac{W(kg/m^2) \times Af(m^2)}{5.5A\sqrt{H}} ((kg/min)$$
>
> $W(kg/m^2)$: 화재하중
> $Af(m^2)$: 화재실의 바닥면적
> A: 화재실의 개구부 면적
> H: 화재실의 개구부 면적

25. 공채

031 화재실의 개구부 높이는 내화구조물의 화재가혹도 판단을 위한 주요 요소 중 화재지속시간을 산정하기 위한 인자는 화재실의 바닥면적, 화재실의 개구부 높이, 화재실의 개구부 면적 등이 있다. O | X

O 화재지속시간의 산정하기 위한 인자는 화재하중, 화재실의 바닥면적 및 화재실의 개구부 높이·면적이다.

> **핵심정리** 실내가연물의 연소속도(R) 및 화재계속(지속)시간
>
> 1. 연소속도(R)
>
> $$R(kg/min) = 5.5 \sim 6A\sqrt{H}$$
>
> - A: 개구부 면적(m^2)
> - H: 개구부 높이(m)
> - α: 상수
>
> 2. 화재계속시간
>
> $$T(min) = \frac{\text{전체 가연물량}(kg)}{\text{연소속도}(kg/min)} = \frac{W(kg/m^2) \times A_f(m^2)}{5.5 \sim A\sqrt{H}(kg/min)}$$
>
> - W: 화재하중(kg/m^2)
> - A_f: 화재실의 바닥면적(m^2)
>
> 3. 화재하중에 따른 내화도(Fire resistance)의 시간
> - 50kg/m^2: 1~1.5시간
> - 100kg/m^2: 1.5~3시간
> - 200kg/m^2: 3~4시간

25. 공채

032 각 가연물의 양[kg], 건축물의 연면적[m^2], 목재의 화재하중[4,500kg/m^2]은 화재하중 산정 시 필요한 항목이다. O | X

X 건축물의 연면적, 목재의 화재하중은 화재하중 산정 시 필요하지 않은 항목이다.

> **핵심정리** 화재하중 관계식
>
> $$\text{화재하중}(Q) = \frac{\Sigma(G_t H_t)}{HA}[kg/m^2](\Sigma: \text{합})$$
>
> - G_t: 가연물의 양(kg)
> - H_t: 단위발열량(kcal/kg)
> - H: 목재 단위발열량(4,500kcal/kg)
> - A: 화재실 바닥면적(m^2)

25. 공채

033 각 가연물의 양[kg]과 가연물의 단위 발열량[kcal/kg]은 화재하중 산정 시 필요한 항목이다. O | X

O

22. 공채

034 화재가혹도는 화재실이나 화재구획의 단열성에 영향을 받지 않는다. O | X

> X 화재가혹도는 최고온도(화재강도)와 그 온도의 지속시간(화재하중)이 주요인이다. 화재실의 벽, 천장, 바닥 등의 단열성은 화재실의 최고온도에 영향을 준다. 구조물이 가지는 단열효과가 클수록 열의 외부누출이 쉽지 않고, 화재실 내에 축적상태로 유지된다.

22. 공채

035 화재실의 환기요소($A\sqrt{H}$)는 화재가혹도에 영향을 준다. O | X

> O

22. 공채

036 화재가혹도의 크기는 화재강도와 화재하중의 영향을 받으며, 화재실의 최고온도와 지속시간은 화재가혹도를 판단하는 중요한 인자이다. O | X

> O

20. 공채

037 화재가혹도는 화재발생으로 당해 건물과 내부 수용재산 등을 파괴하거나 손상을 입히는 정도를 말하며, 화재가혹도에 영향을 미치는 환기요소는 개구부 면적의 제곱근에 비례하고 개구부 높이에 비례한다. O | X

> X 환기인자는 개구부 면적에 비례하고 개구부 높이의 평방근(제곱근)에 비례한다.

19. 공채

038 화재강도란 화재실의 단위시간당 축적되는 열의 양을 의미한다. O | X

> O

18. 상반기 공채

039 건물 내 수용재산 및 건물 자체에 손상이 생기는 정도를 화재가혹도라 한다. O | X

> O

17. 공채

040 화재하중은 화재의 발생으로 건물 내 수용재산 및 건물 자체에 손상을 입히는 정도를 나타내는 용어로 최고온도×연소(지속)시간이며 화재심도라고도 한다. O | X

> X 화재가혹도에 대한 설명이다.

23. 공채

041 구획실의 크기가 가로 10,000 mm, 세로 8,000 mm, 높이 3,000 mm이며 가연물 200kg[2,000(kcal/kg)]와 가연물 100kg[9,000(kcal/kg)]일 때 구획실의 화재하중은 3.61[kg/m²]이다[단, 목재의 발열량은 4,500(kcal/kg)이다].   O | X

O 화재하중$(Q) = \dfrac{\Sigma(G_t H_t)}{HA}$ [kg/m²](Σ: 합)

화재하중$(Q) = \dfrac{200kg \times 2,000kcal/kg + 100kg \times 9,000kcal/kg}{8 \times 10 \times 4,500kcal/kg}$

$\fallingdotseq 3.61$ [kg/m²]

25. 간부

042 화재하중은 입체면적(m³)당 중량(kg)이다.   O | X

X 단위면적당 가연물의 발열량을 목재의 발열량으로 환산한 것이다.

📖 **핵심정리** 화재하중

1. 건물화재 시 발열량 및 화재의 위험성을 나타내는 용어이다.
2. 화재의 규모를 결정하는 데 사용한다.
3. 화재하중은 단위면적당 가연물의 중량이다(단위: kg/m²).
4. 화재하중을 감소시키는 방법은 내장재의 불연화이다.
5. 단위면적당 가연물의 발열량을 목재(등가가연물)의 무게로 환산한 것이다.

📖 **핵심정리** 화재하중 관계식

$$\text{화재하중}(Q) = \dfrac{\Sigma(G_t H_t)}{HA} \text{ [kg/m²]}(\Sigma: \text{합})$$

- G_t: 가연물의 양(kg)
- H_t: 단위발열량(kcal/kg)
- H: 목재 단위발열량(4,500kcal/kg)
- A: 화재실 바닥면적(m²)

25. 간부

043 화재가혹도에 영향을 주는 환기요소는 온도와 비례 관계이고, 시간과 반비례 관계이다. O | X

O 환기계수가 크면 온도가 높은 대신 지속시간이 짧고, 환기계수가 작으면 그 반대가 됩니다.

> **핵심정리 화재실의 환기요소**
> 화재실의 환기요소($A\sqrt{H}$)는 화재가혹도에 영향을 줍니다. 또한 화재실의 벽, 천장, 바닥 등의 단열성에 영향을 받습니다.

> **핵심정리 화재실의 환기요소**
> 환기계수가 크면 온도가 높은 대신 지속시간이 짧고, 환기계수가 작으면 그 반대가 됩니다.
> 1. 지속시간인자
> $$T_d = \frac{A_f}{A\sqrt{H}}$$
> 2. 온도인자(tm)
> $$t[℃] = \beta \frac{A\sqrt{H}}{A_T} = \frac{A\sqrt{H}}{A_T}$$
> - t : 최고온도(℃)
> - β : 상수
> - A_T : 실내 전표면적

25. 간부

044 화재가혹도는 발생한 화재가 당해 건물과 그 내부의 수용재산 등을 파괴하거나 손상을 입히는 정도를 말말하고, 주요 요소에는 화재강도와 화재하중이 있다. O | X

O

> **핵심정리 화재가혹도(Fire severity, 화재심도)**
> 1. 화재의 발생으로 건물 내 수용재산 및 건물 자체에 손상을 입히는 정도를 말한다.
> 2. 화재가혹도가 크면 건물과 기타 재산의 손실은 커지고 작으면 그 손실도 작아진다.
> 3. 화재가혹도는 최고온도(화재강도)와 그 온도의 지속시간(화재하중)이 주요인이다.
> 4. 최고온도는 화재가혹도의 질적 개념으로 화재강도와 관련이 있다.
> 5. 지속시간은 화재가혹도의 양적 개념으로 화재하중과 관련이 있다.

POINT 3-2 실내건축물의 화재

빈출문제

045 구획실 화재를 화재진행 단계별(화재성장과정)로 구분하면 발화기, 성장기, 플래시오버, 최성기, 쇠퇴기 등으로 나눌 수 있다. O | X

○ 구획화재에 있어서 시간과 온도에 관련된 진행단계들은 화재진압활동이 이루어지지 않은 상태에서의 구분이다. 구획실 화재의 발화와 진행은 매우 복잡하며 다양한 요인에 영향을 받는다.

빈출문제

046 구획화재의 발화기 단계는 다량의 백색연기가 발생하고, 훈소가 발생하기도 한다. O | X

○ 발화기(초기단계)는 연소가 시작될 때의 시기를 말한다. 발화시점에는 화재 규모는 작고 처음 발화된 가연물에 한정된다.

빈출문제

047 최성기 이후 구획실의 발열량이 최대인 시점에 플래시오버 현상이 발생한다. O | X

X 최성기 직전에 연소확대현상인 플래시오버가 발생한다.

24. 공채

048 실내 일반화재의 진행 단계 중 최성기에는 실내 화염이 최고조에 도달하나 실내 산소 부족으로 연소속도가 느려진다. O | X

○ 최성기는 구획실 내의 모든 가연성 물질들이 화재에 관련될 때의 단계를 의미한다. 구획실 내에서 연소하는 모든 가연물은 최대의 열량을 발산한다. 또한 많은 양의 연소가스를 발생한다. 플래시오버 현상으로 연료지배화재에서 환기지배화재로 전이될 수 있다.

24. 공채

049 실내 일반화재의 진행 단계 중 화재 초기에는 실내 온도가 급격하게 상승하기 시작한다. O | X

X 발화기(초기단계)는 연소가 시작될 때의 시기를 말한다. 발화시점에는 화재 규모는 작고 처음 발화된 가연물에 한정된다.

> **핵심정리** 실내 일반화재의 진행 단계
> 1. **초기**: 발화기(초기단계)는 연소가 시작될 때의 시기를 말한다. 발화시점에는 화재 규모는 작고 처음 발화된 가연물에 한정된다.
> 2. **성장기**: 급속한 연소 진행으로 연료지배형 화재 양상이 나타난다. 화재의 진행 변화가 급속히 이루어지고, 개구부에서는 검은 연기가 분출된다.
> 3. **플래시오버**: 연료지배화재에서 환기지배화재로 전이될 수 있다.
> 4. **최성기**: 실내 화염이 최고조에 도달하나 실내 산소 부족으로 연소속도가 느려진다.
> 5. **감쇠기**: 화염의 급격한 소멸로 훈소 상태가 되어 백드래프트(Back draft)의 위험성이 있다.

빈출문제

050 구획실의 성장기 단계에 구획실의 최대 열량을 발산한다. O | X

X 최성기에 구획실의 최대 열량을 발산한다.

17. 간부

051 플래시오버 현상은 점화원의 위치와 크기, 가연물의 양과 성질, 개구부의 크기, 실내 마감재 등에 영향을 받는다. O | X

O

25. 간부

052
플래시오버의 전조 현상으로 롤오버(roll over) 현상이 관찰될 수 있다. O | X

O

> 📖 **핵심정리** 플래시오버 현상
> 1. 실내의 온도 상승에 의해서 일시에 연소하여 화재의 진행을 순간적으로 실내 전체에 확산시키는 현상이다. 실내 모든 가연물의 동시발화현상이 나타난다. 전실화재(순발연소)라고도 한다.
> 2. 국부화재로부터 구획 내 모든 가연물이 연소되기 시작하는 큰 화재로 전이된다. 플래시오버 시점에서 실내의 온도는 약 800 ~ 900℃가 된다.
> 3. 플래시오버가 발생하면, 이동식 소화기로 화재를 진압하는 것은 불가능하며 관창호스에 의해 진압하여야 한다.
> 4. 플래시오버 현상으로 연료지배형 화재에서 환기지배형 화재로 전이될 수 있다.
> 5. 열의 재방출로 발생되는 플래시오버 현상은 연기와 열이 화염으로 전환되는 것을 의미한다.
> 6. 화점 주위에서 화재가 서서히 진행하다가 어느 정도 시간이 경과함에 따라 대류와 복사현상에 의해 일정 공간 안에 있는 가연물이 발화점까지 가열되어 일순간에 걸쳐 동시 발화되는 현상을 의미한다.

> 📖 **핵심정리** 롤오버(Roll over) 현상
> 1. 롤오버 현상은 연소과정에서 발생된 가연성 가스가 공기 중 산소와 혼합되어 천장부분에 집적된 상태에서 발화온도에 도달하여 발화함으로써 화재의 선단부분이 매우 빠르게 확대되는 현상이다.
> 2. 롤오버 현상은 화재지역의 상층(천장)에 집적된 고압의 뜨거운 가연성 가스가 화재가 발생되지 않은 저압의 다른 부분으로 이동하면서 화재가 매우 빠르게 확대되는 원인이 된다.

25. 간부

053
백드래프트는 연료지배형 화재에서 발생한다. O | X

O 백드래프트는 환기지배형 화재에서 발생한다.

> 📖 **핵심정리** 연료지배형 화재(Fuel controlled fire)
> 1. 일반적으로 연료지배형 화재는 발화 이후 전실화재(Flash over) 이전까지 초기화재 성장단계에서 주로 형성된다.
> 2. 화재실 내부에 연소에 필요한 공기량은 충분한 상태이기 때문에 화재특성은 연료 자체에 의존하며 연료지배형 화재로 불린다.
> 3. 가연물(연료량)에 비해 환기량(공기량)이 충분한 경우에 해당한다. 즉, 환기는 정상이나 연료가 부족한 상태이다.
> 4. 연료지배형 화재는 공기공급이 충분한 조건에서 발생한 화재가 일반적이다.
> 5. 연료지배형 화재가 지속되면 화재실 내부의 열적 피드백(Heat feedback)이 증가하여 화원의 연소율이 증가하고 발열량이 지속적으로 상승하는 경우 연료를 완전연소시키기에 공기의 양이 부족한 환기부족 화재(Under-ventilated fire) 상태가 된다.
> 6. 연료지배형 화재는 주로 큰 창문이나 개방된 공간에서, 환기지배형 화재는 내화구조 및 콘크리트 지하층에서 발생하기 쉽다.

> 📖 **핵심정리** 환기지배형 화재(Ventilation controlled fire)
> 1. 완전연소시키기에 공기의 양이 부족한 환기 부족화재 상태가 되면 생성된 연료가스는 화재실 상층부에서 미연소가스(Unburned fuel gas) 형태로 존재하고 이로 인해 공간 내의 화재특성은 부족한 공기의 양에 의해 결정되기 때문에 환기지배형 화재로 불린다.
> 2. 가연물(연료량)에 비해 환기량이 부족한 경우에 해당한다. 즉, 연료는 정상이나 환기량이 부족한 상태이다.
> 3. 연소속도가 비교적 느리다.
> 4. 공기공급이 충분하지 않으므로 불완전연소가 심하다.

25. 간부

054

플래시오버는 폭발의 일종이지만 백드래프트는 폭발이 아니다. 백드래프트의 발생원인은 열이며, 플래시오버는 공기가 원인으로 작용한다. O | X

O 백드래프트는 폭발의 일종이지만 플래시오버는 폭발이 아니다. 플래시오버의 발생원인은 열이며, 백드래프트는 공기가 원인으로 작용한다.

> **핵심정리** 플래시오버 및 백드래프트
> 1. 플래시오버: 어느 시간에 그 실내의 온도상승에 의해서 일시에 연소하여 화재의 진행을 순간적으로 실내 전체에 확산시키는 현상이다.
> 2. 백드래프트: 공기 부족으로 훈소 상태에 있을 때 신선한 공기가 유입되어 실내에 축적되었던 가연성 가스가 단시간에 폭발적으로 연소함으로써 화재가 폭풍을 동반하여 실외로 분출되는 현상을 말한다.

> **핵심정리** 백드래프트(Back draft)의 발생 징후
> 1. 폐쇄된 공간에서 산소의 부족으로 불꽃이 약화되어 가는 상태가 된다.
> 2. 거의 완전히 폐쇄된 건물에서 훈소 상태가 지속되며 높은 열이 집적되는 상태가 지속된다.
> 3. 외부에 설치되어 있는 개구부의 유리창 안쪽에서 타르와 같은 물질이 흘러내린다.
> 4. 건물 내 연기가 소용돌이치거나 맴도는 현상이 나타난다.
> 5. 문 주위 또는 개구부의 틈에서 압력차에 의하여 공기가 빨려들어 오는 특이한 소리(휘파람 소리) 또는 심한 진동이 발생한다.

24. 공채

055

플래시오버(Flash over)는 최성기와 감쇠기 사이에서 발생하며 충격파를 수반한다. O | X

X 플래시오버(Flash over)는 성장기와 최성기 사이에서 발생하며 충격파를 수반하지 않는다.

빈출문제

056

철근콘크리트 건축물에서 발생한 화재현장에서 플래시오버가 발생하면 일반적으로 연료지배형 화재로부터 환기지배형 화재로 전이된다. O | X

O

23. 공채

057

구획실의 창문과 문손잡이의 온도로 백드래프트의 발생 가능성을 예측할 수 없다. O | X

X 구획실의 창문과 문손잡이의 온도로 백드래프트의 발생 가능성을 예측할 수 있다(방화문의 온도가 높아 방화문이 뜨겁다).

14. 공채

058 백드래프트(Back draft) 현상은 실내화재에서 산소가 부족하고 밀폐된 공간에 갑자기 산소가 유입되어 발생하는 고열 가스의 폭발현상이다. O | X

O

23. 공채

059 화재 시 구획실에서 발생하는 현상으로 개구부의 크기는 플래시오버 발생과 관련이 없다. O | X

X 개구부의 크기는 플래시오버 발생과 관련이 있다.

23. 공채

060 준불연성이나 불연성의 내장재를 사용할 경우 플래시오버 발생까지의 소요시간이 길어진다. O | X

O

23. 공채

061 구획실 내의 산소가 부족하여 훈소 상태에서 공기가 갑자기 다량 공급될 때 가연성 가스가 순간적으로 폭발하듯 발화하는 현상은 플래시오버이다. O | X

X 구획실 내의 산소가 부족하여 훈소 상태에서 공기가 갑자기 다량 공급될 때 가연성 가스가 순간적으로 폭발하듯 발화하는 현상은 백드래프트이다.

23. 공채

062 플래시오버 이후에는 연료지배형 화재보다 환기지배형 화재가 지배적이다. O | X

O

> **핵심정리 연료지배형 화재(Fuel controlled fire)**
> 1. 일반적으로 연료지배형 화재는 발화 이후 전실화재(Flash over) 이전까지 초기화재 성장단계에서 주로 형성된다.
> 2. 화재실 내부에 연소에 필요한 공기량은 충분한 상태이기 때문에 화재특성은 연료 자체에 의존하며 연료지배형 화재로 불린다.
> 3. 가연물(연료량)에 비해 환기량(공기량)이 충분한 경우에 해당한다. 즉, 환기는 정상이나 연료가 부족한 상태이다.
> 4. 연료지배형 화재는 공기공급이 충분한 조건에서 발생한 화재가 일반적이다.

20. 공채

063 목조건축물 화재는 유류나 가스 화재와는 달리 일반적으로 무염착화 없이 발염착화로 이어진다. O | X

X 목조건축물은 일반유류 화재와 달리 무염착화를 거친 후 발염착화로 이어진다.

17. 간부

064 연료지배형 화재는 주로 큰 창문이나 개방된 공간에서, 환기지배형 화재는 내화구조 및 콘크리트 지하층에서 발생하기 쉽다. O | X

O

23. 공채

065 환기가 잘되지 않으면 환기지배형 화재에서 연료지배형 화재로 바뀌며 연기 발생이 줄어든다. O | X

X 환기가 잘되지 않으면 가연물(연료량)에 비해 환기량이 부족한 경우에 해당한다. 따라서, 연료지배형 화재에서 환기지배형 화재로 바뀌며 연기 발생이 늘어난다.

24. 공채

066 연료지배형 화재는 환기지배형 화재보다 산소 공급이 원활하고 연소속도가 빠르다. O | X

O

빈출문제

067 환기량은 개구부의 면적과 개구부의 높이의 제곱근(평방근)에 반비례한다. O | X

X 환기량은 개구부의 면적과 개구부의 높이의 제곱근(평방근)에 비례한다. 구획화재에서 환기량을 결정하는 인자는 개구부의 면적과 개구부 높이의 평방근이다.

> **핵심정리 환기인자**
>
> $$R = KA\sqrt{H}$$
>
> ※ R: 연소속도(환기량), K: 환기계수, A: 개구부 면적, H: 개구부 높이

빈출문제

068 내화건축물의 화재성상은 목조건축물과 비교하여 저온 장기형이다(목조건축물의 화재성상은 고온 단기형이다). O | X

O 목조건축물은 1,100~1,300℃, 내화건축물은 900~1,000℃이다. 목조건축물은 내화건축물보다 연소속도가 빠르고 연소시간이 비교적 짧다. 또한 화재 최고온도는 높지만 유지시간은 짧다.

빈출문제

069 내화건축물의 화재의 진행과정은 초기 → 성장기 → 최성기 → 종기이다. O | X

O

빈출문제

070 폭렬은 압축강도와 밀접한 관계가 있다. 일반적으로 보통 콘크리트가 고강도 콘크리트보다 폭렬현상이 더 잘 발생한다. O | X

X 일반적으로 보통 콘크리트보다 고강도 콘크리트에서 폭렬현상이 더 잘 발생한다.

빈출문제

071 목조건축물의 화재확대요인으로 접촉, 복사열, 비화 등이 있다. O | X

O

> 📖 **핵심정리** 목조건축물의 화재확대요인
> 1. **접촉**: 화염의 접촉이라고 하며 불꽃의 직접접촉을 말한다.
> 2. **복사열**: 열이 전자파 형태로 이동하는 현상으로 화재 시 가장 크게 작용한다.
> 3. **비화**: 불티가 되어 날아가 발화하는 것을 말한다.

24. 간부

072 목조건축물 화재의 진행 과정 중 발염착화~발화 단계는 연기의 색이 백색에서 흑색으로 변하며, 개구부가 파괴되어 공기가 공급되면서 급격한 연소가 이루어져 연기가 개구부로 분출하게 된다. O | X

X 발화~최성기 단계에 해당한다.

> 📖 **핵심정리** 목조건축물의 화재진행과정
>
>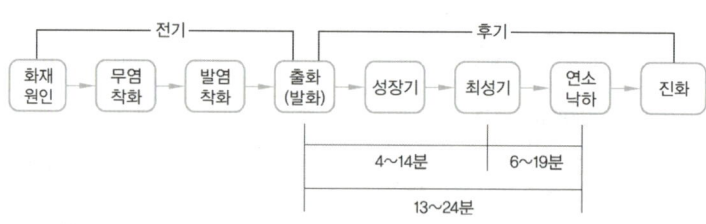
>
> 1. **발염착화에서 발화(출화)**: 출화(발화)란 단순히 가연물에 불이 붙은 것을 의미하는 것이 아니고 천장이나 벽 속에 착화되었을 때를 말한다. 그러므로 가옥의 천장까지 불이 번져 가옥 전체에 불기가 확대되는 단계이다.
>
> | 옥내출화 | 옥외출화 |
> |---|---|
> | • 가옥구조 시 천장면에서 발염착화
• 불연천장인 경우 뒷면 판에 발염착화
• 천장 속 및 벽 속에 발염착화 | • 가옥의 벽 및 지붕에 발염착화
• 가옥의 추녀 밑에서 발염착화
• 창, 출입구 등에서 발염착화 |
>
> 2. **발화(출화)에서 최성기**
>   • 플래시오버가 발생하는 단계로, 연기의 색은 백색에서 흑색으로 변한다.
>   • 최고온도가 1,300℃까지 올라가게 된다.

빈출문제

073 목조건축물은 무염착화없이 발화착화로 되기 때문에 연소속도가 빠르고 연소시간이 짧다. O | X

X 목조건축물은 무염착화 후 발화착화로 진행한다.

빈출문제

074 훈소란 가연물이 연소할 때 숯불모양으로 불꽃 없이 착화하는 현상으로 공기가 주어질 때 언제든 불꽃발생이 가능한 단계를 말한다. O | X

O

빈출문제

075 목조건축물의 옥내출화란 천장 속 및 벽 속에 발염착화를 말한다. O | X

O 출화(발화)란 단순히 가연물에 불이 붙은 것을 의미하는 것이 아니고 천장이나 벽 속에 착화되었을 때를 말한다. 그러므로 가옥의 천장까지 불이 번져 가옥 전체에 불기가 확대되는 단계이다. 출화는 옥내출화와 옥외출화로 구분한다. 옥외출화는 가옥의 벽 및 지붕의 발염착화, 창 및 출입구 등에서의 발염착화 등이 있다.

확인학습문제

076 BLEVE 현상은 복도와 같은 통로공간에서 벽, 바닥 표면의 가연물에 화염이 급속하게 확산되는 현상을 말한다. O | X

X 플래임오버 현상에 대한 설명이다. 플래임오버 현상은 화재진압 시 통로나 복도 등에서 소방관 뒤쪽에 갑자기 연소 확대가 일어나 고립되는 위험한 상황을 만들 수 있다. 플래임오버 현상 방지대책으로는 통로 내부 벽과 천장의 마감재료를 불연재료로 하는 방법이 있다.

빈출문제

077 백드래프트 현상은 연소과정에서 발생된 가연성 가스가 공기 중 산소와 혼합되어 천장부분에 집적된 상태에서 발화온도에 도달하여 발화함으로써 화재의 선단부분이 매우 빠르게 확대되는 현상이다. O | X

X 롤오버(Roll over) 현상에 대한 설명이다.

24. 공채

078

화재플룸(Fire plume)은 실내 공기의 압력 차이로 가연성 가스가 천장을 따라 화재가 발생하지 않은 복도 쪽으로 굴러다니는 것처럼 뿜어져 나오는 현상이다. O | X

X 롤오버 현상에 대한 설명이다.

> 📖 **핵심정리** 롤오버(Roll over) 현상
> 1. 롤오버 현상은 연소과정에서 발생된 가연성 가스가 공기 중 산소와 혼합되어 천장부분에 집적된 상태에서 발화온도에 도달하여 발화함으로써 화재의 선단부분이 매우 빠르게 확대되는 현상이다.
> 2. 롤오버 현상은 화재지역의 상층(천장)에 집적된 고압의 뜨거운 가연성 가스가 화재가 발생되지 않은 저압의 다른 부분으로 이동하면서 화재가 매우 빠르게 확대되는 원인이 된다.

> 📖 **핵심정리** 화재플룸(Fire plume)
> 1. 부력이란 무거운 유체 속에 가벼운 유체(물체)가 잠겨 있는 경우 밀도 차에 의하여 가벼운 유체가 중력의 반대방향으로 상승하려는 힘을 말한다.
> 2. 주변보다 가벼워진 고온기체는 상대적으로 차가운 주변기체와의 밀도 차에 의하여 수직으로 상승하는 고온연소가스 유동을 형성하게 되는데 이를 화재플룸(Fire plume)이라고 한다.
> 3. 부력에 의하여 연소가스와 유입되는 공기가 상승하면서 화염이 섞인 기둥형태를 나타내는 현상이다.

빈출문제

079

플래시오버 현상은 롤오버 현상의 전조현상이다. O | X

X 롤오버 현상은 플래시오버(Flash over) 현상보다 먼저 일어날 수 있다. 즉, 롤오버 현상은 플래시오버 현상의 전조현상이다.

빈출문제

080

롤오버 현상에 비하여 플래시오버 현상의 복사열은 상대적으로 약하다. O | X

X 플래시오버 현상에 비하여 롤오버 현상의 복사열은 상대적으로 약하다. 플래시오버 현상은 순간에 실내 전체의 공간으로 확대되며, 롤오버 현상은 화염선단 부분이 주변 공간으로 확대된다.

빈출문제

081

플래시오버란 실내의 온도 상승에 의하여 일시에 연소하면서 화재의 진행을 순간적으로 실내 전체에 확산시키는 현상으로, 실내 모든 가연물의 동시발화현상이 나타난다. 전실화재(순발연소)라고도 한다. O | X

O 국부화재로부터 구획 내 모든 가연물이 연소되기 시작하는 큰 화재로 전이된다. 플래시오버 시점에서 실내의 온도는 약 800~900℃가 된다.

빈출문제

082 플래시오버 현상으로 환기지배화재에서 연료지배화재로 전이될 수 있다. O | X

X 플래시오버 현상으로 연료지배화재에서 환기지배화재로 전이될 수 있다.

빈출문제

083 플래시오버 현상은 개구율이 작을수록 빠르게 발생한다. O | X

X 개구율이 1/3~1/2일 때 가장 빠르다. 반면에 1/8일 때 가장 느리다.

빈출문제

084 플래시오버 현상은 초기 가연물의 발열량이 클수록 발생이 용이하다. O | X

O 플래시오버 현상의 영향요소는 가연물의 발열량, 실내 산소분압, 개구율, 화원의 크기 등이 있다.

빈출문제

085 창문 등을 개방하여 배연함으로써 공간 내부에 쌓인 열을 방출시켜 플래시오버 현상을 지연시킬 수 있다. O | X

O 배연지연법에 대한 설명이다. 플래시오버 현상의 대응전술로는 공기차단 지연법, 배연지연법 및 냉각지연법 등이 있다.

빈출문제

086 백드래프트 현상은 밀폐된 공간에서 불꽃연소 상태에 있을 때 급격한 화염의 확산에 의하여 발생한다. O | X

X 백드래프트 현상은 밀폐된 공간에서 훈소 상태에 있을 때 유입되는 공기가 가연성 가스와 혼합되면서 발생한다.

빈출문제

087 백드래프트 현상은 폭발이 아니지만 플래시오버 현상은 강한 폭발현상으로 강한 충격파가 발생한다. O | X

X 플래시오버 현상은 폭발이 아니지만 백드래프트 현상은 폭발현상으로 볼 수 있다. 백드래프트 현상이 발생하면 강한 충격파가 발생한다.

PART 3 화재론 109

24. 공채

088 균열된 틈이나 작은 구멍을 통하여 건물 밖으로 연기가 밀려 나오는 경우는 백드래프트(Back draft)의 발생 징후에 해당한다. O | X

X 문 주위 또는 개구부의 틈에서 압력차에 의하여 공기가 빨려들어 오는 특이한 소리(휘파람 소리) 또는 심한 진동이 발생한다.

> **핵심정리 백드래프트(Back draft)의 발생 징후**
> 1. 폐쇄된 공간에서 산소의 부족으로 불꽃이 약화되어 가는 상태가 된다.
> 2. 거의 완전히 폐쇄된 건물에서 훈소 상태가 지속되며 높은 열이 집적되는 상태가 지속된다.
> 3. 외부에 설치되어 있는 개구부의 유리창 안쪽에서 타르와 같은 물질이 흘러내린다.
> 4. 건물 내 연기가 소용돌이치거나 맴도는 현상이 나타난다.
> 5. 문 주위 또는 개구부의 틈에서 압력차에 의하여 공기가 빨려들어 오는 특이한 소리(휘파람 소리) 또는 심한 진동이 발생한다.

24. 공채

089 폭연에서 폭굉으로 전이되는 과정은 "착화 → 화염전파 → 충격파 → 압축파 → 폭굉파"의 단계이다. O | X

X "착화 → 화염전파 → 압축파 → 충격파 → 폭굉파"의 단계로 전이된다.

> **핵심정리 폭연에서 폭굉으로의 전이과정(메커니즘)**
> 1. 점화원에 의하여 화재가 발생하면 미연소부분으로의 **화염전파**가 시작된다.
> 2. 연소파에 의하여 화염의 전방에서 **압축파**가 발생한다.
> 3. 압축파는 계속해서 발생하는 압축파와 중첩되면서 강한 **충격파**로 전이된다.
> 4. 충격파는 단열압축을 수반하면서 발화점 이상으로 온도가 상승하게 되어 발화를 촉진한다.
> 5. 충격파가 배후에 연소를 수반하면서 엄청난 **폭굉파**를 발생한다.
>
>

23. 공채

090 연료지배형 화재는 구획실 내 가연물의 연소에 필요한 산소가 충분히 공급되는 조건의 화재이다. O | X

O

23. 공채

091 성장기에는 천장 부분에서 축적된 뜨거운 가스층이 발화원으로부터 떨어져 있는 가연성 물질에 복사열을 공급하여 플래시오버를 초래할 수 있다. O | X

O

빈출문제

092 훈소는 산소와 고체의 표면에서 발생하는 매우 빠른 불꽃연소의 한 형태를 말한다. O | X

X 훈소는 산소와 고체의 표면에서 발생하는 매우 느린 연소이지만 일산화탄소가 생성되기 때문에 매우 위험하다. 훈소화재는 연료표면에서 반응이 일어나고 이 표면에서 작열과 탄화현상이 일어난다. 공기의 유입이 많을 경우 유염연소로 변화할 수 있다.

빈출문제

093 훈소는 내부에서는 백열연소를 하고 있다는 점에서 표면연소와 같다. O | X

O

빈출문제

094 훈소는 불꽃연소에 비하여 온도가 높고, 발연량은 비교적 적다. O | X

X 불꽃연소에 비하여 온도가 낮으며, 발연량은 높다.

POINT 3-3　건축의 방재와 피난

16. 공채

095
피난계획은 어느 곳에서도 2개 이상의 방향으로 피난할 수 있으며, 그 말단은 화재로부터 안전한 장소이어야 한다. 건축물의 평면 구성에 있어서 중앙코어식이 안전하다. O | X

X 소방학적 측면에서 피난계획은 중앙코어식의 평면계획보다는 분산 형태의 코어를 계획하는 것이 바람직하다.

확인학습문제

096
건축물의 방재시스템과 관련하여 공간적 대응은 건축적인 대응을 보조하는 소방 설비적 시스템을 말한다. O | X

X 공간적 대응은 건축적인 방재 시스템을 말한다.

확인학습문제

097
설비적 대응시스템 중 대항성은 발생된 화재를 소방 설비적 시스템으로 국한시키거나 진압하는 성능이다. O | X

O 방화문·방화셔터, 스프링클러설비, 옥내소화전설비 등이 해당한다.

23. 간부　건축물의 피난·방화구조 등의 기준에 관한 규칙

098
고온·고압의 증기로 양생된 경량기포 콘크리트 패널 또는 경량기포 콘크리트 블록조로서 두께가 5cm 이상인 벽은 내화구조에 해당한다(단, 외벽 중 비내력벽인 경우는 제외한다). O | X

X 고온·고압의 증기로 양생된 경량기포 콘크리트 패널 또는 경량기포 콘크리트 블록조로서 두께가 10cm 이상인 것이 해당된다.

23. 간부　건축물의 피난·방화구조 등의 기준에 관한 규칙

099
철재로 보강된 콘크리트블록조·벽돌조 또는 석조로서 철재에 덮은 콘크리트블록등의 두께가 5cm 이상인 벽은 내화구조에 해당한다(단, 외벽 중 비내력벽인 경우는 제외한다). O | X

O

> **핵심정리** 내화구조(내력벽)
> 1. 철근콘크리트조·철골철근콘크리트조로서 두께가 10cm 이상인 것
> 2. 골구를 철골조로 하고 그 양면을 두께 4cm 이상의 철망모르타르(그 바름바탕을 불연재료로 한 것으로 한정한다. 이하 같다) 또는 두께 5cm 이상의 콘크리트블록·벽돌 또는 석재로 덮은 것
> 3. 벽돌조로서 두께가 19cm 이상인 것
> 4. 고온·고압의 증기로 양생된 경량기포 콘크리트패널 또는 경량기포 콘크리트블록조로서 두께가 10cm 이상인 것
> 5. 철재로 보강된 콘크리트블록조·벽돌조 또는 석조로서 철재에 덮은 콘크리트블록등의 두께가 5센티미터 이상인 것

확인학습문제 건축물의 피난·방화구조 등의 기준에 관한 규칙

100 철근콘크리트조 또는 철골철근콘크리트조로서 그 작은 지름이 20cm 이상인 것은 기둥의 내화구조에 해당한다. 다만, 고강도 콘크리트(설계기준강도가 50MPa 이상인 콘크리트)를 사용하는 경우에는 국토교통부장관이 정하여 고시하는 고강도 콘크리트 내화성능 관리기준에 적합하여야 한다. O | X

X 그 작은 지름이 25cm 이상인 것이 해당한다.

확인학습문제 건축물의 피난·방화구조 등의 기준에 관한 규칙

101 철근콘크리트조·철골철근콘크리트조로서 두께가 7cm 이상인 것은 바닥의 내화구조에 해당한다. O | X

X 철근콘크리트조·철골철근콘크리트조로서 두께가 10cm 이상인 것이다.

확인학습문제

102 방화구조는 화재 시 불에 견디는 성능은 없어도 화염의 확산을 막을 수 있는 정도와 성능을 가진 구조를 말한다. O | X

O

확인학습문제 건축법 시행령

103 주요구조부가 내화구조 또는 불연재료로 된 건축물로서 연면적이 1,000m^2를 넘는 것은 내화구조로 된 바닥·벽 및 60분 또는 60+ 방화문(자동방화셔터 포함)으로 구획(방화구획)하여야 한다. O | X

O

확인학습문제 건축법 시행령

104 60분 방화문이란 연기 및 불꽃을 차단할 수 있는 시간이 60분 이상이고, 열을 차단할 수 있는 시간이 30분 이상인 방화문을 말한다. O | X

X 60분+ 방화문에 대한 설명이다. 60분 방화문은 연기 및 불꽃을 차단할 수 있는 시간이 60분 이상인 방화문을 말한다. 30분 방화문은 연기 및 불꽃을 차단할 수 있는 시간이 30분 이상 60분 미만인 방화문을 말한다.

확인학습문제

105 피난구조설비는 이동식 설비의 설치를 원칙으로 하며, 위험성이 크다고 인정되는 부분에 한하여 고정식 설비를 설치한다. O | X

X 피난구조설비는 고정식 설비이어야 한다. 이동식 기구와 장치 등은 최후의 소수인원을 위한 보조수단이어야 한다.

확인학습문제

106 피난수단은 아이들 또는 청소년들이 쉽게 사용할 수 없도록 복잡한 조작을 통하여 사용할 수 있도록 제한적 조치를 취해야 한다. O | X

X 피난수단은 원시적 방법으로 하여야 한다. 비상시 복잡한 조작을 필요로 하는 것은 부적당하다.

확인학습문제

107 Fail safe는 피난구 유도등 및 유도표지 등은 문자보다는 그림과 색을 사용하여 직감적으로 알 수 있도록 하는 것을 의미한다. O | X

X Fool proof를 의미한다. Fail safe는 하나의 수단이 고장 등으로 실패하여도 다른 수단에 의하여 그 기능이 발휘될 수 있는 것을 의미한다.

빈출문제

108 피난계획 시 고려하여야 할 인간의 피난본능은 우회본능, 귀소본능, 추종본능, 퇴피본능, 지광본능 등이 있다. O | X

X 우회본능이 아니라 좌회본능이다. 오른손잡이인 경우 오른손·오른발이 발달해 있기 때문에 무의식적으로 왼쪽으로 도는 것이 자연스럽다. 이를 피난로의 관리에 적용할 수 있다.

빈출문제

109 건물의 중심부에서 연기와 불꽃이 상승하면 외주(外周) 방향으로, 외주부가 위험하면 중앙 방향으로 퇴피하려는 인간의 피난본능을 지광본능이라 한다. O | X

X 퇴피본능에 대한 설명이다. 지광본능은 화재 시 정전 또는 검은 연기의 유동으로 주위가 어두워지면 사람들은 밝은 곳으로 피난하고자 한다는 것이다.

빈출문제

110 건축계획적 측면에서 Z형 피난방향의 평면 계획은 피난자의 집중으로 패닉현상이 일어날 우려가 있는 형태이므로 피해야 한다. O | X

X Z형 피난방향의 평면 계획은 중앙복도형 건축물에서의 피난경로로서 코너식 중 제일 안전한 형태이다. 피난자의 집중으로 패닉현상이 일어날 우려가 있는 형태는 H형(CO형)이다.

빈출문제

111 방염성능 기준으로 버너의 불꽃을 제거한 때부터 불꽃을 올리며 연소하는 상태가 그칠 때까지 시간은 20초 이상이다. O | X

X 20초 이내이다.

POINT 3-4 화재조사

22. 공채

112 소방기관에서 실시하는 화재조사는 관계 공무원이 화재사실을 인지하는 즉시 실시한다. O | X

O

22. 공채

113 화재조사는 강제성을 지니며, 프리즘식으로 진행한다. O | X

O

> **핵심정리** 화재조사의 특징
> 1. **현장성**: 화재현장에서 조사가 이루어져야 하므로 현장성을 갖는다.
> 2. **강제성**: 화재현장에서 관계인의 동의를 얻기는 쉽지 않으므로 강제성의 특징이 있다.
> 3. **프리즘식**: 다양한 측면에서 화재조사를 하여 정확한 조사가 이루어져야 한다.

빈출문제

114 화재조사의 목적 중의 하나는 화재피해를 알리고 유사화재의 방지와 피해의 경감에 이바지함이다. O | X

O

> **핵심정리** 화재조사의 목적
> 1. 화재조사를 통하여 화재 발생에 대한 책임규명을 할 수 있다.
> 2. 발화원인을 규명하고 예방행정의 자료로 활용한다.
> 3. 사상자의 발생원인과 방화관리상황을 규명하여 소방행정 자료로 활용한다.
> 4. 화재의 발생상황·원인·피해상황을 통계화하여 소방홍보 자료 및 소방정책수립의 자료로 활용한다.
> 5. 화재피해를 알리고 유사화재의 방지와 피해의 경감에 이바지한다.

빈출문제 소방의 화재조사에 관한 법률

115 화재란 사람의 의도에 반하거나 고의 또는 과실에 의하여 발생하는 연소현상으로서 소화할 필요가 있는 현상 또는 사람의 의도에 반하여 발생하거나 확대된 물리적 폭발현상을 말한다. O | X

X 사람의 의도에 반하여 발생하거나 확대된 화학적 폭발현상을 말한다.

빈출문제 | 화재조사 및 보고규정

116 감정이란 화재원인의 판정을 위하여 전문적인 지식, 기술 및 경험을 활용하여 주로 시각에 의한 종합적인 판단으로 구체적인 사실관계를 명확하게 규명하는 것을 말한다. O | X

X 감식에 대한 설명이다. 감정은 화재와 관계되는 물건의 형상, 구조, 재질, 성분, 성질 등 이와 관련된 모든 현상에 대하여 과학적 방법에 의한 필요한 실험을 행하고 그 결과를 근거로 화재원인을 밝히는 자료를 얻는 것을 말한다.

빈출문제 | 화재조사 및 보고규정

117 연소란 열원에 의하여 가연물질에 지속적으로 불이 붙는 현상을 말한다. O | X

X 발화에 대한 설명이다.

> **핵심정리 발화 등**
> 1. **발화**: 열원에 의하여 가연물질에 지속적으로 불이 붙는 현상을 말한다.
> 2. **발화열원**: 발화의 최초 원인이 된 불꽃 또는 열을 말한다.
> 3. **발화지점**: 열원과 가연물이 상호작용하여 화재가 시작된 지점을 말한다.
> 4. **발화장소**: 화재가 발생한 장소를 말한다.

빈출문제 | 화재조사 및 보고규정

118 연소확대물은 발화열원에 의해 불이 붙은 최초의 가연물을 말한다. O | X

X 최초착화물에 대한 설명이다. 연소확대물은 연소가 확대되는 데 있어 결정적 영향을 미친 가연물을 말한다.

빈출문제 | 화재조사 및 보고규정

119 사용연수는 고정자산을 경제적으로 사용할 수 있는 연수를 말한다. O | X

X 내용연수에 대한 설명이다.

빈출문제 | 화재조사 및 보고규정

120 손해율은 화재 당시에 피해물의 재구입비에 대한 현재가의 비율을 말한다. O | X

X 잔가율에 대한 설명이다. 손해율은 피해물의 종류, 손상 상태 및 정도에 따라 피해금액을 적정화시키는 일정한 비율을 말한다.

25. 공채   화재조사 및 보고규정

121   <보기>와 같은 조건의 '건물 피해산정' 추정액은 16,000,000원 이다.

<보기>
- ㄱ. 용도 및 구조: 아파트, 철근콘크리트 구조
- ㄴ. 신축단가(m^2당): 1,000,000원
- ㄷ. 경과연수: 10년
- ㄹ. 내용연수: 40년
- ㅁ. 소실면적: $50m^2$
- ㅂ. 손해율: 50%
- ㅅ. 잔가율: 80%

O | X

X <보기>와 같은 조건의 '건물 피해산정' 추정액은 20,000,000(원)이다.
건물피해산정액 = '신축단가(m^2당) × 소실면적 × [1 − (0.8 × 경과연수/ 내용연수)] × 손해율'
건품피해산정액 = 1,000,000원 × 50(m^2) × [1 − (0.8 × 10년/ 40년)] × 0.5 = 20,000,000(원)

> **핵심정리 건물피해산정 추정식**
>
> '신축단가(m^2당) × 소실면적 × [1 − (0.8 × 경과연수/ 내용연수)] × 손해율'의 공식에 의하되, 신축단가는 한국감정원이 발표한 '건물신축단가표'에 의한다.

---

25. 공채   소방의 화재조사에 관한 법률 시행령

122   '화재조사 업무에 관한 경력이 4년인 소방공무원'은 소방의 화재조사 시 소방관서장이 화재합동조사단의 단원으로 임명 또는 위촉할 수 있는 사람에 해당한다.

O | X

O 화재조사 업무에 관한 경력이 4년인 소방공무원 → 3년 이상이므로 해당한다.

> **핵심정리 화재합동조사단 위촉대상**
>
> 1. 화재조사관
> 2. 화재조사 업무에 관한 경력이 3년 이상인 소방공무원
> 3. 「고등교육법」 제2조에 따른 학교 또는 이에 준하는 교육기관에서 화재조사, 소방 또는 안전관리 등 관련 분야 조교수 이상의 직에 3년 이상 재직한 사람
> 4. 「국가기술자격법」에 따른 국가기술자격의 직무분야 중 안전관리 분야에서 산업기사 이상의 자격을 취득한 사람
> 5. 그 밖에 건축·안전 분야 또는 화재조사에 관한 학식과 경험이 풍부한 사람

---

25. 공채   소방의 화재조사에 관한 법률 시행령

123   '국가기술자격의 직무분야 중 안전관리 분야에서 기능사 자격을 취득한 사람'은 소방의 화재조사 시 소방관서장이 화재합동조사단의 단원으로 임명 또는 위촉할 수 있는 사람에 해당한다.

O | X

X 안전관리 분야에서 산업기사 이상의 자격을 취득한 사람이 해당한다. 따라서 기능사는 해당하지 않는다.

25. 공채 | 소방의 화재조사에 관한 법률 시행령

124 「「고등교육법」 제2조에 따른 학교 또는 이에 준하는 교육기관에서 화재 조사, 소방 또는 안전관리 등 관련 분야에 조교수로 4년 재직한 사람」은 소방의 화재조사 시 소방관서장이 화재합동조사단의 단원으로 임명 또는 위촉할 수 있는 사람에 해당한다. O | X

O 「고등교육법」 제2조에 따른 학교 또는 이에 준하는 교육기관에서 화재 조사, 소방 또는 안전관리 등 관련 분야에 조교수로 4년 재직한 사람 → 3년 이상이므로 해당한다.

25. 공채 | 화재조사 및 보고규정

125 건물 등 자산에 대한 내용연수는 「화재피해금액 산정매뉴얼」에서 정한 바에 따른다. O | X

O

> 📖 **핵심정리** 화재피해금액 산정(제18조)
> 1. 화재피해금액은 화재 당시의 피해물과 동일한 구조, 용도, 질, 규모를 재건축 또는 재구입하는데 소요되는 가액에서 경과연수 등에 따른 감가공제를 하고 현재가액을 산정하는 실질적·구체적 방식에 따른다. 다만, 회계장부상 현재가액이 입증된 경우에는 그에 따른다.
> 2. 1.의 규정에도 불구하고 정확한 피해물품을 확인하기 곤란한 경우에는 소방청장이 정하는 「화재피해금액 산정매뉴얼」(이하 "매뉴얼"이라 한다)의 간이평가방식으로 산정할 수 있다.
> 3. 건물 등 자산에 대한 최종잔가율은 건물·부대설비·구축물·가재도구는 20%로 하며, 그 이외의 자산은 10%로 정한다.
> 4. **건물 등 자산에 대한 내용연수는 매뉴얼에서 정한 바에 따른다.**
> 5. 대상별 화재피해금액 산정기준은 별표 2에 따른다.
> 6. 관계인은 화재피해금액 산정에 이의가 있는 경우 별지 서식에 따라 관할 소방관서장에게 재산피해신고를 할 수 있다.
> 7. 6.에 따른 신고서를 접수한 관할 소방관서장은 화재피해금액을 재산정해야 한다.

25. 간부 | 화재조사 및 보고규정

126 화재피해금액은 화재 당시의 피해물과 동일한 구조, 용도, 질, 규모를 재건축 또는 재구입하는데 소요되는 가액에서 경과연수 등에 따른 감가공제를 하고 현재가액을 산정하는 실질적·구체적 방식에 따른다. 다만, 회계장부상 구매가격이 입증된 경우에는 그에 따른다. O | X

X 화재피해금액은 화재 당시의 피해물과 동일한 구조, 용도, 질, 규모를 재건축 또는 재구입하는데 소요되는 가액에서 경과연수 등에 따른 감가공제를 하고 현재가액을 산정하는 실질적·구체적 방식에 따른다. 다만, 회계장부상 현재가액이 입증된 경우에는 그에 따른다.

25. 간부 | 화재조사 및 보고규정

127 정확한 피해물품을 확인하기 곤란한 경우에는 소방청장이 정하는 「화재피해금액 산정매뉴얼」의 간이평가방식으로 산정해야 한다. O | X

X 정확한 피해물품을 확인하기 곤란한 경우에는 소방청장이 정하는 「화재피해금액 산정매뉴얼」의 간이평가방식으로 산정할 수 있다.

25. 간부 | 화재조사 및 보고규정

128 건물 등 자산에 대한 최종잔가율은 건물·부대설비·구축물·가재도구는 10%로 하며, 그 이외의 자산은 20 %로 정한다. O | X

X 건물 등 자산에 대한 최종잔가율은 건물·부대설비·구축물·가재도구는 20%로 하며, 그 이외의 자산은 10%로 정한다.

25. 간부 | 화재조사 및 보고규정

129 관계인은 화재피해금액 산정에 이의가 있는 경우 별지 서식에 따라 관할 소방관서장에게 재산피해신고를 할 수 있으며, 신고서를 접수한 관할 소방관서장은 화재피해금액을 재산정할 수 있다. O | X

X 관계인은 화재피해금액 산정에 이의가 있는 경우 별지 서식에 따라 관할 소방관서장에게 재산피해신고를 할 수 있으며, 신고서를 접수한 관할 소방관서장은 화재피해금액을 재산정해야 한다.

빈출문제 | 화재조사 및 보고규정

130 잔불정리는 화재를 진화한 후 화재가 재발되지 않도록 감시조를 편성하여 일정 시간 동안 감시하는 것을 말한다. O | X

X 재발화감시에 대한 설명이다. 잔불정리는 화재 초진 후 잔불을 점검하고 처리하는 것을 말한다. 이 단계에서는 열에 의한 수증기나 화염 없이 연기만 발생하는 연소현상이 포함될 수 있다.

빈출문제 | 소방의 화재조사에 관한 법률 시행령

131 완진은 소방대에 의한 소화활동의 필요성이 사라진 것을 말한다. O | X

O 참고로, 초진은 소방대의 소화활동으로 화재확대의 위험이 현저하게 줄어들거나 없어진 상태를 말한다.

빈출문제 | 화재조사 및 보고규정

132 동일범이 아닌 각기 다른 사람에 의한 방화, 불장난은 동일 대상물에서 발화했더라도 각각 별건의 화재로 한다. O | X

O

> **핵심정리 화재건수 결정**
>
> 1건의 화재란 1개의 발화지점에서 확대된 것으로 발화부터 진화까지를 말한다. 다만, 다음 경우는 각 기준에 따른다.
> 1. 동일범이 아닌 각기 다른 사람에 의한 방화, 불장난은 동일 대상물에서 발화했더라도 각각 별건의 화재로 한다.
> 2. 동일 소방대상물의 발화점이 2개소 이상 있는 다음의 화재는 1건의 화재로 한다.
>   - 누전점이 동일한 누전에 의한 화재
>   - 지진, 낙뢰 등 자연현상에 의한 다발화재
> 3. 발화지점이 한 곳인 화재현장이 둘 이상의 관할구역에 걸친 화재는 발화지점이 속한 소방서에서 1건의 화재로 산정한다. 다만, 발화지점 확인이 어려운 경우에는 화재피해금액이 큰 관할구역 소방서의 화재 건수로 산정한다.

24. 간부 | 화재조사 및 보고규정

133 1건의 화재란 1개의 발화지점에서 확대된 것으로 발화부터 진화까지를 말한다. 동일 소방대상물의 발화점이 2개소 이상 있는 지진, 낙뢰 등 자연현상에 의한 다발화재는 1건의 화재로 한다. O | X

O

24. 간부 | 화재조사 및 보고규정

134 발화지점이 한 곳인 화재현장이 둘 이상의 관할구역에 걸친 화재에 대해서는 소방서마다 각각 별건의 화재로 한다. O | X

X 발화지점이 한 곳인 화재현장이 둘 이상의 관할구역에 걸친 화재는 발화지점이 속한 소방서에서 1건의 화재로 정한다. 다만 발화지점의 확인이 어려운 경우에는 화재피해금액이 큰 관할구역 소방서의 화재 건수로 산정한다.

빈출문제 | 화재조사 및 보고규정

135 사상자는 화재현장에서 사망한 사람과 부상당한 사람을 말한다. 다만, 화재현장에서 부상을 당한 원인으로 1년 이내에 사망한 경우에는 당해 화재로 인한 사망으로 본다. O | X

X 화재현장에서 부상을 당한 후 72시간 이내에 사망한 경우에는 당해 화재로 인한 사망으로 본다.

23. 공채 | 화재조사 및 보고규정

136 발화일시의 결정은 관계인등의 화재발견 상황통보(인지)시간 및 화재발생 건물의 구조, 재질 상태와 화기취급 등의 상황을 종합적으로 검토하여 결정한다. 다만, 자체진화 등 사후인지 화재로 그 결정이 곤란한 경우에는 발화시간을 추정할 수 있다. O | X

O

> **핵심정리 발화일시 결정**
> 1. 발화일시의 결정은 관계인등의 화재발견 상황통보(인지)시간 및 화재발생 건물의 구조, 재질 상태와 화기취급 등의 상황을 종합적으로 검토하여 결정한다.
> 2. 다만, 자체진화 등 사후인지 화재로 그 결정이 곤란한 경우에는 발화시간을 추정할 수 있다.

23. 공채 | 화재조사 및 보고규정

137 건물의 소실면적 산정은 소실 입체면적으로 산정한다. O | X

X 건물의 소실면적 산정은 소실 바닥면적으로 산정한다.

> **핵심정리 소실정도**
> 1. 전소: 건물의 70% 이상(입체면적에 대한 비율을 말한다. 이하 같다)이 소실되었거나 또는 그 미만이라도 잔존부분을 보수하여도 재사용이 불가능한 것
> 2. 반소: 건물의 30% 이상 70% 미만이 소실된 것
> 3. 부분소: 1., 2.에 해당하지 아니하는 것

23. 공채 | 화재조사 및 보고규정

138 건물의 소실정도에서의 반소는 건물의 30% 이상 70% 미만이 소실된 것을 말한다. O | X

O

23. 공채 | 화재조사 및 보고규정

139 건물 등 자산에 대한 최종잔가율은 건물·부대설비·구축물·가재도구는 20%로 하며, 그 이외의 자산은 10%로 정한다. O | X

O

> **핵심정리 최종잔가율**
> 1. 화재피해금액은 화재 당시의 피해물과 동일한 구조, 용도, 질, 규모를 재건축 또는 재구입하는데 소요되는 가액에서 경과연수 등에 따른 감가공제를 하고 현재가액을 산정하는 실질적·구체적 방식에 따른다. 다만, 회계장부상 현재가액이 입증된 경우에는 그에 따른다.
> 2. 1.의 규정에도 불구하고 정확한 피해물품을 확인하기 곤란한 경우에는 소방청장이 정하는 '화재피해금액 산정매뉴얼'(이하 "매뉴얼"이라 한다)의 간이평가방식으로 산정할 수 있다.
> 3. 건물 등 자산에 대한 최종잔가율은 건물·부대설비·구축물·가재도구는 20%로 하며, 그 이외의 자산은 10%로 정한다.
> 4. 건물 등 자산에 대한 내용연수는 매뉴얼에서 정한 바에 따른다.

18. 상반기 공채 | 화재조사 및 보고규정

140 최초착화물이란 열원에 의하여 가연물질에 지속적으로 불이 붙는 현상을 말한다. O | X

X 발화에 대한 설명이다.

19. 간부 | 화재조사 및 보고규정

141 감식이란 화재와 관계되는 물건의 형상, 구조, 재질, 성분, 성질 등 이와 관련된 모든 현상에 대하여 과학적 방법에 따라 필요한 실험을 행하고 그 결과를 근거로 화재원인을 밝히는 자료를 얻는 것을 말한다. O | X

X 감정에 대한 설명이다. 감식이란 화재원인의 판정을 위하여 전문적인 지식, 기술 및 경험을 활용하여 주로 시각에 의한 종합적인 판단으로 구체적인 사실관계를 명확하게 규명하는 것을 말한다.

18. 간부 | 화재조사 및 보고규정

142 건축·구조물 화재에서 전소는 건물의 입체면적 70% 이상이 소실되었거나, 또는 그 미만이라도 잔존부분을 보수하여도 재사용이 불가능한 것을 말한다. O | X

O

| 16. 간부 | 화재조사 및 보고규정 |

143
화재조사 시 건물의 동수 산정기준으로 주요구조부가 하나로 연결되어 있는 것은 1동으로 한다. 다만, 건널 복도 등으로 2 이상의 동에 연결되어 있는 것은 그 부분을 절반으로 분리하여 각 동으로 본다. O | X

O

| 빈출문제 | 화재조사 및 보고규정 |

144
내화조 건물의 외벽을 이용하여 목조 또는 방화구조건물이 별도로 설치되어 있고 건물 내부와 구획되어 있는 경우 다른 동으로 한다. O | X

O

| 빈출문제 | 화재조사 및 보고규정 |

145
소방청장은 사상자가 30명 이상이거나 2개 시·도 이상에 걸쳐 발생한 화재(임야화재는 제외한다)는 화재합동조사단을 구성하여 운영하는 것을 원칙으로 한다. O | X

O

> **핵심정리** 화재합동조사단 구성·운영
> 1. **소방청장**: 사상자가 30명 이상이거나 2개 시·도 이상에 걸쳐 발생한 화재(임야화재는 제외한다. 이하 같다)
> 2. **소방본부장**: 사상자가 20명 이상이거나 2개 시·군·구 이상에 발생한 화재
> 3. **소방서장**: 사망자가 5명 이상이거나 사상자가 10명 이상 또는 재산피해액이 100억원 이상 발생한 화재

| 빈출문제 | 화재조사 및 보고규정 |

146
사망자가 5명 이상이거나 사상자가 10명 이상 또는 재산피해액이 50억원 이상 발생한 화재는 소방서장이 화재합동조사단을 구성·운영하는 것을 원칙으로 한다. O | X

X 재산피해액이 100억원 이상 발생한 화재가 해당한다.

POINT 3-5 화재진압

빈출문제

147 선착대는 화재를 방어할 필요가 없는 경우는 지휘자의 명령에 따라 급수 및 비화경계, 수손방지 등의 업무를 수행한다. O | X

X 후착대의 업무에 해당한다.

> 📖 **핵심정리** 선착대의 업무
> 1. 인명검색 및 구조활동을 우선시한다.
> 2. 연소위험이 가장 큰 방면에 포위 부서한다.
> 3. 화점 근처의 소방용수시설을 점유한다.
> 4. 사전 경방계획을 충분히 고려하여 행동한다.
> 5. 재해실태, 인명위험, 소방활동상 위험요인 등과 같은 상황을 신속히 후착대에게 적극적 정보를 제공한다.

빈출문제

148 농연 내에서의 진입요령으로 내화조건물이나 지하실, 터널 등 연기가 충만하기 쉬운 건물 화재에서는 자세를 낮추어서 중성대 아래쪽으로부터 진입하는 것이 원칙이다. O | X

O

빈출문제

149 저속분무주수는 간접공격법(로이드레만 전법)에 가장 적합한 주수방법이다. O | X

O

> 📖 **핵심정리** 간접공격법
> 1. **간접공격법**: 연기와 열을 제거할 때 물의 흡열작용에 의한 냉각과 환기로 옥내 고온기체 및 연기의 배출을 보다 유효하게 하기 위한 안개모양의 주수법이다.
> 2. 물의 큰 기화잠열과 기화 시의 체적팽창력을 활용하여 배연·배열하는 방법이다.

빈출문제

150
☐☐☐
소방전술의 기본원칙 중 포위공격의 원칙은 화세에 비추어 소방력이 부족하여 불가피한 경우에는 가장 피해가 적을 것으로 판단되는 부분의 희생을 감수하더라도 보다 중요한 부분을 집중적으로 방어하여야 한다는 수세적인 원칙이다.
O | X

X 중점주의의 원칙이다. 포위공격의 원칙은 소방대가 화재의 전후·좌우·상하에서 입체적으로 공격하거나 방어하는 방안을 강구하여, 한 방향에서만 화재를 공격함으로써 다른 방향으로 화재가 확대되는 것을 막을 수 있다는 원칙이다.

> 📖 **핵심정리** 소방전술의 기본원칙
> 1. 신속대응의 원칙
> 2. 인명구조의 최우선의 원칙
> 3. 선착대 우위의 원칙
> 4. 포위공격의 원칙
> 5. 중점주의의 원칙

빈출문제

151
☐☐☐
소방전술에 있어서 소방력이 화세보다 약한 경우 화면을 포위하고 직접방수 등에 의한 방법에 의하여 일시에 소화할 수 있도록 공격전술을 취하여야 한다.
O | X

X 소방력이 화세보다 약한 경우 화면을 포위하고 방수 등에 의하여 화세를 저지하는 것을 의미하며, 소방대가 현장도착 후 화세가 소방력보다 우세한 경우 먼저 수비전술을 취하고 점점 공격전술로 전환한다.

PART 4 소화론

POINT 4-1 소화이론

20. 공채

001 화학적 소화방법은 가연물의 화학적 연쇄반응 속도를 줄이기 위한 할론 소화약제를 사용하는 방법, 다량의 물을 주수하여 소화하는 방법이 해당한다. O | X

X 다량의 물을 주수하여 소화하는 방법의 주된 소화작용은 냉각소화이다. 화학적 소화효과와는 관련이 없다.

📖 핵심정리 소화의 기본원리(기본서 1권, P.209)

냉각소화	질식소화
• 일반화재 시 옥내소화전 사용 • 발화점 또는 인화점 이하로 냉각하여 소화 • 연소가 진행되고 있는 열을 빼앗아 소화하는 방법 • 열을 흡수하여 가연성 연소생성물의 생성을 줄여 소화하는 방법 • 일반적으로 봉상주수에 의한 방법 • 물리적 소화에 해당	• 유류화재 시 포소화약제 사용(주된 소화원리) • 공기 중 산소농도를 15% 이하로 낮추어 소화하는 방법 • 산소의 공급을 차단하여 소화하는 방법 • 일반적으로 분무주수에 의한 방법 • 물리적 소화에 해당
제거소화	부촉매소화
• 전기화재 시 전원 차단 • 촛불을 입으로 불어서 소화하는 방법 • 가스화재 시 가스공급 차단 • 산불화재 시 방화선(도로) 구축 • 연소물이나 화원을 제거하여 연소반응을 중지시켜 소화 • 물리적 소화에 해당	• 할론소화약제를 사용하여 화학적 연쇄반응 속도를 줄여 소화하는 방법 • 연쇄반응 속도를 늦추어 소화하는 방법 • 연소반응을 주도하는 라디칼을 제거하여 중단시키는 방법 • 화학적 소화에 해당

23. 공채

002 유류화재는 포 소화약제를 방사하여 유류 표면에 얇은 층을 형성함으로써 공기 공급을 차단해 소화한다. O | X

O

23. 공채

003 ☐☐☐ 산림화재 시 화재 진행방향의 나무를 벌목하는 것은 제거소화의 방법 중 하나이다. O | X

O

24. 간부

004 ☐☐☐ 전기화재 시 전원차단, 가스화재 시 가스공급 차단 및 산불화재 시 방화선(도로) 구축은 제거소화방법에 해당한다. O | X

O

24. 간부

005 ☐☐☐ 촛불을 입으로 불어 소화하는 방법은 소화원리 중 제거소화의 사례에 해당한다. O | X

O

24. 간부

006 ☐☐☐ 식용유 화재 시 주변의 야채를 집어넣어 소화하는 방법은 소화원리 중 제거소화의 사례에 해당한다. O | X

X 냉각소화에 해당한다.

20. 공채

007 ☐☐☐ 황화인, 질산에스터류, 알칼리금속의 과산화물은 화재진압 시 주수소화에 적응성이 있는 위험물에 해당한다. O | X

X 오황화인(오산화인)의 경우 물과 반응하여 황화수소와 인산을 발생한다. 황화인 등은 마른 모래, 건조분말에 의한 질식소화를 한다. 알칼리금속의 과산화물(무기과산화물), 무수크로뮴산(삼산화크로뮴)은 금수성이 있으므로 물을 사용하여서는 안 되고 마른 모래 등을 사용한다.

18. 하반기 공채

008 ☐☐☐ 질식소화방법이란 일반적으로 공기 중의 산소농도를 15% 이하로 희석하거나 저하시키면 연소 중인 가연물은 산소의 양이 부족하여 연소가 중단된다는 것이다. O | X

O

> **📖 핵심정리 질식소화**
> 1. 공기 중 산소는 21(vol)% 존재하고 있는데, 가연물질에 공급되는 공기 중 산소의 양을 15(vol)% 이하로 하면 산소 결핍에 의하여 연소가 정지되는 것을 질식소화라 한다.
> 2. 제5류 위험물(자기반응성 물질)은 물질 자체에 산소를 포함하고 있으므로 질식소화가 불가능하다.

16. 간부

009 냉각소화로 많이 이용되는 물은 비열, 증발잠열의 값이 다른 물질에 비해 커서 가연성 물질을 발화점 혹은 인화점 이하로 냉각하는 효과가 있다. O | X

O

23. 공채

010 부촉매 소화는 화학적 소화에 해당한다. O | X

O

> **핵심정리 부촉매소화의 원리**
> 1. 가연물질의 연속적인 연쇄반응이 진행하지 않도록 부촉매를 사용하여 연소현상인 화재를 소화시키는 방법을 부촉매소화라고 한다.
> 2. 부촉매소화 작용은 가연물질 내에 함유되어 있는 수소·산소로부터 활성화되어 생성되는 수소기(H)·수산기(OH)를 부촉매와 반응시켜 라디칼기의 생성을 억제소화한다.
> 3. B·C급 분말(탄산수소나트륨·탄산수소칼륨), A·B·C급 분말(인산염류), 할로겐화합물, 강화액(탄산수소칼륨+물) 소화약제 내에 함유되어 있는 Na^+, K^+, NH_4^+, F^-, Cl^-, Br^-와 반응시켜 화학적소화를 한다.
> 4. 표면연소를 하는 물질들은 연쇄반응을 동반한 연소가 아니므로 부촉매소화효과를 얻기 어렵다.

확인학습문제

011 피복소화는 유류표면에 유화층을 형성하여 산소의 공급을 차단하여 소화하는 방법을 말한다. O | X

X 유화소화에 대한 설명이다.

> **핵심정리 유화소화**
> 1. 비중이 물보다 큰 중유 등으로 인한 화재 시 무상으로 방사하거나 포 소화약제를 유류화재 시 방사하는 경우 유류표면에 엷은 층(유화층)을 형성하여 공기 중의 산소의 공급을 차단시켜 소화하는 작용을 말한다.
> 2. 비수용성인 가연성 액체의 화재에서 유면에 물을 무상으로 강하게 불어 넣으면 유류표면에 일시적으로 물과 기름이 섞이는 층을 형성시킴으로써 증기압을 저하시켜 기상부분을 연소범위로부터 벗어나게 하여 소화하는 작용이다.
> 3. 유화소화효과를 크게 하기 위해서는 유면에의 속도에너지를 부가시켜 주어야 하므로 질식소화보다는 물입자를 약간 크게 하고 좀 더 강하게 분무하여야 한다.

확인학습문제

012 유화소화의 주된 소화원리는 냉각소화이다. O | X

X 유화소화의 주된 소화원리는 질식소화이다.

22. 공채

013 중질유화재 시 무상주수를 함으로써 기대할 수 있는 소화효과는 질식소화와 유화소화이다. O | X

O

> 📖 **핵심정리** 유화소화
> 1. 유화소화는 유류표면에 유화층을 형성하여 산소의 공급을 차단하여 소화하는 방법을 말한다.
> 2. 유화층은 유류표면에 물과 유류의 중간 성질을 가지는 얇은 층을 말한다.
> 3. 일반적으로 비중이 물보다 큰 중유 화재 시 무상으로 주수하면 유화층을 형성하고 공기 중의 산소의 공급을 차단시켜 질식소화효과를 기대할 수 있다.

확인학습문제 | 소화기구 및 자동소화장치의 화재안전기술기준(NFTC 101) 소화기구의 소화약제별 적응성

014 할론 소화약제, 이산화탄소 소화약제를 사용한 소화기구 및 자동소화장치는 일반화재, 유류화재 및 전기화재에 소화적응성이 있다. O | X

X 이산화탄소 소화약제를 사용한 소화기구 및 자동소화장치는 일반화재에 소화적응성이 없다.

확인학습문제 | 소화기구 및 자동소화장치의 화재안전기술기준(NFTC 101) 소화기구의 소화약제별 적응성

015 중탄산염류 소화약제를 사용한 분말소화기는 일반화재, 유류화재 및 전기화재에 소화적응성이 있다. O | X

X 일반화재에 소화적응성이 없다.

POINT 4-2 수계 소화약제

20. 공채

016 물 소화약제 첨가제 중 주요 기능이 물의 표면장력을 작게 하여 심부화재에 대한 적응성을 높여 주는 것은 증점제이다. O | X

X 침투제에 대한 설명이다.

> **핵심정리 침투제**
> 1. 물의 침투성을 증가시키기 위하여 합성계면활성제를 사용한다.
> 2. 물의 표면장력을 낮추어 심부화재, 원면화재의 소화효과를 극대화할 수 있다.
> 3. 침투제가 첨가된 물을 Wet water라고 부르며, 이것은 가연물 내부로 침투하기 어려운 목재, 고무, 플라스틱, 원면, 짚 등의 화재에 사용되고 있다.

23. 공채

017 물에 침투제를 첨가하는 이유는 표면장력을 증가시켜 소화능력을 향상하기 위함이다. O | X

X 물에 침투제를 첨가하는 이유는 표면장력을 감소시켜 소화능력을 향상하기 위함이다.

> **핵심정리 물 소화약제 첨가제**
> 1. 부동제: 동결방지제, 에틸렌글리콜을 많이 사용한다.
> 2. 증점제: 점성을 향상시키며, 주로 산림화재에 사용된다.
> 3. 침투제: 물의 침투성을 증가시키는 Wetting agents(합성계면활성제)를 혼합한 수용액으로서 물의 침투가 용이하지 않은 면의 원료인 원면화재에 적합하다. 침투성을 높여주기 위하여 표면장력을 작게 한다.
> 4. 유화제: 가연성 증기의 증발을 억제하여 소화효과를 증대시킨다.

25. 공채

018 물에 침투제를 첨가하는 이유는 표면장력을 증가시켜 소화능력을 향상하기 위함이다. O | X

O 물의 어는점(1기압, 0℃) 이하에서 동파 및 응고현상을 방지하기 위하여 첨가하는 물질은 동결방지제이다. 대표적인 동결방지제는 글리세린, 프로필렌글리콜, 에틸렌글리콜, 염화칼슘($CaCl_2$) 등이 있다.

> **핵심정리 동결방지제(부동액, Antifreeze agent)**
> 1. 물의 어는점 이하에서 동파되거나 물의 응고현상을 방지·지연하기 위한 첨가제이다.
> 2. 대표적인 동결방지제는 글리세린, 프로필렌글리콜, 에틸렌글리콜, 염화칼슘($CaCl_2$) 등이 있다.

PART 4 소화론

25. 공채

019 폴리에틸렌 옥사이드는 물소화약제의 첨가제 중 동결방지제로 사용된다. O | X

X 폴리에틸렌옥사이드는 $-CH_2CH_2O-$의 에터 반복 단위를 가지는 고분자이다. 에틸렌 옥사이드(산화 에틸렌) 또는 에틸렌 글라이콜을 출발 물질로 하여 제조하며, 폴리에틸렌글라이콜(PEG)이라고도 불린다. <u>친수성 고분자이며, 화장품, 식품 등의 첨가제, 제약 원료이다.</u>

> **핵심정리** C_2H_4O, Ethylene oxide
>
> 1. 산화 에텐. 폴리소르베이트, 에틸렌 글라이콜 등 다양한 물질의 합성 원료 및 살균소독용으로 널리 사용되는 물질이다. 가장 단순한 에폭사이드이기도 하다.
> 2. 이름은 에틸렌이 산화되면 자연스럽게 만들어지기에 산화물을 뜻하는 옥사이드를 붙여 지어졌다. 그 스노우볼로 폴리에틸렌 옥사이드는 이중결합이 하나도 없음에도 에틸렌이란 이름이 사용된다.

23. 공채

020 물은 비열, 증발잠열의 값이 작아서 주로 냉각소화에 사용된다. O | X

X 물의 비열과 증발잠열은 비교적 크다.

> **핵심정리** 물리적 특성
>
> 1. 물의 비열은 1cal/g℃로 다른 물질에 비하여 상대적으로 크다.
> 2. 물의 증발잠열(기화열)은 539.6cal/g으로 다른 물질에 비하여 크고, 물의 용융열 79.7cal/g과 비교하여도 기화열은 상당히 크다.
> 3. 대기압하에서 100℃의 물이 액체에서 수증기의 상태로 변할 때 체적은 약 1,700배 정도 증가한다.
> 4. 물의 비중은 1기압을 기준으로 4℃일 때 가장 크고 이를 기준으로 높아지거나 낮아질 때 비중은 작아진다.
> 5. 물의 표면장력은 온도가 상승하면 작아진다.

25. 간부

021 물은 수소 원자 2개와 산소 원자 1개가 극성공유결합을 하고 있다. O | X

O

> 📖 **핵심정리** 물의 화학적 특성
> 1. 물은 수소 2원자와 산소 1원자로 이루어져 있으며 이들 사이의 화학결합은 극성 공유결합이다.
> 2. 물은 극성 분자이기 때문에 분자 간의 결합은 수소결합에 의하여 이루어진다.
> 3. 물이 비교적 큰 표면 장력을 가지는 것도 분자 간의 인력의 세기와 직접적인 관계가 있으며, 비교적 큰 비열도 수소결합을 끊는 데 큰 에너지가 필요하기 때문이다.

23. 공채

022 물의 표면장력은 온도가 상승하면 커진다. O | X

X 물의 표면장력은 온도가 상승하면 작아진다.

> 📖 **핵심정리** 물의 물리적 특성(표면장력)
> 1. 물은 표면장력이 높아 액체 방울을 형성하거나 작은 곤충이 물 위를 걸을 수 있게 한다(물 분자간 수소결합).
> 2. 표면장력은 수온이 증가할수록 감소한다.
> 3. 편면장력은 액체 표면의 분자가 내부로 끌리는 힘에 기인한다.

23. 공채

023 물의 비중은 1기압, 0℃에서 가장 크다. O | X

X 물의 비중은 1기압, 4℃에서 가장 크다.

> 📖 **핵심정리** 물의 물리적 특성(물의 밀도)
> 1. 물의 밀도는 온도에 따라 변화는 데 4℃일 때 가장 큽니다. 고체상태의 물(얼음)은 액체보다 밀도가 낮아 물 위에 뜹니다. 이는 수소 결합이 얼음 구조를 팽창시키기 때문이다.
> 2. 온도 및 기압 조건이 따로 제시되지 않았다면 일반적으로 고체 및 액체에 대해서는 4℃ 1기압 아래의 물, 기체에 대해서는 0℃ 1기압인 공기를 기준으로 한다.

23. 공채

024 물의 비열은 대기압 상태에서 0.5cal/g·℃이다. O | X

X 물의 비열은 대기압 상태에서 1cal/g·℃이다.

> **핵심정리 물의 물리적 특성(물의 비열)**
> 1. 어떤 물질 1kg의 온도를 1℃ 높이는 데 필요한 열량을 그 물질의 비열이라고 하며, 단위로는 kcal/(kg·℃)를 사용한다. 비열은 물질의 종류에 따라 고유한 값을 가지므로 물질을 구분하는 데 사용할 수 있다.
> 2. 물의 비열은 대기압 상태에서 1cal/g·℃이다.

24. 간부

025 물의 증발잠열은 100℃, 1기압에서 539kcal/kg이므로 냉각소화에 효과적이다. O | X

O

19. 간부

026 비중이 물보다 큰 중유 등 비수용성 유류화재 시 무상주수하거나 포 소화약제를 방사하여 유류표면에 엷은 층이 형성되어 공기 중의 산소 공급을 차단시켜 소화하는 방법은 냉각소화를 이용한 원리이다. O | X

X 유화소화법에 대한 설명이다.

13. 공채

027 물을 분무주수할 때 얻을 수 있는 가장 큰 소화효과 부촉매소화효과이다. O | X

X 질식소화이다.

18. 간부

028 물 소화약제는 자연으로부터 쉽게 얻을 수 있으며, 저장 및 취급이 용이하고, 간단한 조작에 의해서 사용이 가능하여 빠른 시간 내에 화재를 소화할 수 있는 장점이 있다. O | X

O

17. 간부

029 물은 A급 화재에서는 우수한 소화능력이 발휘되나, B급 화재에서는 오히려 화재가 확대될 수 있고, C급 화재에서는 소화가 가능 하지만 감전사고의 위험성이 있으므로 주의하여야 한다. O | X

O

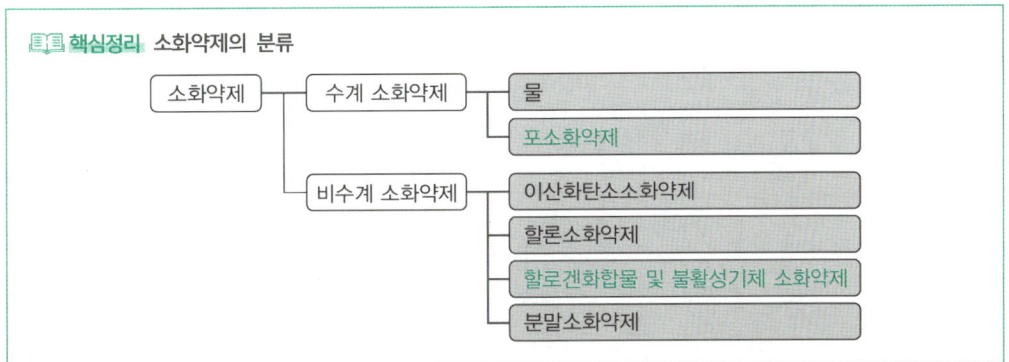

📖 **핵심정리** 소화약제의 분류

24. 간부

030 물 소화약제를 알코올 등과 같은 수용성 액체 위험물 화재에 사용하면 희석작용을 하여 소화효과가 있다. O | X

O

📖 **핵심정리** 물 소화약제
1. 물의 증발잠열은 100℃, 1기압에서 539kcal/kg이므로 냉각소화에 효과적이다.
2. 물의 주수형태 중 무상은 전기화재에도 적응성이 있다.
3. 물 소화약제를 알코올 등과 같은 수용성 액체 위험물 화재에 사용하면 희석작용을 하여 소화효과가 있다.
4. 중질유화재에 물을 무상으로 주수 시 급속한 증발에 의한 질식효과와 함께 에멀션(Emulsion) 형성에 의한 유화효과가 있다.

18. 상반기 공채

031 강화액 소화약제는 물과 탄산칼륨을 혼합하여 만든 소화약제로 냉각소화작용이 있다. 그리고 물과 탄산칼륨의 OH^-에 의하여 많은 효과는 아니지만 부촉매효과도 가지고 있다. O | X

X 탄산칼륨의 K^+에 의하여 부촉매효과가 있다.

23. 공채

032 표면하 주입방식에 의한 설비에 가장 적합한 포 소화약제는 단백포 소화약제 및 합성계면활성제포 소화약제가 해당한다. O | X

X 표면하 주입방식은 유류에 오염을 주지 않는 수성막포와 불화단백포가 적합한 포 소화약제이다.

빈출문제

033 물의 점도는 온도가 올라가면 작아지고, 표면장력은 온도가 상승하면 커진다. O | X

X 물의 표면장력은 온도가 상승하면 작아진다.

> **핵심정리 물소화약제의 장단점**
>
> | 장점 | • 물은 비열과 기화열이 커서 많은 열을 흡수하므로 냉각효과가 우수
• 비압축성 유체로 저장 및 송수가 용이함
• 값이 싸고, 주변에서 쉽게 구할 수 있음
• 인체에 무해함
• 다양한 형태의 방사가 가능하여 봉상·적상·무상주수 가능
• 분무주수 시 중유화재(B급 화재) 및 전기화재에도 적합 |
> |---|---|
> | 단점 | • 동절기에는 동결의 우려가 있음
• 진화 후 수손 피해 발생이 있음
• 금수성 물질의 화재에는 피하여야 함
• 유류화재, 전기화재 및 금속화재에는 적용하기 어려움 |

빈출문제

034 물에 심하게 반응하는 물질인 나트륨과 마그네슘의 금속화재에는 물 소화약제를 사용하여서는 안 된다. O | X

O 물에 심하게 반응하는 물질인 Na·K·Mg·Al·Ca·Zn 등의 금속화재는 물 소화약제를 사용하여서는 안 된다.

빈출문제

035 물입자의 직경이 0.5~4mm인 물방울 모양의 형상으로 주수되는 적상주수는 전기화재 소화적응성이 우수하다. O | X

X 스프링클러설비의 스프링클러헤드로부터 물이 방사될 경우 방사되는 물입자의 형태로 적상으로 방사되는 물입자는 봉상의 물입자와 같이 전기의 전도성이 있으므로 전기화재(C급 화재)에는 부적합하다.

빈출문제

036 무상주수는 고압으로 방사할 때 물입자가 무상의 형태로 물입자가 이격되는 특징이 있어, 전기의 전도성이 없어 전기화재의 소화도 가능하다. O | X

O 무상주수 시 전기화재에 소화효과가 있다.

빈출문제

037 물방울 입자의 크기는 스프링클러 → 물분무 → 미분무 순으로 미분무가 가장 작다. O | X

O

빈출문제

038

강화액 소화약제는 동절기 물 소화약제가 동결되는 단점을 보완하고 물의 소화력을 높이기 위하여 화재에 억제효과가 있는 염류를 첨가한 것으로 염류로는 알칼리금속염의 탄산칼륨(K_2CO_3)과 인산암모늄[$(NH_4)H_2PO_4$] 등이 사용된다. O | X

O 강화액 소화약제는 한랭지역 및 겨울철에 사용 가능하다. -20℃에서도 동결되지 않아 추운지방에도 사용이 가능하다.

빈출문제

039

물 소화약제의 첨가제인 침투제는 물의 표면장력을 낮추어 심부화재, 원면화재의 소화효과를 극대화할 수 있다. O | X

O 물의 침투성을 증가시키기 위하여 합성계면활성제를 사용한다.

24. 간부

040

물은 분자 내에서는 수소결합을, 분자 간에는 극성공유결합을 하여 소화약제로써의 효과가 뛰어나다 O | X

X 물은 수소 2원자와 산소 1원자로 이루어져 있으며 이들 사이의 화학결합은 **극성 공유결합**이고, 물은 극성 분자이기 때문에 분자 간의 결합은 **수소결합**에 의하여 이루어진다.

> **핵심정리** 물의 화학적 특성
> 1. 물은 수소 2원자와 산소 1원자로 이루어져 있으며 이들 사이의 화학결합은 극성 공유결합이다.
> 2. 물은 극성 분자이기 때문에 분자 간의 결합은 수소결합에 의하여 이루어진다.
> 3. 물이 비교적 큰 표면 장력을 가지는 것도 분자 간의 인력의 세기와 직접적인 관계가 있으며, 비교적 큰 비열도 수소 결합을 끊는 데 큰 에너지가 필요하기 때문이다.

22. 간부

041
☐☐☐

단백포 소화약제는 내유성이 강하여 표면하 주입방식에 효과적이며, 내약품성으로 분말 소화약제와 Twin Agent System이 가능하다. 반면에 내열성이 약해 탱크 내벽을 따라 잔불이 남게 되는 윤화현상이 일어날 우려가 있으며, 대형화재 또는 고온화재 시 수성막 생성이 곤란한 단점이 있다. O | X

X 수성막포 소화약제에 대한 설명이다.

> **핵심정리 기계포 소화약제**
> 1. **단백포 소화약제**: 단백질을 가수분해한 것을 주원료로 하는 포 소화약제를 말한다.
> 2. **합성계면활성제포 소화약제**: 합성계면활성제를 주원료로 하는 포 소화약제를 말한다.
> 3. **수성막포 소화약제**: 수합성계면활성제를 주원료로 하는 포 소화약제 중 기름표면에서 수성막을 형성하는 포 소화약제를 말한다.
> 4. **알코올형포 소화약제**: 단백질의 가수분해물이나 합성계면활성제 중에 지방산 금속염이나 타계통의 합성계면활성제 또는 고분자겔 생성물 등을 첨가한 포 소화약제로서 제4류 위험물 중 수용성용제의 소화에 사용하는 약제를 말한다.
> 5. **불화단백포 소화약제**: 단백포 소화약제의 소화성능을 향상시키기 위하여 불소계통의 계면활성제를 첨가한 포 소화약제를 말한다.

> **핵심정리 단백포소화약제(석유류·방향족류)**
>
> | 장점 | • 내열성이 우수함
• 봉쇄성 및 내화성이 우수함
• 윤화(Ring fire)의 발생 위험이 없음 |
> |---|---|
> | 단점 | • 유동성이 좋지 않아서 소화속도가 느림
• 소화약제의 저장기간이 짧음(3년 이내)
• 분말과 병용할 수 없으며, 유류를 오염시킴
• 내유성이 좋지 않다. |

24. 공채

042
☐☐☐

불화단백포 소화약제는 불소계 계면활성제를 첨가하여 단백포 소화약제의 단점인 유동성을 보완하였다. O | X

O 단백포 소화약제에 불소계 계면활성제를 첨가하여 단백포와 수성막포의 단점을 보완한 약제이다. 유동성이 나쁜 단백포의 단점과 표면에 형성된 수성막이 적열된 탱크 벽에 약한 수성막포의 단점을 개선한 것이다.

17. 공채

043
☐☐☐

포 소화약제 중 분말 소화약제와 병용하면 소화효과가 7~8배 증가되는 포 소화약제는 단백포 소화약제이다. O | X

X 수성막포 소화약제이다.

23. 간부

044 수성막포 소화약제는 불소계 계면활성제를 주성분으로 한 것으로 안정성이 좋아 장기보존이 가능하다. O | X

O

23. 간부

045 수성막포 소화약제는 알코올류, 케톤류, 에스테르류 등과 같은 수용성 위험물 화재에 소화적응성이 아주 우수하다. O | X

X 알코올형포 소화약제에 대한 설명이다.

23. 간부

046 알코올형 포 소화약제는 내유성이 있어 탱크 하부에서 발포하는 표면하주입방식이 가능하며 분말 소화약제와 함께 사용 시 소화능력이 강화된다. O | X

X 수성막포 소화약제에 대한 설명이다.

24. 공채

047 알콜형포 소화약제는 케톤류, 알데히드류, 아민류 등 수용성용제의 소화에 사용할 수 있다. O | X

O

22. 공채

048 불소를 함유하고 있는 합성계면활성제포는 친수성이므로 유동성과 내유성이 좋다. O | X

X 합성계면활성제포는 유동성이 양호하나 내유성이 약하다.

> 📖 **핵심정리** 합성계면활성제포 소화약제의 장점·단점
>
> 1. 장점
>   - 유류표면에 대해 유동성이 양호하여 소화속도가 빠름
>   - 저발포·고발포로 사용 가능
>   - 일반화재·유류화재에 모두 적용
>   - 소화약제의 보존기간이 반영구적
> 2. 단점
>   - 단열성·내유성이 약하고, 윤화가 발생될 우려가 있음
>   - 유류저장탱크의 시설에 부적합함
>   - 환경오염 우려가 있고 사정거리가 비교적 짧음

24. 공채

049 합성계면활성제포 소화약제는 유동성과 저장성이 우수하며 저팽창포부터 고팽창포까지 사용할 수 있다. O | X

O

22. 공채

050 불화단백포 및 수성막포는 표면하 주입방식에 사용할 수 있다. O | X

O

22. 공채

051 단백포 소화약제는 유동성은 좋으나, 내화성은 나쁘다. O | X

X 단백포는 내열성이 우수하나 유동성이 좋지 않아서 소화속도가 느리다.

> 📖 **핵심정리** 단백포 소화약제의 장점·단점
> 1. 장점
>   - 내열성이 우수함
>   - 봉쇄성 및 내화성이 우수함
>   - 윤화(Ring fire)의 발생 위험이 없음
> 2. 단점
>   - 유동성이 좋지 않아서 소화속도가 느림
>   - 소화약제의 저장기간이 짧음(3년 이내)
>   - 분말과 병용할 수 없으며, 유류를 오염시킴

24. 공채

052 단백포 소화약제는 단백질을 가수분해 한 것을 주원료로 하며 내유성이 뛰어나 소화속도가 빠르다. O | X

X 단백포 소화약제는 포의 유동성이 좋지 않아 유면을 신속하게 덮지 못하므로 소화 속도가 느리다. 또한 분말소화약제와 병용할 수 없다는 단점이 있고, 유류를 오염시킨다.

> 📖 **핵심정리** 단백포 소화약제(Protein foaming agents)
> 1. 동물의 뿔, 발톱 등을 알칼리로 가수분해한 생성물에 금속염인 염화철과 그 밖의 첨가제 등을 혼합·제조하여 사용한다.
> 2. 신속하게 다량의 포가 연소유면에 전개되면 단백질과 안정제가 결합하여 내열성이 우수한 포가 유면을 질식소화한다.
> 3. 포의 유동성이 좋지 않아 유면을 신속하게 덮지 못하므로 소화속도가 느리다.
> 4. 부패의 우려가 있어 저장기간이 길지 않다.
> 5. 단백포는 점성이 있어 안정되고 두꺼운 포막을 형성하기 때문에 인화성·가연성 액체의 위험물 저장탱크, 창고, 취급소 등의 포소화설비에 사용된다.
> 6. 분말소화약제와 병용할 수 없다는 단점이 있고, 유류를 오염시킨다.

24. 간부

053 기계포 소화약제 중 단백포 소화약제는 유동성이 좋고, 내열성은 나쁘다. O | X

X 내열성은 우수하나 유동성이 좋지 않아서 소화속도가 느리다.

24. 간부

054 기계포 소화약제 중 단백포 소화약제는 유류를 오염시키고, 유면 봉쇄성이 좋지 않아 윤화현상이 발생한다. O | X

X 유면 봉쇄성이 좋아 윤화현상이 잘 발생하지 않는다.

빈출문제

055 포 소화약제의 구비조건으로 내유성, 유동성, 내열성 등이 있다. O | X

O 내유성은 포의 유류에 오염되지 않는 능력을 의미한다. 불화단백포는 내유성이 강하다. 내유성이 낮은 포 소화약제는 표면하 주입방식을 적용하기 어렵다.

빈출문제

056 포팽창비는 방출 전 포수용액의 체적에 대한 발포 후 포의 체적비를 말한다. O | X

O 포팽창비 = $\dfrac{\text{발포 후 포의 체적}}{\text{방출 전 포수용액의 체적}}$

빈출문제

057 포 소화약제의 저발포는 포의 팽창비율이 80배 이하인 것을 말한다. O | X

X 저발포는 포의 팽창비율이 20배 이하인 것을 말한다.

확인학습문제

058 포의 팽창비율이 700배인 것은 고발포 제3종에 해당한다. O | X

O

> **핵심정리** 고발포
> 1. 제1종 기계포 80배 이상 250배 미만
> 2. 제2종 기계포 250배 이상 500배 미만
> 3. 제3종 기계포 500배 이상 1,000배 미만

빈출문제

059 포의 팽창비가 커지면 환원시간의 길어진다. 환원시간이 길면 내열성이 좋아진다. O | X

X 팽창비가 커지면 환원시간이 짧아진다. 25(%) 환원시간은 방사된 포 중량의 25%가 수용액으로 환원되어 물이 배수되는 시간을 말한다. 25(%) 환원시간이 긴 포 소화약제는 거품지속시간이 길어 소화성능이 우수하다고 볼 수 있다.

빈출문제

060 팽창비가 커지면 포의 유동성이 증가한다. O | X

O

빈출문제

061 팽창비가 커지면 함수율이 적어져 내열성이 감소한다. O | X

O

POINT 4-3 비수계 소화약제

19. 공채

062 소화 후 소화약제에 의한 오손이 없고, 비전도성이며, 자체 압력으로 방출이 가능하고, 불연성 기체로서 주된 소화효과는 질식효과의 특성이 있는 소화약제는 이산화탄소 소화약제이다. O | X

O

24. 공채

063 이산화탄소 소화약제는 질식소화 효과와 기화열 흡수에 의한 냉각효과가 있다. O | X

O

> **핵심정리** 이산화탄소 소화약제의 특성
> 1. 무색, 무취로 비전도성이며 독성이 없다.
> 2. 질식소화 효과와 기화열 흡수에 의한 냉각효과가 있다.
> 3. 제3류 위험물, 제5류 위험물의 소화에 사용을 금한다.
> 4. 자체 증기압이 매우 높아 별도의 가압원이 필요하지 않다.

24. 공채

064 이산화탄소 소화약제는 제5류 위험물 소화에 사용한다. O | X

X 제5류 위험물을 저장·취급하는 장소에는 사용을 금한다.

> **핵심정리** 이산화탄소 소화약제 사용제한장소
> 1. 방재실·제어실 등 사람이 상시 근무하는 장소
> 2. 소화약제에 의해 질식 또는 인체의 위해가 발생할 우려가 있는 밀폐장소
> 3. 제5류 위험물을 저장·취급하는 장소
> 4. 이산화탄소를 분해시키는 반응성이 큰 금속(Na, K, Mg, Ti, Zr 등)과 금속수소화물(LiH, NaH, CaH_2)

18. 상반기 공채

065 공기 중 산소의 농도가 20vol%라고 가정한다면 산소농도를 10vol%로 하기 위한 이산화탄소의 농도는 50vol%이다. O | X

O

빈출문제

066 이산화탄소 소화약제는 소화 후 소화약제에 의한 손실은 없으나 방출 시 인명피해가 우려되는 밀폐된 공간에는 사용을 제한하고 있다. O | X

O

빈출문제

067 이산화탄소 소화약제는 산소농도의 희석에 의한 질식소화를 주목적으로 한다. 따라서 사람이 거주하는 곳에선 개방된 상태에서 사용하여야 한다. O | X

X 사람이 있는 곳에서는 사용하여서는 아니된다. 산화탄소 소화약제는 산소농도의 희석에 의한 질식소화를 주목적으로 하므로 개방된 장소에서의 일반가연물화재의 소화에는 부적합하다. 그러나 개구부에 자동폐쇄장치가 설치된 전역방출방식인 경우 일반 가연물질에 대하여 가연물질의 내부까지 침투하여 심부화재에도 소화효과가 있다.

빈출문제

068 CO_2 소화약제는 사용 후 소화약제에 의한 오손이 없기 때문에 통신기기실, 전산기기실, 변전실 등의 전기 설비, 물에 의한 오손이 걱정되는 도서관이나 미술관 등에 유용하다. O | X

O

빈출문제

069 이산화탄소 소화약제는 제5류 위험물을 저장·취급하는 장소 및 이산화탄소를 분해시키는 반응성이 큰 금속과 금속수소화물에서는 사용이 제한된다. O | X

O

빈출문제

070 이산화탄소의 주된 소화효과는 부촉매 소화효과이다. O | X

X 이산화탄소의 주된 소화효과는 산소농도 저하에 의한 질식효과이다.

빈출문제

071 모든 가연성 가스는 산소의 농도를 14% 이하로 낮추면 소화된다. O | X

X 소화에 필요한 이산화탄소의 농도는 가연성 기체와 액체의 종류에 따라 다르다. 수소의 한계산소농도는 7.98%이고, 일산화탄소의 한계산소농도는 9.87%이다.

빈출문제

072 이산화탄소의 최소 설계농도는 이론적으로 구한 최소 소화농도의 90% 이상으로 하면 된다. O | X

X 최소 설계농도는 이론적으로 구한 최소 소화농도에 일정량의 여유분(최소 소화농도의 20%)을 더한 값이다.

빈출문제

073 이산화탄소의 최소 소화농도(Theoretical minimum CO₂ concentration)는 다음 식을 통해 구한다.

$$CO_2 = \frac{21 - O_2}{21} \times 100(\%)$$ (단, 공기 중의 산소농도는 21%인 경우)

O | X

O

25. 간부

074 연소하한계(LFL)가 2.1 vol%인 프로페인(C_3H_8)가스 화재 시 소화할 때 필요한 이산화탄소 소화약제의 농도는 최소 45vol%를 초과해야 한다. (단, 공기 중 산소농도는 21vo%로 한다) O | X

X 이산화탄소의 농도[CO_2](%)는 최소 50(vol%)를 초과해야 한다.
1. 프로판(C_3H_8): $C_3H_8 + 5O_2 \rightarrow 3CO_2 + 4H_2O$
2. 최소산소농도 = 연소하한계(LFL) × 산소의 몰수
   따라서, 최소산소농도 = 2.1 × 5
   = 10.5(%)
3. 이산화탄소의 농도[CO2](%) = $\frac{21 - O_2}{21} \times 100(\%)$
   = $\frac{(21 - 10.5)}{21} \times 100(\%)$
   = 50(vol%)

핵심정리 탄화수소 연소반응식

1. 메탄(CH_4): $CH_4 + 2O_2 \rightarrow CO_2 + 2H_2O$
2. 에탄(C_2H_6): $C_2H_6 + \frac{7}{2}O_2 \rightarrow 2CO_2 + 3H_2O$
3. 프로판(C_3H_8): $C_3H_8 + 5O_2 \rightarrow 3CO_2 + 4H_2O$
4. 부탄(C_4H_{10}): $C_4H_{10} + \frac{13}{2}O_2 \rightarrow 4CO_2 + 5H_2O$

| 23. 공채 |

075 할로겐화합물 소화약제는 불소, 염소, 브로민 또는 아이오딘 중 하나 이상의 원소를 포함하고 있는 유기화합물을 기본성분으로 하는 소화약제를 말한다. O | X

O

> 📖 **핵심정리** 할로겐화합물 및 불활성기체 소화약제
> 1. **할로겐화합물 소화약제**: 순도가 99% 이상이고 불소, 염소, 브로민, 아이오딘 중 하나 이상의 원소를 포함하고 있는 유기화합물을 기본성분으로 하는 소화약제이다.
> 2. **불활성기체 소화약제**: 헬륨, 네온, 아르곤, 질소 중 하나 이상의 원소를 기본성분으로 하는 소화약제를 말한다.

| 23. 공채 |

076 IG-01, IG-55, IG-100, IG-541 중 질소를 포함하지 않은 약제는 IG-100이다. O | X

X IG-01, IG-55, IG-100, IG-541 중 질소를 포함하지 않은 약제는 IG-01이다.

> 📖 **핵심정리** IG-01 · IG-55 · IG-100(불연성 · 불활성기체 혼합가스)
> 1. IG-01은 아르곤이 99.9vol% 이상이다.
> 2. IG-55는 질소가 50vol%, 아르곤이 50vol%인 성분으로 되어 있다.
> 3. IG-100은 질소가 99.9vol% 이상이다.
>
> | 소화약제 | 화학식 |
> |---|---|
> | IG-01 | Ar |
> | IG-100 | N_2 |
> | IG-541 | $N_2(52\%)$, $Ar(40\%)$, $CO_2(8\%)$ |
> | IG-55 | $N_2(50\%)$, $Ar(50\%)$ |

23. 공채

077 할로겐화합물 소화약제 중 HFC-23(트리플루오르메탄)의 화학식은 CHF_3이다. O | X

O

핵심정리 | 할로겐화합물 소화약제의 종류

소화약제	화학식
FC-3-1-10	C_4F_{10}
FK-5-1-12	$CF_3CF_2C(O)CF(CF_3)_2$
HFC-23	CHF_3
HFC-125	CHF_2CF_3
HFC-227ea	CF_3CHFCF_3
HFC-236fa	$CF_3CH_2CF_3$
FIC-13I1	CF_3I
HCFC-124	$CHClFCF_3$
HCFC BLEND A	HCFC-123($CHCl_2CF_3$): 4.75% HCFC-22($CHClF_2$): 82% HCFC-124($CHClFCF_3$): 9.5% $C_{10}H_{16}$: 3.75%

23. 공채

078 부촉매 소화효과는 불활성기체 소화약제에는 없으나 할로겐화합물 소화약제는 있다. O | X

O

22. 간부

079 할로겐화합물 소화약제 중 'HCFC BLEND A'의 구성 요소는 HCFC-123, C_3HF_7, HCFC-22, HCFC-124 및 C_3HF_7 이다. O | X

X HCFC BLEND A는 HCFC-123, HCFC-22, HCFC-124와 $C_{10}H_{16}$의 혼합물로 이루어진 소화약제이다. C_3HF_7은 'HCFC BLEND A'의 구성 요소가 아니다.

핵심정리 HCFC BLEND A

소화약제	화학식
HCFC BLEND A	HCFC-123($CHCl_2CF_3$): 4.75% HCFC-22($CHClF_2$): 82% HCFC-124($CHClFCF_3$): 9.5% $C_{10}H_{16}$: 3.75%

확인학습문제

080 할로겐화합물 소화약제 중 'HCFC BLEND A'의 구성 요소 중 가장 많은 부분을 차지하는 물질은 HCFC-22($CHClF_2$)이다. O | X

O HCFC BLEND A는 HCFC-22($CHClF_2$)가 82%로 가장 많은 부분을 차지한다.

확인학습문제

081 어떤 물질이 지구온난화에 기여하는 능력을 상대적으로 나타내는 오존파괴지수(ODP; Ozone Depletion Potential)의 기준물질은 CFC-11이다. O | X

O ODP(오존파괴지수) = $\dfrac{\text{어떤 물질 1kg에 의해 파괴되는 오존량}}{\text{CFC-11 1kg에 의해 파괴되는 오존량}}$

21. 간부

082 불활성기체 소화약제는 헬륨, 네온, 염소, 아르곤, 질소 중 하나 이상의 원소를 기본성분으로 하는 소화약제를 말한다. O | X

X 염소는 해당하지 않는다.

22. 공채

083 할로겐화합물 소화약제가 갖추어야 할 일반적인 조건으로 대기 중의 잔존 시간이 길수록 좋다. O | X

X 대기 중에 잔존 시간이 짧을수록 좋다.

> **핵심정리 친환경 소화약제 요구조건**
> 1. 우수한 소화성능을 갖추어야 한다.
> 2. 독성이 적을수록 좋다.
> 3. ODP, GWP, ALT가 낮아야 한다.
> 4. ALT는 온실가스가 발사된 후 대기권에서 분해되지 않고 체류하는 잔류기간이다.

084

할로겐화합물 소화약제가 갖추어야 할 일반적인 조건으로 지구 온난화, 오존층 파괴에 끼치는 영향이 적을수록 좋다.

O | X

O

> **핵심정리** 관련 용어(기본서 1권, P.241)
>
> 1. NOAEL(No Observed Adverse Effect Level)
>   - 심장에 악영향이 나타나지 않는 최고 농도이다.
>   - 주공간에서의 사용을 제한하기 위한 소화약제의 농도로 인체에 부작용이 없고 아무런 악영향을 미치지 않는 최고의 농도를 의미한다.
>   - NOAEL은 낮을수록 독성이 크다.
> 2. LOAEL(Lowest Observed Adverse Effect Level)
>   - 심장에 악영향이 나타나는 최저 농도이다.
>   - 거주공간에서의 사용을 제한하기 위한 소화약제의 농도로 인체에 부작용이 있고 악영향을 미치는 최저의 농도를 의미한다.
>   - LOAEL은 낮을수록 독성이 크다.
> 3. 지구온난화지수(GWP; Global warming potential)
>   - 일정무게의 이산화탄소(CO_2)가 대기 중에 방출되어 지구온난화에 기여하는 정도를 1로 정하였을 때 같은 무게의 어떤 물질이 기여하는 정도를 GWP로 나타낸다.
>   - GWP(지구온난화지수) = $\dfrac{\text{물질 1kg에 의한 지구온난화 정도}}{CO_2 \text{ 1kg에 의한 지구온난화 정도}}$
> 4. 오존파괴지수(ODP; Ozone Depletion Potential)
>   - 대체물질의 오존파괴능력을 상대적으로 나타내는 지표가 정의되었는데 이를 ODP라 한다.
>   - 기준물질인 CFC-11($CFCl_3$)의 ODP를 1로 정하고 상대적으로 어떤 물질의 대기권에서의 수명, 물질의 단위질량당 염소나 브롬질량의 비, 활성염소와 브롬의 오존파괴 능력 등을 고려하여 물질의 ODP가 정해진다.
>   - ODP(오존파괴지수) = $\dfrac{\text{물질 1kg에 의해 파괴되는 오존량}}{\text{CFC-11 1kg에 의해 파괴되는 오존량}}$
> 5. 불활성기체 소화약제
>   - NEL: 저산소 분위기에서 인체에 영향을 주지 않는 최대농도(설계농도 12% O_2)
>   - LEL: 저산소 분위기에서 인체에 생리적 영향을 주는 최소농도
> 6. 기타
>   - ALT(Atmospheric Life Time)은 온실가스가 발사된 후 대기권에서 분해되지 않고 체류하는 잔류기간이다.
>   - LC_{50}(50% Lethal Concentration)은 반수 치사농도(ppm)이다.
>   - ALC(Approximate Lethal Concentration)는 실험용 쥐의 2분의 1이 15분 이내에 사망하는 농도로 ALC값이 클수록 물질의 독성이 낮다.

25. 공채

085 □□□
제3종 분말소화약제의 열분해 결과로 생성되는 물질의 소화효과로 암모니아(NH_3)는 부촉매작용을 한다. O | X

X 암모니아(NH_3)는 질식소화작용을 한다. 제1인산암모늄으로부터 유리된 암모늄이온(NH_4^+)이 가연물질 내부에 함유되어 있는 활성화된 수산이온(OH)과 반응하여 부촉매소화효과가 있다.

> 📖 **핵심정리** 제3종 분말소화약제의 소화효과
> 1. **질식소화작용**: 제1인산암모늄으로부터 열분해되어 나온 기체상의 암모니아·수증기 등이 공기 중의 산소의 공급을 차단하는 질식소화작용을 한다.
> 2. **냉각소화작용**: 열분해 시 흡열반응에 의한 냉각소화작용을 한다.
> 3. **부촉매소화작용**: 제1인산암모늄으로부터 유리된 암모늄이온(NH_4^+)이 가연물질 내부에 함유되어 있는 활성화된 수산이온(OH)과 반응하여 부촉매소화효과가 있다.

> 📖 **핵심정리** 암모늄 이온(NH_4^+)
> 1. 분자식은 N(질소)과 H(수소) 3개 사이에서의 일반적인 공유결합(단일결합)이 발생하며 남은 H 하나에서는 H가 전자를 버리고 양이온이 되어 N의 비공유 전자쌍을 이용한 배위결합을 하여 이루어진다.
> 2. 일반 자연상태에서는 번개에 의한 전기 방전이나 암모니아와 산의 결합으로 생산될 수 있다.
> 3. 성질은 알칼리 이온과 비슷한 성질을 가진다. 암모늄 이온은 약염기인 암모니아가 수소와 결합한 다원자 양이온이다.
> 4. **암모니아의 가수 분해에서 생성되기도 하며, 암모늄염에 존재하기도 한다.**

25. 공채

086 □□□
제3종 분말소화약제의 열분해 결과로 생성되는 물질의 소화효과로 메탄인산(HPO_3)은 탈수탄화작용, 오쏘인산(H_3PO_4)은 방진작용을 한다. O | X

X 제3종 분말소화약제의 열분해 결과로 생성되는 물질의 소화효과로 메탄인산(HPO_3)은 방진작용, 오쏘인산(H_3PO_4)은 탈수탄화작용을 한다.

> 📖 **핵심정리** 제3종 분말소화약제(방진소화작용)
> 제1인산암모늄으로부터 360℃ 이상의 온도에서 열분해하는 과정에서 생성되는 액체상태의 점성을 가진 메타-인산(HPO_3)이 일반가연물질인 나무·종이·섬유 등의 연소과정인 잔진상태의 숯불표면에 유리(Glass)상의 피막을 이루어 공기 중의 산소의 공급을 차단시키는 방진소화작용을 한다.
> $NH_4H_2PO_2 \rightarrow HPO_3 + NH_3 + H_2O$

> 📖 **핵심정리** 제3종 분말소화약제(탈수·탄화작용)
> 1. 제1인산암모늄이 열분해될 때 생성되는 오쏘-인산이 목재, 섬유, 종이 등을 구성하고 있는 섬유소를 탈수·탄화시켜 난연성의 탄소와 물로 변화시키기 때문에 연소반응이 중단된다.
> 2. 섬유소를 탈수·탄화시킨 오쏘-인산은 다시 고온에서 아래 반응식과 같이 열분해되어 최종적으로 가장 안정된 유리상의 메타-인산(HPO_3)이 된다. 이 메타인산은 가연물의 표면에 유리상의 피막을 형성하여 연소에 필요한 산소의 유입을 차단하기 때문에 연소가 중단된다.
> $C_6H_{12}O_6 \xrightarrow{(H_3PO_4)} 6C + 6H_2O$ (탈수작용)

18. 상반기 공채

087

할로겐화합물 및 불활성기체 소화약제인 IG-541 할론이나 분말 소화약제와 같은 화학적 작용에 의한 소화효과가 있다.   O | X

X 불활성기체 소화약제는 화학적 소화효과가 없다. 불활성기체 소화약제는 주로 질소, 아르곤, 이산화탄소로 되어 있으므로 화학소화보다는 질식소화가 주된 소화작용을 한다.

23. 공채

088

제1·2·3종 분말 소화약제는 열분해 반응에서 CO_2가 생성된다.   O | X

X 제1·2종 분말 소화약제는 열분해 반응에서 CO_2가 생성된다. 제3종 분말 소화약제는 CO_2가 생성되지 않는다.

> **핵심정리** 분말 소화약제의 열분해 반응
>
> 1. 탄산수소나트륨의 열분해 반응
>   - 270℃에서 $2NaHCO_3 \rightarrow Na_2CO_3 + H_2O + CO_2$
>   - 850℃에서 $2NaHCO_3 \rightarrow Na_2O + H_2O + 2CO_2$
> 2. 탄산수소칼륨의 열분해반응
>   - 190℃에서 $2KHCO_3 \rightarrow K_2CO_3 + H_2O + CO_2$
>   - 260℃에서 $2KHCO_3 \rightarrow K_2O + H_2O + 2CO_2$

23. 공채

089

$NaHCO_3$이 주된 성분인 분말 소화약제는 B·C급 화재에 사용하고 분말 색상은 백색이다.   O | X

O

> **핵심정리** 분말 소화약제의 분류
>
> | 종별 | 주성분 | 색상 | 소화대상 | 특징 |
> |---|---|---|---|---|
> | 제1종 | 탄산수소나트륨 | 백색 | B급, C급 | 비누화반응 |
> | 제2종 | 탄산수소칼륨 | 담자색 | B급, C급 | - |
> | 제3종 | 제1인산암모늄 | 담홍색 | A급, B급, C급 | 메탄인산 |
> | 제4종 | 중탄산칼륨+요소 | 회색 | B급, C급 | - |

23. 공채

090

$NH_4H_2PO_4$이 주된 성분인 분말 소화약제는 A·B·C급 화재에 유효하고 비누화현상이 일어나지 않는다.   O | X

O 비누화현상이 발생하는 분말 소화약제는 제1종 분말 소화약제이다.

25. 간부

091 제1종 분말 소화약제의 주성분은 $KHCO_3$이다. O | X

X 제1종 분말 소화약제의 주성분 $NaHCO_3$이다.

23. 공채

092 제2종 분말 소화약제의 주성분은 $KHCO_3$이다. O | X

O

22. 간부

093 제3종 분말 소화약제가 열분해될 때 생성되는 물질로써 방진작용을 하는 물질은 K_2CO_3(탄산칼륨)이다. O | X

X 제3종 분말 소화약제가 열분해될 때 생성되는 물질로써 방진작용을 하는 물질은 메타인산(HPO_3)이다.

> **핵심정리** 제3종 분말 소화약제의 방진소화작용
> 1. 제1인산암모늄으로부터 360℃ 이상의 온도에서 열분해하는 과정에서 액체상태의 점성을 가진 메타인산(HPO_3)이 생성된다.
> 2. 메타인산(HPO_3)은 일반가연물질인 나무·종이·섬유 등의 연소과정인 잔진상태의 숯불표면에 유리(Glass) 상의 피막을 이루어 공기 중의 산소의 공급을 차단시키며, 숯불모양으로 연소하는 작용을 방지한다.

19. 공채

094 분말 소화약제 중 HPO_3가 일반 가연물질인 나무, 종이 등의 표면에 피막을 이루어 공기 중의 산소를 차단하는 방진작용과 관련이 있는 것은 제1종 분말 소화약제이다. O | X

X 제3종 분말 소화약제에 대한 설명이다.

15. 간부

095 분말 소화약제는 분말의 입도는 너무 커도 또는 너무 미세해도 안 되며, 적당한 입자는 20~25μm 정도가 가장 좋다. O | X

O

확인학습문제

096 분말 소화약제 중에서 제1종 분말 소화약제와 제2종 분말 소화약제가 방사되었을 때 공통으로 생성되는 물질은 N_2, CO_2이다. O | X

X H_2O, CO_2가 공통으로 생성된다.

PART 5 소방시설

POINT 5-1 소방시설 개론

20. 공채

001 연결송수관설비, 시각경보기, 무선통신보조설비는 소방시설의 분류 중 소화활동설비에 해당한다. O | X

X 시각경보기는 경보설비에 해당한다.

📖 핵심정리 소방시설

구분	정의
소화설비	물, 그 밖의 소화약제를 사용하여 소화하는 기계·기구 또는 설비
경보설비	화재발생 사실을 통보하는 기계·기구 또는 설비
피난구조설비	화재가 발생할 경우 피난하기 위하여 사용하는 기구 또는 설비
소화용수설비	화재를 진압하는 데 필요한 물을 공급하거나 저장하는 설비
소화활동설비	화재를 진압하거나 인명구조활동을 위하여 사용하는 설비

📖 핵심정리 소화활동설비

화재를 진압하거나 인명구조활동을 위하여 사용하는 설비이다.
1. 제연설비
2. 연결송수관설비
3. 연결살수설비
4. 연소방지설비
5. 무선통신보조설비
6. 비상콘센트설비

23. 공채

002 인명구조설비는 화재를 진압하거나 인명구조활동을 위하여 사용하는 설비에 해당한다. O | X

X 인명구조설비는 피난구조설비에 해당한다.

> **핵심정리 피난구조설비**
>
> 화재가 발생할 경우 피난하기 위하여 사용하는 기구 또는 설비이다.
> ① 피난기구
>   ㉠ 피난사다리
>   ㉡ 구조대
>   ㉢ 완강기
>   ㉣ 간이완강기
>   ㉤ 그 밖에 '화재안전기준'으로 정하는 것
> ② 인명구조기구
>   ㉠ 방열복, 방화복(안전모, 보호장갑 및 안전화 포함)
>   ㉡ 공기호흡기
>   ㉢ 인공소생기
> ③ 유도등
>   ㉠ 피난유도선
>   ㉡ 피난구유도등
>   ㉢ 통로유도등
>   ㉣ 객석유도등
>   ㉤ 유도표지
> ④ 비상조명등 및 휴대용비상조명등

25. 공채

003 제연설비와 연소방지설비는 피난구조설비에 해당한다. O | X

X 제연설비와 연소방지설비는 소화활동설비에 해당한다.

23. 공채

004 소화활동설비는 화재를 진압하거나 인명구조활동을 위하여 사용하는 설비를 말한다. O | X

O

22. 간부

005 소화설비에는 자동소화장치, 옥내소화전설비, 물분무등소화설비 등이 있다. O | X

O
> 📖 **핵심정리** 소화설비
> 1. 소화기구
> 2. 자동소화장치
> 3. 옥내소화전설비
> 4. 옥외소화전설비
> 5. 스프링클러설비·간이스프링클러설비 및 화재조기진압용 스프링클러설비
> 6. **물분무등소화설비**: 물분무 소화설비, 포 소화설비, 이산화탄소 소화설비, 할론 소화설비, 할로겐화합물 및 불활성기체 소화설비, 분말 소화설비, 미분무 소화설비, 강화액 소화설비 및 고체에어로졸 소화설비

24. 간부

006 소화기구, 스프링클러설비등 및 연소방지설비는 소화설비에 해당한다. O | X

X 연소방지설비는 경보설비에 해당한다.

24. 간부

007 유도등, 비상조명등 및 휴대용비상조명등 및 비상방송설비는 피난구조설비에 해당한다. O | X

X 비상방송설비는 경보설비에 해당한다.

> 📖 **핵심정리** 경보설비
> 화재발생 사실을 통보하는 기계·기구 또는 설비이다.
> ① 단독경보형 감지기
> ② 비상경보설비
>   ㉠ 비상벨설비
>   ㉡ 자동식사이렌설비
> ③ **자동화재탐지설비**
> ④ 시각경보기
> ⑤ 화재알림설비
> ⑥ 비상방송설비
> ⑦ **자동화재속보설비**
> ⑧ **통합감시시설**
> ⑨ 누전경보기
> ⑩ 가스누설경보기

24. 간부

008 ☐☐☐ 소방시설의 분류에 따르면, 경보설비에는 자동화재속보설비, 누전경보기, 가스누설경보기 등이 포함되고, 소화용수설비에는 상수도소화용수설비, 소화수조·저수조, 그 밖의 소화용수설비 등이 포함되고, 소화활동설비에는 비상콘센트설비, 제연설비, 연결살수설비 등이 포함된다. O | X

O

22. 간부

009 ☐☐☐ 경보설비에는 통합감시시설, 시각경보기, 단독경보형 감지기 등이 있다. O | X

O

22. 간부

010 ☐☐☐ 피난기구, 인명구조기구, 제연설비는 피난구조설비에 해당한다. O | X

X 제연설비는 소화활동설비에 해당한다.

> 📖 **핵심정리** 소화활동설비
> 1. 연결송수관설비
> 2. 연결살수설비
> 3. 연소방지설비
> 4. 무선통신보조설비
> 5. 비상콘센트설비
> 6. 제연설비

25. 간부

011 ☐☐☐ 소방시설의 연결: 경보설비-무선통신보조설비 O | X

X 소화활동설비-무선통신보조설비

25. 간부

012 ☐☐☐ 소방시설의 연결: 소화용수설비-소화수조 O | X

O

25. 간부

013 소방시설의 연결: 피난구조설비-휴대용비상조명등 O | X

○

18. 상반기 공채

014 소화활동설비에는 연소방지설비, 비상콘센트설비, 무선통신보조설비, 비상방송설비 등이 포함되고, 소화용수설비에는 상수도소화용수설비, 소화수조, 저수조, 정화조 등이 포함된다. O | X

X 비상방송설비는 경보설비에 해당하며, 정화조는 소화용수설비에 해당하지 않는다.

17. 간부

015 경보설비란 화재발생 사실을 통보하는 기계·기구 또는 설비로서 단독경보형 감지기, 비상경보설비, 자동화재탐지설비 등이 있다. O | X

○

21. 간부

016 「소방시설 설치 및 관리에 관한 법률 시행령」상 무창층(無窓層)이란 지상층 중 개구부 면적의 합계가 해당 층 바닥면적의 30분의 1 이하가 되는 층을 말한다. O | X

○

17. 간부

017 물분무등 소화설비에는 옥내소화전설비, 강화액 소화설비, 포 소화설비, 분말 소화설비, 할로겐화합물 및 불활성기체 소화설비등이 포함된다. O | X

X 옥내소화전설비는 포함되지 않는다.

> **핵심정리 물분무등소화설비**
> ㉠ 물분무 소화설비
> ㉡ 미분무 소화설비
> ㉢ 포 소화설비
> ㉣ 이산화탄소 소화설비
> ㉤ 할론 소화설비
> ㉥ 할로겐화합물 및 불활성기체(다른 원소와 화학반응을 일으키기 어려운 기체) 소화설비
> ㉦ 분말 소화설비
> ㉧ 강화액 소화설비
> ㉨ 고체에어로졸 소화설비

POINT 5-2　소화설비

16. 간부

018 소화기의 설치기준으로 대형소화기는 A급 10단위 이상, B급 20단위 이상으로 운반대와 바퀴가 설치된 것이다.　O | X

O

23. 간부

019 소화기구의 능력단위를 바닥면적 100제곱미터마다 1단위 이상으로 해야 할 특정소방대상물은 판매시설, 의료시설이다.　O | X

X　의료시설은 50제곱미터마다 1단위 이상으로 한다.

> **핵심정리** 특정소방대상물별 소화기구의 능력단위
> 1. 위락시설: 30제곱미터
> 2. 문화 및 집회시설(전시장 및 동·식물원은 제외한다)·의료시설·장례시설 중 장례식장 및 문화재: 50제곱미터
> 3. 공동주택·근린생활시설·문화 및 집회시설 중 전시장·판매시설·운수시설·노유자시설·업무시설·숙박시설·공장·창고시설·항공기 및 자동차 관련 시설·방송통신시설 및 관광휴게시설: 100제곱미터
> 4. 위의 해당하지 않는 것: 200제곱미터

확인학습문제

020 소화기구의 능력단위를 바닥면적 30제곱미터마다 1단위 이상으로 해야 할 특정소방대상물은 위락시설이다.　O | X

O

빈출문제

021 특정소방대상물의 각 부분으로부터 1개의 소화기까지의 수평거리가 소형소화기의 경우에는 20m 이내, 대형소화기의 경우에는 30m 이내가 되도록 배치하는 것을 원칙으로 한다.　O | X

X　보행거리 기준이다. 다만, 가연성물질이 없는 작업장의 경우에는 작업장의 실정에 맞게 보행거리를 완화하여 배치할 수 있다.

빈출문제

022 능력단위가 2단위 이상이 되도록 소화기를 설치해야 할 특정소방대상물 또는 그 부분에 있어서는 간이소화용구의 능력단위가 전체 능력단위의 2분의 1을 초과하지 않게 해야 한다(다만, 숙박시설의 경우에는 그렇지 않다).　O | X

X　다만, 노유자시설의 경우에는 그렇지 않다.

확인학습문제

023 대형소화기의 충전하는 소화약제량으로 물소화기는 50ℓ 이상이다. O | X

X 80ℓ 이상이다.

확인학습문제

024 대형소화기의 충전하는 소화약제량으로 이산화탄소 소화기는 50㎏ 이상이다. O | X

O
> **핵심정리** 대형소화기의 소화약제량
> 1. 물소화기: 80L 이상
> 2. 강화액소화기: 60L 이상
> 3. 할로겐화물소화기: 30kg 이상
> 4. 이산화탄소소화기: 50kg 이상
> 5. 분말소화기: 20kg 이상
> 6. 포소화기: 20L 이상

빈출문제

025 옥내소화전설비는 소방대가 도착하기 전에 건축물의 관계인이 초기 화재진압을 위하여 사용하는 수동식 소화설비이다. O | X

O 옥내소화전설비도 초기 화재진압 목적으로 설치하는 설비로서 사람이 직접조작에 의하여 사용할 수 있는 수동설비이며, 소화약제로 물을 사용하는 수계 소화설비이다.

확인학습문제

026 옥내소화전설비의 소화약제가 되는 수원, 소화수를 보내 주는 가압원(동력장치), 배관 및 밸브류, 소화전함과 호스, 그리고 이들 시스템을 전반적으로 감시하고 제어하는 동력제어반과 감시제어반 등으로 구성되어 있다. O | X

O

빈출문제

027 옥내소화전설비의 수원(고층건축물 제외)은 그 저수량이 옥내소화전의 설치개수가 가장 많은 층의 설치개수(2개 이상 설치된 경우에는 최대 4개)에 2.6㎥를 곱한 양 이상이 되도록 하여야 한다. O | X

X Q(㎥) = 2.6㎥ × N(최대 2개)
N: 소화전이 가장 많이 설치된 층의 소화전 개수(최대 2개)

확인학습문제

028

옥내소화전설비의 옥상수조(예비수원)에는 산출된 유효수량 외에 유효수량의 5분의 1 이상을 저장하여야 한다. O | X

X 산출된 유효수량 외에 유효수량의 3분의 1 이상을 저장하여야 한다.

빈출문제

029

전동기 또는 내연기관에 따른 펌프를 이용하는 가압송수장치는 특정소방대상물의 어느 층에 있어서도 해당 층의 옥내소화전(2개 이상 설치된 경우에는 2개의 옥내소화전)을 동시에 사용할 경우 각 소화전의 노즐선단에서의 방수압력이 0.25MPa(호스릴옥내소화전설비 포함) 이상이고, 방수량이 350L/min(호스릴옥내소화전설비 포함) 이상이 되는 성능의 것으로 한다. O | X

X 각 소화전의 노즐선단에서의 방수압력이 0.17MPa(호스릴옥내소화전설비 포함) 이상이고, 방수량이 130L/min(호스릴옥내소화전설비 포함) 이상이 되는 성능의 것으로 한다. 다만, 하나의 옥내소화전을 사용하는 노즐선단에서의 방수압력이 0.7MPa을 초과할 경우에는 호스접결구의 인입 측에 감압장치를 설치하여야 한다.

21. 간부

030

옥내소화전설비 가압송수장치의 체절운전 시 수온의 상승을 방지하기 위해 설치하는 것은 순환배관이다. O | X

O

23. 간부

031

옥내소화전설비의 가압송수장치 펌프성능시험은 펌프의 성능은 체절운전 시 정격토출압력의 150%를 초과하지 않고, 정격토출량의 150%로 운전 시 정격토출압력의 65% 이상이 되어야 하며, 펌프의 성능을 시험할 수 있는 성능시험배관을 설치하여야 한다. O | X

X 정격토출압력의 140%를 초과하지 않아야 한다.

확인학습문제

032

체절운전은 펌프의 성능시험을 목적으로 펌프토출측의 개폐밸브를 닫은 상태에서 펌프를 운전하는 것을 말한다. O | X

O

23. 공채

033 연성계란 대기압 이상의 압력과 대기압 이하의 압력을 측정할 수 있는 계측기를 말한다. O | X

O

> 📖 **핵심정리** 진공계와 연성계
> 1. **진공계**: 대기압 이하의 압력을 측정하는 계측기를 말한다.
> 2. **연성계**: 대기압 이상의 압력과 대기압 이하의 압력을 측정할 수 있는 계측기를 말한다.

21. 공채

034 순환배관은 옥내소화전설비의 펌프 체절운전 시 수온 하강 방지를 위해 설치한다. O | X

X 순환배관은 펌프 체절운전 시 **수온 상승 방지**를 위해 설치한다.

21. 간부

035 소방용 스트레이너란 소화설비의 배관에 설치하여 오물 등의 불순물을 여과시켜 원활하게 소화용수를 공급하는 장치(스트레이너)를 말한다. O | X

O

확인학습문제

036 기동용수압개폐장치(압력챔버)를 사용할 경우 그 용적은 100L 이상의 것으로 한다. O | X

O

확인학습문제

037 옥내소화전설비에는 반드시 물올림장치를 설치하여야 한다. O | X

X 수원의 수위가 펌프보다 낮은 위치에 있는 경우에 설치한다.

확인학습문제

038 가압수조에 의한 가압송수장치는 건축물의 최상층보다 높게 설치된 수조에서 자연낙차에 의하여 법정방수압을 공급하는 방식을 말한다. O | X

X 고가수조의 자연낙차를 이용한 가압송수장치에 대한 설명이다.

확인학습문제

039 옥내소화전설비의 배관을 연결송수관설비와 겸용하는 경우 주배관은 구경 100밀리미터 이상, 방수구로 연결되는 배관의 구경은 40밀리미터 이상의 것으로 해야 한다. O | X

X 방수구로 연결되는 배관의 구경은 65밀리미터 이상의 것으로 해야 한다.

확인학습문제

040 소방용 펌프로는 원심펌프를 주로 사용하며 원심펌프에는 볼류트 펌프와 터빈 펌프의 2종류가 있다. O | X

O

> **핵심정리 소방용펌프의 특성**
> 1. 소방용 펌프는 일반공정용 펌프와 달리 펌프의 토출량이 항상 동일하지 않다.
> 2. 소화전의 사용 수량이 달라도 각각 규정압(0.17MPa)과 규정 방사량(130L/min)이 발생하여야 한다는 특징이 있다.
> 3. 소화설비용 펌프는 토출량의 큰 변화가 발생하며 이로 인하여 펌프의 방수량이 설계치 이상이 될 경우 펌프의 선정에 따라서는 과부하를 일으켜 펌프가 정지하는 현상이 발생할 수 있다.

확인학습문제

041 소방용 펌프의 터빈 펌프는 직접 물을 Casing으로 유도하는 펌프로서 저양정 펌프에 사용한다. O | X

X 볼류트 펌프에 대한 설명이다. 볼류트 펌프는 임펠러의 안내날개가 없으며, 일반적으로 직접 물을 Casing으로 유도하는 펌프로서 저양정 펌프에 사용한다. 반면에 터빈 펌프는 임펠러의 안내날개 있으며, 안내날개가 있어 Impeller 회전운동 시 물을 일정하게 유도하여 속도에너지를 효과적으로 압력에너지로 변환시킬 수 있다.

빈출문제

042 옥내소화전설비의 방수구의 설치기준은 당해 소방대상물의 각 부분으로부터 하나의 옥내소화전 방수구까지의 수평거리는 40m 이하이다. O | X

X 당해 소방대상물의 각 부분으로부터 하나의 옥내소화전 방수구까지의 수평거리는 25m 이하이다.

빈출문제

043 옥외소화전설비의 노즐 선단에서의 방수압력은 0.25~0.7MPa이다. O | X

O

> **핵심정리 옥외소화전설비의 수원**
> 1. 노즐 선단에서의 방수압력: 0.25~0.7MPa
> 2. 노즐 선단에서의 방수량: 350L/min 이상
> 3. 펌프의 토출량: 350L/min×옥외소화전 설치개수(최대 2개)
> 4. 수원의 용량(저수량): $7m^3$×옥외소화전 설치개수(최대 2개)

빈출문제

044

옥외소화전이 11~30개일 때는 5개 이상의 소화전함을 각각 분산하여 설치한다.   O | X

X 11개 이상의 소화전함을 각각 분산하여 설치한다.

> 📖 **핵심정리** 옥외소화전의 소화전함 설치기준
>
> 옥외소화전마다 그로부터 **5m 이내**의 장소에 소화전함을 아래 기준에 따라 설치하여야 한다.
> 1. 옥외소화전이 10개 이하일 때는 **5m 이내**마다 소화전함을 1개 이상 설치한다.
> 2. 옥외소화전이 11~30개일 때는 **11개 이상**의 소화전함을 각각 분산하여 설치한다.
> 3. 옥외소화전이 31개 이상일 때는 옥외소화전 **3개마다** 1개 이상의 소화전함을 설치한다.

12. 공채

045

건축물 내에 설치되는 고정식 설비이면서 수동식 수계 소화설비는 옥외소화전설비이다.   O | X

X 옥내소화전설비에 대한 설명이다.

25. 공채

046

옥외소화전이 11~30개일 때는 5개 이상의 소화전함을 각각 분산하여 설치한다.   O | X

X '펌프의 토출측 관경이 작은 경우'가 아니라 '**펌프의 흡입관경이 너무 작은 경우**'이다.

> 📖 **핵심정리** 공동현상(Cavitation)
>
> 1. 정의: 펌프의 흡입 양정이 높거나 유속의 급속한 변화 또는 와류의 발생 등에 의해 **기포가 생성되는 현상을 공동현상(Cavitation)**이라고 한다. 이때 펌프성능은 저하되고 진동소음이 발생하며, 심하면 양수불능이 된다.
> 2. 발생원인
>   • 펌프의 흡입 측 수두가 큰 경우
>   • 펌프의 마찰손실이 클 경우
>   • 펌프의 흡입관경이 너무 작은 경우
>   • 유체가 고온일 경우
>   • 임펠러 속도가 지나치게 큰 경우
>   • 펌프의 흡입압력이 유체의 증기압보다 낮은 경우

25. 공채

047 ☐☐☐ 소방펌프 내부 유속의 급속한 변화 또는 와류의 발생 등에 의해 액체의 압력이 증기압 이하로 낮아져 기포가 생성되고, 이로 인해 펌프의 성능이 저하되고 진동과 소음이 발생하는 현상을 소방펌프의 이상현상으로 공동현상이라 한다. O | X

O
> 📖 **핵심정리** 공동현상(Cavitation)
> 1. **정의**: 펌프의 흡입 양정이 높거나 유속의 급속한 변화 또는 와류의 발생 등에 의해 기포가 생성되는 현상을 공동현상(Cavitation)이라고 한다. 이때 펌프성능은 저하되고 진동소음이 발생하며, 심하면 양수불능이 된다.
> 2. **발생원인**
>   - 펌프의 흡입 측 수두가 큰 경우
>   - 펌프의 마찰손실이 클 경우
>   - 펌프의 흡입관경이 너무 작은 경우
>   - 유체가 고온일 경우
>   - 임펠러 속도가 지나치게 큰 경우
>   - 펌프의 흡입압력이 유체의 증기압보다 낮은 경우

25. 공채

048 ☐☐☐ 펌프의 공동현상을 방지하기 위한 대책으로 펌프의 설치 위치를 수원보다 높게 한다. O | X

X 펌프의 공동현상 방지 대책으로 펌프의 설치 위치를 수원보다 낮게 한다.

> 📖 **핵심정리** 공동현상의 방지대책
> - 펌프의 설치 위치를 수원보다 낮게 한다.
> - 흡입관의 유체저항(마찰손실)을 작게 한다.
> - 펌프의 임펠러의 회전 속도를 작게 한다.
> - 흡입관의 관경 크기를 크게 한다.

25. 공채

049 ☐☐☐ 펌프의 공동현상을 방지하기 위한 대책으로 흡입관의 마찰 손실을 최대한 적게, 펌프의 임펠러의 회전 속도를 낮게, 펌프의 흡입관의 관경 크기를 작게 한다. O | X

X 펌프의 흡입관의 관경 크기를 크게 한다.

17. 공채

050 ☐☐☐ 공동현상(Cavitation)의 방지대책에는 펌프의 흡입측 수두를 낮게 하여 마찰손실을 줄이거나, 흡입관의 구경을 작게 하는 등의 대책이 있다. O | X

X 펌프의 흡입관경이 너무 작은 경우는 공동현상의 발생 원인에 해당한다. 공동현상은 펌프의 흡입 양정이 높거나 유속의 급속한 변화 또는 와류의 발생 등에 의해 기포가 생성되는 현상을 말한다. 이때 펌프성능은 저하되고 진동소음이 발생하며, 심하면 양수불능이 된다.

확인학습문제

051

긴 수송관으로 액체를 수송 중 정전 등으로 펌프의 운전이 갑자기 멈춘 경우 송수관 내의 액체는 관성력에 의하여 유동하려 하지만 펌프 송출 직후의 액체는 흐름이 약해져 멈추려고 한다. 이에 따라 펌프의 와류실의 압력이 급격하게 떨어지고, 펌프 송출구로부터 와류실로 역류가 발생하게 된다. 그 결과 급격한 압력강하와 상승이 발생한다. 이를 소방펌프 및 관로의 수격현상이라고 한다. O | X

O

23. 공채

052

수격현상의 방지책으로 관경의 축소를 통해 유체의 유속을 증가시켜 압력 변동치를 감소시킨다. O | X

X 관 지름을 크게 하여 유체(물)의 유속을 줄이고 관성력을 떨어뜨린다.

23. 공채

053

수격현상의 방지책으로 관로에 서지 탱크(Surge tank)를 설치하거나 플라이휠(Flywheel)을 부착하여 펌프의 급격한 속도 변화를 억제한다. O | X

O

> 📘 **핵심정리** 수격현상 방지대책
>
> 1. 압력 강하 방지법
>   - 펌프에 Flywheel을 붙여 관성효과를 이용하여 회전수와 관내 유속 변화를 느리게 한다.
>   - 서지탱크(Surge tank) 즉 조압수조를 설치하여 축적된 에너지를 방출하거나 관내의 에너지를 흡수한다.
>   - 관 지름을 크게 하여 유체(물)의 유속을 줄이고 관성력을 떨어뜨린다.
> 2. 압력 상승 방지법
>   - Check valve를 쓰지 않고 유체(물)를 역류시킨다.
>   - 역류가 발생 전에 강제적으로 밸브를 차단하여 압력 상승을 줄인다.
>   - 상승된 압력을 안전밸브로 직접 배출한다.
>   - 송출구에 설치된 메인 밸브를 정전과 동시에 자동으로 급속히 닫는다.

빈출문제

054

스프링클러설비는 화재가 발생하면 천장이나 반자에 설치된 헤드가 감열 작동하거나 자동적으로 화재를 발견함과 동시에 주변에 봉상주수를 하여 효과적으로 화재를 진압할 수 있는 고정식 소화설비이다. O | X

X 적상주수이다. 스프링클러설비는 초기소화에 절대적으로 우수하다.

빈출문제

055

준비작동식 스프링클러설비는 Deluge valve를 사용한다. O | X

X 준비작동식 스프링클러설비는 프리액션밸브(Pre-action valve)를 사용한다.

빈출문제

056 건식 스프링클러설비는 감지기가 설치되고 드라이밸브(Dry valve) 설치한다. 헤드는 개방형 헤드를 사용한다. O | X

X 건식 스프링클러설비는 폐쇄형 헤드를 사용하고, 감지기는 구성품에 해당하지 않는다.

빈출문제

057 건식 스프링클러설비는 공기압축기와 액셀러레이터(Accelerator, 가속기) 등으로 구성되어 있다. O | X

O

> 📖 **핵심정리** 액셀러레이터
> 1. 건식밸브의 빠른 작동과 배관의 압축공기를 빠르게 배기시키기 위하여 배기가속장치를 설치한다.
> 2. 액셀러레이터는 건식밸브에 설치되어 건식밸브 2차측의 압축공기를 빠르게 배기시켜 건식밸브의 클래퍼가 보다 빠르게 개방될 수 있도록 한 것이다.

빈출문제

058 익져스터(Exhauster, 공기배출기)는 배관에 압축공기를 빠르게 배기시키기 위하여 설치하고, 2차측 공기가 스프링클러헤드를 통하여 화재지역에 공급되는 것을 막는 역할도 한다. O | X

O

확인학습

059 건식스프링클러설비에서 하향형 헤드를 사용해야 하는 경우에는 드라이펜던트형 헤드를 설치한다(동파 방지). O | X

O 건식설비의 헤드는 습식설비의 폐쇄형 헤드를 그대로 사용할 수 있는데, 되도록 상향형 헤드를 사용하여야 한다. 건식설비에는 배관 내에 물이 없기 때문에 하향형 헤드 설치 시 일단 작동되어 급수가 되면 하향형 헤드 내에 물이 들어가 배수를 시키더라도 물이 남아 있게 되어 동파될 우려가 있으므로 드라이펜던트형 헤드를 설치함으로써 동파를 방지할 수 있다.

빈출문제

060 솔레노이드밸브은 준비작동식 밸브와 함께 설치되어 밸브와 전원의 상태를 감시하고 수동으로 직접밸브를 개방시킬 수 있는 기능을 가지고 있다. O | X

X 슈퍼비조리 패널(Supervisory panel)에 대한 설명이다.

> 📖 **핵심정리** 솔레노이드밸브
> 화재감지기의 화재신호에 의하여 작동되며, 작동과 동시에 가압부의 충압수를 배출함으로써 클래퍼를 개방시키는 역할을 하는 밸브이다.

19. 간부

061 준비작동식 스프링클러설비의 경우 감지기와 폐쇄형 스프링클러헤드가 설치된다. O | X

O

22. 공채

062 자동기동방식의 펌프가 수원의 수위보다 높은 곳에 설치된 옥내소화전설비의 구성요소로는 기동용수압개폐장치, 릴리프밸브, 동력제어반, 솔레노이드밸브, 물올림장치 등이 있다. O | X

X 솔레노이드밸브는 옥내소화전설비의 구성요소에 해당하지 않는다.

> **핵심정리 솔레노이드밸브**
> 전자밸브로서 전기가 통하면 플랜지가 올라가 밸브가 열리고 전기가 차단되면 플랜지 무게에 의하여 자동적으로 밸브가 닫힌다.

22. 간부

063 알람밸브 및 개방형 헤드는 습식 스프링클러설비의 구성품에 해당한다. O | X

X 습식스프링클러설비의 헤드는 **폐쇄형 헤드**를 사용한다.

22. 간부

064 건식 스프링클러설비에는 익조스터(Exhauster), 공기 압축기는 주요 구성품에 해당한다. O | X

O

22. 간부

065 준비작동식 스프링클러설비의 주요 구성품은 선택밸브, SVP(Supervisory Panel)가 해당한다. O | X

X 준비작동식 스프링클러설비는 폐쇄형헤드가 설치되는 **국소방출방식의 수계시스템**이다. 선택밸브는 구성요소에 해당하지 않는다.

빈출문제

066 일제살수식 스프링클러설비는 일제개방밸브 및 개방형 헤드를 사용한다. O | X

○

핵심정리 스프링클러설비의 종류

구분	1차측	유수검지장치	2차측	헤드	감지기 유무
습식	가압수	알람밸브(Alarm valve)	가압수	폐쇄형	×
건식	가압수	드라이밸브(Dry valve)	압축공기	폐쇄형	×
준비작동식	가압수	프리액션밸브(Pre-action valve)	대기압	폐쇄형	○
부압식	가압수	프리액션밸브(Pre-action valve)	부압	폐쇄형	○
일제살수식	가압수	일제살수식밸브(Deluge valve)	대기압	개방형	○

24. 간부

067 일제살수식 스프링클러설비 방식은 가압송수장치에서 유수검지장치 1차 측까지 배관 내에 항상 물이 가압되어 있고, 2차 측에서 폐쇄형스프링클러헤드까지 대기압 또는 저압으로 있다. 화재발생 시 감지기의 작동으로 밸브가 개방되면 폐쇄형스프링클러헤드까지 소화수가 송수되고, 폐쇄형스프링클러헤드가 열에 의해 개방되면 방수가 된다. O | X

X 준비작동식 스프링클러설비 방식에 대한 설명이다.

21. 간부

068 폐쇄형 스프링클러헤드를 사용하는 스프링클러설비에는 준비작동식 스프링클러설비, 일제살수식 스프링클러설비, 부압식 스프링클러설비 등을 포함한다. O | X

X 일제살수식 스프링클러설비는 개방형 스프링클러헤드를 사용한다.

20. 공채

069 스프링클러설비의 리타딩 챔버(Retarding chamber)의 기능은 오작동을 방지하는 역할을 한다. O | X

○

25. 공채

070
☐☐☐

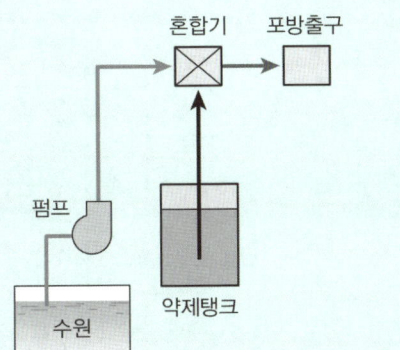

그림은 라인 프로포셔너 방식에 대한 설명이고, 라인 프로포셔너 방식에 의한 포소화약제 혼합방식은 혼합기의 압력손실이 적고, 흡입 가능한 유량의 범위가 넓다. O | X

X 라인 프로포셔너 방식은 혼합기의 흡입을 할 수 있는 높이가 한정된다(1.8m 이하). 펌프와 발포기의 중간에 설치된 벤추리관의 벤추리작용에 따라 포 소화약제를 흡입·혼합하는 방식으로 "혼합기의 압력손실이 적고, 흡입 가능한 범위가 넓다"라고 할 수 없다.

> 📖 **핵심정리** 라인 프로포셔너 방식
> 펌프와 발포기의 중간에 설치된 벤추리관의 벤추리작용에 따라 포 소화약제를 흡입·혼합하는 방식을 말한다.

25. 공채

071
☐☐☐

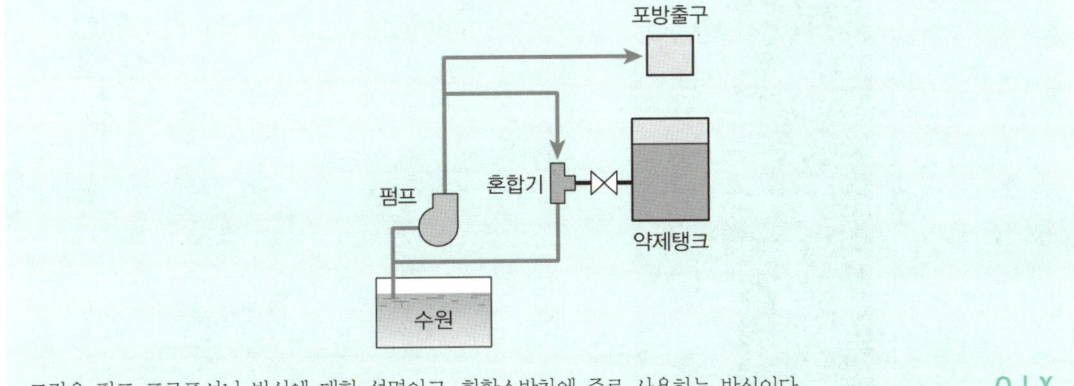

그림은 펌프 프로포셔너 방식에 대한 설명이고, 화학소방차에 주로 사용하는 방식이다. O | X

O 펌프 프로포셔너 방식에 대한 설명이다.

> 📖 **핵심정리** 펌프 프로포셔너 방식
> 펌프의 토출관과 흡입관 사이의 배관 도중에 설치한 흡입기에 펌프에서 토출된 물의 일부를 보내고, 농도조정밸브에서 조정된 포 소화약제의 필요량을 포 소화약제 탱크에서 펌프 흡입 측으로 보내어 이를 혼합하는 방식을 말한다.

072 ☐☐☐

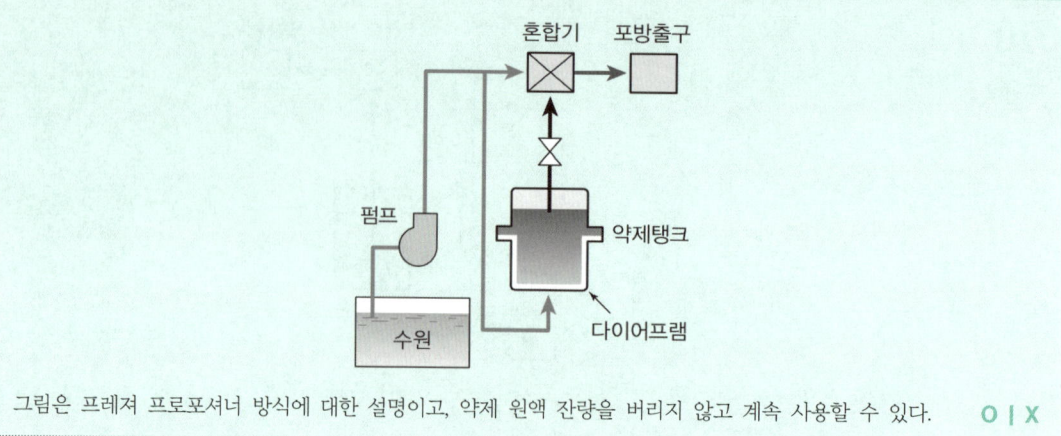

그림은 프레져 프로포셔너 방식에 대한 설명이고, 약제 원액 잔량을 버리지 않고 계속 사용할 수 있다. O | X

O 펌프 프로포셔너 방식에 대한 설명이다.

📖 핵심정리 | 프레져 프로포셔너 방식

펌프와 발포기의 중간에 설치된 벤추리관의 벤추리작용과 펌프 가압수의 포 소화약제 저장탱크에 대한 압력에 따라 포 소화약제를 흡입·혼합하는 방식을 말한다.

파라핀계 탄화수소	연소범위(vol%)
메탄	5~15
에탄	3~12.5
프로판	2.1~9.5
부탄	1.8~8.4

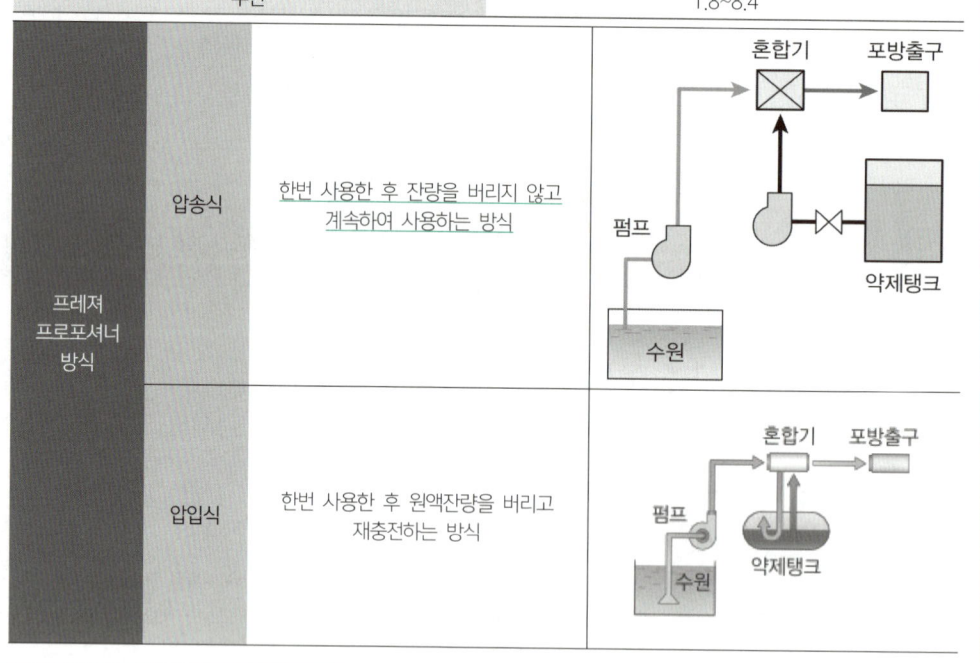

프레져 프로포셔너 방식	압송식	한번 사용한 후 잔량을 버리지 않고 계속하여 사용하는 방식
	압입식	한번 사용한 후 원액잔량을 버리고 재충전하는 방식

25. 공채

073

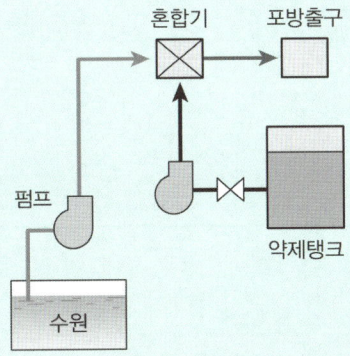

그림은 프레져 사이드 프로포셔너 방식에 대한 설명이다. 비행기 격납고, 석유화학 플랜트 등과 같은 대단위 고정식 소화설비에 주로 사용하며, 설치비가 비싸다. O | X

O 프레져 사이드 프로포셔너 방식은 비행기 격납고, 석유화학 플랜트 등과 같은 대단위 고정식 소화설비에 주로 사용하며, 설치비가 비싸다.

> 📖 **핵심정리** 프레져 사이드 프로포셔너 방식
> 펌프의 토출관에 압입기를 설치하여 포 소화약제 압입용펌프로 포 소화약제를 압입시켜 혼합하는 방식을 말한다.

21. 간부

074

펌프와 발포기의 중간에 설치된 벤추리관의 벤추리작용과 펌프가압수의 포 소화약제 저장탱크에 대한 압력에 따라 포 소화약제를 흡입·혼합하는 방식은 펌프 프로포셔너(Pump proportioner)이다. O | X

X 프레져 프로포셔너 방식에 대한 설명이다.

19. 공채, 25. 간부

075

포 소화설비에서 펌프의 토출관에 압입기를 설치하여 포 소화약제 압입용 펌프로 소화약제를 압입시켜 혼합하는 방식은 프레져 사이드 프로포셔너(Pressure side proportioner)이다. O | X

O

> 📖 **핵심정리** 프레져 사이드 프로포셔너 방식(Pressure side proportioner)
> 1. 펌프의 토출관에 압입기를 설치하여 포 소화약제 압입용 펌프로 포 소화약제를 압입시켜 혼합하는 방식을 말한다.
> 2. 비행기 격납고, 대규모 유류저장소, 석유화학 Plant 시설 등과 같은 대단위 고정식 포 소화설비에 사용하며 압입혼합방식이라 한다.
> 3. 소화용수와 약제의 혼합 우려가 없어 장기간 보존하며 사용할 수 있다.
> 4. 시설이 거대해지며 설치비가 비싸다.
> 5. 원액펌프의 토출압력이 급수펌프의 토출압력보다 낮으면 원액이 혼합기에 유입하지 못한다.

23. 공채

076 프레져사이드 프로포셔너 방식이란 펌프의 토출관에 압입기를 설치하여 포 소화약제 압입용펌프로 소화약제를 압입시켜 혼합하는 방식을 말한다. O | X

O

23. 간부

077 플로팅루프탱크의 측면과 굽도리판(Floating roof tank)에 의하여 형성된 환상부분에 포를 방출하여 소화작용을 하도록 된 포 소화설비의 고정포 방출구는 특형 방출구이다. O | X

O

확인학습문제

078 II형 방출구는 포를 탱크 밑으로 주입하여 포가 탱크 내의 유류를 통하여 표면으로 떠올라 소화하도록 한 것이다. O | X

X 표면하 주입방식(SSI방식; Sub-Surface Injection Method)에 대한 설명이다.

23. 공채

079 팽창비란 최종 발생한 포 수용액 체적을 원래 포 체적으로 나눈 값을 말한다. O | X

X 팽창비란 최종 발생한 포 체적을 원래 포수용액 체적으로 나눈 값을 말한다.

> **핵심정리** 용어의 정의
> 1. **팽창비**: 최종 발생한 포 체적을 원래 포수용액 체적으로 나눈 값을 말한다.
> 2. **공기포비**: 포수용액과 가압공기를 혼합한 경우의 비율(포수용액의 양에 대한 공급공기량을 배수로 표시한 것)을 말한다.
> 3. **포수용액**: 포 소화약제에 물을 가한 수용액을 말한다.

23. 공채

080 국소방출방식이란 소화약제 공급장치에 배관 및 분사헤드 등을 설치하여 직접 화점에 소화약제를 방출하는 방식을 말한다. O | X

O

> **핵심정리** 전역방출방식 및 국소방출방식
> 1. "전역방출방식"이란 소화약제 공급장치에 배관 및 분사헤드를 등을 고정 설치하여 밀폐 방호구역 내에 소화약제를 방출하는 방식을 말한다.
> 2. "국소방출방식"이란 소화약제 공급장치에 배관 및 분사헤드를 설치하여 직접 화점에 소화약제를 방출하는 방식을 말한다.

25. 공채

081
이산화탄소 소화설비의 작동 단계를 순서는 (기동용기 솔레노이드 동작) → (선택밸브 개방) → (분사헤드 가스 방출) → (저장용기밸브 개방)이다.

O | X

O

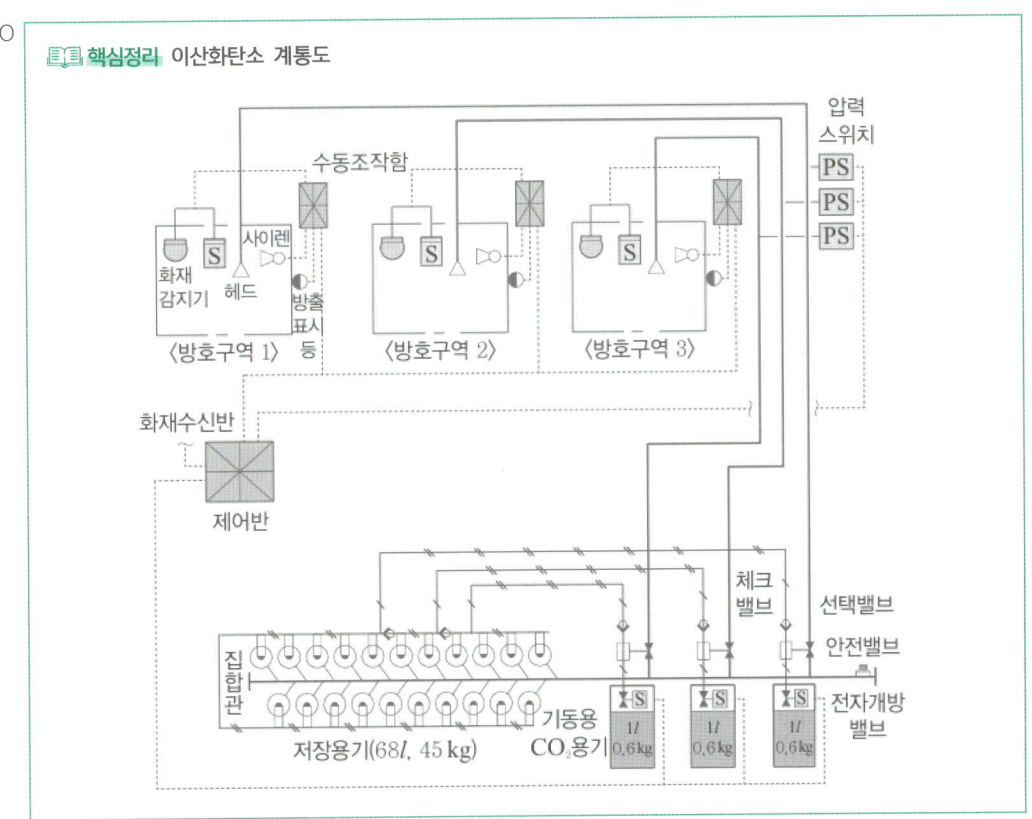

📖 **핵심정리** 선택밸브

1. "선택밸브"란 둘 이상의 방호구역 또는 방호대상물이 있어 소화수 또는 소화약제를 해당하는 방호구역 또는 방호대상물에 선택적으로 방출되도록 제어하는 밸브를 말한다.
2. 하나의 특정소방대상물 또는 그 부분에 2 이상의 방호구역 또는 방호대상물이 있어 소화약제 저장용기를 공용하는 경우에는 다음의 기준에 따라 선택밸브를 설치해야 한다.
   • 방호구역 또는 방호대상물마다 설치할 것
   • 각 선택밸브에는 해당 방호구역 또는 방호대상물을 표시할 것

22. 공채

082 ☐☐☐ 이산화탄소 소화설비의 기동용기의 가스는 압력스위치 및 자동폐쇄장치를 작동시키는 역할을 한다. O | X

X 기동용기의 가스는 소화약제의 밸브를 개방하는데 사용된다.

> **📖 핵심정리** 이산화탄소 기동방식(가스압력식)
> 가장 많이 사용하는 방식으로 액체 이산화탄소가 충전된 기동용기를 별도로 설치하고 화재 시 이 용기를 개방하여 분출된 가스압력 에너지로 약제 저장용기의 밸브를 개방한다.

22. 공채

083 ☐☐☐ 이산화탄소 소화설비의 전역방출방식에서 환기장치는 이산화탄소가 방사되기 전에 정지되어야 한다. O | X

O

22. 공채

084 ☐☐☐ 이산화탄소 소화설비의 전역방출방식에서 음향경보장치와 방출표시등이 필요하다. O | X

O

POINT 5-3 경보설비

23. 간부

085 자동화재탐지설비에서 부착 높이에 따른 감지기의 설치기준으로 부착 높이 4m 이상 8m 미만은 정온식 감지선형 1종 감지기를 설치해야 한다. O | X

O

> 📖 **핵심정리** 4m 이상 8m미만 설치 감지기의 종류
>
> 차동식(스포트형, 분리형), 보상식 스포트형, 정온식(스포트형, 감지선형) 특종 또는 1종, 이온화식 1종 또는 2종 또는 광전식(스포트형, 분리형, 공기흡입형) 1종 또는 2종, 열복합형, 연기복합형, 열연기복합형, 불꽃감지기

> 📖 **핵심정리** 부착높이에 따른 감지기의 설치기준
>
> 자동화재탐지설비의 감지기는 부착높이에 따라 다음 표에 따른 감지기를 설치하여야 한다.

부착높이	감지기의 종류
4m 미만	• 차동식(스포트형, 분포형) • 보상식 스포트형 • 정온식(스포트형 감지선형) • 이온화식 또는 광전식(스포트형, 분리형, 공기흡입형) • 열복합형 • 연기복합형 • 열연기복합형 • 불꽃감지기
4m 이상 8m 미만	• 차동식(스포트형, 분포형) • 보상식 스포트형 • 정온식(스포트형 감지선형) 특종 또는 1종 • 이온화식 1종 또는 2종 • 광전식(스포트형, 분리형, 공기흡입형) 1종 또는 2종 • 열복합형 • 연기복합형 • 열연기복합형 • 불꽃감지기
8m 이상 15m 미만	• 차동식 분포형 • 이온화식 1종 또는 2종 • 광전식(스포트형, 분리형, 공기흡입형) 1종 또는 2종 • 연기복합형 • 불꽃감지기
15m 이상 20m 미만	• 이온화식 1종 • 광전식(스포트형, 분리형, 공기흡입형) 1종 • 연기복합형 • 불꽃감지기
20m 이상	• 불꽃감지기 • 광전식(스포트형, 분리형, 공기흡입형) 중 아날로그 방식

1) 감지기별 부착높이 등에 대하여 별도로 형식승인 받은 경우에는 그 성능 인정범위 내에서 사용할 수 있다.
2) 부착높이 20m 이상에 설치되는 광전식 중 아날로그 방식의 감지기는 공칭감지농도 하한값이 감광율 5%/m 미만인 것으로 한다.

23. 간부

086 자동화재탐지설비에서 부착 높이에 따른 감지기의 설치기준으로 부착 높이 15m 이상 20m 미만은 보상식 스포트형 감지기를 설치해야 한다. O | X

X 부착 높이 15m 이상 20m 미만은 이온화식 1종, 광전식(스포트형, 분리형, 공기흡입형) 1종 또는 2종, 연기복합형, 불꽃감지기를 설치해야 한다.

23. 간부

087 자동화재탐지설비에서 부착 높이에 따른 감지기의 설치기준으로 부착 높이 4m 미만은 광전식 스포트형 감지기를 설치해야 한다. O | X

O

> **핵심정리** 4m 미만 설치 감지기의 종류
> 차동식(스포트형, 분리형), 보상식 스포트형, 정온식(스포트형, 감지선형), 이온화식 또는 광전식(스포트형, 분리형, 공기흡입형), 열복합형, 연기복합형, 열연기복합형, 불꽃감지기

22. 간부

088 자동화재탐지설비 수신기의 화재신호와 연동으로 작동하여 관계인에게 화재발생을 경보함과 동시에 소방관서에 자동적으로 통신망을 통한 당해 화재발생 및 당해 소방대상물의 위치 등을 음성으로 통보하여 주는 것은 자동화재속보설비이다. O | X

O

확인학습문제

089 자동화재탐지설비에서 부착 높이에 따른 감지기의 설치기준으로 20m 이상은 불꽃감지기, 광전식(분리형, 공기흡입형) 중 아날로그 방식을 설치해야 한다. O | X

O

24. 공채

090 R형 수신기는 감지기 또는 발신기에서 1:1 접점방식으로 전송된 신호를 수신한다. O | X

X P형 수신기는 감지기 또는 발신기에서 1:1 접점방식으로 전송된 신호를 수신한다.

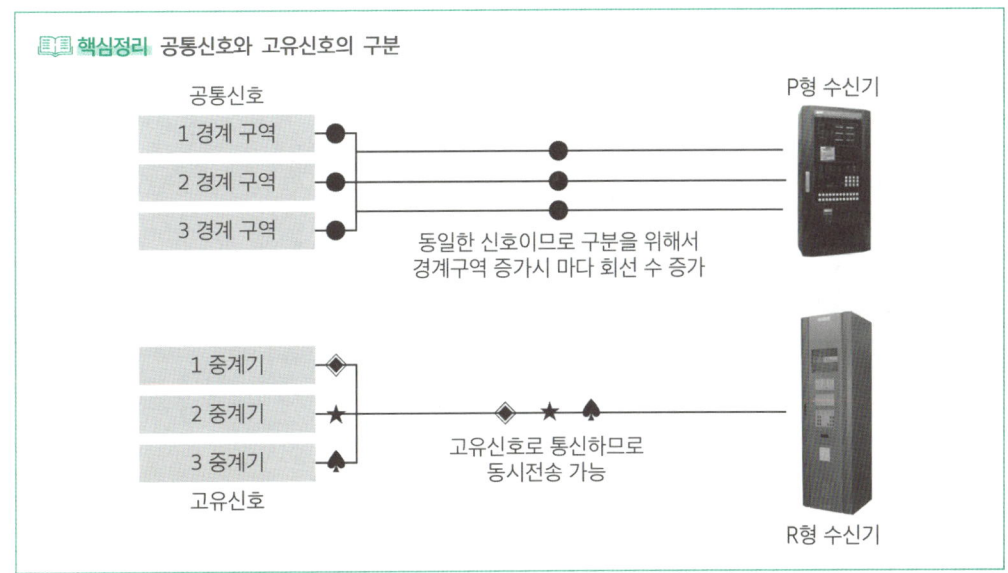
핵심정리 공통신호와 고유신호의 구분

확인학습문제

091 차동식 분포형 감지기는 주위온도가 일정 상승률 이상이 되는 경우에 작동하는 것으로서 일국소에서의 열 효과에 의하여 작동되는 것을 말한다. O | X

X 차동식 스포트형 감지기에 대한 설명이다.

핵심정리 열감지기

1. **차동식 스포트형**: 주위온도가 일정 상승률 이상이 되는 경우에 작동하는 것으로서 일국소에서의 열 효과에 의하여 작동되는 것을 말한다.
2. **차동식 분포형**: 주위온도가 일정 상승률 이상이 되는 경우에 작동하는 것으로서 넓은 범위 내에서의 열 효과의 누적에 의하여 작동되는 것을 말한다.
3. **정온식 감지선형**: 일국소의 주위온도가 일정한 온도 이상이 되는 경우에 작동하는 것으로서 외관이 전선으로 되어 있는 것을 말한다.
4. **정온식 스포트형**: 일국소의 주위온도가 일정한 온도 이상이 되는 경우에 작동하는 것으로서 외관이 전선으로 되어 있지 아니한 것을 말한다.
5. **보상식 스포트형**: 1.과 4.의 성능을 겸한 것으로서 1.의 성능 또는 4.의 성능 중 어느 한 기능이 작동되면 작동신호를 발하는 것을 말한다.

24. 공채

092 주위 온도가 일정 상승률 이상 되는 경우에 작동하는 감지기로서 넓은 범위 내에서 열효과 누적에 의해 작동하는 것은 정온식 감지선형 감지기이다. O | X

X 차동식 분포형 감지기에 대한 설명이다.

23. 공채

093 공기관식 감지기 및 광전식 감지기는 차동식 분포형 감지기에 해당한다. O | X

X 광전식 감지기는 연기감지기에 해당한다.

빈출문제

094 광전식 분리형 감지기는 연기감지기에 해당한다. O | X

O

빈출문제

095 이온화식 스포트형 감지기는 주위의 공기가 일정한 농도의 연기를 포함하게 되는 경우에 작동하는 것으로서 일국소의 연기에 의하여 광전소자에 접하는 광량의 변화로 작동하는 것을 말한다. O | X

X 광전식 스포트형 감지기에 대한 설명이다.

> **핵심정리 연기감지기**
> 1. **이온화식 스포트형**: 주위의 공기가 일정한 농도의 연기를 포함하게 되는 경우에 작동하는 것으로서 일국소의 연기에 의하여 이온전류가 변화하여 작동하는 것을 말한다.
> 2. **광전식 스포트형**: 주위의 공기가 일정한 농도의 연기를 포함하게 되는 경우에 작동하는 것으로서 일국소의 연기에 의하여 광전소자에 접하는 광량의 변화로 작동하는 것을 말한다.
> 3. **광전식 분리형**: 발광부와 수광부로 구성된 구조로 발광부와 수광부 사이의 공간에 일정한 농도의 연기를 포함하게 되는 경우에 작동하는 것을 말한다.
> 4. **공기흡입형**: 감지기 내부에 장착된 공기흡입장치로 감지하고자 하는 위치의 공기를 흡입하고 흡입된 공기에 일정한 농도의 연기가 포함된 경우 작동하는 것을 말한다.

24. 공채

096 이온화식 감지기와 광전식 감지기는 연기를 감지하여 화재신호를 발하는 장치이다. O | X

O

15. 공채

097 자동화재탐지설비의 경계구역이란 소방대상물 중 화재신호를 발신하고 그 신호를 수신 및 유효하게 제어할 수 있는 구역을 말하고, 구성설비는 감지기, 발신기, 중계기, 수신기 등을 포함한다. O | X

O

16. 간부

098 자동화재탐지설비의 경계구역 설정기준으로 하나의 경계구역이 2개 이상의 층에 미치지 아니하도록 한다. 다만, 500m² 이하의 범위 안에서는 2개의 층을 하나의 경계구역으로 할 수 있다. O | X

O

21. 간부

099 주위온도가 일정 상승률 이상이 되는 경우에 작동하는 것으로서 일국소의 열효과에 의하여 작동하는 것을 차동식 스포트형감지기라 하고, 일국소의 주위온도가 일정한 온도 이상이 되는 경우에 작동하는 것으로서 외관이 전선으로 되어 있지 아니한 것을 정온식 스포트형 감지기라 한다. O | X

O

24. 공채

100 시각경보기는 청각장애인에게 점멸 형태로 시각경보를 하는 장치이다. O | X

O

24. 공채

101 비상방송설비는 수신기에 화재신호가 도달하면 방송으로 화재 사실을 알리는 설비이다. O | X

O

> **핵심정리 비상방송설비**
> 1. 비상방송설비는 화재발생 상황을 자동 또는 수동으로 음성이나 비상경보의 방송을 확성기를 통해 알려 주는 설비이다.
> 2. 관계인에 의해 수동으로도 기동이 되며, 자동화재탐지설비에 의하여 감지된 화재를 자동으로 신속하게 관계인에게 알려 주어 피난을 도와주는 설비이다

25. 공채

102 ☐☐☐ "화재알림형 비상경보장치"란 화재알림형 감지기, 발신기, 표시등, 지구음향장치(경종 또는 사이렌 등)를 내장한 것으로 화재발생 상황을 경보하는 장치를 말한다. O | X

X "화재알림형 비상경보장치"란 발신기, 표시등, 지구음향장치(경종 또는 사이렌 등)를 내장한 것으로 화재발생 상황을 경보하는 장치를 말한다. → 화재알림형 비상경보장치 중에 감지기는 해당하지 않는다.

> 📖 **핵심정리** 화재알림설비
> 1. "화재알림형 감지기"란 화재 시 발생하는 열, 연기, 불꽃을 자동적으로 감지하는 기능 중 두 가지 이상의 성능을 가진 열·연기 또는 열·연기·불꽃 복합형 감지기로서 화재알림형 수신기에 주위의 온도 또는 연기의 양의 변화에 따라 각각 다른 전류 또는 전압 등(이하 "화재정보값"이라 한다)의 출력을 발하고, 불꽃을 감지하는 경우 화재신호를 발신하며, 자체 내장된 음향장치에 의하여 경보하는 것을 말한다.
> 2. "화재알림형 중계기"란 화재알림형 감지기, 발신기 또는 전기적인 접점 등의 작동에 따른 화재정보값 또는 화재신호 등을 받아 이를 화재알림형 수신기에 전송하는 장치를 말한다.
> 3. "화재알림형 수신기"란 화재알림형 감지기나 발신기에서 발하는 화재정보값 또는 화재신호 등을 직접 수신하거나 화재알림형 중계기를 통해 수신하여 화재의 발생을 표시 및 경보하고, 화재정보값 등을 자동으로 저장하여, 자체 내장된 속보기능에 의해 화재신호를 통신망을 통하여 소방관서에는 음성 등의 방법으로 통보하고, 관계인에게는 문자로 전달할 수 있는 장치를 말한다.
> 4. "발신기"란 수동누름버튼 등의 작동으로 화재신호를 수신기에 발신하는 장치를 말한다.
> 5. "화재알림형 비상경보장치"란 발신기, 표시등, 지구음향장치(경종 또는 사이렌 등)를 내장한 것으로 화재발생 상황을 경보하는 장치를 말한다.
> 6. "원격감시서버"란 원격지에서 각각의 화재알림설비로부터 수신한 화재정보값 및 화재신호, 상태신호 등을 원격으로 감시하기 위한 서버를 말한다.
> 7. "공용부분"이란 전유부분 외의 건물부분, 전유부분에 속하지 아니하는 건물의 부속물, 「집합건물의 소유 및 관리에 관한 법률」제3조제2항 및 제3항에 따라 공용부분으로 된 부속의 건물을 말한다.

25. 공채

103 ☐☐☐ "화재알림형 중계기"란 화재알림형 감지기, 발신기 또는 전기적인 접점 등의 작동에 따른 화재정보값 또는 화재신호 등을 받아 이를 화재알림형 수신기에 전송하는 장치를 말한다. O | X

O

25. 공채

104 ☐☐☐ 화재알림설비 중 "원격감시서버"란 원격지에서 각각의 화재알림설비로부터 수신한 화재정보값 및 화재신호, 상태신호 등을 원격으로 감시하기 위한 서버를 말한다. O | X

O

25. 공채

105 ☐☐☐ 화재알림설비 중 "발신기"란 수동누름버튼 등의 작동으로 화재신호를 수신기에 발신하는 장치를 말한다. O | X

O

POINT 5-4 피난구조설비

23. 간부 — 피난기구의 화재안전기준(NFPC 301)

106 피난기구를 설치하는 개구부는 서로 동일직선상이 아닌 위치에 있어야 하고, 구조대의 길이는 피난상 지장이 없고 안정한 강하속도를 유지할 수 있는 길이로 하여야 한다. O | X

O

23. 간부 — 피난기구의 화재안전기준(NFPC 301)

107 4층 이상의 층에 하향식 피난구용 내림식사다리를 설치하는 경우에는 금속성 고정사다리를 설치하고, 당해 고정사다리에는 쉽게 피난할 수 있는 구조의 노대를 설치하여야 한다. O | X

X 4층 이상의 층에 피난사다리(하향식 피난구용 내림식사다리는 제외한다)를 설치하는 경우에는 금속성 고정사다리를 설치하고, 당해 고정사다리에는 쉽게 피난할 수 있는 구조의 노대를 설치하여야 한다.

23. 간부 — 피난기구의 화재안전기준(NFPC 301)

108 피난기구는 특정소방대상물의 기둥·바닥 및 보 등 구조상 견고한 부분에 볼트조임·매입 및 용접 등의 방법으로 견고하게 부착하여야 한다. O | X

O

POINT 5-5 소화용수설비

POINT 5-6 소화활동설비

23. 간부

109 비상콘센트설비의 전원회로는 3상교류 380볼트인 것으로서, 그 공급용량은 3.0킬로볼트암페어 이상인 것으로 하여야 한다. O | X

X 비상콘센트설비의 전원회로는 단상교류 220볼트인 것으로서, 그 공급용량은 1.5킬로볼트암페어 이상인 것으로 하여야 한다.

PART 6 위험물

POINT 6-1 위험물의 개요

20. 간부

001 「위험물안전관리법」상 위험물이라 함은 위험물이라 함은 인화성 또는 발화성 등의 성질을 가지는 것으로서 대통령령이 정하는 물품을 말한다. O | X

O

22. 간부

002 적린, 황 및 마그네슘은 제2류 위험물에 해당하며 지정수량은 100kg이다. O | X

X 마그네슘은 지정수량은 500kg이다.

22. 간부

003 알킬알루미늄 및 유기과산화물은 제3류 위험물에 해당하며 지정수량은 10kg이다. O | X

X 유기과산화물은 제5류 위험물에 해당한다.

24. 간부

004 황린, 칼륨 및 나트륨은 자연발화성 물질 및 금수성 물질이며 지정수량이 같다. O | X

X 황린이 지정수량은 20kg이고, 칼륨과 나트륨의 지정수량은 10kg이다.

22. 간부

005 제4석유류의 지정수량은 10,000리터이다. O | X

X 제4석유류의 지정수량은 6,000리터이다.

22. 간부

006 제5류 위험물인 하이드록실아민 및 하이드록실아민염류의 지정수량은 100kg이다. O | X

O

22. 간부

007 과염소산염류 및 나트륨은 제6류 위험물에 해당하고, 지정수량은 200kg이다. O | X

X 과염소산염류는 제1류 위험물이며 지정수량은 50kg이고, 나트륨은 제3류 위험물이며 지정수량은 10kg이다.

24. 공채 위험물안전관리법

008 황린의 지정수량은 20kg, 위험등급은 Ⅰ등급이고, 마스네슘의 지정수량은 500kg, 위험등급은 Ⅲ등급이다. O | X

O

> 📖 **핵심정리** 위험등급 Ⅱ의 위험물
> 1. 제1류 위험물 중 브로민산염류, 질산염류, 아이오딘산염류 그 밖에 지정수량이 300kg인 위험물
> 2. 제2류 위험물 중 황화인, 적린, 황 그 밖에 지정수량이 100kg인 위험물
> 3. 제3류 위험물 중 알칼리금속(칼륨 및 나트륨은 제외한다) 및 알칼리토금속, 유기금속화합물(알킬알루미늄 및 알킬리튬은 제외한다) 그 밖에 지정수량이 50kg인 위험물
> 4. 제4류 위험물 중 제1석유류 및 알코올류
> 5. 제5류 위험물 중 유기과산화물·질산에스터류·그 밖에 지정수량이 10kg인 위험물 외의 것
> 6. 위험등급 Ⅲ의 위험물은 위험등급 Ⅰ 및 위험등급 Ⅱ에서 정하지 아니한 위험물이다.

24. 공채 위험물안전관리법

009 유기과산화물의 지정수량은 10kg, 위험등급은 Ⅰ등급이고, 과염소산의 지정수량은 300kg, 위험등급은 Ⅱ등급이다. O | X

X 과염소산의 위험등급은 Ⅰ등급이다.

> 📖 **핵심정리** 위험등급 Ⅰ의 위험물
> 1. 제1류 위험물 중 아염소산염류, 염소산염류, 과염소산염류, 무기과산화물 그 밖에 지정수량이 50kg인 위험물
> 2. 제3류 위험물 중 칼륨, 나트륨, 알킬알루미늄, 알킬리튬, 황린 그 밖에 지정수량이 10kg 또는 20kg인 위험물
> 3. 제4류 위험물 중 특수인화물
> 4. 제5류 위험물 중 유기과산화물, 질산에스터류 그 밖에 지정수량이 10kg인 위험물
> 5. 제6류 위험물

25. 공채

010 □□□ "자연발화성물질 및 금수성물질"이라 함은 고체 또는 액체로서 공기 중에서 발화의 위험성이 있거나 산과 접촉하여 발화하거나 고압 수증기를 발생하는 위험성이 있는 것을 말한다. O | X

X "자연발화성물질 및 금수성물질"이라 함은 고체 또는 액체로서 공기 중에서 발화의 위험성이 있거나 <u>물과 접촉하여 발화하거나</u> <u>가연성가스를</u> 발생하는 위험성이 있는 것을 말한다.

핵심정리 위험물의 유별 정의

제1류 위험물 (산화성 고체)	고체로서 산화력의 잠재적인 위험성 또는 충격에 대한 민감성을 판단하기 위하여 소방청장이 정하여 고시하는 시험에서 고시로 정하는 성질과 상태를 나타내는 것
제2류 위험물 (가연성 고체)	고체로서 화염에 의한 발화의 위험성 또는 인화의 위험성을 판단하기 위하여 고시로 정하는 시험에서 고시로 정하는 성질과 상태를 나타내는 것
제3류 위험물 (자연발화성 및 금수성 물질)	<u>고체 또는 액체로서 공기 중에서 발화의 위험성이 있거나 물과 접촉하여 발화하거나 가연성 가스를 발생하는 위험성이 있는 것</u>
제4류 위험물 (인화성 액체)	액체(제3석유류, 제4석유류 및 동·식물유류에 있어서는 1기압과 20℃에서 액상인 것에 한한다)로서 인화의 위험성이 있는 것
제5류 위험물 (자기반응성 물질)	고체 또는 액체로서 폭발의 위험성 또는 가열분해의 격렬함을 판단하기 위하여 고시로 정하는 시험에서 고시로 정하는 성질과 상태를 나타내는 것
제6류 위험물 (산화성 액체)	액체로서 산화력의 잠재적인 위험성을 판단하기 위하여 고시로 정하는 시험에서 고시로 정하는 성질과 상태를 나타내는 것

22. 간부 | 위험물안전관리법 시행령 [별표 1]

011 □□□ 제2류 위험물인 가연성 고체는 고체로서 산화력의 잠재적인 위험성 또는 충격에 대한 민감성을 판단하기 위하여 소방청장이 정하여 고시하는 시험에서 고시로 정하는 성질과 상태를 나타내는 것을 말한다. O | X

X 제1류 위험물인 산화성 고체에 대한 설명이다.

핵심정리 가연성 고체
고체로서 화염에 의한 발화의 위험성 또는 인화의 위험성을 판단하기 위하여 고시로 정하는 시험에서 고시로 정하는 성질과 상태를 나타내는 것을 말한다.

확인학습문제 | 위험물안전관리법 시행령 [별표 1]

012 □□□ 제5류 위험물인 자기반응성 물질은 고체 또는 액체로서 폭발의 위험성 또는 가열분해의 격렬함을 판단하기 위하여 고시로 정하는 시험에서 고시로 정하는 성질과 상태를 나타내는 것을 말한다. O | X

O

22. 간부
위험물안전관리법 시행령 [별표 1]

013 제3류 위험물인 금수성 물질은 고체 또는 액체로서 공기 중에서 발화의 위험성이 있거나 물과 접촉하여 발화하거나 조연성 가스를 발생하는 위험성이 있는 것을 말한다. O | X

X 가연성 가스를 발생하는 위험성이 있는 것을 말한다.

23. 간부
위험물안전관리법 시행령 [별표 1]

014 "금속분"이라 함은 알칼리금속·알칼리토류금속·철 및 구리외의 금속의 분말을 말하고 마그네슘분·니켈분 및 150마이크로미터의 체를 통과하는 것이 50중량퍼센트 이상인 것은 제외한다. O | X

X "금속분"이라 함은 알칼리금속·알칼리토류금속·철 및 마그네슘외의 금속의 분말을 말하고, 구리분·니켈분 및 150마이크로미터의 체를 통과하는 것이 50중량퍼센트 미만인 것은 제외한다.

23. 간부, 25공채·간부
위험물안전관리법 시행령 [별표 1]

015 "인화성고체"라 함은 고형알코올 그 밖에 기압 1에서 인화점이 섭씨 40도 미만인 고체를 말한다. O | X

O

23·25. 간부
위험물안전관리법 시행령 [별표 1]

016 "철분"이라 함은 철의 분말로서 53마이크로미터의 표준체를 통과하는 것이 50중량퍼센트 미만인 것은 제외한다. O | X

O

23. 간부
위험물안전관리법 시행령 [별표 1]

017 황은 순도가 60중량퍼센트 이상인 것을 말한다. 이 경우 순도측정에 있어서 불순물은 활석 등 불연성물질과 수분에 한한다. O | X

O

25. 공채

018 □□□

"특수인화물"이라 함은 이황화탄소, 디에틸에테르 그 밖에 1기압에서 발화점이 섭씨 100도 이하인 것 또는 인화점이 섭씨 영하 20도 이하이고 비점이 섭씨 40도 이하인 것을 말한다.   O | X

O

핵심정리 인화성 액체 분류(영 제3조)

인화성 액체	종류	그 밖의 것(1기압 상태에서)
특수인화물	이황화탄소, 디에틸에테르	• 발화점 100℃ 이하 • 인화점 −20℃ 이하이고 비점 40℃ 이하
알코올류	−	탄소원자 수 1~3개 포화1가 알코올 (변성알코올 포함)
제1석유류	아세톤, 휘발유	인화점 21℃ 미만
제2석유류	등유, 경유	인화점 21℃ 이상 ~ 70℃ 미만[1]
제3석유류	중유, 크레오소트유	인화점 70℃ 이상 ~ 200℃ 미만[2]
제4석유류	기어유, 실린더유	인화점 200℃ 이상 ~ 250℃ 미만[2]
동식물유류	동물의 지육·식물의 종자	인화점 250℃ 미만

1) 도료류, 가연성 액체량 40wt% 이하이면서 인화점이 40℃ 이상인 동시에 연소점이 60℃ 이상인 것은 제외
2) 가연성 액체량이 40wt% 이하인 것은 제외

23. 간부 / 위험물안전관리법 시행령 [별표 1]

019 □□□

"제3석유류"라 함은 중유, 크레오소트유 그 밖에 1기압에서 인화점이 섭씨 70도 이상 섭씨 200도 미만인 것을 말한다. 다만, 도료류 그 밖의 물품은 가연성 액체량이 40중량퍼센트 이하인 것은 제외한다.   O | X

O

25. 간부 / 위험물안전관리법 시행령 [별표 1]

020 □□□

과산화수소는 그 농도가 36중량퍼센트 이상인 것에 한하며, 산화성액체의 성상이 있는 것으로 본다.   O | X

O

25. 간부

021 □□□

1분자를 구성하는 탄소원자의 수가 1개부터 3개 까지인 포화1가 알코올(변성알코올을 포함한다)의 함유량이 60중량퍼센트 미만인 수용액은 알코올류에서 제외한다.   O | X

O

25. 간부

022

"제2석유류"라 함은 등유, 경유 그 밖에 1기압에서 인화점이 섭씨 21도 이상 70도 미만인 것을 말한다. 다만, 도료류 그 밖의 물품에 있어서 가연성 액체량이 40중량퍼센트 미만이면서 인화점이 섭씨 40도 이상인 동시에 연소점이 섭씨 50도 이상인 것은 제외한다. O | X

X "제2석유류"라 함은 등유, 경유 그 밖에 1기압에서 인화점이 21℃ 이상 70℃미만인 것(도료류 그 밖의 물품에 있어서 가연성 액체량이 40wt% 이하이면서 인화점이 40℃ 이상인 동시에 연소점이 60℃ 이상인 것은 제외)

> 📖 **핵심정리** 인화성 액체의 분류
>
> 1. **특수인화물**: 이황화탄소, 디에틸에테르, 그 밖에 1기압에서 발화점이 100℃ 이하인 것 또는 인화점이 −20℃ 이하이고 비점이 40℃ 이하인 것
> 2. **제1석유류**: 아세톤, 휘발유 그 밖에 1기압에서 인화점이 21℃ 미만인 것
> 3. **알코올류**: 1분자를 구성하는 탄소원자의 수가 1개부터 3개까지인 포화1가 알코올(변성알코올 포함)
> 4. **제2석유류**: 등유, 경유 그 밖에 1기압에서 인화점이 21℃ 이상 70℃ 미만인 것(도료류 그 밖의 물품에 있어서 가연성 액체량이 40wt% 이하이면서 인화점이 40℃ 이상인 동시에 연소점이 60℃ 이상인 것은 제외)
> 5. **제3석유류**: 중유, 클레오소트유, 그 밖에 1기압에서 인화점이 70℃ 이상 200℃ 미만인 것(도료류, 그 밖의 물품은 가연성 액체량이 40wt% 이하인 것은 제외)
> 6. **제4석유류**: 기어유, 실린더유, 그 밖에 1기압에서 인화점이 200℃ 이상 250℃ 미만의 것(도료류, 그 밖의 물품은 가연성 액체량이 40wt% 이하인 것은 제외)
> 7. **동식물유류**: 동물의 지육 등 또는 식물의 종자나 과육으로부터 추출한 것으로서 1기압에서 인화점이 250℃ 미만인 것

19. 공채

023

자기반응성 물질은 연소 또는 폭발을 일으킬 수 있는 물질이며 유기과산화물, 질산에스터류를 포함한다. O | X

O

20. 간부

024

「위험물안전관리법 시행령」상 제3류 위험물인 황린의 지정수량은 10kg이다. O | X

X 황린의 지정수량은 20kg이다.

19. 공채

025

「위험물안전관리법 시행령」상 탄화칼슘, 과염소산, 마그네슘 및 금속의 인화물의 지정수량은 300kg이다. O | X

X 마그네슘은 제2류 위험물이고 지정수량은 500kg이다.

POINT 6-2 위험물 유별 성상 등

17. 간부

026 위험물의 유별 특성으로 제1류 위험물은 인화성 액체로 인화의 위험성이 비교적 높고, 발화점은 낮으며 증기비중이 공기보다 무겁다. O | X

X 인화성 액체의 성질은 제4류 위험물의 특성이다.

23. 공채

027 제1류 위험물 중 아염소산나트륨은 불연성, 조해성, 수용성이며, 무색 또는 백색의 결정성 분말 형태이다. O | X

O

> 📖 **핵심정리** 제1류 위험물
> 1. 일반적으로 불연성이며 산소를 함유하고 있는 강산화제이다.
> 2. 대부분 무색 결정 또는 백색 분말이며 비중이 1보다 크고, 물에 잘 녹는다.
> 3. 물과 반응하여 열과 산소를 발생시키는 것도 있다.
> 4. KNO_3, $NaNO_3$, NH_4NO_3와 같은 질산염류는 조해성이 있다.
> 5. 조연성 물질로서 반응성이 풍부하여 열, 충격, 마찰 또는 분해를 촉진하는 약품과의 접촉으로 폭발의 위험성이 있다.
> 6. 대부분 산소를 포함하는 무기화합물이다(염소화이소시아누르산은 제외).

25. 간부

028 무기과산화물은 물과 반응하기 때문에 마른 모래(건조사) 등을 사용한 소화가 유효하다. O | X

O

24. 공채

029 과산화나트륨은 물과 반응하여 산소를 발생시킨다. O | X

O

> 📖 **핵심정리** 과산화나트륨과 물의 반응식
> $$2Na_2O_2 + 2H_2O \rightarrow 4NaOH + O_2$$

25. 공채

030 과산화나트륨(Na_2O_2)의 화재진압에 적응성이 있는 소화방법은 물을 사용한 냉각소화이다. O | X

X 과산화나트륨은 제1류 위험물 무기과산화물에 해당한다. 물과 반응하여 산소를 발생시키므로 절대주수를 금한다. 소화질석·마른모래로 질식소화한다.

> 📘 **핵심정리** 제1류 위험물 소화방법
> 1. 산소의 분해 방지를 위하여 물과 급격히 반응하지 않는 것은 물로 주수하는 냉각소화가 효과적이다. 화재 주위의 가연물과는 격리하거나 주위 가연물의 소화에 주력하는 것이 바람직하다.
> 2. 무기과산화물은 금수성이 있으므로 물을 사용하여서는 아니 된다. 주로 초기단계에서는 마른 모래, 소화질석을 사용한 질식소화가 효과적이다.
> 3. 자신은 불연성이기 때문에 가연물 종류에 따라 화재진압대책을 수립하여야 한다.
> 4. CO_2, 포, 할론, 분말에 의한 질식소화는 효과가 적으므로 사용에 주의하여야 한다.

22. 공채

031 제1류 위험물 중 질산염류는 연소속도가 빨라 폭발적으로 연소한다. O | X

X 제1류 위험물은 불연성 물질이며, 질산염류에는 질산칼륨, 질산나트륨, 질산암모늄 등이 있다. 일반적으로 가열하면 열분해하여 산소를 방출한다.

18. 하반기 공채

032 제1류 위험물의 일반적인 성질은 불연성 물질이고, 다른 가연물의 연소를 돕는 지연성 물질이다. O | X

O

22. 간부

033 제1류 위험물 중에 무기과산화물은 주수를 이용한 냉각소화가 적합하다. O | X

X 제1류 위험물 중에 무기과산화물은 주수를 이용한 냉각소화가 부적합하다. 금수성이 있으므로 물을 절대 사용하면 안 되고, 건조사나 팽창질석 등을 사용하여 소화하여야 한다.

22. 간부

034 제2류 위험물은 다른 가연물의 연소를 돕는 조연성 물질이다. O | X

X 제2류 위험물은 조연성 물질이 아닌 가연성 물질이다.

25. 공채

035 삼황화린(P_4S_3)의 화재진압에 적응성이 있는 소화방법은 팽창질석 등을 사용한 질식소화이다. O | X

O 삼황화린(P_4S_3)은 CO_2·건조분말·팽창질식·마른 모래로 질식소화한다.

> 📖 **핵심정리** 황화인(Phosphorus sulfide)
> 1. 인의 황화물을 통틀어 이르는 말이다.
> 2. 대표적인 황화인은 삼황화인(P_4S_3), 오황화인(P_2S_5), 칠황화인(P_4S_7)이다.
> 3. 산화제·가연물·강산류·금속분과의 혼합을 방지한다.
> 4. CO_2·건조분말·팽창질식·마른 모래로 질식소화한다.

24. 공채

036 오황화인은 물과 반응하여 산소를 발생시킨다. O | X

X 물과 반응하여 황화수소와 인산을 발생시킨다.

> 📖 **핵심정리** 오황화인
> 1. 연소반응식: $2P_2S_5 + 15O_2 \rightarrow 2P_2O_5 + 10SO_2$
> 2. 물과의 반응식: $P_2S_5 + 8H_2O \rightarrow 5H_2S + 2H_3PO_4$
> 3. 발생증기의 연소반응식: $2H_2S + 3O_2 \rightarrow 2SO_2 + 2H_2O$

21. 공채

037 제1류 위험물인 알칼리금속의 과산화물은 물을 사용하여 소화하고, 제4류 위험물인 알코올은 내알코올포(泡, foam)를 사용하여 소화한다. O | X

X 알칼리금속의 과산화물은 물과 반응하여 산소를 방출한다. 물을 이용하여 주수소화하지 않는다.

23. 공채

038 마그네슘은 끓는 물과 접촉 시 수소가스를 발생시킨다. O | X

O

> 📖 **핵심정리** 마그네슘
> 1. 산과 반응하여 수소(H_2)를 발생한다($Mg + 2HCl \rightarrow MgCl_2 + H_2\uparrow$).
> 2. 마그네슘 폭발 매커니즘
>   • 1차(연소) $2Mg + O_2 \rightarrow 2MgO + (2 \times 143.7)kcal$
>   • 2차(주수) $Mg + 2H_2O \rightarrow Mg(OH)_2 + H_2\uparrow$
>   • 3차(폭발) $2H_2 + O_2 \rightarrow 2H_2O$

23. 공채

039 적린은 다량의 물로 냉각소화하며, 소량의 적린인 경우에는 마른모래나 이산화탄소 소화약제도 일시적인 효과가 있다. O | X

O

25. 간부

040 적린 화재에는 물을 사용한 소화가 유효하다. O | X

O

빈출문제

041 제2류 위험물인 금속분은 물 또는 묽은 산과의 접촉을 피한다. 황화인, 철분, 금속분 및 마그네슘은 물로 주수소화하면 안 된다. O | X

O

25. 공채

042 제3류 위험물 중 황린은 물을 사용한 냉각소화를 한다. O | X

O 화재 시에는 물로 냉각소화하되 가급적 분무주수한다. 초기소화에는 포·CO_2, 분말 소화약제도 유효하며, 젖은 모래·흙 등으로 질식소화할 수 있다.

> **핵심정리** 제3류 위험물의 소화방법
> 1. 황린을 제외하고는 절대로 물을 사용하여서는 아니 된다.
> 2. 금속화재용 분말 소화약제에 의한 질식소화를 한다.
> 3. K·Na은 적절한 소화약제가 없으므로 연소확대 방지에 주력하여야 한다.
> 4. 마른 모래·팽창질석·팽창진주암·건조석회(생석회·CaO)로 상황에 따라 조심스럽게 질식소화한다.

> **핵심정리** 황린(Yellow phosphorus, White phosphorus, P_4, 백린)
> 1. 화재 시에는 물로 냉각소화하되 가급적 분무주수한다. 초기소화에는 포·CO_2, 분말 소화약제도 유효하며, 젖은 모래·흙 등으로 질식소화할 수 있다.
> 2. 미분상의 발화점은 34℃이고, 고형상의 발화점은 60℃(습한 공기 중에서는 30℃)이다.
> 3. 물에 불용하여 벤젠·이황화탄소에 녹는다. 따라서 물 속에 저장한다(알칼리제를 넣어 pH9 정도 유지).
> 4. 발화점이 매우 낮아 공기 중에 노출되면 서서히 자연발화를 일으키고 어두운 곳에서 청백색의 인광을 낸다.
> 5. 공기 중에 격렬하게 연소하여 유독성 가스인 오산화인(P_2O_5)의 백연을 낸다.
>
> $$P_4 + 5O_2 \rightarrow 2P_2O_5 \uparrow + Qkcal$$
>
> 6. NaOH 등 강알칼리 용액과 반응하여 맹독성의 포스핀가스(PH_3)를 발생한다.
>
> $$P_4 + 3KOH + 3H_2O \rightarrow PH_3 \uparrow + 3KH_2PO_2$$

24. 공채

043 황과 황린은 물을 이용한 냉각소화를 한다. O | X

O

23. 공채

044 황린은 공기 중 상온에 노출되면 액화되면서 자연발화를 일으킨다. O | X

O

> **핵심정리** 제3류 위험물의 일반적인 성질
> 1. 무기 화합물과 유기 화합물로 구성되어 있다.
> 2. 칼륨(K), 나트륨(Na), 알킬알루미늄(RAl), 알킬리튬(RLi)을 제외하고 물보다 무겁다.
> 3. 대부분이 고체이다(단, 알킬알루미늄, 알킬리튬은 고체 또는 액체이다).
> 4. 칼륨, 나트륨, 알칼리금속, 알칼리토금속은 보호액(석유) 속에 보관한다.
> 5. 알킬알루미늄, 알킬리튬은 물 또는 공기와 접촉하면 폭발한다. 저장방법으로는 헥산 속에 저장한다.
> 6. 황린은 공기와 접촉하면 자연발화한다. 따라서 물 속에 저장에 저장·보관한다.

24. 간부

045 위험물 중 황린(P_4)는 제3류 위험물에 해당한다. 미분상의 발화점은 34℃이고, 연소할 때 오산화인(P_2O_5)의 백색 연기를 낸다. 물에 대해 위험한 반응을 초래하는 대표적인 물질이다. O | X

X 물속에 저장하며, 화재 시에는 물로 냉각소화하되 가급적 분무주수한다.

25. 간부

046 황린 화재의 소화에는 물을 사용해서는 안되며, 모래, 흙 등을 사용한 소화가 유효하다. O | X

X 황린 화재의 소화에는 물로 냉각소화하되 가급적 분무주수한다.

23. 공채

047 알킬알루미늄은 마른모래, 팽창질석, 팽창진주암으로 소화한다. O | X

O 알킬알루미늄은 마른모래, 팽창질석, 팽창진주암으로 소화한다. 물과 반응하여 에탄가스가 발생하므로 주수소화하면 안 된다.

> **핵심정리** 알킬알루미늄과 물의 반응식
>
> $(C_2H_5)_3Al + 3H_2O \rightarrow Al(OH)_3 + 3C_2H_6\uparrow$

25. 간부

048 알킬알루미늄은 물과 반응하며 이산화탄소를 활용한 소화가 유효하다. O | X

X 알킬알루미늄은 물과 반응하여 메탄가스 또는 에탄가스가 발생하므로 주수소화하면 안된다. 금속화재용 분말소화약제 또는 마른모래, 팽창질석, 팽창진주함으로 소화한다.

> 📖 **핵심정리** 알킬알루미늄(Alkyl Aluminium)
> 1. 알킬기 $C_nH_{2n+1}(R)$과 알루미늄의 화합물을 알킬알루미늄(R-Al)이라 하며 할로겐이 들어간 경우가 있다.
> 2. 트리메틸알루미늄 + 물
> $(CH_3)_3Al + 3H_2O \rightarrow Al(OH)_3 + CH_4\uparrow$
> 3. 트리에틸알루미늄 + 물
> $(C_2H_5)_3Al + 3H_2O \rightarrow Al(OH)_3 + 3C_2H_6\uparrow$

24. 공채

049 칼륨은 물과 격렬히 반응하여 발열하고 산소와 열을 발생한다. O | X

X 수소가스를 발생시킨다.

> 📖 **핵심정리** 칼륨과 물의 반응식
> $$2K + 2H_2O \rightarrow 2KOH + H_2$$

23. 공채

050 탄화칼슘 화재 시 다량의 물로 냉각소화할 수 있다. O | X

X 탄화칼슘 화재 시 다량의 물로 냉각소화할 수 없다.

> 📖 **핵심정리** 탄화칼슘과 물의 반응식
> $$CaC_2 + 2H_2O \rightarrow Ca(OH)_2 + C_2H_2 + Qkcal$$

24. 공채

051 탄화칼슘은 물과 반응하여 산소를 발생시킨다. O | X

X 수산화칼슘과 아세틸렌을 발생시킨다.

22. 공채

052 탄화알루미늄은 물과 반응하여 아세틸렌 가스를 발생한다. O | X

X 탄화알루미늄은 물과 반응하여 메탄가스를 발생한다.

> 📖 **핵심정리** 탄화알루미늄과 물의 반응식
>
> $Al_4C_3 + 12H_2O \rightarrow 4Al(OH)_3 + 3CH_4$

확인학습문제

053 수소화나트륨과 수소화칼륨의 지정수량은 300kg이다. O | X

O 제3류 위험물로 금속의 수소화물에 해당한다.

> 📖 **핵심정리** 금속의 수소화물
>
> 수소화리튬, 수소화나트륨, 수소화칼륨, 수소화알루미늄리튬이 해당한다. 물과 반응하여 수소가스가 발생한다.

22. 공채

054 수소화알루미늄리튬은 물과 반응하여 수소가스가 발생한다. O | X

O
> 📖 **핵심정리** 수소화알루미늄리튬과 물의 반응식
>
> $LiAlH_4 + 4H_3O \rightarrow LiOH + Al(OH)_3 + 4H_2\uparrow + Qkcal$

확인학습문제

055 제3류 위험물인 트리에틸알루미늄의 지정수량은 50kg이고 위험등급 Ⅱ에 해당한다. O | X

X 트리에틸알루미늄의 지정수량은 10kg이고 위험등급 Ⅰ에 해당한다.

22. 공채

056 트리에틸알루미늄은 물과 반응하여 에테인(에탄) 가스가 발생한다. O | X

O

> 📖 **핵심정리** 트리에틸알루미늄과 물의 반응식
>
> $$(C_2H_5)_3Al + 3H_2O \rightarrow Al(OH)_3 + 3C_2H_6\uparrow$$

22. 공채

057 제3류 위험물 중 황린은 가열, 충격, 마찰에 의해 분해되어 산소가 발생하므로 가연물과의 접촉을 피한다. O | X

X 황린은 인의 동소체의 하나이다. 공기 중에서는 산화되어 발화하므로 수중에 저장한다. 물에는 거의 불용이고 벤젠, 이황화탄소에 잘 녹는다. 공기 중에서 발화하여 오산화인(P_2O_5)으로 된다.

22. 공채

058 탄화칼슘은 물을 분무하여 소화한다. O | X

X 탄화칼슘은 물과 반응하면 아세틸렌가스가 발생하기 때문에 주수소화하면 안 된다.

24. 공채

059 탄화알루미늄, 알킬알루미늄은 건조사, 팽창질석을 이용한 질식소화한다. O | X

O

확인학습문제

060 인화칼슘의 지정수량은 10kg이다. O | X

X 인화칼슘의 지정수량은 300kg이다.

확인학습문제

061 인화칼슘은 물 또는 염산과 반응하여 포스핀 가스가 발생한다. O | X

O

> 📖 **핵심정리** 인화칼슘과 염산의 반응식
>
> $$Ca_3P_2 + 6HCl \rightarrow 3CaCl_2 + 2PH_3 \uparrow$$

22. 간부

062 제3류 위험물 중에 황린은 공기 중 산화를 방지하기 위해 물 속에 저장한다. O | X

O

22. 공채

063 인화칼슘은 물과 반응하여 포스핀 가스가 발생한다. O | X

O

> 📖 **핵심정리** 인화칼슘과 물의 반응식
>
> $$Ca_3P_2 + 6H_3O \rightarrow 3Ca(OH)_3 + 2PH_3 \uparrow$$

22. 공채

064 나트륨은 할론 소화약제로 소화한다. O | X

X 나트륨은 할론 소화약제로 소화하여서는 아니된다.

> 📖 **핵심정리** 할론 소화약제 사용 제한 대상
> 1. 셀룰로오스, 질산염 등과 같은 자기 반응성 물질
> 2. 나트륨, 마그네슘, 칼륨 같은 반응성이 큰 금속
> 3. 금속의 수소 화합물
> 4. 유기과산화물, 하이드라진 등과 같이 스스로 발열 분해하는 화합물

22. 간부

065 제4류 위험물은 수용성 액체로 물에 의한 희석소화가 적합하다. O | X

X 제4류 위험물은 수용성과 비수용성으로 구분할 수 있다. 수용성 액체인 경우에는 물에 의한 희석소화가 가능하나 비수용성의 경우에는 적합하지 않다. 또한 제4류 위험물의 유별 성질은 인화성 액체이다.

24. 공채

066 경유, 휘발유는 포 소화약제를 이용한 질식소화를 한다. O | X

O

23. 공채

067 수용성 메틸알코올 화재에는 내알코올포를 사용한다. O | X

O

25. 공채

068 아세톤(CH_3COCH_3)의 화재진압에 적응성이 있는 소화방법은 알코올포소화약제에 의한 질식소화이다. O | X

O

> **핵심정리** 제4류 위험물 연소반응식
>
> 1. 이황화탄소 연소반응식(특수인화물)
>
> $$CS_2 + 3O_2 \rightarrow CO_2 + 2SO_2$$
>
> 2. 아세트알데히드 산화반응식(특수인화물)
>
> $$2CH_3CHO + O_2 \rightarrow 2CH_3COOH$$
> (아세트알데히드)   (초산, 아세트산)
>
> 3. 아세톤 연소반응식(제1석유류 수용성)
>
> $$CH_3COCH_3 + 4O_2 \rightarrow 3CO_2 + 3H_2O$$
> (아세톤)
>
> 4. 메틸알코올 연소반응식(알코올류)
>
> $$2CH_3OH + 3O_2 \rightarrow 2CO_2 + 4H_2O$$
>
> 5. 에틸알코올 연소반응식(알코올류)
>
> $$C_2H_5OH + 3O_2 \rightarrow 2CO_2 + 3H_2O$$
>
> 6. 초산(아세트산) 연소반응식(제2석유류)
>
> $$CH_3COOH + 2O_2 \rightarrow 2CO_2 + 2H_2O$$

> **핵심정리** 제4류 위험물의 지정수량 및 품명

종류		지정수량	위험등급
특수인화물	디에틸에테르, 이황화탄소	50L	I
제1석유류	비수용성: 휘발유, 벤젠	200L	II
	수용성: 아세톤, 시안화수소	400L	
알코올류	메틸알코올, 에틸알코올	400L	
제2석유류	비수용성: 등유, 경유	1,000L	III
	수용성: 아세트산, 하이드라진	2,000L	
제3석유류	비수용성: 중유, 크레오소트유	2,000L	
	수용성: 글리세린	4,000L	
제4석유류	기어유, 실린더유	6,000L	
동식물유류	정어리 기름	10,000L	

22. 공채

069 아세톤은 알콜형포 소화약제로 소화한다. O | X

O

22. 공채

070 제4류 위험물 중 제1석유류는 인화점 및 연소하한계가 낮아 적은 양으로도 화재의 위험이 있다. O | X

O 제1석유류의 지정항목으로 아세톤, 휘발유(가솔린) 등이 있으며, 인화점은 1기압하에서 21℃ 미만인 것을 말한다. 일반적으로 인화점이 낮다. 가솔린의 연소범위는 1.4~7.6 이다. 따라서 연소의 하한계가 낮다.

19. 공채

071 제4류 위험물 중 제1석유류는 아세톤, 휘발유 그 밖에 1기압에서 발화점이 섭씨 21도 미만인 것이다. O | X

X 인화점이 섭씨 21도 미만인 것이다.

23. 간부

072 제4류 위험물인 이황화탄소의 인화점은 메틸알코올보다 높다. O | X

X 이황화탄소는 특수인화물이고 인화점이 -30℃이다. 메틸알코올은 알코올류이며 인화점이 11℃이다. 따라서, 이황화탄소의 인화점이 메틸알코올보다 낮다.

23. 간부

073 디에틸에테르, 이황화탄소, 아세톤, 메틸알코올, 글리세린의 순으로 인화점이 낮다(글리세린이 가장 높다). O | X

O

> 📖 **핵심정리** 제4류 위험물 인화점
> 1. **아세톤**: 제1석유류(수용성), 인화점 −18℃
> 2. **글리세린**: 제3석유류(수용성), 인화점 160℃
> 3. **이황화탄소**: 특수인화물, 인화점 −30℃
> 4. **메틸알코올**: 알코올류, 인화점 11℃
> 5. **디에틸에테르**: 특수인화물, 인화점 −45℃

빈출문제

074 제4류 위험물 중 특수인화물은 이황화탄소, 디에틸에테르, 그 밖에 1기압에서 발화점이 섭씨 100도 이하인 것 또는 인화점이 섭씨 영하 20도 이하이고 비점이 섭씨 40도 이하인 것이다. O | X

O

20. 공채

075 제4류 위험물은 일반적으로 부도체 성질이 강하여 정전기 축적이 쉽고, 발생 증기는 가연성이며, 증기비중은 대부분 공기보다 가볍다. 또한 대부분 물보다 가볍고 물에 녹지 않는 것이 많으며, 사용량이 많은 휘발유, 경유 등은 연소하한계가 낮아 매우 인화하기 쉽다. O | X

X 증기비중은 대부분 공기보다 무겁다.

22. 간부

076 제5류 위험물은 포, 이산화탄소에 의한 질식소화가 적합하다. O | X

X 제5류 위험물은 산소를 함유하고 있어 포, 이산화탄소에 의한 질식소화가 적합하지 않다. 많은 양의 물에 의한 냉각소화가 가장 적합하다.

25. 공채

077 하이드록실아민(NH₂OH)의 화재진압에 적응성이 있는 소화방법은 이산화탄소소화약제에 의한 질식소화이다. O | X

X 이산화탄소소화약제에 의한 질식소화는 효과가 없다.

> **핵심정리** 제5류 위험물의 소화방법
> 1. 자기반응성 물질은 자체에 산소를 함유하고 있기 때문에 이산화탄소·할론·분말·포 소화약제에 의한 질식소화는 효과가 없다.
> 2. 제5류 위험물의 화재 시에는 많은 양의 물에 의한 냉각소화가 가장 효과적이다. 초기화재 또는 소량의 화재에는 분말로 일시에 화염을 제거하여 소화할 수 있으나 재발화가 염려되므로 결국 최종적으로는 물로 냉각소화하여야 한다.

18. 하반기 공채

078 제5류 위험물의 소화대책으로는 외부로부터의 산소 유입을 차단하여 질식소화하는 것이 가장 효과적이다. 화재초기단계에서는 다량의 물로 냉각소화하는 것도 효과적이다. O | X

X 산소 유입을 차단하여 질식소화하는 것은 효과적이지 않다.

22. 공채

079 제5류 위험물 중 유기과산화물은 공기 중에 노출되거나 수분과 접촉하면 발화의 위험이 있다. O | X

X 유기과산화물은 소화전, 물분무(자동 스프링클러설비), 모래 등 사용하여 냉각소화한다. 일반적으로 이산화탄소 소화약제에 의한 질식소화는 효과가 없으므로 다량 사용하는 방법이 적절하다.

23. 간부

080 제5류 자기반응성 물질 중 지정수량이 가장 적은 것은 나이트로화합물이다. O | X

X 유기과산화물 및 질산에스터류이다. 지정수량 10kg이다. 나이트로화합물의 지정수량은 200kg이다.

19. 간부

081 「위험물안전관리법 시행령」상 운송책임자의 감독·지원을 받아 운송하여야 하는 위험물에는 알킬알루미늄, 알킬리튬 등이 있다. O | X

O

082 물질의 분해에 의해서 산소를 발생하는 산화성 액체이고 불연성이며, 모두 산소를 함유하고 있으며 물보다 무거운 성질을 갖는 위험물은 제6류 위험물이다. O | X

O

25. 공채

083 과염소산(HClO₄)의 화재진압에 적응성이 있는 소화방법은 다량의 물에 의한 희석소화(소량 화재 제외)이다. O | X

X 소량화재는 다량의 물로 희석하여 소화할 수 있으나 원칙적으로 물을 사용하지 말아야 한다.(과산화수소는 제외한다). 건조사나 인산염류의 분말 등을 사용한다.

21. 간부

084 제6류 위험물은 일반적으로 불연성 물질로 산소공급원의 역할을 하며 물과 접촉하는 경우 모두 심하게 발열한다. O | X

X 제6류 위험물은 자신은 불연성이지만 지연성 물질이며, 염기와 반응하거나 물과 접촉할 때 발열한다(단, 과산화수소는 물과 반응하지 않는다).

25. 공채

085 제6류 위험물은 불연성 물질로 분해 시 산소가 발생하며 대부분 염기성이다. O | X

X 불연성 물질로 분해 시 산소가 발생하며 대부분 산성이다.

> **핵심정리** 제6류 위험물 공통성질
> 1. 모두 **불연성 물질**이지만 다른 물질의 연소를 돕는 산화성·지연성 액체이다.
> 2. 물질의 액체 비중이 1보다 커서 물보다 무겁다.
> 3. 산소를 많이 함유하고 있으며(할로겐간화합물 제외) 물보다 무겁고 물에 잘 녹는다.
> 4. 증기는 유독하며(과산화수소 제외) 피부와 접촉 시 점막을 부식시키는 유독성·부식성 물질이다.
> 5. 염기와 반응하거나 물과 접촉할 때 발열한다.
> 6. 강산성 염류나 물과 접촉 시 발열하게 되며 이때 가연성 물질이 혼재되어 있으면 혼촉발화의 위험이 있다(단, 과산화수소는 물과 반응하지 않는다).

25. 공채

086 제6류 위험물은 소량 화재 시에는 다량의 물로 희석하는 소화방법을 사용할 수 있고, 유출사고 시에는 건조사 및 중화제를 사용한다. O | X

O

POINT 6-3 위험물시설의 안전관리

23. 간부 위험물안전관리법 시행령

087 제조소 또는 일반취급소에서 취급하는 제4류 위험물의 최대수량의 합이 48만배 이상인 곳은 화학소방자동차 4대, 자체소방대원 20명 이상을 두어야 한다. O | X

O

> **핵심정리** 자체소방대에 두는 화학소방자동차 및 인원
>
> | 사업소의 구분(지정수량) | 화학소방 자동차 | 자체소방 대원의 수 |
> |---|---|---|
> | 제4류 위험물의 최대수량의 합이 **12만배 미만** | 1대 | 5인 |
> | 제4류 위험물의 최대수량의 합이 **12만배 이상 24만배 미만** | 2대 | 10인 |
> | 제4류 위험물의 최대수량의 합이 **24만배 이상 48만배 미만** | 3대 | 15인 |
> | 제4류 위험물의 최대수량의 합이 **48만배 이상** | 4대 | 20인 |
> | 옥외탱크저장소에 저장하는 **제4류 위험물**의 최대수량이 지정수량의 50만배 이상 | 2대 | 10인 |

21. 간부

088 「위험물안전관리법 시행규칙」상 수납하는 위험물의 종류에 따라 운반용기의 외부에 표시하여야 할 주의사항으로 제2류 위험물 중 철분·금속분·마그네슘 또는 이들 중 어느 하나 이상을 함유한 것에 있어서는 '화기주의' 및 '물기엄금', 인화성 고체에 있어서는 '화기엄금', 그 밖의 것에 있어서는 '화기주의'를 한다. O | X

O

빈출문제

089 「위험물안전관리법 시행령」상 위험물 제조소 표지 및 게시판은 백색바탕에 흑색문자이다. O | X

O

PART 7 소방조직

POINT 7-1 소방의 역사 및 조직

확인학습문제

001
고려시대 미추왕 원년(서기 262년)에 금성 서문에서 화재 발생으로 인가 백여 동이 연소되었고 진평왕 18년(서기 596년)에는 영흥사에 불이 나 왕이 친히 이재민을 구제하였다는 기록이 있다. O | X

X 신라시대 미추왕 원년(서기 262년)에 금성 서문에서 화재 발생으로 인가 백여 동이 연소되었고 진평왕 18년(서기 596년)에는 영흥사에 불이 나 왕이 친히 이재민을 구제하였다는 기록이 있다.

확인학습문제

002
통일신라시대(헌강왕 6년) '백성들은 초가대신 기와지붕을 하고, 나무 대신 숯을 이용하여 밥을 지었다'라는 기록이 있다. O | X

O 통일신라시대에는 화재에 대한 방화의식이 있었다. 헌강왕 6년 '백성들은 초가대신 기와지붕을 하고, 나무 대신 숯을 이용하여 밥을 지었다'라는 기록이 있다.

21. 공채

003
고려시대에는 소방(消防)을 소재(消災)라 하였으며, 화통도감을 신설하였다. 1915년에 우리나라 최초 소방본부인 경성소방서를 설치하였다. O | X

X 경성소방서는 1925년에 설치되었다.

25. 공채

004

고려 시대는 소방을 소재(消災)라 하였고, 우리나라 소방행정의 근원이라 볼 수 있는 금화원 제도를 시행하였다.

O | X

O

📖 **핵심정리** 고려시대

1. 대창
2. 금화원 제도 시행
3. 화통도감
4. 실화자에 대한 처벌

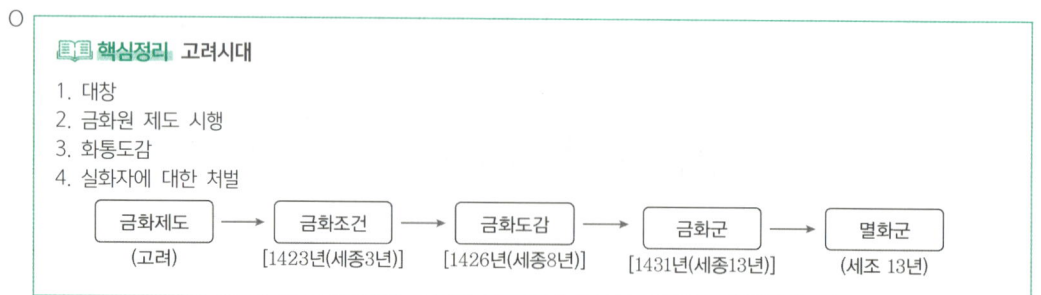

25. 공채

005

1925년 최초의 소방서인 경성소방서가 설치되었다. 이후 1938년 부산 및 평양에 소방서가 개소되었으며, 1944년 용산·인천·함흥에 소방서가 증설되었다.

O | X

X 부산소방서와 평양소방서의 개소년도는 1939년이다.

📖 **핵심정리** 주요도시의 소방서 설치

1. 1925년 4월 1일 경성소방서
2. 1939년 4월 1일 부산소방서, 평양소방서
3. 1941년 10월 11일 청진소방서
4. 1944년 6월 20일 용산소방서
5. 1944년 9월 1일 인천소방서
6. 1944년 11월 1일 함흥소방서
7. 1945년 5월 15일 성동소방서

23. 간부

006

고려시대에 금화도감을 설치하였다.

O | X

X 조선시대에 금화도감을 설치하였다.

📖 **핵심정리** 금화도감

1. **설치의 계기 및 의의**: 한성부의 대형화재를 계기로 병조에 금화도감을 설치하게 되었는데[세종 8년(1426년 2월)], 상비 소방제도로서의 관서는 아니지만 화재를 방비하는 독자적 기구로서 우리나라 최초의 소방기구라 볼 수 있다.
2. **구성**: 금화도감은 제조 7명, 사 5명, 부사 6명, 판관 6명으로 구성되었다.

25. 공채

007 조선 시대에는 5가를 1통으로 묶어 우물을 파고 물통을 준비하도록 하는 5가 작통제를 시행하였다. 아울러 세종 8년(1426년) 2월에 금화도감을 설치하였고, 6월에는 수성금화도감으로 개편하였다. O | X

O

> 📖 **핵심정리** 조선시대
> 1. 금화조건: 세종 5년(1423년)
> 2. 금화도감의 설치: 세종 8년(1426년 2월)
> 3. 수성금화도감으로의 병합: 세종 8년(1426년 6월)
> 4. 금화군 편성: 세종 13년(1431년)
> 5. 금화도감의 한성부 합속: 세조 6년(1460년)
> 6. 멸화군 개편: 세조 13년(1467년)
> 7. 오가작통제: 세종 13년(1431년)

24. 공채

008 1426년(세종 8년)에 독자적인 소방 관리를 위해 금화도감을 설치하였으며 이후 성문도감과 병합하여 수성금화도감으로 개편하였다. O | X

O

23. 간부

009 조선시대에 일본에서 수총기를 궁정소방대에 처음으로 구비하였다. O | X

X 최초의 장비수입은 조선시대(경종 3년, 1723년) 중국으로부터 수입한 수총기이다.

23. 간부

010 미군정시대에 소방을 경찰에서 분리하여 최초로 독립된 자치적 소방제도를 시행하였다. O | X

O

> 📖 **핵심정리** 소방의 시대별 발전과정
> 1. 조선시대: 세종 8년 ~ 한말
> 2. 과도기[미군정시대(1945 ~ 1948년)]: 자치소방체제
> 3. 초창기 정부수립 이후(1948 ~ 1970년): 국가소방체제
> 4. 발전기(1970 ~ 1992년): 국가·자치 이원화
> 5. 정착기(1992 ~): 시·도(광역)자치소방

24. 공채

011 ☐☐☐ 1948년에 대한민국 정부가 수립되고 국가 소방체제로 전환하면서 소방행정조직이 경찰에서 분리되었다.   O | X

X 정부수립과 동시에 소방은 다시 국가소방체제로 경찰사무에 포함되어 운영되었다.

> 📖 **핵심정리** 정부수립 이후 초창기(1948년~1970년)
> 1. 정부수립과 동시에 소방은 다시 국가소방체제로 경찰사무에 포함되어 운영되었다.
> 2. 중앙소방위원회는 내무부 치안국 소방과에 소방계와 훈련계를 두고 사무를 분장하였다.
> 3. 1969년 1월 7일 「경찰공무원법」이 제정됨에 따라 소방계장을 소방총경으로 보하도록 하였다.
> 4. 미군정 과도정부 시기에는 소방서 수가 50개소에 달하였다. 이후 1950년에는 23개소 소방서만 존치시키고 27개 소방서를 폐지하였으나 그 후에 소방서의 수는 계속 증가하였다.

20. 공채

012 ☐☐☐ 조선시대인 1426년(세종 8년) 금화도감이 설치되었으며, 미군정 시대인 1946년 중앙소방위원회가 설치되었다.   O | X

O

확인학습문제

013 ☐☐☐ 1894년 갑오경장을 통하여 종래의 좌우 포도청을 없애고 한성5부의 경찰사무를 합하여 경무청을 설치하였고, 1910년에는 경무청직제를 제정하여 경무청에 경무사관방 제1·2보 아래 총무국을 두도록 하였으며 총무국에서 수화소방에 관한 사무를 분장하도록 하였다.   O | X

X 1895년에는 경무청직제를 제정하여 경무청에 경무사관방 제1·2보 아래 총무국을 두도록 하였으며 총무국에서 수화소방에 관한 사무를 분장하도록 하였다.

> 📖 **핵심정리** 갑오경장의 경찰관제와 소방
> 1. 1894년 갑오경장을 통하여 종래의 좌우 포도청을 없애고 한성5부의 경찰사무를 합하여 경무청을 설치하였다.
> 2. 1895년에는 경무청직제를 제정하여 경무청에 경무사관방 제1·2보 아래 총무국을 두도록 하였으며 총무국에서 수화소방에 관한 사무를 분장하도록 하였다.
> 3. 1895년 5월 3일 「경무청 처무 세칙」을 만들어 수화소방은 난파선 및 출화·홍수 등에 관계하는 구호에 관하는 사항으로 규정하였다. 이때가 현재까지는 소방이라는 용어를 처음으로 사용하였던 기록이다.

확인학습문제

014 ☐☐☐ 1925년 한일합병 이전부터 상비소방수가 있었고 1935년 6월 23일 「소방조 규칙」을 제정, 소방조에 상비소방수를 둘 수 있도록 명문화하였다.   O | X

X 1910년 한일합병 이전부터 상비소방수가 있었고 1915년 6월 23일 「소방조 규칙」을 제정, 소방조에 상비소방수를 둘 수 있도록 명문화하였다.

25. 공채

015 미군정 시대: 1946년 소방부 및 소방위원회를 설치하고, 소방조직 및 업무를 경찰로부터 독립하여 자치소방체제로 전환하였다. 1947년 중앙소방위원회의 집행기구로 소방청이 설치되었다. O | X

O

> 📖 **핵심정리** 중앙소방위원회
> 1. 중앙소방위원회는 상무부 토목국(1946년 8월 7일)을 설치하였으며 위원회는 7인의 위원으로 구성하였다.
> 2. 1947년 남조선 과도정부로 개칭된 후에는 중앙소방위원회 집행기구로 소방청을 설치하였다. 소방청에는 청장 1인, 서기관 1인을 두고 군정고문 1인을 두었고 조직으로는 총무과·소방과·예방과를 두었다.

23. 공채

016 중앙소방위원회 설치(1946) 당시에는 우리나라 소방행정체제는 자치소방체제였다. O | X

O

확인학습문제

017 1948년 9월미군정시대의 경무부, 소방위원회를 인수한 내무부는 그해 내무부직제를 확정하였다. 소방행정을 중앙은 내무부 치안국(소방과)에 두었고, 각도의 소방청은 지방경찰국에 두었다. O | X

O 1948년 9월미군정시대의 경무부, 소방위원회를 인수한 내무부는 그해 내무부직제를 확정하였다. 소방행정을 중앙은 내무부 치안국(소방과)에 두었고, 각도의 소방청은 지방경찰국에 두었다. <u>미군정시대의 소방청과 자치소방기구는 경찰기구로흡수되어소방행정은경찰행정체제속에 두었다</u>.

확인학습문제

018 1983년 「국가공무원법」에 소방공무원을 별정직공무원에서 특정직공무원 으로 분류하였다. O | X

X 1981년 「국가공무원법」에 소방공무원을 별정직공무원에서 특정직공무원으로 분류하였다.

> 📖 **핵심정리** 소방공무원 신분제도 변천
> 1. 1949년 「국가공무원법」 제정 시부터 1969년까지 일반직공무원으로 하였다.
> 2. 1967년 「경찰공무원법」이 제정됨으로써 소방공무원의 신분은 일반직공무원에서 분리되어 별정직인 경찰공무원의 소방직으로 신분이 바뀌게 되었다.
> 3. 1981년 4월 20일 「국가공무원법」에 소방공무원을 별정직공무원에서 특정직공무원으로 분류하였다.

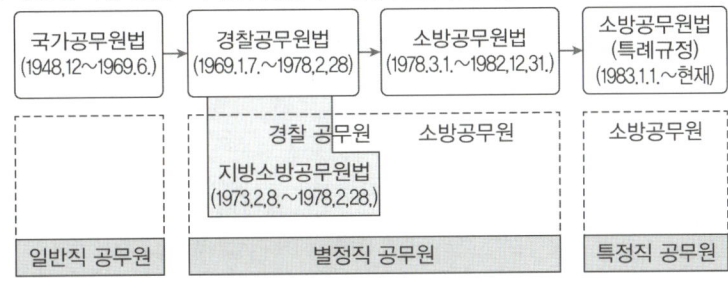

확인학습문제

019 1967년 「풍수해대책법」의 제정으로 자연재해 업무가 이관되어 소방의 업무는 화재의 예방·경계·진압으로 축소되었다. O | X

O

> 📖 **핵심정리** 시대별 소방업무
> 1. **1950년대 이전**: 화재의 경계와 진압에 중점을 두었다.
> 2. **1958년**: 「소방법」이 제정되었다. 화재, 풍수해, 설해의 예방·경계·진압·방어까지 소방의 업무로 규정되었다.
> 3. **1967년**: 「풍수해대책법」의 제정으로 자연재해 업무가 이관되어 소방의 업무는 화재의 예방·경계·진압으로 축소되었다.
> 4. **1983년**: 1981년 일부 지역 소방관서에서 시범실시된 야간통행금지시간대 응급환자 이송업무가 국민의 호응을 얻기 시작해 1983년 12월 30일 개정된 「소방법」에 구급업무를 소방의 업무로 포함시키게 되었다.
> 5. **1989년**: 1988년 서울올림픽 당시 119특별구조대를 설치하여 인명구조활동을 수행하였고 1989년 12월 30일 「소방법」을 개정하여 구조업무를 소방의 업무로 법제화하였다.
> 6. **1999년**: 「소방법」 제1조에 화재의 예방·경계·진압과 재난·재해, 그 밖의 위급한 상황에서의 구조·구급활동을 명시하였다.

확인학습문제

020 1981년 일부 지역 소방관서에서 시범실시된 야간통행금지시간대 응급환자 이송업무가 국민의 호응을 얻기 시작해 1988년 개정된 「소방법」에 구급업무를 소방의 업무로 포함시키게 되었다. O | X

O 1981년 일부 지역 소방관서에서 시범실시된 야간통행금지시간대 응급환자 이송업무가 국민의 호응을 얻기 시작해 **1983년 12월 30일** 개정된 「소방법」에 구급업무를 소방의 업무로 포함시키게 되었다.

확인학습문제

021 1982년 서울과 인천의 관련 조례의 제정과 개정을 통해 비로소 서울과 부산에 소방본부를 설치하여 소방사무를 관장하게 하였다. O | X

X **1972년 서울과 부산**의 관련 조례의 제정과 개정을 통해 비로소 서울과 부산에 소방본부를 설치하여 소방사무를 관장하게 하였다.

확인학습문제

022 1973년 2월 8일 「지방소방공무원법」이 제정되어 소방공무원의 신분이 일원화되는 소방행정체제에 큰 변화가 있었다. O | X

X 1973년 2월 8일 「지방소방공무원법」이 제정되어 소방공무원의 신분이 **이원화**되는 소방행정체제에 큰 변화가 있었다. **국가직은 경찰공무원 소방직으로, 지방직은 지방소방공무원으로 이원화**되었다.

확인학습문제

023 1975년 내무부에 민방위본부 설치로 민방위제도를 실시하게 되면서 치안본부 소방과에서 민방위본부 소방국으로 이관되었고 소방이 경찰로부터 분리되었다. O | X

O

확인학습문제

024 1958년 31일 「소방공무원법」이 제정되었고, 1959년 3월 1일 시행되어 소방공무원은 국가공무원 및 지방공무원 모두 소방공무원으로 신분이 일원화되었다. O | X

X 1977년 12월 31일 「소방공무원법」이 제정되었고, 1978년 3월 1일 시행되어 소방공무원은 국가공무원 및 지방공무원 모두 소방공무원으로 신분이 일원화되었다.

23. 공채

025 대구지하철 화재 발생(2003) 당시에는 국가소방체제였다. O | X

X 대구지하철 화재 발생(2003) 당시에는 시·도(광역)자치소방체제였다.

23. 공채

026 중앙소방학교 설립(1978) 당시에는 국가소방과 자치소방의 이원적 체제였다. O | X

O

20. 공채

027 대한민국 정부 수립 이후인 1948년 「소방법」이 제정·공포되었다. O | X

X 「소방법」은 1958년에 제정되었다.

20. 공채

028 미군정 시대에는 소방행정을 경찰에서 분리하여 자치소방행정체제를 도입하였으며, 1972년 전국 시·도에 소방본부를 설치·운영하고 광역소방행정체제로 전환하였다. O | X

X 1972년에는 서울과 부산에만 소방본부를 설치·운영하였다.

18. 하반기 공채

029 갑오개혁 이후 '소방'이라는 용어를 처음 사용하였다. O | X

O

확인학습문제

030 1983년 12월 30일 「소방법」을 개정하여 "소방본부장 또는 소방서장은 구조대를 편성·운영할 수 있다."라는 규정을 마련하여 소방의 기본업무로 법제화하였다. O | X

X 서울올림픽(1988) 개최 시 인명안전을 위한 필요성이 제기됨에 따라 119구조대가 창설되었고, 1989년 12월 30일 「소방법」을 개정하여 "소방본부장 또는 소방서장은 구조대를 편성·운영할 수 있다."라는 규정을 마련하여 소방의 기본업무로 법제화하였다.

> **핵심정리** 연도별 중요내용
> 1. 1958년: 「소방법」 제정 - 풍수해·설해
> 2. 1983년: 구급업무 명문화
> 3. 1989년: 구조업무 명문화
> 4. 1999년: 구조·구급업무 소방의 목적으로 명문화
> 5. 1994년 10월 21일: 성수대교 붕괴
> 6. 1995년 5월: 소방국 내 구조구급과 신설
> 7. 1995년 6월 29일: 삼풍백화점 붕괴
> 8. 1995년 7월 18일: 「재난관리법」 제정
> 9. 1995년 12월 27일: 발대식 - 출범 중앙소방학교 소속
> 10. 1997년 5월 27일: 내부무 직속기관
> 11. 2004년: 소방방재청

확인학습문제

031 1972년 소방본부가 일제히 설치되었고, 소방사무는 소방청장의 책임으로 일원화 되었다. O | X

X 1992년 소방본부가 일제히 설치되었고, 소방사무는 시·도지사의 책임으로 일원화 되었다.

> **핵심정리** 1992년 이후 소방조직 등
> 1. 시·도(광역)자치소방체제이다.
> 2. 1992년 소방본부가 일제히 설치되었다. 소방사무는 시·도지사의 책임으로 일원화 되었다.
> 3. 대형 재난사고로 인하여 1994년 12월에 방재국을 신설하였다.
> 4. 1995년 5월에 소방국 내 구조구급과를 신설하였다.
> 5. 삼풍백화점 붕괴 이후인 1995년 7월 18일 「재난관리법」을 제정하였다. 「재난 및 안전관리 기본법」의 제정은 2004년이다.
> 6. 2004년 6월 1일 소방방재청이 신설되었으며, 조직은 예방기획국, 대응관리국, 복구지원국으로 편재하였으며 지원부서로서 기획관리관을 두었다.
> 7. 2014년 11월 19일 국민안전처가 신설되었으며, 그 산하에 중앙소방본부와 해양경비안전본부를 두어 재난안전 총괄부처의 기능을 수행하도록 하였다.
> 8. 2017년 7월 26일 소방청이 신설되었다.

확인학습문제

032 「재난 및 안전관리 기본법」의 제정은 1995년이다. O | X

X 삼풍백화점 붕괴 이후인 1995년 7월 18일 「재난관리법」을 제정하였다. 「재난 및 안전관리 기본법」의 제정은 2004년이다.

17. 하반기 공채

033 소방조직의 원리 중 계선의 원리는 특정 사안에 대한 결정에 있어서 의사결정과정에서는 개인의 의견이 참여되지만 결정을 내리는 것은 개인이 아닌 소속 기관의 장이라는 것을 말한다. O | X

O

> 📖 **핵심정리** 소방조직의 원리
>
> 1. **계층제의 원리**: 가톨릭의 교권제도에서 유래된 것으로 업무에 대한 권한과 책임의 정도에 따라 상하의 계층을 설정하는 것이다.
> 2. **통솔범위의 원리**: '한 명의 상관이 부하를 효과적으로 직접 통솔할 수 있는가'가 통솔범위이다.
> 3. **명령통일의 원리**: 오직 한 사람의 상관으로부터 명령을 받고 그에게 보고해야 한다는 것이다.
> 4. **분업의 원리**: 한 가지 주된 업무를 분담시키는 것이 분업의 원리이다. 기능의 원리 또는 전문화의 원리라고도 한다.
> 5. **조정의 원리**: 각 부분이 공동목표를 달성하기 위해 행동을 통일하고 공동체의 노력으로 질서정연하게 배열하는 것을 말한다. 무니(J. Mooney)는 조직의 원리 중 조정의 원리가 제1원리라고 주장한다.
> 6. **계선의 원리**: 특정 사안에 대한 결정에 있어서 의사결정과정에서는 개인의 의견이 참여하지만 결정을 내리는 것은 개인이 아닌 소속 기관의 장이다.

21. 공채

034 소방조직의 원리에는 조정의 원리, 계층제의 원리, 명령분산의 원리, 통솔범위의 원리 등이 포함된다. O | X

X 명령통일의 원리이다.

24. 공채

035 소방조직의 설치시기를 순서대로 나열하면 내무부 소방과, 내무부 소방국, 도 소방위원회, 시·도 소방본부 순이다. O | X

X 도 소방위원회(1946), 내무부 소방과(1948), 내무부 소방국(1975), 시·도 소방본부(1992) 순이다.

> 📖 **핵심정리** 소방조직의 변천 과정
>
> 1. **조선시대**: 금화도감(1426.02), 수성금화도감(1426.06), 경무청 총무국(1895)
> 2. **미군정시기(1945~1948)**: 중앙소방위원회/도 소방위원회/소방부(1946), 중앙소방위원회 집행기구로 소방청(1947)
> 3. **정부수립 이후 초창기(1948~1970)**
>   - 중앙: 내무부 치안국 소방과(1948)
>   - 지방: 도 소방청 지방경찰국
> 4. **발전기(1970~1992)**: 내무부 치안본부 소방과(1974), 내무부 민방위본부 소방국(1975)
> 5. **광역소방행정체계**: 전국 시·도 소방본부(1992)
> 6. 소방방재청(2004~2014) - 국민안전처 중앙소방본부(2014~2017) - 소방청(2017~현재)

25. 공채

036 소방업무조직의 업무적 특성으로 가외성, 긴급성, 신속·대응성, 전문성 등이 있다. O | X

O

> 📖 **핵심정리** 소방행정의 업무적 특성
> 1. **현장성**: 현장중심의 업무 특성을 말한다.
> 2. **대기성**: 상시적 대응 태세를 확보하여야 한다(↔ 임시성).
> 3. **신속·정확성**: 신속·정확한 대처를 통한 실효성을 확보하여야 한다.
> 4. **전문성**: 소방지식과 다양한 분야의 전문성이 요구되는 종합과학성을 지닌다.
> 5. **일체성**: 강력한 지휘·명령권과 기동성이 확립된 일사불란한 지휘체계를 가진다.
> 6. **가외성(잉여성)**: 현재 필요한 소방력보다 많은 여유자원을 확보하여야 한다.
> 7. **위험성**: 소방업무의 전 과정에는 위험성이 내재되어 있다.
> 8. **결과성**: 과정·절차를 중시하는 일반행정과 달리 상대적으로 결과가 중요하다.

확인학습문제

037 소방업무조직의 업무적 특성 중 가외성은 상시적 대응 태세를 확보하여야 하는 것을 말한다. O | X

X 가외성(잉여성)은 현재 필요한 소방력보다 많은 여유자원을 확보하여야 것을 말한다. 상시적 대응 태세를 확보하여야 하는 업무적 특성은 대기성을 말한다.

24. 공채

038 소방조직을 설치시기 순서대로 나열하면 도 소방위원회, 내무부 소방국, 시·도 소방본부, 소방방재청 순이다. O | X

O 도 소방위원회(1946), 내무부 소방국(1975), 시·도 소방본부(1992), 소방방재청(2004)

25. 간부

039 소방조직의 변천 과정을 시간 순서대로 나열하면 '금화도감 → 경성소방서 → 소방방재청 → 국민안전처 중앙소방본부'이다. O | X

O 금화도감(세종 8년 1426년) → 경성소방서(1925년) → 소방방재청(2004년) → 국민안전처 중앙소방본부(2014년)

24. 공채

040 2017년에 「정부조직법」 개정으로 국민안전처를 해체하고 소방청을 개설하였다. O | X

O

> 📖 **핵심정리** 최근 소방의 중앙정부조직
> 소방방재청(2004~2014) - 국민안전처 중앙소방본부(2014~2017) - 소방청(2017~현재)

24. 간부

041

대한민국 정부 수립 이후 중앙소방조직의 변천 과정은 내무부 치안국 소방과, 내무부 소방국, 소방방재청, 국민안전처 중앙소방본부, 소방청 순이다. O | X

O 내무부 치안국 소방과(1948), 내무부 소방국(1975), 소방방재청(2004), 국민안전처 중앙소방본부(2014), 소방청(2017)

> 📖 **핵심정리** 소방조직의 변천 과정
> 1. 미군정시기(1945~1948): 중앙소방위원회(1946), 중앙소방위원회 집행기구로 소방청(1947)
> 2. 정부수립 이후 초창기(1948~1970): 내무부 치안국 소방과(1948)
> 3. 발전기(1970~1992): 내무부 치안본부 소방과(1974), 내무부 민방위본부 소방국(1975)
> 4. 소방방재청(2004~2014) – 국민안전처 중앙소방본부(2014~2017) – 소방청(2017~현재)

25. 공채

042

민간 소방조직의 변천 순서는 다음과 같다.
방공단 → 청원소방원 → 경방단 → 소방대 O | X

X 경방단(1939년) → 소방대(1946년) → 방공단(1952년) → 청원소방원(1983년)

> 📖 **핵심정리** 민간소방조직 변천
> 1. 1935년 5월 수방단 설치
> 2. 1939년 소방조와 수방단 해체하고 '경방단'으로 통합
> 3. 1946년 광복과 더불어 경방단 해체되고 소방대 조직
> 4. 1952년 2월 9일 직장방공단규칙
> 5. 1952년 8월 25일 방공단규칙(소방대가 방공단에 흡수)
> 6. 1958년 소방법 의용소방대 설치
> 7. 1983년 1월 1일 서울 지역의 공장 등에서 청원소방원제(현 소방안전관리자) 최초 시범 운영
> 8. 1983년 2월 2일 서울, 부산, 대구, 인천 등에서 청원소방원제 확대 실시(법제화 동년 12월 30일 소방법 제68조의2)

25. 간부   소방공무원법

043

소방공무원의 인사(人事)에 관한 중요사항에 대하여 소방청장의 자문에 응하게 하기 위하여 소방청에 소방공무원인사위원회를 둔다. 다만, 제6조제3항 및 제4항에 따라 특별시장·광역시장·특별자치시장·도지사·특별자치도지사가 임용권을 행사하는 경우에는 특별시·광역시·특별자치시·도·특별자치도에 인사위원회를 둔다. O | X

O

> 📖 **핵심정리** 소방공무원인사위원회의 설치(제4조)
> ① 소방공무원의 인사(人事)에 관한 중요사항에 대하여 소방청장의 자문에 응하게 하기 위하여 소방청에 소방공무원인사위원회(이하 "인사위원회"라 한다)를 둔다. 다만, 제6조제3항 및 제4항에 따라 특별시장·광역시장·특별자치시장·도지사·특별자치도지사(이하 "시·도지사"라 한다)가 임용권을 행사하는 경우에는 특별시·광역시·특별자치시·도·특별자치도(이하 "시·도"라 한다)에 인사위원회를 둔다.
> ② 인사위원회의 구성 및 운영에 필요한 사항은 대통령령으로 정한다.

25. 간부 　소방공무원법

044

소방청장은 소방공무원의 능력을 발전시키고 소방사무의 연계성을 높이기 위하여 소방청과 시·도 간 및 시·도 상호 간에 인사교류가 필요하다고 인정하면 인사교류계획을 수립하여 이를 실시할 수 있다. O | X

O

> 📖 **핵심정리** 소방공무원의 인사교류(제9조)
> ① 소방청장은 소방공무원의 능력을 발전시키고 소방사무의 연계성을 높이기 위하여 소방청과 시·도 간 및 시·도 상호 간에 인사교류가 필요하다고 인정하면 인사교류계획을 수립하여 이를 실시할 수 있다.
> ② 제1항에 따른 인사교류의 대상, 절차, 그 밖에 인사교류에 필요한 사항은 대통령령으로 정한다.

25. 간부 　소방공무원법

045

소방공무원의 신규채용시험 및 승진시험과 소방간부후보생 선발시험은 소방청장이 실시한다. 다만, 소방청장이 필요하다고 인정할 때에는 대통령령으로 정하는 바에 따라 그 권한의 일부를 시·도지사 또는 소방청 소속기관의 장에게 위임할 수 있다. O | X

O 소방공무원의 신규채용시험 및 승진시험과 소방간부후보생 선발시험은 소방청장이 실시한다.

25. 간부 　소방공무원법

046

소방공무원은 제복을 착용하여야 한다. 소방공무원의 복제(服制)에 관한 사항은 대통령령으로 정한다. O | X

X 소방공무원의 복제(服制)에 관한 사항은 행정안전부령으로 정한다.

POINT 7-2 소방공무원법 등

빈출문제 · 의용소방대 설치 및 운영에 관한 법률

047 시·도지사 또는 소방서장은 소방업무를 보조하기 위하여 시·도, 시·읍 또는 면에 의용소방대를 설치할 수 있다. O | X

O

확인학습문제 · 국가공무원법

048 임용이란 신규채용·강임·휴직·강등·정직·직위해제·해임·승진·전보·파견·복직·면직·파면을 말한다. O | X

O

18. 하반기 공채 · 위험물안전관리법

049 민간 소방조직으로 주유취급소에는 위험물안전관리자를 선임하여야 하고, 소방안전관리대상물에는 소방안전관리자를 선임해야 한다. O | X

O

20. 공채 · 국가공무원법

050 소방공무원은 공무원 분류상 경력직공무원 중 특수경력직공무원에 해당한다. O | X

X 경력직공무원 중 특정직공무원에 해당한다.

21. 간부 · 위험물안전관리법

051 안전관리자를 선임한 제조소등의 관계인은 그 안전관리자를 해임하거나 안전관리자가 퇴직한 때에는 해임하거나 퇴직한 날부터 30일 이내에 다시 안전관리자를 선임하여야 한다. 안전관리자를 선임한 경우에는 선임한 날부터 14일 이내에 행정안전부령으로 정하는 바에 따라 소방본부장 또는 소방서장에게 신고하여야 한다. O | X

O

22. 간부 · 국가공무원법

052 중징계의 종류에는 파면, 해임, 강등, 정직, 감봉이 있다. O | X

X 중징계의 종류에는 파면, 해임, 강등, 정직이 있다. 감봉은 경징계에 해당한다. 경징계의 종류에는 견책, 감봉이 있다. 훈계, 경고는 징계에 해당하지 않는다.

> 📖 **핵심정리 중징계**
>
> 1. **정직**: 1개월 이상 3개월 이하의 기간 동안 공무원의 신분은 보유하지만 직무에 종사할 수 없도록 하는 것이다. 정직기간 중 보수의 전액을 삭감한다.
> 2. **강등**: 직급을 1단계 강등, 신분 보유, 3개월의 직무정지, 강등기간 중 보수의 전액을 삭감한다.
> 3. **해임**: 공무원 신분을 상실하게 하는 처분이며, 해임 후 3년 내에는 공무원으로 재임용될 수 없지만 연금법상의 불이익은 없다.
> 4. **파면**: 공무원 신분을 상실하게 하는 처분이며, 5년 내에는 공무원으로 재임용될 수 없고, 퇴직급여액의 1/2을 삭감하는 가장 무거운 벌이다.

22. 간부 — 국가공무원법

053 정직은 1개월 이상 3개월 이하의 기간으로 하고, 정직 처분을 받은 자는 그 기간 중 공무원의 신분은 보유하나 직무에 종사하지 못하며 보수는 전액을 감한다. O | X

O

22. 간부 — 국가공무원법

054 감봉은 1개월 이상 3개월 이하의 기간 동안 보수의 2분의 1을 감한다. O | X

X 감봉은 1개월 이상 3개월 이하의 기간 동안 보수의 3분의 1을 감한다.

24. 간부 — 소방공무원법

055 소방사에서 소방교로 근속승진 조건은 해당 계급에서 4년 이상 근속자이며, 소방령의 계급정년은 14년이다. O | X

O

> 📖 **핵심정리 소방공무원 계급 구분에 따른 주요 내용**

계급	근속승진	계급정년	시보기간	승진소요 최저근무연수	임용권자
소방총감	-	-		-	소방청장의 제청으로 국무총리를 거쳐 대통령이 임용한다.
소방정감	-	-		-	
소방감	-	4년		-	
소방준감	-	6년	1년간	-	
소방정	-	11년		3년	
소방령	-	14년		2년	
소방경	-	-		2년	소방청장
소방위	8년 이상	-		1년	
소방장	6년 6개월 이상	-	6개월간	1년	
소방교	5년 이상	-		1년	
소방사	4년 이상	-		1년	

24. 간부 | 소방공무원법

056 소방교에서 소방장으로 근속승진 조건은 해당 계급에서 6년 이상 근속자이며, 소방감의 계급정년은 5년이다.
O | X

X 소방교에서 소방장으로 근속승진은 조건은 해당 계급에서 5년 이상 근속자이며, 소방감의 계급정년은 4년이다.

25. 간부 | 소방공무원법

057 소방공무원을 신규채용할 때에는 소방장 이하는 3개월 간 시보로 임용하고, 소방위 이상은 6개월 간 시보로 임용하며, 그 기간이 만료된 다음 날에 정규 소방공무원으로 임용한다. 다만, 대통령령으로 정하는 경우에는 시보임용을 면제하거나 그 기간을 단축할 수 있다.
O | X

X 소방공무원을 신규채용할 때에는 소방장 이하는 6개월 간 시보로 임용하고, 소방위 이상은 1년 간 시보로 임용하며, 그 기간이 만료된 다음 날에 정규 소방공무원으로 임용한다.

> 📖 **핵심정리** 시보
>
> 공무원 임용후보자가 정식 공무원으로 임용되기 이전에, 그 적격성을 판정받기 위해 일정 기간 동안 거치게 되는 시험 기간 중의 공무원 신분을 말한다. 임용권자는 추천된 임용후보자 가운데 적격자를 선발해 일정한 기간 동안 시보 공무원으로 임명하는데, 시보 공무원은 시보 기간이 끝난 뒤 정식 공무원으로 임명된다. 시보는 주로 신규채용 공무원을 대상으로 하나 경우에 따라서는 승진, 전보, 전직 등 내부임용의 경우에도 적용할 수 있다.

22. 간부 | 소방공무원 징계령

058 소방정인 지방소방학교장에 관한 징계는 시·도에 설치된 징계위원회에서 심의·의결한다.
O | X

X 소방정인 지방소방학교장에 관한 징계는 소방청에 설치된 징계위원회에서 심의·의결한다.

> 📖 **핵심정리** 소방공무원 징계령 제2조(징계위원회의 관할)
>
> 소방청에 설치된 소방공무원 징계위원회는 다음의 소방공무원에 대한 징계 또는 「국가공무원법」 제78조의2에 따른 징계부가금(이하 "징계부가금"이라 한다) 부과 사건을 심의·의결한다.
> 1. 소방청 소속 소방정 이하의 소방공무원
> 2. 소방청 소속기관의 소방정 또는 소방령인 소방공무원. 다만, 국립소방연구원의 경우에는 소방정인 소방공무원을 말한다.
> 3. 소방정인 지방소방학교장

21. 간부 | 위험물안전관리법

059 안전관리자를 선임한 제조소등의 관계인은 안전관리자의 해임 또는 퇴직과 동시에 다른 안전관리자를 선임하지 못하는 경우에는 「국가기술자격법」에 따른 위험물의 취급에 관한 자격취득자 또는 위험물안전에 관한 기본지식과 경험이 있는 자로서 소방본부장이나 소방서장이 정하는 자를 대리자(代理者)로 지정하여 그 직무를 대행하게 하여야 한다.
O | X

X 행정안전부령이 정하는 자를 대리자(代理者)로 지정하여 그 직무를 대행하게 하여야 한다.

POINT 7-3　소방관계법규

23. 공채　　소방기본법 및 같은 법 시행규칙

060 소방신호의 방법으로는 타종신호, 싸이렌신호, 음성신호가 있다.　　O | X

　　X 소방신호의 방법으로는 타종신호, 싸이렌신호가 있다. 게시판을 철거하거나 통풍대 또는 기를 내리는 것으로 소방활동이 해제되었음을 알린다.

23. 공채　　소방기본법 및 같은 법 시행규칙

061 소방신호의 종류에는 비상신호, 훈련신호, 해제신호, 경계신호가 있다.　　O | X

　　X 소방신호의 종류에는 발화신호, 훈련신호, 해제신호, 경계신호가 있다.

23. 공채　　소방기본법 및 같은 법 시행규칙

062 소방대의 비상소집을 하는 경우에는 훈련신호를 사용할 수 있다.　　O | X

　　O

핵심정리 소방신호별 신호방법

종별 \ 신호방법	타종신호	사이렌신호
경계신호	1타와 연2타를 반복	5초 간격을 두고 30초씩 3회
발화신호	난타	5초 간격을 두고 5초씩 3회
해제신호	상당한 간격을 두고 1타씩 반복	1분간 1회
훈련신호	연3타 반복	10초 간격을 두고 1분씩 3회

1. 소방신호의 방법은 그 전부 또는 일부를 함께 사용할 수 있다.
2. 게시판을 철거하거나 통풍대 또는 기를 내리는 것으로 소방활동이 해제되었음을 알린다.
3. 소방대의 비상소집을 하는 경우에는 훈련신호를 사용할 수 있다.

24. 간부 | 위험물안전관리법 시행령

063 옥외탱크저장소에 저장하는 제4류 위험물의 최대수량이 지정수량의 30만배 이상인 경우는 위험물안전관리법령상 자체소방대를 설치하여야 하는 사업소에 해당한다. O | X

X 최대수량이 지정수량의 50만배 이상인 경우이다.

📖 핵심정리 | 자체소방대

사업소의 구분(지정수량)		화학소방자동차	자체 소방대원의 수
제조소 또는 일반취급소에서 취급하는 제4류 위험물의 최대수량의 합	12만배 미만	1대	5인
	12만배 이상~24만배 미만	2대	10인
	24만배 이상~48만배 미만	3대	15인
	48만배 이상	4대	20인
옥외탱크저장소에 저장하는 제4류 위험물의 최대수량이 지정수량의 50만배 이상인 사업소		2대	10인

24. 간부 | 위험물안전관리법

064 제조소 또는 일반취급소에서 취급하는 제4류 위험물의 최대수량의 합이 지정수량의 3천배 이상인 경우에는 위험물안전관리법령상 자체소방대를 설치하여야 하는 사업소에 해당한다. O | X

O

PART 8 구조구급론

POINT 8-1 구조·구급의 개념

POINT 8-2 구조·구급 장비

POINT 8-3 로프기술

11. 공채

001 로프에 수 개의 엄지매듭을 일정한 간격으로 만들어 로프를 타고 오르거나 내릴 때에 지점으로 이용할 수 있도록 하는 매듭은 줄사다리매듭법이다.   O | X

O

POINT 8-4 응급처치

16. 공채

002 2급 응급구조사의 업무범위는 심폐소생술의 시행을 위한 기도유지[기도기(Airway)의 삽입, 기도삽관(Intubation), 후두마스크 삽관 등을 포함한다], 정맥로의 확보, 인공호흡기를 이용한 호흡의 유지 등이 있다.   O | X

X 1급 응급구조사의 업무범위에 해당한다.

23. 간부 긴급구조대응활동 및 현장지휘에 관한 규칙

003 중증도 분류별 표시방법으로 비응급환자는 녹색, 구급차 그림에 X 표시를 한다.   O | X

O

23. 간부 | 긴급구조대응활동 및 현장지휘에 관한 규칙

004
중증도 분류별 표시방법으로 대기환자는 황색, 구급차 그림에 × 표시를 한다. O | X

× 대기환자는 분류하지 아니한다.

핵심정리 중증도 분류

분류	치료순서	색깔	심볼
Critical(긴급환자)	1	적색(Red)	토끼그림
Urgent(응급환자)	2	황색(Yellow)	거북이그림
Minor(비응급환자)	3	녹색(Green)	×표시
Dead(지연환자)	4	흑색(Black)	십자가표시

POINT 8-5 119구조·구급에 관한 법률

21. 간부 | 119구조·구급에 관한 법률 시행령

005
특수구조대는 화학구조대, 수난구조대, 고속도로구조대, 산악구조대 및 지하철구조대로 분류한다. O | X

× 고속국도구조대가 해당한다.

19. 간부 | 119구조·구급에 관한 법률 시행령

006
동물의 단순 처리·포획·구조 요청을 받은 경우와 섭씨 38도 이상의 고열 감기환자는 구조 또는 구급 요청을 거절할 수 있는 경우에 해당된다. O | X

× 섭씨 38도 이상의 고열 감기환자는 구조 또는 구급 요청을 거절할 수 있는 경우에 해당하지 않는다.

11. 공채 | 119구조·구급에 관한 법률 시행령

007
소방청장은 국제구조대를 편성·운영하는 경우 인명 탐색 및 구조, 응급의료, 안전평가, 시설관리, 공보연락 등의 임무를 수행할 수 있도록 구성하여야 한다. O | X

O

119구조·구급에 관한 법률 시행령

008
구급대원의 자격기준으로는 의료인, 1급응급구조사, 2급응급구조사, 인명구조사 및 소방청장이 실시하는 구급업무에 관한 교육을 받은 사람은 해당된다. O | X

× 인명구조사는 구급대원의 자격기준에 해당하지 않는다.

PART 9 재난관리론

POINT 9-1 총칙

19. 공채

001 존스(Jones)의 재해분류 중 기상학적 재해는 안개, 눈, 해일, 번개, 토네이도, 폭풍, 태풍, 가뭄, 이상기온, 쓰나미 등이 포함된다. O | X

X 쓰나미는 지구물리학적 재해 중 지질학적 재해로 분류하고 있다.

핵심정리 존스(Jones)의 재해분류(자연재해)

대분류	세분류		재해의 종류
자연재해	지구 물리학적 재해	지질학적	지진, 화산, 쓰나미 등
		지형학적	산사태, 염수토양 등
		기상학적	안개, 눈, 해일, 번개, 토네이도, 폭풍, 태풍, 가뭄, 이상기온 등
	생물학적재해	-	세균, 질병, 유독식물, 유독동물 등
준자연재해	-		스모그, 온난화, 사막화, 염수화 현상, 눈사태, 산성화, 홍수, 토양 침식 등
인위재해	-		공해, 폭동, 교통사고, 폭발사고, 전쟁 등

23. 공채

002 아네스(Br. J. Anesth)는 재난을 크게 자연재난과 인적(인위)재난으로 구분하였다. 존스(David K. Jones)는 재난을 크게 자연재난, 준자연재난, 인적(인위)재난으로 구분하였다. O | X

O

핵심정리 아네스(Anesth)의 재해분류

대분류	세분류	재해의 종류
자연 재해	기후성 재해	태풍
	지진성 재해	지진, 화산폭발, 해일
인위 재해	사고성 재해	교통사고, 산업사고, 폭발사고, 생물학적 재해, 화학적 재해(유독물질), 방사능재해, 화재사고
	계획적 재해	테러, 폭동, 전쟁

23. 공채

003 하인리히(H. W. Heinrich)의 도미노 이론은 재해발생과정을 유전적 요인 및 사회적 환경 → 개인적 결함 → 불안전 행동 및 불안전 상태 → 사고 → 재해(상해)라는 5개 요인의 연쇄작용으로 설명하였다. O | X

O

확인학습문제

004 현대적 재난관리행정에 많이 이용되는 재난관리 접근 방식 중 IEMS(Integrated Emergency Management System)란 통합적 시스템을 말한다. O | X

O

22. 공채

005 재난관리 방식 중 분산관리는 재난의 종류에 따라 대응방식의 차이와 대응계획 및 책임기관이 각각 다르게 배정된다. O | X

O

핵심정리 분산적 접근방법과 통합적 접근방법

구분	분산적 접근방법	통합적 접근방법
관련부처	다수부처	소수부처
책임범위	분산	과도함
정보전달	다양화	일원화
장점	• 업무수행의 전문성 • 업무의 과다 방지	• 동원과 신속한 대응성 • 인적자원의 효과적 활용
단점	• 재난 대처의 한계 • 업무 중복 및 연계 미흡 • 재원 마련과 배분 복잡함	• 종합관리체계 구축 어려움 • 업무와 책임의 과도와 집중성

22. 공채

006 재난관리 방식 중 분산관리는 재난 시 유관기관 간의 중복적 대응이 있을 수 있고, 재난의 발생 유형에 따라 소관부처별로 업무가 나뉜다. O | X

O

22. 공채

007 재난관리 방식 중 분산관리는 재난 시 유사한 자원동원 체계와 자원유형이 필요하다. O | X

X 재난발생시 책임기관이 적절히 대응할 수 있는 다양한 자원동원 체계와 자원유형이 필요하다.

21. 간부

008 하인리히(H. W. Heinrich)의 도미노 이론의 5단계 중 사고의 직접원인이 되는 3번째 단계에 해당하는 것은 불안전 행동 또는 불안전 상태이다. O | X

O

📖 **핵심정리** 도미노이론

단계	하인리히 도미노이론	버드 도미노이론
1단계	사회적 · 유전적(간접원인)	관리상 결함(관리부족)
2단계	개인적 결함(간접원인)	기본원인
3단계	불안전한 행동, 불안전한 상태(직접원인)	직접원인(불안전한 행동, 불안전한 상태)
4단계	사고(접촉)	사고(접촉)
5단계	재해(손실)	재해(손실)
재해예방	직접원인의 제거	기본원인의 제거

24. 공채

009 하인리히(H. W. Heinrich)의 도미노 이론은 재해의 발생 과정을 '사회적 환경 및 유전적 요소 → 개인적 결함 → 불안전한 행동 및 상태 → 사고 → 재해'의 5단계로 구분한다. 재해 발생을 방지하기 위해 제거해야 하는 단계는 불안전한 행동 및 상태이다. O | X

O 하인리히는 안전사고의 예방을 위하여 사고의 원인이 되는 불안전한 행동이나 기계적 또는 물리적 결함에 가장 큰 관심을 두고 이의 제거에 노력하여 사고를 예방해야 한다고 주장하였다.

📖 **핵심정리** 도미노이론

단계	하인리히 도미노이론	버드 도미노이론
1단계	사회적 · 유전적(간접원인)	관리상 결함(관리부족)
2단계	개인적 결함(간접원인)	기본원인
3단계	불안전한 행동, 불안전한 상태(직접원인)	직접원인(불안전한 행동, 불안전한 상태)
4단계	사고(접촉)	사고(접촉)
5단계	재해(손실)	재해(손실)
재해예방	직접원인의 제거	기본원인의 제거

24. 공채

010

버드(F. Bird)의 수정 도미노 이론은 재해의 발생 과정을 '제어의 부족 → 기본원인 → 직접원인 → 사고 → 재해'의 5단계로 구분한다. 재해 발생을 방지하기 위해 제거해야 하는 단계는 직접원인이다. O | X

X 버드(F. Bird)의 수정 도미노 이론에서 재해 발생을 방지하기 위해 제거해야 하는 단계는 기본원인이다.

> 📖 **핵심정리** 버드의 연쇄성이론
>
> 버드의 연쇄성이론은 안전관리결함과 기본원인인 4M관리 부족으로 손실이 연쇄적으로 재해가 발생된다는 이론이다. 재해를 제거하기 위해서는 안전관리철저와 기본원인이 중요하다.
>
>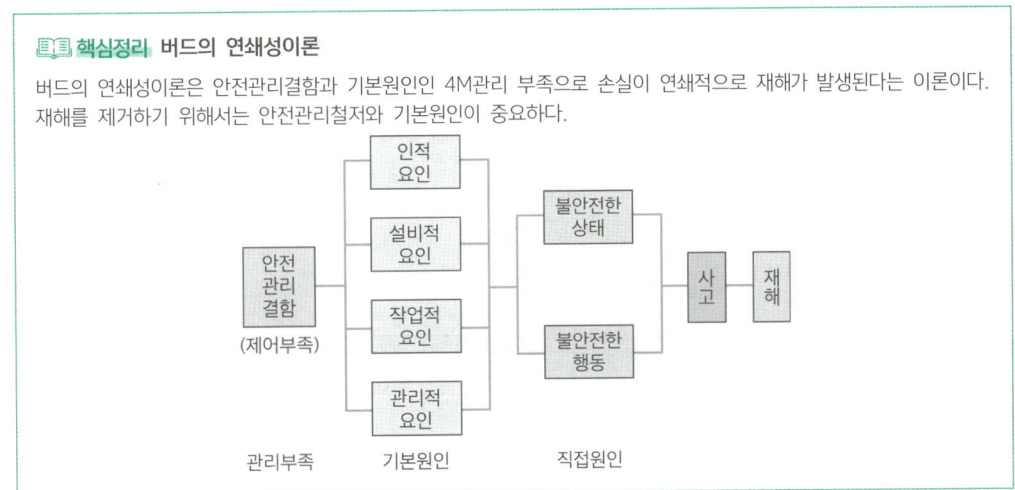

24. 간부

011

재해원인 분석방법 중 하나인 4M 분석방법은 재해의 원인을 Man, Machine, Manner, Management 요인으로 구분하여 분석한다. O | X

X 재해의 원인을 Man(사람), Machine(기계·설비), Media(작업정보, 방법, 환경), Management(관리) 요인으로 구분하여 분석한다.

> 📖 **핵심정리** 재해발생 기본원인인 "4M"
>
> | 구분 | 내용 |
> |---|---|
> | Man
(사람) | • 심리적 요인: 억측판단, 착오, 생략행위, 무의식행동, 망각 등
• 생리적 요인: 수면부족, 질병, 고령 등
• 사회적 요인: 사업장 내 인간관계, 리더십, 팀워크, 소통 등의 문제 |
> | Machine
(기계·설비) | • 점검, 정비의 결함
• 위험방호 불량 등
• 구조 불량
• 기계, 설비의 설계상 결함 등 |
> | Media
(작업정보, 방법, 환경) | • 작업계획, 작업절차 부적절
• 정보 부적절
• 보호구 사용 부적절
• 작업 공간 불량
• 작업 자세, 작업 동작의 결함 등 |
> | Management
(관리) | • 관리조직의 결함
• 건강관리의 불량
• 배치의 불충분 안전보건교육 부족
• 규정, 매뉴얼 불철저
• 자율안전보건활동 추진 불량 등 |

24. 간부

012 재해원인 분석방법 중 하나인 4M 분석방법에서 기계·설비의 설계상 결함은 관리적 요인에 해당한다. O | X

X 기계·설비의 설계상 결함은 Machine(기계·설비적) 요인에 해당한다.

24. 간부

013 재해원인 분석방법 중 하나인 4M 분석방법에서 작업정보의 부적절은 작업·환경적 요인(Media)에 해당한다. O | X

O

24. 간부

014 재해원인 분석방법 중 하나인 4M 분석방법에서 심리적 요인은 작업·환경적 요인에 해당한다. O | X

X 인적요인에 해당한다.

23. 공채 재난 및 안전관리 기본법

015 제3조 제1호에 따른 재난은 자연재난, 사회재난, 해외재난으로 구분된다. O | X

X 해외재난은 해당하지 않는다.

22. 간부 재난 및 안전관리 기본법

016 황사와 미세먼지는 자연재난에 해당한다. O | X

X 미세먼지는 사회재난에 해당한다.

> **핵심정리 자연재난**
> 1. 태풍, 홍수, 호우(豪雨)
> 2. 강풍, 풍랑, 해일(海溢)
> 3. 대설, 한파
> 4. 낙뢰
> 5. 가뭄, 폭염
> 6. 지진
> 7. 황사(黃砂)
> 8. 조류(藻類) 대발생, 조수(潮水)
> 9. 화산활동
> 10. 자연우주물체의 추락·충돌

| 빈출문제 | 재난 및 안전관리 기본법 |

017
「감염병의 예방 및 관리에 관한 법률」에 따른 감염병과 「가축전염병예방법」에 따른 가축전염병의 확산은 사회재난에 해당한다. O | X

O

> 📖 **핵심정리** **사회재난**
> 1. 화재·붕괴·폭발·교통사고(항공사고·해상사고 포함)·화생방사고·환경오염사고 등으로 인하여 발생하는 대통령령으로 정하는 규모 이상의 피해
> 2. 국가핵심기반의 마비
> 3. 「감염병의 예방 및 관리에 관한 법률」에 따른 감염병
> 4. 「가축전염병예방법」에 따른 가축전염병의 확산
> 5. 「미세먼지 저감 및 관리에 관한 특별법」에 따른 미세먼지 등으로 인한 피해
> 6. 「우주개발 진흥법」에 따른 인공우주물체의 추락·충돌 등으로 인한 피해

| 빈출문제 | 재난 및 안전관리 기본법 |

018
화재·붕괴·폭발·교통사고(항공사고·해상사고 포함)·화생방사고·환경오염사고 등으로 인하여 발생하는 대통령령으로 정하는 규모 이상의 피해는 준자연재난에 해당한다. O | X

X 사회재난에 해당한다.

| 25. 간부 | 재난 및 안전관리 기본법 |

019
황사(黃砂)로 인하여 발생하는 재해는 「재난 및 안전관리 기본법」상 사회재난에 해당한다. O | X

X 황사(黃砂)로 인하여 발생하는 재해는 「재난 및 안전관리 기본법」상 자연재난에 해당한다.

> 📖 **핵심정리** **자연재난**
> 태풍, 홍수, 호우(豪雨), 강풍, 풍랑, 해일(海溢), 대설, 한파, 낙뢰, 가뭄, 폭염, 지진, 황사(黃砂), 조류(藻類) 대발생, 조수(潮水), 화산활동, 「우주개발 진흥법」에 따른 자연우주물체의 추락·충돌, 그 밖에 이에 준하는 자연현상으로 인하여 발생하는 재해

> 📖 **핵심정리** **사회재난**
> 1. 화재·붕괴·폭발·교통사고(항공사고 및 해상사고를 포함한다)·화생방사고·환경오염사고·다중운집인파사고 등으로 인하여 발생하는 대통령령으로 정하는 규모 이상의 피해
> 2. 국가핵심기반의 마비
> 3. 「감염병의 예방 및 관리에 관한 법률」에 따른 감염병 또는 「가축전염병예방법」에 따른 가축전염병의 확산
> 4. 「미세먼지 저감 및 관리에 관한 특별법」에 따른 미세먼지
> 5. 「우주개발 진흥법」에 따른 인공우주물체의 추락·충돌 등으로 인한 피해

25. 간부 | 재난 및 안전관리 기본법

020
「우주개발 진흥법」에 따른 인공우주물체의 추락·충돌로 인한 피해는 「재난 및 안전관리 기본법」상 사회재난에 해당한다.　　O | X

O

25. 간부 | 재난 및 안전관리 기본법

021
다중운집인파사고로 인하여 발생하는 대통령령으로 정하는 규모 이상의 피해는 「재난 및 안전관리 기본법」상 사회재난에 해당한다.　　O | X

O

22. 간부 | 재난 및 안전관리 기본법

022
"국가재난관리기준"이란 모든 유형의 재난에 공통적으로 활용할 수 있도록 재난관리의 전 과정을 통일적으로 단순화·체계화한 것으로서 행정안전부장관이 고시한 것을 말한다.　　O | X

O

22. 간부 | 재난 및 안전관리 기본법

023
"재난관리"란 재난이나 그 밖의 각종 사고로부터 사람의 생명·신체 및 재산의 안전을 확보하기 위하여 하는 모든 활동을 말한다.　　O | X

X 안전관리에 대한 설명이다.

빈출문제 | 재난 및 안전관리 기본법

024
"재난관리"란 재난의 예방·대비·대응 및 복구를 위하여 하는 모든 활동을 말한다.　　O | X

O

22. 간부 | 재난 및 안전관리 기본법

025
"안전기준"이란 각종 시설 및 물질 등의 제작, 유지관리 과정에서 안전을 확보할 수 있도록 적용하여야 할 기술적 기준을 체계화한 것을 말한다.　　O | X

O

| 빈출문제 | 재난 및 안전관리 기본법 |

026

"긴급구조"란 재난이 발생할 우려가 현저하거나 재난이 발생하였을 때에 국민의 생명·신체 및 재산을 보호하기 위하여 긴급구조기관과 자원봉사자가 하는 인명구조, 응급처치, 그 밖에 필요한 모든 긴급한 조치를 말한다. O | X

X 긴급구조기관과 긴급구조지원기관이 하는 인명구조, 응급처치, 그 밖에 필요한 모든 긴급한 조치를 말한다.

| 22. 간부 | 재난 및 안전관리 기본법 |

027

"안전취약계층"이란 어린이, 노인, 장애인, 저소득층 등 신체적·사회적·경제적 요인으로 인하여 재난에 취약한 사람을 말한다. O | X

O

| 20. 공채 | 재난 및 안전관리 기본법 |

028

황사로 인하여 발생하는 재해와 「미세먼지 저감 및 관리에 관한 특별법」에 따른 미세먼지 등으로 인한 피해는 모두 사회재난에 해당한다. O | X

X 황사는 자연재난에 해당한다.

| 18. 하반기 공채 | 재난 및 안전관리 기본법 |

029

재난관리를 위하여 필요한 재난관리정보는 재난상황정보, 동원가능 자원정보, 시설물정보 및 지리정보이다. O | X

O

| 빈출문제 | 재난 및 안전관리 기본법 |

030

긴급구조기관은 소방청, 경찰청, 질병관리청이다. O | X

X 긴급구조기관은 소방청, 소방본부, 소방서이다.

25. 간부 — 재난 및 안전관리 기본법 시행령

031 재난의 유형과 재난관리주관기관: 「먹는물관리법」 제3조 제1호에 따른 먹는물의 수질오염으로 인해 발생하는 대규모 피해 – 농림축산식품부 O | X

X 환경부 – 「먹는물관리법」 제3조제1호에 따른 먹는물의 수질오염으로 인해 발생하는 대규모 피해

25. 간부 — 재난 및 안전관리 기본법 시행령

032 재난의 유형과 재난관리주관기관: 「지진·화산재해대책법」 제2조 제2호에 따른 화산재해 – 행정안전부 O | X

O

25. 간부 — 재난 및 안전관리 기본법 시행령

033 재난의 유형과 재난관리주관기관: 「자연재해대책법」 제2조 제3호에 따른 풍수해 중 조수로 인해 발생하는 재해 – 해양수산부 O | X

O

25. 간부 — 재난 및 안전관리 기본법 시행령

034 재난의 유형과 재난관리주관기관: 「공연법」 제2조 제4호에 따른 공연장의 화재 등으로 인해 발생하는 대규모 피해 – 문화체육관광부 O | X

O

25. 간부 — 재난 및 안전관리 기본법 시행령

035 재난의 유형과 재난관리주관기관: 「해양환경관리법」 제2조 제2호에 따른 해양오염으로 인해 발생하는 대규모 피해 – 해양수산부 및 해양경찰청 O | X

O

확인학습문제 — 재난 및 안전관리 기본법 시행령

036

자연재난 유형별 재난관리주관기관: 해양수산부 – 하천·호소 등의 조류 대발생으로 인해 발생하는 재해 O | X

X 환경부 – 하천·호소 등의 조류 대발생으로 인해 발생하는 재해

핵심정리 자연재난 유형별 재난관리주관기관

재난관리주관기관	자연재난 유형
가. 과학기술정보통신부 및 우주항공청	1) 「우주개발 진흥법」 제2조 제3호 나목에 따른 자연우주물체의 추락·충돌 등으로 인해 발생하는 재해 2) 「전파법」 제51조에 따른 우주전파재난
나. 행정안전부	1) 「자연재해대책법」 제2조 제2호에 따른 자연재해로서 낙뢰, 가뭄, 폭염 및 한파로 인해 발생하는 재해 2) 「자연재해대책법」 제2조 제3호에 따른 풍수해(조수로 인해 발생하는 재해는 제외한다) 3) 「지진·화산재해대책법」 제2조 제1호에 따른 지진재해 4) 「지진·화산재해대책법」 제2조 제2호에 따른 화산재해
다. 환경부	1) 황사로 인해 발생하는 재해 2) 하천·호소 등의 조류 대발생으로 인해 발생하는 재해
라. 해양수산부	1) 「농어업재해대책법」 제2조 제3호에 따른 어업재해 중 적조현상 및 해파리의 대량발생으로 인해 발생하는 수산양식물 및 어업용 시설의 피해 2) 「자연재해대책법」 제2조 제3호에 따른 풍수해 중 조수로 인해 발생하는 재해
마. 산림청	「산림보호법」 제2조 제10호에 따른 산사태로 인해 발생하는 재해

확인학습문제 — 재난 및 안전관리 기본법 시행령

037

자연재난 유형별 재난관리주관기관: 환경부 – 「자연재해대책법」 제2조 제3호에 따른 풍수해 중 조수로 인해 발생하는 재해 O | X

X 해양수산부 – 「자연재해대책법」 제2조 제3호에 따른 풍수해 중 조수로 인해 발생하는 재해

핵심정리 자연재난 유형별 재난관리주관기관(해양수산부)

1. 「농어업재해대책법」 제2조 제3호에 따른 어업재해 중 적조현상 및 해파리의 대량발생으로 인해 발생하는 수산양식물 및 어업용 시설의 피해
2. 「자연재해대책법」 제2조 제3호에 따른 풍수해 중 조수로 인해 발생하는 재해

확인학습문제 | 재난 및 안전관리 기본법 시행령

038
□□□
사회재난 유형별 재난관리주관기관: 교육부 – 「연구실 안전환경 조성에 관한 법률」 제2조 제12호에 따른 연구실사고로 인해 발생하는 대규모 피해   O | X

X 과학기술정보통신부 – 「연구실 안전환경 조성에 관한 법률」 제2조제12호에 따른 연구실사고로 인해 발생하는 대규모 피해

> **핵심정리** 사회재난 유형별 재난관리주관기관(과학기술정보통신부)
> 1. 「방송통신발전 기본법」 제35조에 따른 방송통신재난(자연재난은 제외한다)
> 2. 「연구실 안전환경 조성에 관한 법률」 제2조제12호에 따른 연구실사고로 인해 발생하는 대규모 피해
> 3. 「전파법」 제2조제1호에 따른 전파의 혼신(같은 법 제9조의 주파수분배에 따른 위성항법시스템 관련 전파의 혼신으로 한정한다)으로 인해 발생하는 대규모 피해

24. 공채 | 재난 및 안전관리 기본법 시행령

039
□□□
사회재난 유형별 재난관리주관기관: 과학기술정보통신부 및 우주항공청 – 「우주개발 진흥법」 제2조 제3호 가목에 따른 인공우주물체의 추락·충돌 등으로 인해 발생하는 피해   O | X

O

확인학습문제 | 재난 및 안전관리 기본법 시행령

040
□□□
사회재난 유형별 재난관리주관기관: 해양수산부 – 「유선 및 도선 사업법」 제28조 및 제29조에 따른 사고로 인해 발생하는 대규모 피해   O | X

X 행정안전부 – 「유선 및 도선 사업법」 제28조 및 제29조에 따른 사고로 인해 발생하는 대규모 피해

> **핵심정리** 사회재난 유형별 재난관리주관기관(행정안전부)
> 1. 「승강기 안전관리법」 제48조제1항에 따른 승강기의 사고 또는 고장으로 인해 발생하는 대규모 피해
> 2. 「유선 및 도선 사업법」 제28조 및 제29조에 따른 사고로 인해 발생하는 대규모 피해
> 3. 「전자정부법」 제2조제13호에 따른 정보시스템(행정안전부장관이 구축·운영하는 정보시스템으로 한정한다)의 장애로 인해 발생하는 대규모 피해
> 4. 「전자정부법」 제2조제13호에 따른 정보시스템(행정안전부장관이 구축·운영하는 정보시스템은 제외한다)의 장애로 인해 발생하는 대규모 피해
> 5. 「정부청사관리규정」 제2조에 따른 청사[6)에 따른 청사는 제외한다]의 화재등으로 인해 발생하는 대규모 피해
> 6. 「정부청사관리규정」 제3조에 따라 행정안전부장관이 관리하지 않는 청사의 화재등으로 인해 발생하는 대규모 피해

041

재난 및 안전관리 기본법 시행령

사회재난 유형별 재난관리주관기관: 행정안전부 및 소방청 - 일반인이 자유로이 모이거나 통행하는 도로, 광장 및 공원의 다중운집인파사고로 인해 발생하는 대규모 피해   O | X

X 행정안전부 및 경찰청 - 일반인이 자유로이 모이거나 통행하는 도로, 광장 및 공원의 다중운집인파사고로 인해 발생하는 대규모 피해

> **핵심정리** 사회재난 유형별 재난관리주관기관(행정안전부 및 소방청)
> 1. 「소방기본법」 제2조제1호에 따른 소방대상물의 화재로 인해 발생하는 대규모 피해
> 2. 「위험물안전관리법」 제2조제1항제1호에 따른 위험물의 누출·화재·폭발 등으로 인해 발생하는 대규모 피해

042

재난 및 안전관리 기본법 시행령

사회재난 유형별 재난관리주관기관: 농림축산식품부 - 「농수산물 유통 및 가격안정에 관한 법률」 제2조제2호에 따른 농수산물도매시장(축산물도매시장은 포함하며, 수산물도매시장은 제외한다) 및 같은 조 제12호에 따른 농수산물종합유통센터(수산물종합유통센터는 제외한다)의 화재등으로 인해 발생하는 대규모 피해   O | X

O

> **핵심정리** 사회재난 유형별 재난관리주관기관(농림축산식품부)
> 1. 「가축전염병 예방법」 제2조제2호에 따른 가축전염병의 확산으로 인한 피해
> 2. 「농어촌정비법」 제2조제6호에 따른 농업생산기반시설 중 저수지의 붕괴·파손 등으로 인해 발생하는 대규모 피해
> 3. 「농수산물 유통 및 가격안정에 관한 법률」 제2조제2호에 따른 농수산물도매시장(축산물도매시장은 포함하며, 수산물도매시장은 제외한다) 및 같은 조 제12호에 따른 농수산물종합유통센터(수산물종합유통센터는 제외한다)의 화재 등으로 인해 발생하는 대규모 피해

043

재난 및 안전관리 기본법 시행령

사회재난 유형별 재난관리주관기관: 산업통상자원부 - 「유통산업발전법」 제2조제3호에 따른 대규모점포의 화재등으로 인해 발생하는 대규모 피해   O | X

O

> **핵심정리** 사회재난 유형별 재난관리주관기관(산업통상자원부)
> 1) 「고압가스 안전관리법」 제26조 제1항, 「도시가스사업법」 제41조 제3항 및 「액화석유가스의 안전관리 및 사업법」 제56조 제1항에 따른 가스사고로 인해 발생하는 대규모 피해
> 2) 「석유 및 석유대체연료 사업법」 제2조 제1호에 따른 석유의 정제시설·비축시설 및 같은 법 시행령 제2조 제3호에 따른 주유소의 화재등으로 인해 발생하는 대규모 피해
> 3) 「에너지법」 제2조 제1호에 따른 에너지의 중대한 수급 차질로 인해 발생하는 대규모 피해
> 4) 「유통산업발전법」 제2조 제3호에 따른 대규모점포의 화재등으로 인해 발생하는 대규모 피해
> 5) 「전기안전관리법 시행령」 제15조에 따른 전기사고로 인해 발생하는 대규모 피해
> 6) 「제품안전기본법」 제15조에 따른 제품사고(「어린이제품 안전 특별법」 제2조 제13호에 따른 안전관리대상어린이제품 및 「전기용품 및 생활용품 안전관리법」 제3조 제1항 제1호에 따른 안전관리대상제품으로 인한 사고로 한정한다)로 인해 발생하는 대규모 피해

확인학습문제 | 재난 및 안전관리 기본법 시행령

044 사회재난 유형별 재난관리주관기관: 농림축산식품부 – 「감염병의 예방 및 관리에 관한 법률」 제2조제1호에 따른 감염병의 확산으로 인한 피해 O | X

X 보건복지부 및 질병관리청 – 「감염병의 예방 및 관리에 관한 법률」 제2조제1호에 따른 감염병의 확산으로 인한 피해

확인학습문제 | 재난 및 안전관리 기본법 시행령

045 사회재난 유형별 재난관리주관기관: 문화체육관광부 – 「미세먼지 저감 및 관리에 관한 특별법」 제2조제1호에 따른 미세먼지로 인한 피해 O | X

X 환경부 – 「미세먼지 저감 및 관리에 관한 특별법」 제2조제1호에 따른 미세먼지로 인한 피해

> **핵심정리** 사회재난 유형별 재난관리주관기관(환경부)
> 1. 「댐건설·관리 및 주변지역지원 등에 관한 법률」 제2조제1호에 따른 댐[산업통상자원부 소관의 발전(發電)용 댐은 제외한다]의 붕괴·파손 등으로 인해 발생하는 대규모 피해
> 2. 「미세먼지 저감 및 관리에 관한 특별법」 제2조 제1호에 따른 미세먼지로 인한 피해
> 3. 「수도법」 제3조 제5호에 따른 수도의 화재등으로 발생하는 대규모 피해
> 4. 「먹는물관리법」 제3조 제1호에 따른 먹는물의 수질오염으로 인해 발생하는 대규모 피해
> 5. 「생활화학제품 및 살생물제의 안전관리에 관한 법률」 제3조 제4호에 따른 안전확인대상생활화학제품 및 같은 조 제6호에 따른 살생물제 관련 사고(「제품안전기본법」 제15조에 따른 제품사고에 해당하는 경우로 한정한다)로 인해 발생하는 대규모 피해
> 6. 「화학물질관리법」 제2조 제13호에 따른 화학사고로 인해 발생하는 대규모 피해
> 7. 「환경오염시설의 통합관리에 관한 법률」 제2조 제1호에 따른 오염물질등으로 인한 환경오염(「먹는물관리법」 제3조 제1호에 따른 먹는물의 수질오염은 제외한다)으로 인해 발생하는 대규모 피해

확인학습문제 | 재난 및 안전관리 기본법 시행령

046 사회재난 유형별 재난관리주관기관: 행정안전부 – 「해수욕장의 이용 및 관리에 관한 법률」 제2조제1호에 따른 해수욕장의 안전사고로 인해 발생하는 대규모 피해 O | X

X 해양수산부 – 「해수욕장의 이용 및 관리에 관한 법률」 제2조제1호에 따른 해수욕장의 안전사고로 인해 발생하는 대규모 피해

> **핵심정리** 사회재난 유형별 재난관리주관기관(해양수산부)
> 1. 「농수산물 유통 및 가격안정에 관한 법률」 제2조 제2호에 따른 농수산물도매시장(수산물도매시장으로 한정한다) 및 같은 조 제12호에 따른 농수산물종합유통센터(수산물종합유통센터로 한정한다)의 화재등으로 인해 발생하는 대규모 피해
> 2. 「항만법」 제2조 제1호에 따른 항만의 화재등으로 인해 발생하는 대규모 피해
> 3. 「해수욕장의 이용 및 관리에 관한 법률」 제2조 제1호에 따른 해수욕장의 안전사고로 인해 발생하는 대규모 피해
> 4. 「해양사고의 조사 및 심판에 관한 법률」 제2조 제1호에 따른 해양사고(해양에서 발생한 사고로 한정하며, 해양오염은 제외한다)로 인해 발생하는 대규모 피해

확인학습문제 047
재난 및 안전관리 기본법 시행령

사회재난 유형별 재난관리주관기관: 행정안전부 - 「전통시장 및 상점가 육성을 위한 특별법」 제2조제1호에 따른 전통시장의 화재등으로 인해 발생하는 대규모 피해 O | X

X 중소벤처기업부 - 「전통시장 및 상점가 육성을 위한 특별법」 제2조제1호에 따른 전통시장의 화재등으로 인해 발생하는 대규모 피해

확인학습문제 048
재난 및 안전관리 기본법 시행령

사회재난 유형별 재난관리주관기관: 교육부 - 「청소년활동 진흥법」 제10조제1호에 따른 청소년수련시설의 화재등으로 인해 발생하는 대규모 피해 O | X

X 여성가족부 - 「청소년활동 진흥법」 제10조제1호에 따른 청소년수련시설의 화재등으로 인해 발생하는 대규모 피해

확인학습문제 049
재난 및 안전관리 기본법 시행령

사회재난 유형별 재난관리주관기관: 산업통상자원부 - 인접 국가의 방사능 누출로 인해 발생하는 대규모 피해 O | X

X 원자력안전위원회 - 인접 국가의 방사능 누출로 인해 발생하는 대규모 피해

> **핵심정리** 사회재난 유형별 재난관리주관기관(원자력안전위원회)
> 1. 「원자력시설 등의 방호 및 방사능 방재 대책법」 제2조 제8호에 따른 방사능재난
> 2. 인접 국가의 방사능 누출로 인해 발생하는 대규모 피해

확인학습문제 050
재난 및 안전관리 기본법 시행령

사회재난 유형별 재난관리주관기관: 문화체육관광부 - 「문화유산의 보존 및 활용에 관한 법률」 제2조제1항에 따른 문화유산·같은 조 제5항에 따른 보호구역·같은 조 제6항에 따른 보호물과 문화유산 보관시설의 화재등으로 인해 발생하는 대규모 피해 O | X

X 국가유산청 - 「문화유산의 보존 및 활용에 관한 법률」 제2조제1항에 따른 문화유산·같은 조 제5항에 따른 보호구역·같은 조 제6항에 따른 보호물과 문화유산 보관시설의 화재등으로 인해 발생하는 대규모 피해

> **핵심정리** 사회재난 유형별 재난관리주관기관(국가유산청)
> 1. 「문화유산의 보존 및 활용에 관한 법률」 제2조 제1항에 따른 문화유산·같은 조 제5항에 따른 보호구역·같은 조 제6항에 따른 보호물과 문화유산 보관시설의 화재등으로 인해 발생하는 대규모 피해
> 2. 「자연유산의 보존 및 활용에 관한 법률」 제2조 제1호에 따른 자연유산·같은 조 제6호에 따른 보호물 및 같은 조 제7호에 따른 보호구역의 화재등으로 인해 발생하는 대규모 피해

051 사회재난 유형별 재난관리주관기관: 행정안전부 및 소방청 – 「산림보호법」 제2조제7호에 따른 산불로 인해 발생하는 대규모 피해 O | X

X 산림청 – 「산림보호법」 제2조제7호에 따른 산불로 인해 발생하는 대규모 피해

> **핵심정리** 사회재난 유형별 재난관리주관기관(산림청)
> 1. 「사방사업법」 제2조제3호에 따른 사방시설의 붕괴·파손 등으로 인해 발생하는 대규모 피해
> 2. 「산림보호법」 제2조제7호에 따른 산불로 인해 발생하는 대규모 피해

POINT 9-2 안전관리기구 및 기능

25. 간부 | 재난 및 안전관리 기본법 시행령

052 국무조정실장, 여성가족부장관 및 국가보훈부장관은 재난 및 안전관리 기본법령상 대통령령으로 정하는 중앙안전관리위원회 위원에 해당한다. O | X

X **국가보훈부장관**은 재난 및 안전관리 기본법령상 대통령령으로 정하는 중앙안전관리위원회 위원에 해당하지 않는다. 중앙위원회의 위원장은 국무총리가 되고, 위원은 대통령령으로 정하는 중앙행정기관 또는 관계 기관·단체의 장이 된다.

> **핵심정리 중앙안전관리위원회의 위원**
> 1. 기획재정부장관, 교육부장관, 과학기술정보통신부장관, 외교부장관, 통일부장관, 법무부장관, 국방부장관, 행정안전부장관, 문화체육관광부장관, 농림축산식품부장관, 산업통상자원부장관, 보건복지부장관, 환경부장관, 고용노동부장관, 여성가족부장관, 국토교통부장관, 해양수산부장관 및 중소벤처기업부장관
> 2. 국가정보원장, 방송통신위원회위원장, 국무조정실장, 식품의약품안전처장, 금융위원회위원장 및 원자력안전위원회위원장
> 3. 경찰청장, 소방청장, 국가유산청장, 산림청장, 질병관리청장, 기상청장 및 해양경찰청장
> 4. 그 밖에 법 제9조 제1항에 따른 중앙안전관리위원회(이하 "중앙위원회"라 한다)의 위원장이 지정하는 기관 및 단체의 장

23. 간부 | 재난 및 안전관리 기본법

053 대통령령으로 정하는 대규모 재난의 대응·복구 등에 관한 사항을 총괄·조정하고 필요한 조치를 하기 위하여 행정안전부에 두는 조직은 중앙재난안전대책본부이다. O | X

O

23. 간부 | 재난 및 안전관리 기본법

054 재난 및 안전관리에 관한 관련 사항을 심의하기 위하여 행정안전부 소속으로 중앙안전관리위원회를 둔다. O | X

X 국무총리 소속이다.

> **핵심정리 중앙안전관리위원회 심의사항**
> 1. 재난 및 안전관리에 관한 중요 정책에 관한 사항
> 2. 국가안전관리기본계획에 관한 사항
> 3. 재난 및 안전관리 사업 관련 중기사업계획서, 투자우선순위 의견 및 예산요구서에 관한 사항
> 4. 중앙행정기관의 장이 수립·시행하는 계획, 점검·검사, 교육·훈련, 평가 등 재난 및 안전관리업무의 조정에 관한 사항
> 5. 안전기준관리에 관한 사항
> 6. 재난사태의 선포에 관한 사항
> 7. 특별재난지역의 선포에 관한 사항
> 8. 재난이나 그 밖의 각종 사고가 발생하거나 발생할 우려가 있는 경우 이를 수습하기 위한 관계 기관 간 협력에 관한 중요 사항
> 9. 중앙행정기관의 장이 시행하는 대통령령으로 정하는 재난 및 사고의 예방사업 추진에 관한 사항

23. 간부 | 재난 및 안전관리 기본법

055 중앙위원회에 상정될 안건을 사전에 검토하고 관련 사무를 수행하기 위하여 중앙위원회에 안전정책조정위원회를 둔다. O | X

O

---

22. 간부 | 재난 및 안전관리 기본법

056 대통령령으로 정하는 대규모 재난의 대응·복구 등에 관한 사항을 총괄·조정하고 필요한 조치를 하기 위하여 행정안전부에 중앙재난안전대책본부를 둔다. O | X

O

> 📖 **핵심정리** 중앙재난안전대책본부의 구성
> 1. 중앙대책본부에 본부장과 차장을 둔다.
> 2. 중앙대책본부장: 행정안전부장관
> 3. 해외재난과 방사능재난의 경우
>   • 해외재난의 경우: 외교부장관
>   • 방사능재난의 경우: 중앙방사능방재대책본부의 장

---

22. 간부 | 재난 및 안전관리 기본법

057 재난의 효과적인 수습을 위하여 국무총리가 범정부적 차원의 통합 대응이 필요하다고 인정하는 경우에는 대통령이 중앙대책본부장의 권한을 행사한다. O | X

X 재난의 효과적인 수습을 위하여 국무총리가 <u>범정부적 차원의 통합 대응</u>이 필요하다고 인정하는 경우에는 <u>국무총리</u>가 중앙대책본부장의 권한을 행사한다.

---

22. 간부 | 재난 및 안전관리 기본법

058 해외재난의 경우에는 외교부장관이 중앙대책본부장의 권한을 행사한다. O | X

O

> 📖 **핵심정리** 중앙재난안전대책본부장
> 1. 중앙대책본부의 본부장(중앙대책본부장)은 <u>행정안전부장관</u>이 되며, 중앙대책본부장은 중앙대책본부의 업무를 총괄하고 필요하다고 인정하면 중앙재난안전대책본부회의를 소집할 수 있다.
> 2. 다만, 해외재난의 경우에는 <u>외교부장관</u>이, 「원자력시설 등의 방호 및 방사능 방재 대책법」 제2조 제1항 제8호에 따른 방사능재난의 경우에는 같은 법 제25조에 따른 <u>중앙방사능방재대책본부의 장</u>이 각각 중앙대책본부장의 권한을 행사한다.

---

22. 간부 | 재난 및 안전관리 기본법

059 행정안전부장관이 국무총리에게 건의하거나 수습본부장의 요청을 받아 행정안전부장관이 국무총리에게 건의하는 경우에는 국무총리가 중앙대책본부장의 권한을 행사할 수 있다. O | X

O

23. 간부 | 재난 및 안전관리 기본법

060 긴급구조에 관한 사항의 총괄·조정, 긴급구조기관 및 긴급구조지원기관이 하는 긴급구조활동의 역할 분담과 지휘·통제를 위하여 행정안전부에 중앙긴급구조통제단을 둔다. O | X

X 중앙긴급구조통제단은 소방청에 둔다.

20. 공채

061 「재난 및 안전관리 기본법」상 재난 및 안전관리에 관한 중요 정책을 심의하기 위하여 국무총리 소속으로 중앙안전관리위원회를 둔다. O | X

O

20. 공채

062 대통령령으로 정하는 대규모 재난의 대응·복구를 총괄하기 위하여 행정안전부에 중앙재난안전대책본부를 둔다. O | X

O

19. 공채

063 「재난 및 안전관리 기본법」상 중앙안전관리위원회는 재난사태의 선포에 관한 사항을 심의하고, 안전정책조정위원회는 특별재난지역의 선포에 관한 사항을 심의한다. O | X

X 특별재난지역의 선포에 관한 사항도 중앙안전관리위원회 심의사항이다.

17. 간부

064 「재난 및 안전관리 기본법」상 재난 및 안전관리에 관한 중요정책에 관한 사항은 국무총리 소속으로 중앙안전관리 위원회에서 심의하고, 지역별 재난 및 안전관리에 관한 사항을 심의·조정하기 위하여 시·도지사 소속으로 시·도 안전관리위원회를 둔다. O | X

O

POINT 9-3 안전관리계획

22. 간부 「재난 및 안전관리 기본법」 및 동법 시행령

065 국무총리는 재난 및 안전관리에 관한 과학기술의 진흥을 위하여 5년마다 관계 중앙행정기관의 재난 및 안전관리기술개발에 관한 계획을 종합하여 조정위원회의 심의와 「국가과학기술자문회의법」에 따른 국가과학기술자문회의의 심의를 거쳐 재난 및 안전관리기술개발 종합계획을 수립하여야 한다. O | X

X 행정안전부장관이다.

22. 간부 「재난 및 안전관리 기본법」 및 동법 시행령

066 국무총리는 국가안전관리기본계획을 매년 수립해야 한다. O | X

X <u>국무총리는 법 제22조 제4항에 따라 국가안전관리기본계획을 5년마다 수립해야 한다.</u>

POINT 9-4 재난의 예방

23. 간부 | 재난 및 안전관리 기본법

067 국가핵심기반의 지정, 재난안전분야 종사자 교육은 재난의 대비에 포함되어야 할 내용이다. O | X

X 국가핵심기반의 지정 및 관리, 재난안전분야 종사자 교육은 예방단계에 해당한다.

> **핵심정리 재난의 예방단계**
> 1. 재난관리책임기관의 장의 재난예방조치 등
> 2. 국가핵심기반의 지정 및 관리
> 3. 특정관리대상지역의 지정 및 관리
> 4. 재난방지시설의 관리
> 5. 재난안전분야 종사자 교육
> 6. 재난예방을 위한 긴급안전점검 등
> 7. 재난예방을 위한 안전조치
> 8. 정부합동 안전점검
> 9. 집중 안전점검 기간 운영 등
> 10. 재난관리 실태 공시 등

23. 간부 | 재난 및 안전관리 기본법

068 재난현장 긴급통신수단의 마련, 재난분야 위기관리 매뉴얼 작성·운영은 재난의 대비 단계에 포함되어야 할 내용이다. O | X

O

> **핵심정리 재난의 대비단계**
> 1. 재난관리자원의 비축·관리
> 2. 재난현장 긴급통신수단의 마련
> 3. 국가재난관리기준의 제정·운용 등
> 4. 기능별 재난대응 활동계획의 작성·활용
> 5. 재난분야 위기관리 매뉴얼의 작성·운용
> 6. 다중이용시설 등의 위기상황 매뉴얼의 작성·관리 및 훈련
> 7. 안전기준의 등록 및 심의 등
> 8. 재난안전통신망의 구축·운영
> 9. 재난대비훈련 기본계획의 수립 및 실시

24. 간부 | 재난 및 안전관리 기본법

069 재난사태의 선포와 특별재난지역의 선포는 재난관리의 대응단계에 해당한다. O | X

X 특별재난지역의 선포는 재난관리의 복구단계에 해당한다.

> **핵심정리 재난관리의 복구단계**
> 1. 특별재난지역의 선포
> 2. 특별재난지역에 대한 지원

23. 공채 | 재난 및 안전관리 기본법

070 위험구역의 설정은 재난관리의 예방 단계에 해당한다. O | X

X 재난관리의 대응단계에 해당한다.

23. 공채 | 재난 및 안전관리 기본법

071 재난현장 긴급통신수단의 마련은 재난관리의 대비 단계에 해당한다. O | X

O

22. 공채 | 재난 및 안전관리 기본법

072 국가재난관리기준의 제정·운용, 재난 예보·경보체계 구축·운영은 재난관리의 대비단계 관리사항에 해당한다. O | X

X 재난 예보·경보체계 구축·운영은 재난관리 대응단계 관리사항에 해당한다.

22. 공채 | 재난 및 안전관리 기본법

073 재난안전분야 종사자 교육, 재난안전통신망의 구축·운영은 재난관리의 대비단계 관리사항에 해당한다. O | X

X 재난안전분야 종사자 교육은 재난관리 예방단계 관리사항에 해당한다.

23. 공채 | 재난 및 안전관리 기본법

074 재난 예보·경보체계 구축·운영은 재난관리의 대응단계에 해당한다. O | X

O

빈출문제 | 재난 및 안전관리 기본법

075 재난안전통신망의 구축·운영과 재난 예보·경보체계의 구축·운영 등은 재난관리의 대응단계에 해당한다. O | X

X 재난안전통신망의 구축은 대비단계에 해당한다.

18. 하반기 공채

076 재난관리의 단계별 주요 활동 중 '긴급통신수단 구축'이 해당되는 단계는 대비단계이다. O | X

O

21. 공채

077 「재난 및 안전관리 기본법」상 특별재난지역의 선포는 재난관리 단계별 조치 사항 중 대응단계에 해당되고, 재난현장 긴급통수단의 마련은 대비단계에 해당한다. O | X

X 특별재난지역의 선포는 재난관리 단계별 조치사항 중 복구단계에 해당한다.

25. 간부 · 재난 및 안전관리 기본법 시행령

078 「기상법」제2조제13호에 따른 기상시설'은 재난 및 안전관리 기본법령상 재난관리책임기관의 장이 관계 법령 또는 안전관리계획에서 정하는 바에 따라 점검·관리하여야 하는 대통령령으로 정한 재난방지시설에 해당한다. (단, 그 밖에 행정안전부장관이 정하여 고시하는 재난을 예방하기 위하여 설치한 시설은 제외한다) O | X

X 「기상법」제2조제13호에 따른 기상시설'은 재난방지시설에 해당하지 않는다.

> **핵심정리 재난방지시설**
> 1. 「소하천정비법」제2조 제3호에 따른 소하천부속물 중 제방·호안(기슭·둑 침식 방지시설)·보 및 수문
> 2. 「하천법」제2조 제3호에 따른 하천시설 중 댐·하구둑·제방·호안·수제·보·갑문·수문·수로터널·운하 및 「수자원의 조사·계획 및 관리에 관한 법률 시행령」제2조 제2호에 따른 수문조사시설 중 홍수발생의 예보를 위한 시설
> 3. 「국토의 계획 및 이용에 관한 법률」제2조 제6호 마목에 따른 방재시설
> 4. 「하수도법」제2조 제3호에 따른 하수도 중 하수관로 및 공공하수처리시설
> 5. 「농어촌정비법」제2조 제6호에 따른 농업생산기반시설 중 저수지, 양수장, 우물 등 지하수이용시설, 배수장, 취입보(取入洑), 용수로, 배수로, 웅덩이, 방조제, 제방
> 6. 「사방사업법」제2조 제3호에 따른 사방시설
> 7. 「댐건설·관리 및 주변지역지원 등에 관한 법률」에 따른 댐
> 8. 「어촌·어항법」제2조 제5호 다목(4)에 따른 유람선·낚시어선·모터보트·요트 또는 윈드서핑 등의 수용을 위한 레저용 기반시설
> 9. 「도로법」제2조 제2호에 따른 도로의 부속물 중 방설·제설시설, 토사유출·낙석 방지 시설, 공동구(共同溝), 같은 법 시행령 제2조 제2호에 따른 터널·교량·지하도 및 육교
> 10. 법 제38조에 따른 재난 예보·경보시설
> 11. 「항만법」제2조 제5호에 따른 항만시설
> 12. 그 밖에 행정안전부장관이 정하여 고시하는 재난을 예방하기 위하여 설치한 시설

25. 간부 · 재난 및 안전관리 기본법 시행령

079 「하수도법」제2조제3호에 따른 하수도 중 하수관로 및 공공하수처리시설'은 재난방지시설에 해당한다. (단, 그 밖에 행정안전부장관이 정하여 고시하는 재난을 예방하기 위하여 설치한 시설은 제외한다) O | X

O

POINT 9-5　재난의 대비

22. 공채　재난 및 안전관리 기본법

080　재난현장에서 임무를 직접 수행하는 기관의 행동조치 절차를 구체적으로 수록한 문서는 현장조치 행동매뉴얼이다.
O | X

O

> 📖 **핵심정리** 현장조치 행동매뉴얼
> 재난현장에서 임무를 직접 수행하는 기관의 행동조치 절차를 구체적으로 수록한 문서로 위기대응 실무매뉴얼을 작성한 기관의 장이 지정한 기관의 장이 작성하되, 시장·군수·구청장은 재난유형별 현장조치 행동매뉴얼을 통합하여 작성할 수 있다.

확인학습문제　재난 및 안전관리 기본법

081　현장조치 행동매뉴얼은 국가적 차원에서 관리가 필요한 재난에 대하여 재난관리 체계와 관계 기관의 임무와 역할을 규정한 문서로 위기대응 실무매뉴얼의 작성 기준이 되며, 재난관리주관기관의 장이 작성한다. 다만, 다수의 재난관리주관기관이 관련되는 재난에 대해서는 관계 재난관리주관기관의 장과 협의하여 행정안전부장관이 현장조치 행동매뉴얼을 작성할 수 있다.
O | X

X　위기관리 표준매뉴얼에 대한 설명이다.

> 📖 **핵심정리** 위기대응 실무매뉴얼
> 위기관리 표준매뉴얼에서 규정하는 기능과 역할에 따라 실제 재난대응에 필요한 조치사항 및 절차를 규정한 문서로 재난관리주관기관의 장과 관계 기관의 장이 작성한다. 이 경우 재난관리주관기관의 장은 위기대응 실무매뉴얼과 위기관리 표준매뉴얼을 통합하여 작성할 수 있다.

21. 간부

082　위기관리 표준매뉴얼은 국가적 차원에서 관리가 필요한 재난에 대하여 재난관리 체계와 관계 기관의 임무와 역할을 규정한 문서이고, 현장조치 행동매뉴얼은 재난현장에서 임무를 직접 수행하는 기관의 행동조치 절차를 구체적으로 수록한 문서이다.
O | X

O

POINT 9-6 재난의 대응

21. 공채 | 재난 및 안전관리 기본법

083 재난현장에서 시·군·구긴급구조통제단장의 긴급구조 현장지휘 사항으로는 재난현장에서 인명의 탐색·구조, 추가 재난의 방지를 위한 응급조치, 사상자의 응급처치 및 의료기관으로의 이송, 긴급구조에 필요한 물자의 관리 등이 있다. O | X

O

25. 공채 | 재난 및 안전관리 기본법

084 재난의 대응 단계에서 지역통제단장과 시장·군수·구청장은 재난이 발생할 우려가 있거나 재난이 발생하였을 때에는 즉시 관계 법령 등이 정하는 바에 따라 수방(水防) 및 그 밖에 재난 발생을 예방하거나 피해를 줄이기 위하여 필요한 응급조치를 하여야 한다. 이때 지역통제단장이 하여야 하는 응급조치는 '진화에 관한 응급조치', '긴급수송 및 구조 수단의 확보' 및 '재난을 발생시킬 요인의 제거'이다. O | X

X 원칙적으로 행정안전부장관이다.

> **핵심정리** 지역통제단장의 응급조치
> 1. 진화에 관한 응급조치
> 2. 긴급수송 및 구조 수단의 확보
> 3. 현장지휘통신체계의 확보

> **핵심정리** 시장·군수·구청장의 응급조치
> 1. 경보의 발령 또는 전달이나 피난의 권고 또는 지시
> 2. 재난예방을 위한 안전조치
>   제31조 재난예방을 위한 안전조치
>   - 정밀안전진단(시설만 해당한다). 이 경우 다른 법령에 시설의 정밀안전진단에 관한 기준이 있는 경우에는 그 기준에 따르고, 다른 법령의 적용을 받지 아니하는 시설에 대하여는 행정안전부령으로 정하는 기준에 따른다.
>   - 보수(補修) 또는 보강 등 정비
>   - 재난을 발생시킬 위험요인의 제거
> 3. 진화·수방·지진방재, 그 밖의 응급조치와 구호
> 4. 피해시설의 응급복구 및 방역과 방범, 그 밖의 질서 유지
> 5. 긴급수송 및 구조 수단의 확보
> 6. 급수 수단의 확보, 긴급피난처 및 구호품의 확보
> 7. 현장지휘통신체계의 확보
> 8. 재난 발생을 예방하거나 줄이기 위하여 필요한 사항으로서 대통령령으로 정하는 사항

20. 공채 | 재난 및 안전관리 기본법

085 시·군·구 재난안전대책본부장은 시장·군수·구청장이며, 시·군·구 긴급구조통제단장은 소방서장이다. O | X

O

19. 공채 　재난 및 안전관리 기본법

086
□□□
중앙긴급구조통제단의 단장은 행정안전부장관이 된다.　　　　　　　　　　　　　　　　　　　　　　O | X

X 중앙긴급구조통제단의 단장은 소방청장이다.

24. 간부 　재난 및 안전관리 기본법

087
□□□
재난사태 선포권자는 국무총리이다.　　　　　　　　　　　　　　　　　　　　　　　　　　　　　　O | X

X 원칙적으로 행정안전부장관이다.

> 📖 **핵심정리** 재난사태의 선포
>
> 1. **행정안전부장관**은 대통령령으로 정하는 재난이 발생하거나 발생할 우려가 있는 경우 사람의 생명·신체 및 재산에 미치는 중대한 영향이나 피해를 줄이기 위하여 긴급한 조치가 필요하다고 인정하면 중앙위원회의 회의를 거쳐 재난사태를 선포할 수 있다. 다만, 행정안전부장관은 재난상황이 긴급하여 중앙위원회의 심의를 거칠 시간적 여유가 없다고 인정하는 경우에는 중앙위원회의 심의를 거치지 아니하고 재난사태를 선포할 수 있다.
> 2. 그럼에도 불구하고 시·도지사는 관할 구역에서 재난이 발생하거나 발생할 우려가 있는 등 대통령령으로 정하는 경우 사람의 생명·신체 및 재산에 미치는 중대한 영향이나 피해를 줄이기 위하여 긴급한 조치가 필요하다고 인정하면 시·도위원회의 심의를 거쳐 재난사태를 선포할 수 있다. 이 경우 시·도지사는 지체 없이 그 사실을 행정안전부장관에게 통보하여야 한다.

24. 간부 　재난 및 안전관리 기본법

088
□□□
재난사태 선포대상 재난은 재난 중 극심한 인명 또는 재산의 피해가 발생하거나 발생할 것으로 예상되어 시·도지사가 중앙대책본부장에게 재난사태의 선포를 건의하거나 중앙대책본부장이 재난사태의 선포가 필요하다고 인정하는 재난(「노동조합 및 노동관계조정법」 제4장에 따른 쟁의행위로 인한 국가핵심기반의 일시 정지는 제외한다)을 말한다.
　　O | X

O

> 📖 **핵심정리** 재난사태의 선포대상 재난
>
> 법 제36조 제1항 본문에서 "대통령령으로 정하는 재난"이란 재난 중 극심한 인명 또는 재산의 피해가 발생하거나 발생할 것으로 예상되어 시·도지사가 중앙대책본부장에게 재난사태의 선포를 건의하거나 중앙대책본부장이 재난사태의 선포가 필요하다고 인정하는 재난(「노동조합 및 노동관계조정법」 제4장에 따른 쟁의행위로 인한 국가핵심기반의 일시 정지는 제외한다)을 말한다.

| 24. 간부 | 재난 및 안전관리 기본법 |

089 행정안전부장관 및 지방자치단체의 장은 재난사태가 선포된 지역에 대하여 재난경보의 발령, 인력·장비 및 물자의 동원, 위험구역 설정, 대피명령, 응급지원 등 이 법에 따른 응급조치, 해당 지역에 소재하는 행정기관 소속 공무원의 비상소집, 해당 지역에 대한 여행 등 이동 자제 권고 등의 조치를 할 수 있다. O | X

O

> **핵심정리** 재난사태가 선포된 지역에 대한 조치 사항
> 1. 재난경보의 발령, 재난관리자원의 동원, 위험구역 설정, 대피명령, 응급지원 등 이 법에 따른 응급조치
> 2. 해당 지역에 소재하는 행정기관 소속 공무원의 비상소집
> 3. 해당 지역에 대한 여행 등 이동 자제 권고
> 4. 「유아교육법」 제31조, 「초·중등교육법」 제64조 및 「고등교육법」 제61조에 따른 휴업명령 및 휴원·휴교 처분의 요청
> 5. 그 밖에 재난예방에 필요한 조치

| 22. 간부 | 긴급구조대응활동 및 현장지휘에 관한 규칙 |

090 통제단이 설치·운영되는 경우에 긴급구조지휘대를 구성하는 현장지휘요원은 대응계획부로 배치된다. O | X

X 현장지휘부로 배치된다.

> **핵심정리** 긴급구조요원의 통제단 부서 배치
> 1. 현장지휘요원: 현장지휘부
> 2. 자원지원요원: 자원지원부
> 3. 통신지원요원: 현장지휘부
> 4. 안전관리요원: 현장지휘부
> 5. 상황조사요원: 대응계획부
> 6. 구급지휘요원: 현장지휘부

| 21. 공채 | 재난 및 안전관리 기본법 |

091 행정안전부장관은 대통령령으로 정하는 재난이 발생하거나 발생할 우려가 있는 경우 사람의 생명·신체 및 재산에 미치는 중대한 영향이나 피해를 줄이기 위하여 긴급한 조치가 필요하다고 인정하면 조정위원회의 심의를 거쳐 재난사태를 선포할 수 있다. O | X

X 중앙위원회의 심의를 거쳐 재난사태를 선포할 수 있다.

| 24. 간부 | 재난 및 안전관리 기본법 |

092 해상에서 발생한 선박이나 항공기 등의 조난사고의 긴급구조활동에 관하여는 「수상에서의 수색·구조 등에 관한 법률」 등 관계 법령에 따른다. O | X

O

24. 간부 — 재난 및 안전관리 기본법

093 국방부장관은 항공기 조난사고가 발생한 경우 항공기 수색과 인명구조를 위하여 항공기 수색·구조계획을 수립·시행하여야 한다. O | X

X 소방청장은 항공기 조난사고가 발생한 경우 항공기 수색과 인명구조를 위하여 항공기 수색·구조계획을 수립·시행하여야 한다. 다만, 다른 법령에 항공기의 수색·구조에 관한 특별한 규정이 있는 경우에는 그 법령에 따른다.

---

24. 간부 — 재난 및 안전관리 기본법

094 국방부장관이 설치하는 탐색구조본부의 구성과 운영에 필요한 사항은 국방부령으로 정한다. O | X

O

> 재난 및 안전관리 기본법 제57조【항공기 등 조난사고 시의 긴급구조 등】① 소방청장은 항공기 조난사고가 발생한 경우 항공기 수색과 인명구조를 위하여 항공기 수색·구조계획을 수립·시행하여야 한다. 다만, 다른 법령에 항공기의 수색·구조에 관한 특별한 규정이 있는 경우에는 그 법령에 따른다.
> ② 항공기의 수색·구조에 필요한 사항은 대통령령으로 정한다.
> ③ 국방부장관은 항공기나 선박의 조난사고가 발생하면 관계 법령에 따라 긴급구조업무에 책임이 있는 기관의 긴급구조활동에 대한 군의 지원을 신속하게 할 수 있도록 다음 각 호의 조치를 취하여야 한다.
> 1. 탐색구조본부의 설치·운영
> 2. 탐색구조부대의 지정 및 출동대기태세의 유지
> 3. 조난 항공기에 관한 정보 제공
> ④ 제3항 제1호에 따른 탐색구조본부의 구성과 운영에 필요한 사항은 국방부령으로 정한다.

---

24. 간부 — 재난 및 안전관리 기본법

095 국방부장관은 항공기나 선박의 조난사고가 발생하면 관계 법령에 따라 긴급구조업무에 책임이 있는 기관의 긴급구조활동에 대한 군의 지원을 신속하게 할 수 있도록 조치를 취하여야 한다. O | X

O

---

24. 간부 — 수상에서의 수색·구조 등에 관한 법률

096 해수면에서의 수난구호는 구조본부의 장이 수행하고, 내수면에서의 수난구호는 소방관서의 장이 수행한다. O | X

O 해수면에서의 수난구호는 구조본부의 장이 수행하고, 내수면에서의 수난구호는 소방관서의 장이 수행한다. 다만, 국제항행에 종사하는 내수면 운항선박에 대한 수난구호는 구조본부의 장과 소방관서의 장이 상호 협조하여 수행하여야 한다[수상에서의 수색·구조 등에 관한 법률 제13조(수난구호의 관할)].

POINT 9-7 재난의 복구

20. 공채 | 재난 및 안전관리 기본법

097 재난관리의 대응단계에서는 재난 피해지역을 재해 이전 상태로 회복시키기 위하여 피해상황을 조사하고, 자체복구계획을 수립·시행한다. O | X

X 재난피해 신고 및 조사는 재난의 피해복구 단계에 해당한다.

24. 간부 | 재난 및 안전관리 기본법

098 중앙대책본부장은 특별재난지역의 선포를 대통령에게 건의할 수 있고, 지역대책본부장은 관할지역에서 발생한 재난에 대해 중앙대책본부장에게 특별재난지역의 선포 건의를 요청할 수 있다. O | X

O

24. 간부 | 재난 및 안전관리 기본법

099 특별재난지역의 선포권자는 대통령이고, 특별재난지역을 선포하는 경우에 중앙대책본부장은 특별재난지역의 구체적인 범위를 정하여 공고하여야 한다. O | X

O

24. 간부 | 재난 및 안전관리 기본법

100 특별재난지역의 선포를 위해서는 중앙대책본부의 심의를 거쳐야 한다. O | X

X 중앙안전관리위원회의 심의를 거쳐야 한다.

> **핵심정리 특별재난지역의 선포**
> 1. 중앙대책본부장은 대통령령으로 정하는 규모의 재난이 발생하여 국가의 안녕 및 사회질서의 유지에 중대한 영향을 미치거나 피해를 효과적으로 수습하기 위하여 특별한 조치가 필요하다고 인정하거나 3.에 따른 지역대책본부장의 요청이 타당하다고 인정하는 경우에는 중앙위원회의 심의를 거쳐 해당 지역을 특별재난지역으로 선포할 것을 대통령에게 건의할 수 있다.
> 2. 1.에 따라 대통령령으로 재난의 규모를 정할 때에는 다음 사항을 고려하여야 한다.
>   • 인명 또는 재산의 피해 정도
>   • 재난지역 관할 지방자치단체의 재정 능력
>   • 재난으로 피해를 입은 구역의 범위
> 3. 1.에 따라 특별재난지역의 선포를 건의받은 대통령은 해당 지역을 특별재난지역으로 선포할 수 있다.
> 4. 지역대책본부장은 관할지역에서 발생한 재난으로 인하여 제1항에 따른 사유가 발생한 경우에는 중앙대책본부장에게 특별재난지역의 선포 건의를 요청할 수 있다.

POINT 9-8 안전문화 진흥 등

POINT 9-9 보칙

23. 간부 재난 및 안전관리 기본법

101 지방자치단체의 장은 재난 및 안전관리업무의 기술적 자문을 위하여 민간전문가로 구성된 안전관리자문단을 구성·운영할 수 있다.

O | X

O

> 📖 **핵심정리** 안전관리자문단의 구성·운영(법 제75조)
> 1. 지방자치단체의 장은 재난 및 안전관리업무의 기술적 자문을 위하여 민간전문가로 구성된 안전관리자문단을 구성·운영할 수 있다.
> 2. 1.에 따른 안전관리자문단의 구성과 운영에 관하여는 해당 지방자치단체의 조례로 정한다.

해커스소방 학원·인강
fire.Hackers.com

II

단원별 핵심지문 OX

PART 1 연소론
PART 2 폭발론
PART 3 화재론
PART 4 소화론
PART 5 소방시설
PART 6 위험물
PART 7 소방역사 및 소방조직
PART 8 구조·구급론
PART 9 재난관리론

PART 1 연소론

1 연소의 개념

001 불꽃연소란 가연물, 산소공급원 및 점화원에 의해 계속되는 연소현상이다.

002 산소와 결합하여 불꽃을 발하는 불꽃연소만을 연소의 범주로 한정한다.

003 분자 내 반응에 의해 열에너지를 발생하는 발열 분해반응도 연소의 범주에 속한다.

004 연소란 가연물이 공기 중의 탄소와 결합하여 빛과 열을 발생하는 급격한 산화반응을 말한다.

005 가연물, 산소공급원, 점화원, 순조로운 연쇄반응에 의한 연소를 표면연소라 한다.

정답 및 해설

001 [X] 표면연소란 가연물, 산소공급원 및 점화원에 의해 계속되는 연소현상이다. 불꽃연소는 순조로운 연쇄반응을 포함하여야 한다.

002 [X] 연소란 가연물이 공기 중의 산소와 결합하여 빛과 열을 발생하는 급격한 산화반응을 말한다. 연소는 불꽃연소와 무염연소로 분류할 수 있다.

003 [O]

004 [X] 연소란 가연물이 공기 중의 산소와 결합하여 빛과 열을 발생하는 급격한 산화반응을 말한다.

005 [X] 가연물, 산소공급원, 점화원, 순조로운 연쇄반응에 의한 연소를 불꽃연소라 한다.

핵심정리 산화제와 환원제

구분	필수요소	소화
3요소	가연물, 산소공급원, 점화원	물리적 소화
4요소	가연물, 산소공급원, 점화원, 연쇄반응	물리적 소화, 화학적 소화

006 연소란 일종의 산화반응으로 열과 빛을 동반하는 발열반응이다.

007 산화란 산화수가 증가하는 반응이고 환원이란 산화수가 감소하는 반응이다.

008 환원제란 자신은 환원되고 다른 물질을 산화시키는 물질을 말한다.

009 산화반응이 일어나면 항상 환원반응도 동시에 일어나게 된다.

010 산소 또는 수소와 결합할 때의 반응을 환원반응이라 한다.

011 산화-환원반응은 산소 원자, 수소 원자 또는 전자의 이동과 관련된 모든 반응을 말한다.

정답 및 해설

006 [O]

007 [O]

> **핵심정리** 산화수(Oxidation number)
> 산화수는 하나의 물질(홑원소 물질, 분자, 이온화합물)에서 전자의 교환이 완전히 일어났다고 가정하였을 때 물질을 이루는 특정 원자가 가지는 전하수를 말하며 산화상태(Oxidation state)라고도 한다.

008 [X] 산화제에 대한 설명이다.

> **핵심정리** 산화제와 환원제
> ① 산화제란 자신은 환원되고 다른 물질을 산화시키는 물질을 말한다.
> ② 환원제란 자신은 산화되고 다른 물질을 환원시키는 물질을 말한다.

009 [O]

> **핵심정리** 산화반응과 환원반응
>
> | 구분 | 산화 | 환원 |
> |---|---|---|
> | 산소 | 얻음 | 잃음 |
> | 산화수 | 증가 | 감소 |
> | 전자 | 잃음 | 얻음 |
> | 수소 | 잃음 | 얻음 |

010 [X] 가연물이 산소와 결합할 때, <u>수소를 잃을 때</u>의 반응을 산화반응이라 한다.

011 [O]

012 산화제란 산화환원반응에서 자신은 산화되고 다른 물질을 환원시키는 물질을 말한다.

013 나트륨과 염소에는 전하를 띤 원자가 없고, 염화 나트륨은 Na^+와 Cl^-이온들을 함유하고 있기 때문에 나트륨 원자로부터 염소원자로 전자 이동이 포함되어야 한다. 전자를 잃는 것을 산화라고 정의하고, 전자를 얻는 것을 환원이라고 정의한다.

014 산화수는 하나의 물질(홑원소 물질, 분자, 이온화합물)에서 전자의 교환이 완전히 일어났다고 가정하였을 때 물질을 이루는 특정 원자가 가지는 전하수를 말하며 산화 상태(Oxidation state)라고도 한다.

2 가연물

015 가연물의 구비조건은 산소와 접촉할 수 있는 비표면적이 크고, 활성화에너지의 값이 큰 물질이 해당한다.

016 가연물이 될 수 없는 완전산화물질은 일산화탄소(CO), 오산화인(P_2O_5), 삼산화크로뮴(CrO_3), 산화알루미늄(Al_2O_3), 규조토(SiO_2), 물(H_2O) 등이 있다.

📋 정답 및 해설

012 [X] 산화제란 <u>자신은 환원되고 다른 물질을 산화시키는 물질</u>을 말한다.

013 [O]

014 [O]

015 [X] 활성화에너지(최소발화에너지)의 값이 적어야 한다.

> **핵심정리** 가연물질의 구비조건(가연물이 되기 쉬운 조건)
> ① 탄소(C)·수소(H)·산소(O) 등으로 구성된 유기화합물이 많다.
> ② 일반적으로 산화되기 쉬운 물질로서 산소와 결합할 때 발열량이 커야 한다.
> ③ 열의 축적이 용이하도록 열전도율이 작아야 한다. 일반적으로 열전도율은 기체 → 액체 → 고체 순서로 커진다.
> ④ 산소와 접촉할 수 있는 비표면적이 큰 물질이어야 한다.
> ⑤ 조연성 가스인 산소·염소(Cl_2)와의 결합력이 강한 물질이어야 한다.
> ⑥ 활성화에너지(최소발화에너지)의 값이 적어야 한다.
> ⑦ 한계산소농도(LOI)가 낮을수록 낮은 농도의 산소 조건에서도 연소가 가능하므로 가연물이 되기 쉽다.
> ⑧ 화학적 활성도가 높아야 한다.

016 [X] 일산화탄소(CO)는 산소와 반응하기 때문에 가연물이 될 수 있다.
$$CO + \frac{1}{2}O_2 \rightarrow CO_2 + Qkcal$$

017 헬륨(He), 네온(Ne), 아르곤(Ar), 크립톤(Kr)은 산소와의 반응성이 큰 물질에 해당한다.

018 가연물과 산소공급원이 연소범위를 만들었을 때 연소반응이 일어나기 위해서는 활성화 상태까지 이르게 하는 에너지가 필요한데 이를 활성화에너지라고 한다. 이러한 활성화에너지의 에너지원을 최소산소농도라 한다.

019 가연성 물질이란 적당한 조건에서 산화할 수 있는 성분을 가진 물질로서 주로 탄소, 수소, 황 등으로 구성되어 있는 물질을 말한다.

020 가연성 물질은 열의 축적이 용이하도록 열전도율이 작은 물질이다. 일반적으로 열전도율은 기체 → 액체 → 고체 순서로 작아진다(기체가 가장 크다).

021 열전도율은 전도의 방식으로 열을 전달하는 능력을 말한다. 가연물의 열전도율이 크면 열의 전달이 잘 발생하지 않으므로 열을 축적하기 쉽게 된다.

022 한계산소농도(Limited Oxygen Index)는 연소를 지속하기 위한 최소한의 산소 체적분율(%)을 말한다. 일반적으로 LOI는 난연성 측정을 위해 많이 사용한다.

023 활성화에너지는 혼합가스에 착화원으로 점화 시 발화에 필요한 최소에너지를 말한다.

정답 및 해설

017 [X] 주기율표의 18족에 속하는 물질은 비활성기체로서 산소와 반응하지 않는다.

018 [X] 이러한 활성화에너지의 에너지원을 점화원이라 한다. 최소산소농도는 화염전파를 위한 최소한의 산소농도를 말한다.

019 [O]

020 [X] 일반적으로 열전도율은 기체 → 액체 → 고체 순서로 커진다.

021 [X] 열전도율은 열을 전도의 방식으로 전달하는 능력을 말한다. 가연물의 열전도율이 낮으면 열의 전달이 잘 발생하지 않으므로 열을 축적하기 쉽게 된다.

022 [O]

023 [O]

024 비표면적은 단위질량당 표면적을 말하는 것으로 가연물질의 질량이 일정할 때 당연히 표면적이 커지면 비표면적은 작아진다.

025 가연물의 구비조건은 일반적으로 산화되기 쉬운 물질로서 수소와 결합할 때 발열량이 커야 한다.

026 가연물의 구비조건은 열의 축적이 용이하도록 열전도율이 높아야 한다.

027 가연물의 구비조건은 연소반응을 일으키는 점화원의 활성화에너지의 값이 적어야 한다.

028 가연물의 구비조건으로 화학적 활성도가 낮아야 한다.

029 가연물의 구비조건으로 산소와 접촉할 수 있는 비표면적이 큰 물질이어야 한다.

030 일산화탄소(CO)는 산소와 반응하기 때문에 가연물이 될 수 있다.

정답 및 해설

024 [X] 비표면적은 단위질량당 표면적을 말하는 것으로 가연물질의 질량이 일정할 때 당연히 표면적이 커지면 비표면적도 커진다.

025 [X] 일반적으로 산화되기 쉬운 물질로서 산소와 결합할 때 발열량이 커야 한다.

026 [X] 열의 축적이 용이하도록 열전도율이 작아야 한다.

027 [O]

> **핵심정리** 가연물이 되기 쉬운 조건(가연물의 구비조건)
> 1. 열전도율이 작을수록
> 2. 활성화에너지가 작을수록
> 3. 발열양이 클수록
> 4. 산소와의 친화력이 클수록
> 5. 표면적(비표면적)이 클수록
> 6. 주위온도가 높을수록
> 7. 화학적 활성도가 높을수록

028 [X] 화학적 활성도가 높아야 한다.

029 [O]

030 [O]

031 이산화탄소는 화석연료와 같은 탄소를 포함한 물질을 완전연소시킬 경우 생성된다.

032 질소는 산소와 결합하는 산화반응을 하지만 발열반응하는 물질로 가연물이 아니다.

033 끓는점(비점)이 낮으면 인화의 위험성이 낮아진다.

034 파라핀 등 가연성 고체는 화재 시 가연성 액체가 되어 화재를 확대한다.

035 가연성 액체는 온도가 상승하면 점성이 커지고 화재를 확대시킨다.

정답 및 해설

031 [O]

032 [X] 질소는 산소와 결합하는 산화반응을 하지만 그 반응이 흡열반응하는 물질로 가연물이 아니다.

> **핵심정리** 산화흡열반응물질(질소)
>
> 질소와 산소는 화학적으로 안정되어 있어 쉽게 화학반응을 일으키지 않고, 고온·고압 상태에서 주로 화학반응이 일어나게 된다. 산소와 화합하여 산화물을 생성하나 발열반응을 하지 않고 흡열반응하는 물질은 가연물이 될 수 없는 조건에 해당한다.
>
> $$N_2 + O_2 \rightarrow 2NO - Qkcal$$
> $$N_2 + \frac{1}{2}O_2 \rightarrow N_2O - Qkcal$$

033 [X] 끓는점(비점)이 낮으면 인화의 위험성이 높아진다.

034 [O]

035 [X] 가연성 액체는 온도가 상승하면 점성이 작아지고 화재를 확대시킨다.

> **핵심정리** 가연성 물질
>
> 1. 가연물의 주성분은 탄소, 수소, 산소, 황 등이다.
> 2. 물과 혼합되기 쉬운 가연성 액체는 물과 혼합되면 증기압이 낮아져 인화점이 올라간다.
> 3. 파라핀 등 가연성 고체는 화재시 가연성 액체가 되어 화재를 확대한다.
> 4. 가연성 액체는 온도가 상승하면 점성이 작아지고 화재를 확대시킨다.
> 5. 끓는점(비점)이 낮으면 인화의 위험성이 높아진다.

3 산소공급원

036 연소의 필수요소 중 산소공급원에는 공기, 산화제, 자기연소성 물질, 조연성 가스 등이 있다.

037 지구를 둘러싼 대기의 하층부를 구성하는 공기의 조성은 장소와 고도 및 기타의 조건에 따라 다르다.

038 제1류 위험물은 산화·환원반응이 강렬하게 촉진되어 폭발적 현상을 생성하는 물질로서 환원성 물질이라 한다.

039 자기반응성 물질은 분자 내에 가연물과 산소를 충분히 함유하고 있는 물질로서 연소 속도가 빠르고 폭발을 일으킬 수 있는 물질이다.

정답 및 해설

036 [O]

핵심정리 산소공급원

공기(산소)	21%
제1류 위험물	산화성 고체
제5류 위험물	자기반응성 물질
제6류 위험물	산화성 액체
조연성 가스	O_2, NO_2, NO, F_2, O_3, Cl_2

037 [O]

핵심정리 공기 중의 산소

1. 지구를 둘러싼 대기의 하층부를 구성하는 공기의 조성은 장소와 고도 및 기타의 조건에 따라 다르다.
2. 일반적으로 공기에는 질소 78.03%, 산소 20.99%, 아르곤 0.95%, 탄산가스 0.03%, 그 외에 헬륨 등이 포함되어 있다. 즉, 공기 중에는 질소와 산소가 대부분을 차지하고 있다.

구분	N_2	O_2	Ar	CO_2
부피 백분율(vol%)	78.03	20.99	0.95	0.03
무게 백분율(wt%)	75.51	23.15	1.30	0.04

038 [X] 제1류 위험물은 산화·환원반응이 강렬하게 촉진되어 폭발적 현상을 생성하는 물질로서 산화성 물질이라 한다.

핵심정리 산화성 물질

「위험물안전관리법」상 제1류 및 제6류 위험물을 말한다. 물질의 산화반응은 큰 발열반응을 수반하며, 이러한 산화반응이 강렬하게 촉진되어 폭발적 현상을 생성하는 물질이다.

039 [O]

040 「위험물안전관리법」상 강산화제에 해당하는 제1류 위험물, 제2류 위험물은 산화성 물질로 산소공급원이 될 수 있다.

041 산소공급원은 산화제이다. 대표적인 산화제는 제1류 위험물과 제6류 위험물로 가열·충격·마찰에 의해 산소가 발생한다.

042 산소공급원은 일반적으로 공기 중의 산소를 말한다. 가연물이 연소하려면 산소와 혼합되어 불이 붙을 수 있는 농도조건이 형성되어야 하는데, 이를 연소범위라고 한다.

043 공기 중에는 약 15vol%의 산소가 포함되어 있어서 공기는 산소공급원 역할을 한다.

044 산소(O_2)는 조연성 가스에 해당한다.

045 일산화탄소와 오존은 조연성 가스에 해당한다.

046 조연성 가스에는 산소(O_2), 수소(H_2), 이산화질소(NO_2), 산화질소(NO), 불소(F_2), 오존(O_3), 염소(Cl_2) 등이 있다.

정답 및 해설

040 [X] 「위험물안전관리법」상 강산화제에 해당하는 제1류 위험물과 제6류 위험물은 산화성 물질로 산소공급원이 될 수 있다. 제2류 위험물인 가연성 고체는 환원성 물질에 해당한다.

041 [O]

042 [O]

043 [X] 공기 중에는 약 21vol%의 산소가 포함되어 있어서 공기는 산소공급원 역할을 한다.

구분	N_2	O_2	Ar	CO_2
부피 백분율(vol%)	78.03	20.99	0.95	0.03
무게 백분율(wt%)	75.51	23.15	1.30	0.04

044 [O]

045 [X] 일산화탄소는 가연성 가스에 해당한다.

046 [X] 조연성 가스에는 산소(O_2), 이산화질소(NO_2), 산화질소(NO), 불소(F_2), 오존(O_3), 염소(Cl_2) 등이 있다. 수소는 가연성 가스에 해당한다.

4 점화원

047 가연물의 활성화에너지는 항상 변화하지 않는 고유한 값을 갖는다.

048 기화(잠)열, 융해열, 단열팽창, 절연저항의 증가 등은 열적 점화원에 해당한다.

049 도체 주위에 변화하는 자기장이 있을 때 전위차가 발생하고 이로 인해 전류흐름이 일어난다. 이 전류를 유도전류라고 하며, 이 유도전류에 의하여 발생되는 열이 유전열이다.

050 마찰스파크는 두 개 이상의 물체가 서로 충격·마찰을 일으키면서 작은 불꽃을 일으키는데, 이러한 마찰불꽃에 의하여 가연성 가스에 착화가 일어날 수 있다. 이는 전기적 점화원에 해당한다.

051 저항열은 백열전구의 발열로서 전기에너지가 열에너지로 변할 때 생성된다.

052 물의 기화(잠)열은 약 539cal/g(539kcal/kg)이고, 융해(잠)열은 약 80cal/g(80kcal/kg)이다.

정답 및 해설

047 [X] 가연물의 활성화에너지는 고유한 값을 갖지 않는다. 최소발화에너지는 물질의 종류, 혼합기의 온도, 압력, 농도(혼합비) 등에 따라 변화한다. 또한 공기 중의 산소가 많은 경우 또는 가압하에서는 일반적으로 작은 값이 된다.

048 [X] 기화(잠)열, 융해열, 단열팽창, 절연저항의 증가 등은 점화원에 해당하지 않는다.

049 [X] 도체 주위에 변화하는 자기장이 있을 때 전위차가 발생하고 이로 인해 전류흐름이 일어난다. 이 전류를 유도전류라고 하며, 이 유도전류에 의하여 발생되는 열이 유도열이다.

050 [X] 단열압축(압축열), 마찰스파크는 기계적 점화원에 해당한다.

핵심정리 점화원의 종류

열적 점화원	고온표면, 적외선, 복사열
기계적 점화원	단열압축(압축열), 마찰스파크, 충격
화학적 점화원	용해열, 연소열, 분해열, 자연발화에 의한 열
전기적 점화원	정전기, 전기저항열, 낙뢰에 의한 열, 전기스파크, 유도열, 유전열

051 [O]

052 [O]

053 단열압축은 내부와 외부와의 열의 출입을 차단하여 압축하는 형태이다. 기체를 높은 압력으로 압축하면 온도가 상승하는데, 이와 함께 윤활유가 열분해되어 저온 발화물 생성되고 발화물질이 발화하여 폭발이 발생한다. 디젤엔진이 대표적인 예이다.

054 점화원은 열적 점화원, 기계적 점화원, 화학적 점화원, 전기적 점화원 및 원자력 점화원 등으로 구분할 수 있다. 기화(잠)열, 융해열은 열적 점화원에 해당한다.

055 점화원에 의해 가연성 혼합기가 발화하기 위해서는 점화원이 일정 크기 이상의 에너지를 가할 수 있어야 한다. 이러한 착화에 필요한 최소에너지를 최소발화에너지(MIE)라 한다. 최소발화에너지는 물질의 종류, 혼합기의 온도, 압력, 농도(혼합비) 등에 상관없이 일정하다.

056 물체에서 방출하는 전자기파를 직접 물체가 흡수하여 열로 변했을 때의 에너지를 정전기라 한다.

정답 및 해설

053 [O]

> **핵심정리 단열압축**
> 1. 내부와 외부와의 열의 출입을 차단하여 압축하는 형태로서 디젤엔진이 대표적이다.
> 2. 디젤엔진: 내연기관의 연소실에서 가연성 혼합가스를 주입하여 점화하는 방법으로 불꽃점화방식과 압축점화방식이 있다. 가솔린 엔진기관에서는 불꽃점화방식을 사용하고, 디젤엔진기관에서는 압축점화방식을 사용한다.
> 3. 기체를 높은 압력으로 압축하면 온도가 상승하는데, 이와 함께 윤활유가 열분해되어 저온 발화물 생성되고 발화물질이 발화하여 폭발이 발생한다.

054 [X] 점화원은 열적 점화원, 기계적 점화원, 화학적 점화원, 전기적 점화원 및 원자력 점화원 등으로 구분할 수 있다. 기화(잠)열, 융해열, 단열팽창, 절연저항의 증가 등은 점화원에 해당하지 않는다.

055 [X] 최소발화에너지는 물질의 종류, 혼합기의 온도, 압력, 농도(혼합비) 등에 따라 변화한다.

> **핵심정리 최소발화에너지(Minimum Ignition Energy) 영향 인자**
> 1. 압력이 높을수록 분자 간의 거리가 가까워져 MIE가 작아진다.
> 2. 온도가 높을수록 분자 운동이 활발해져 MIE가 작아진다.
> 3. 가연성 혼합기의 농도가 양론농도 부근일 때 MIE가 작아진다. 일반적으로 이것보다 상한계나 하한계로 향함에 따라 MIE는 증가한다.
> 4. 열전도율이 낮으면 MIE가 작아진다.
> 5. 전극 간 거리가 짧을수록 MIE가 감소하나 어떤 거리 이하로 짧아지면 방열량이 커져서 아무리 큰 에너지를 가해도 인화되지 않는다. 이 거리를 소염거리라 한다.
> 6. 일반적으로 연소속도가 클수록 MIE값은 작아진다.
> 7. 매우 압력이 낮아서 어느 정도 착화원에 의해 점화하여도 점화할 수 없는 한계가 있는데 이를 최소착화압력이라 한다.

056 [X] 물체에서 방출하는 전자기파를 직접 물체가 흡수하여 열로 변했을 때의 에너지를 복사열이라 한다.

☐☐☐
057 열전도율이 높으면 최소발화에너지가 감소한다.

☐☐☐
058 온도가 높아지면 분자 간 운동이 활발해지므로 최소발화에너지가 감소한다.

☐☐☐
059 가연성 가스의 조성이 화학양론적 농도 부근일 경우 최소발화에너지가 최저가 된다.

☐☐☐
060 압력이 높아지면 분자 간 거리가 가까워지므로 최소발화에너지가 증가한다.

☐☐☐
061 점화원에 의해 가연성 혼합기가 발화하기 위해서는 점화원이 일정 크기 이상의 에너지를 가할 수 있어야 한다. 이러한 착화에 필요한 최소 에너지를 최소발화에너지(MIE)라 한다.

정답 및 해설

057 [X] 열전도율이 <u>낮으면</u> 최소발화에너지(MIE)가 감소한다.

> **핵심정리** 최소발화에너지(MIE)의 영향인자
> 1. 연소속도가 클수록 최소발화에너지(MIE) 값은 적다.
> 2. 가연성 가스의 조성이 화학양론적 조성 부근일 경우 최소발화에너지(MIE)는 최저가 된다.

058 [O]

059 [O]

060 [X] 압력이 높아지면 분자 간 거리가 가까워지므로 최소발화에너지가 <u>감소</u>한다.

061 [O]

> **핵심정리** 최소발화에너지(Minimum Ignition Energy) 영향 인자
> 점화원에 의해 가연성 혼합기가 발화하기 위해서는 점화원이 일정 크기 이상의 에너지를 가할 수 있어야 한다. 이러한 착화에 필요한 최소 에너지를 <u>최소발화에너지(MIE)</u>라 한다. 최소발화에너지는 물질의 종류, 혼합기의 온도, 압력, 농도(혼합비) 등에 따라 변화한다. 또한 <u>공기 중의 산소가 많은 경우 또는 가압하에서는 일반적으로 작은 값이 된다</u>.
> 1. 압력이 높을수록 분자 간의 거리가 가까워져 MIE가 작아진다.
> 2. 온도가 높을수록 분자 운동이 활발해져서 MIE가 작아진다.
> 3. 가연성 혼합기의 농도가 양론농도 부근일 때 MIE가 작아진다. 일반적으로 이것보다 상한계나 하한계로 향함에 따라 MIE는 증가한다.
> 4. 열전도율이 낮으면 MIE가 작아진다.
> 5. 전극 간 거리가 짧을수록 MIE가 감소되지만 어떤 거리 이하로 짧아지면 방열량이 커져서 아무리 큰 에너지를 가해도 인화되지 않는다. 이 거리를 <u>소염거리</u>라 한다.
> 6. 일반적으로 연소속도가 클수록 MIE값은 작아진다.
> 7. 매우 압력이 낮아서 어느 정도 착화원에 의해 점화하여도 점화할 수 없는 한계가 있는데 이를 <u>최소착화압력</u>이라 한다.

062 최소발화에너지는 물질의 종류, 혼합기의 온도, 압력, 농도(혼합비) 등에 따라 변화한다. 또한 공기 중의 산소가 많은 경우 또는 가압하에서는 일반적으로 큰 값이 된다.

063 전극 간 거리가 짧을수록 MIE가 감소되지만 어떤 거리 이하로 짧아지면 방열량이 커져서 아무리 큰 에너지를 가해도 인화되지 않는다. 이 거리를 소염거리라 한다.

064 가연성 혼합기의 농도가 양론농도 부근일 때 MIE가 작아진다. 일반적으로 이것보다 상한계나 하한계로 향함에 따라 MIE는 감소한다.

065 매우 압력이 낮아서 어느 정도 착화원에 의해 점화하여도 점화할 수 없는 한계가 있는데 이를 최소착화압력이라 한다.

066 점화원은 열적 점화원, 기계적 점화원, 화학적 점화원, 전기적 점화원 및 원자력 점화원 등으로 구분할 수 있다.

067 단열압축과 마찰스파크는 기계적 점화원에 해당한다.

정답 및 해설

062 [X] 최소발화에너지는 공기 중의 산소가 많은 경우 또는 가압하에서는 일반적으로 작은 값이 된다.

063 [O]

064 [X] 가연성 혼합기의 농도가 양론농도 부근일 때 MIE가 작아진다. 일반적으로 이것보다 상한계나 하한계로 향함에 따라 MIE는 증가한다.

065 [O]

066 [O]

067 [O]

5 자연발화

068 유지류(동식물유류)는 아이오딘가가 클수록 자연발화가 되기 쉽다.

069 불포화도가 작고 아이오딘가가 작을수록 산화되기 쉽고 자연발화의 위험성이 크다.

070 자연발화하는 가연성 물질의 방지 방법으로 환기(통풍)·저장방법 등 공기유통을 원활하게 하여 열의 축적을 방지한다.

071 자연발화하는 가연성 물질의 자연발화 방지 방법으로 퇴적 시 열 축적이 용이하도록 한다.

정답 및 해설

068 [O]

핵심정리 자연발화를 일으키는 물질
1. 유지류(동식물유류)는 아이오딘가가 클수록 자연발화가 되기 쉽다. 불포화도가 크고 아이오딘가가 클수록 산화되기 쉽고 자연발화의 위험성이 크다.
2. 일반적으로 금속분은 금속의 분말형태를 말한다. 금속의 분말형태로 존재할 때 산소와의 접촉면적이 커져서 단위면적당 반응속도가 커지기 때문에 자연발화가 용이해진다.

069 [X] 불포화도가 크고 아이오딘가가 클수록 산화되기 쉽고 자연발화의 위험성이 크다.

핵심정리 아이오딘가와 불포화도
1. 아이오딘가: 유지를 구성하고 있는 지방산에 함유된 이중결합의 수를 나타내는 수치이다. 유지 100g에 흡수되는 아이오딘의 g수를 말한다.

불건성유	100 이하
반건성유	100 ~ 130 미만
건성유	130 이상

2. 불포화도: 불포화 탄화수소가 추가로 결합 가능한 수소의 양을 말한다.

070 [O]

핵심정리 자연발화 방지 방법
1. 환기(통풍)·저장방법 등 공기유통을 원활하게 하여 열의 축적을 방지한다.
2. 저장실 및 주위온도를 낮게 유지한다.
3. 수분(습기)에 의한 자연발화를 하는 물질의 경우에는 수분(습도)이 높은 곳을 피하여 저장한다.
4. 표면적을 크게 하여 적재하여야 하는 경우에는 가능하다면 공기와의 접촉면을 적게 한다.
5. 퇴적 시 열 축적이 용이하지 않도록 한다.

071 [X] 퇴적 시 열축적이 용이하지 않도록 한다.

072 햇볕에 방치한 기름걸레가 자연발화를 일으켰다면 자연발화를 일으키는 열원은 흡착열이다.

073 자연발화를 일으키는 열원에는 산화열, 분해열, 용해열, 흡착열, 중합열 등이 있다.

074 열의 축적이 용이하게 퇴적될수록 자연발화는 어렵다.

075 열 발생량이 클수록 축적되는 열의 양이 많아져 자연발화가 쉽다.

076 열전도도가 작을수록 열 축적이 용이하여 자연발화가 쉽다.

077 공기의 유통이 잘될수록 열의 축적이 어려워 자연발화가 어렵다.

정답 및 해설

072 [X] 산화열은 산화하는 과정에서 발생되는 열을 축적함으로써 자연발화가 일어난다. 종류로는 황린, 기름걸레, 석탄, 원면, 고무분말, 금속분, 건성유 등이 있다.

073 [X] 자연발화를 일으키는 열원에는 산화열, 분해열, 미생물열, 흡착열, 중합열 등이 있다. 용해열은 해당하지 않는다.

074 [X] 열의 축적이 용이하게 퇴적될수록 자연발화는 쉽다.

075 [O]

> **핵심정리** 자연발화에 영향을 주는 요인
> 1. **열전도율**: 열전도율이 작을수록 열 축적이 용이하다. 산화·분해 반응 시 반응열이 크고 그 열이 축적되기 쉬운 상태일 때 자연발화가 발생하기 쉽다.
> 2. **공기의 이동**: 통풍이 잘되는 공간에서는 열의 축적이 비교적 어렵기 때문에 자연발화가 발생하기 어렵다.
> 3. **온도**: 주변온도가 높으면 반응속도가 빠르기 때문에 열의 발생속도는 증가한다.
> 4. **퇴적방법**: 열의 축적이 용이하게 퇴적될수록 자연발화가 쉽다.
> 5. **수분(습도)**: 적당한 수분은 촉매 역할을 하기 때문에 반응속도를 빠르게 하여 자연발화가 쉽다.
> 6. **발열량**: 열 발생량이 클수록 축적되는 열의 양이 많아져 자연발화가 쉽다.
> 7. **촉매**: 발열반응에 정촉매 작용을 하는 물질은 반응을 빠르게 한다.

076 [O]

077 [O]

078 적당한 수분은 촉매 역할을 하기 때문에 반응속도를 느리게 하여 자연발화가 어렵다.

079 제5류 위험물은 분해열에 의하여 자연발화를 한다.

080 기름걸레와 황린은 흡착열에 의하여 자연발화를 한다.

081 석탄, 기름걸레, 불포화 섬유지는 산화열에 의한 발열로 자연발화한다.

082 아이오딘값이 클수록 불포화도가 작다.

정답 및 해설

078 [X] 적당한 수분은 촉매 역할을 하기 때문에 반응속도를 <u>빠르게 하여 자연발화가 쉽다.</u>

079 [O]

> **핵심정리** 자연발화를 일으키는 열원의 종류
>
> | | |
> |---|---|
> | 산화열 | 황린, 기름걸레, 석탄, 원면, 고무분말, 금속분, 건성유 |
> | 분해열 | 제5류 위험물, 아세틸렌(C_2H_2), 산화에틸렌(C_2H_4O) |
> | 미생물열 | 거름, 퇴비, 먼지, 곡물, 비료 |
> | 흡착열 | 활성탄, 목탄(숯), 유연탄 |
> | 중합열 | 액화시안화수소(HCN), 산화에틸렌 |

080 [X] 기름걸레와 황린은 <u>산화열에 의하여 자연발화를 한다.</u>

081 [O]

082 [X] 아이오딘값이 클수록 불포화도가 <u>높다.</u>

> **핵심정리** 아이오딘값
>
> 1. 유지를 구성하고 있는 지방산에 함유된 이중결합의 수를 나타내는 수치이다. 유지 100g에 흡수되는 아이오딘의 g수를 말한다.
> 2. **아이오딘값의 의미**
>   - 아이오딘값이 클수록 자연발화성이 높다.
>   - 아이오딘값이 클수록 산소와의 결합이 쉽다.
>   - 아이오딘값이 클수록 불포화도가 높다.
>   - 아이오딘값이 클수록 건성유이다.
> 3. **유지의 종류**
>   - **불건성유:** 아이오딘가 100 이하
>   - **반건성유:** 아이오딘가 100~130 미만
>   - **건성유:** 아이오딘가 130 이상

6 정전기

083 어떤 물질이 다른 물질과 마찰 또는 접촉하면서 각 물질 표면에 양(+)전하와 음(-)전하가 축적되는데 이 축적된 전기를 정전기(마찰전기)라고 한다.

084 정전기는 비전기전도성이 큰 물체를 사용하여 전하의 발생을 방지한다.

085 정전기에 의한 발화과정은 전하의 발생 → 전하의 축적 → 방전 → 발화의 순이다.

086 정전기 대전 방지대책으로 공기의 이온화, 접지시설 및 피뢰설비를 한다.

087 두 물체의 마찰이나 마찰에 의해 접촉위치 이동으로 전하의 분리 및 재배열이 일어나 발생하는 마찰대전에 의해 정전기는 발생한다.

정답 및 해설

083 [O]

> **핵심정리** 정전기(Static electricity flame)
> 1. 어떤 물질이 다른 물질과 마찰 또는 접촉하면서 각 물질 표면에 양(+)전하와 음(-)전하가 축적되는데 이 축적된 전기를 정전기(마찰전기)라고 한다.
> 2. 축적된 정전기가 방전될 경우 점화원(전기적 점화원)의 역할을 할 수 있다.
> 3. 마찰전기의 발화과정은 전하의 발생, 전하의 축적, 방전, 발화의 순이다.
> 4. 정전기의 발생량은 두 마찰물질의 대전서열이 멀수록, 마찰의 정도가 심할수록 증가한다.

084 [X] 전기전도성이 큰 물체를 사용하여 전하의 발생을 방지한다.

> **핵심정리** 정전기의 예방대책
> 1. 공기를 이온화한다.
> 2. 전기전도성이 큰 물체를 사용하여 전하의 발생을 방지한다.
> 3. 접지시설을 한다.
> 4. 상대습도를 70% 이상으로 한다.
> 5. 전기의 전위차를 작게 하여 정전기 발생을 억제한다.

085 [O]

086 [X] 피뢰설비는 벼락을 제거하는 설비로 정전기 제거설비에는 해당하지 않는다.

087 [O]

088 정전기는 접촉하는 전기의 전위차를 크게 하여 정전기의 발생을 억제시킨다.

089 정전기의 발생량은 두 마찰물질의 대전서열이 가까울수록, 마찰의 정도가 작을수록 증가한다.

090 정전기는 화학적 점화원에 해당한다.

091 비전도성이 큰 물체를 사용하여 전하의 발생을 방지한다.

정답 및 해설

088 [X] 접촉하는 전기의 전위차를 작게 하여 정전기의 발생을 억제시킨다.

089 [X] 정전기의 발생량은 두 마찰물질의 대전서열이 클수록, 마찰의 정도가 심할수록 증가한다.

> **핵심정리** 전하와 방전
> 1. **전하**: 물체가 띠고 있는 정전기의 양으로 모든 전기현상의 근원이 되는 실체이다. 양전하와 음전하가 있고 전하가 이동하는 것이 전류이다.
> 2. **방전(Discharge)**: 대전체가 전하를 잃는 과정으로 대전체에서 전기가 방출되는 현상을 말하며, 충전의 반대 과정이다. 일반적으로는 충전되어 있는 전지(電池)로부터 전류가 흘러 기전력(起電力)이 감소하는 현상을 말한다. 쉽게 말해 일상생활에서 전지가 닳는 것을 말한다.

090 [X] 정전기는 전기적 점화원에 해당한다.

091 [X] 전기전도성이 큰 물체를 사용하여 전하의 발생을 방지한다.

7 연소범위 및 위험도

092 ☐☐☐ 연소범위는 가연물의 특성으로 가연성 가스의 종류마다 가연성 물질의 고유한 값으로 항상 일정하다.

093 ☐☐☐ 연소범위에서 농도가 낮은 쪽은 연소범위의 하한계라고 하고, 농도가 높은 쪽을 연소범위의 상한계라고 한다.

094 ☐☐☐ 가연성 가스가 공기와 혼합하여 연소반응을 일으킬 수 있는 적정한 농도범위를 설계범위라고 한다.

095 ☐☐☐ 연소범위에 영향을 주는 직접적인 요인은 온도, 압력, 산소농도, 습도 등이 있다.

096 ☐☐☐ 산소의 농도가 증가하면 하한계의 변화는 거의 없고, 상한계가 높아져 연소범위가 넓어진다.

정답 및 해설

092 [X] 연소범위는 가연물의 특성으로 가연성 가스의 종류마다 다르다. 연소범위는 온도, 압력, 공기 중의 산소의 농도 등의 조건에 따라 달라진다.

> **핵심정리** 연소범위에 영향을 주는 요인
>
> 가연성 가스의 농도가 너무 희박하거나 너무 농후해도 연소는 잘 일어나지 않는다. 연소범위는 연소 발생 시 온도, 압력, 산소농도 및 비활성 가스의 주입 등에 따라 달라진다.
> 1. **온도**: 온도가 올라가면 분자의 운동이 활발해지므로 분자 간 유효충돌 가능성이 커지며, 연소범위는 넓어져 위험성은 증가된다.
> 2. **압력**
>   - 압력이 높아지면 분자 간의 평균거리가 축소되어 유효충돌이 증가되며 화염의 전달이 용이하여 연소한계는 넓어진다.
>   - 연소하한계 값은 크게 변하지 않으나 연소상한계가 높아져 전체적으로 범위가 넓어진다.
>   - 예외적으로 수소(H_2)와 일산화탄소(CO)는 압력이 높아질 때 일시적으로 연소범위가 좁아진다.
> 3. **산소농도**: 산소농도가 증가하면 연소하한계의 변화는 거의 없고, 연소상한계가 넓어져 연소범위가 넓어진다.
> 4. **비활성 가스**: 가연성 가스의 혼합가스에 비활성 가스를 투입하면 공기 중 산소농도가 저하되므로 연소상한계는 크게 변화하고 연소하한계는 작게 변화하여 전체적으로 연소범위가 좁아진다.

093 [O]

094 [X] 가연성 가스가 공기와 혼합하여 연소반응을 일으킬 수 있는 적정한 농도범위를 연소범위라고 한다.

095 [X] 연소범위에 영향을 주는 요인은 온도, 압력, 산소농도, 비활성 가스의 투입 등이 있다. 가연성 가스의 연소범위에 습도는 직접적인 영향을 주지 않는다.

096 [O] 연소범위에 대한 영향인자로 산소의 농도가 증가하면 하한계의 변화는 거의 없고, 상한계가 높아져 연소범위가 넓어진다.

097 아세틸렌은 이황화탄소보다 연소범위가 크며, 위험도도 크다.

098 연소범위란 조연성 가스가 질소와 혼합하여 연소반응을 일으킬 수 있는 적정한 농도범위를 말한다.

099 일반적으로 온도와 압력이 올라가면 연소범위는 좁아진다.

100 비활성 가스를 투입하면 공기 중 산소농도가 저하되므로 연소범위가 넓어진다.

101 연소범위의 하한계가 낮을수록 연소범위의 상한계가 높을수록 가연성 가스의 위험성은 증가한다.

102 수소는 압력이 낮거나 높을 때 일시적으로 연소범위가 좁아진다.

103 일반적으로 압력이 높아지면 분자 간의 평균거리가 축소되어 유효충돌이 증가되며 화염의 전달이 용이하여 연소한계는 넓어진다.

정답 및 해설

097 [X] 아세틸렌은 이황화탄소보다 연소범위는 크고, 위험도는 작다.

098 [X] 연소범위란 가연성 가스가 산소와 혼합하여 연소반응을 일으킬 수 있는 적정한 농도범위를 말한다.

099 [X] 일반적으로 온도와 압력이 올라가면 연소범위는 넓어진다.

100 [X] 비활성 가스를 투입하면 공기 중 산소농도가 저하되므로 연소상한은 크게 변화하고 하한은 작게 변화하여 전체적으로 연소범위가 좁아진다.

101 [O]

102 [O]

103 [O]

104 이황화탄소의 연소범위는 1.2 ~ 44vol%이다.

105 수소의 연소범위는 1.8 ~ 8.4vol%이다.

106 연소상한계란 연소상한계의 농도 이상에서는 점화원과 접촉될 때 화염의 전파가 최대로 발생하는 공기 중의 증기 또는 가스의 최고농도를 말한다.

107 연소하한계란 연소하한계의 농도 이하에서는 점화원과 접촉될 때 화염의 전파가 발생하지 않는 공기 중의 증기 또는 가스의 최소농도를 말한다.

정답 및 해설

104 [O]

핵심정리 물질의 연소범위

물질명	연소범위(vol%)	물질명	연소범위(vol%)
아세틸렌(기체)	2.5 ~ 81(100)	메탄(기체)	5 ~ 15
산화에틸렌(기체)	3 ~ 80(100)	에탄(기체)	3 ~ 12.5
수소(기체)	4 ~ 75	프로판(기체)	2.1 ~ 9.5
일산화탄소(기체)	12.5 ~ 74	부탄(기체)	1.8 ~ 8.4
암모니아(기체)	15 ~ 28	에틸알코올(액체)	4.3 ~ 19
톨루엔(액체)	1.3 ~ 6.8	가솔린(액체)	1.4 ~ 7.6
이황화탄소(액체)	1.2 ~ 44	아세톤(액체)	2.6 ~ 12.8

105 [X] 수소의 연소범위는 4 ~ 75vol%이다. 부탄의 연소범위는 1.8 ~ 8.4vol%이다.

106 [X] 연소상한계란 연소상한계의 농도 이상에서는 점화원과 접촉될 때 화염의 전파가 발생하지 않는 공기 중의 증기 또는 가스의 최고농도를 말한다.

핵심정리 연소범위의 개념

1. 연소하한계(LFL; Low Flammable Limit)
   - 연소범위의 희박한 측의 한계를 말한다. 일반적으로 온도 증가에 따라 약간 감소하는 특성이 있다.
   - 연소하한계의 농도 이하에서는 점화원과 접촉될 때 화염의 전파가 발생하지 않는 공기 중의 증기 또는 가스의 최소농도를 말한다.
2. 연소상한계(UFL; Upper Flammable Limit)
   - 연소범위의 농후한 측의 한계를 말한다. 온도 증가에 따라 비교적 크게 증가한다.
   - 연소상한계의 농도 이상에서는 점화원과 접촉될 때 화염의 전파가 발생하지 않는 공기 중의 증기 또는 가스의 최고농도를 말한다.

107 [O]

108 불활성 가스의 농도가 높아지면 연소범위는 넓어진다.

109 혼합가스의 연소범위를 알고자 할 때에는 직접적인 실험을 하지 않고 르 샤틀리에 공식을 이용할 수 있다.

110 아세틸렌과 프로판은 공기가 섞이지 않은 순수한 상태에서도 분해폭발이 가능하다.

111 온도가 낮아지면 열의 발열속도보다 방열속도가 빨라져서 연소범위가 좁아진다.

112 화염일주한계가 작을수록 위험성이 크다.

113 메탄의 연소범위는 5~15%이다.

정답 및 해설

108 [X] 불활성 가스의 농도가 높아지면 연소범위가 좁아진다.

109 [O] 아세틸렌은 폭발범위의 상한계가 100vol%인 상태에서 분해폭발이 가능하다. 반면, 프로판은 혼합가스가 2.1 ~ 9.5vol%에서 폭발한다.

110 [X] 프로판은 분해폭발하지 않는다.

> **핵심정리 분해폭발**
> 1. 공기가 섞이지 않은 순수한 상태(산소 없이도)에서도 폭발이 가능하므로 폭발상한계는 100%가 될 수 있다.
> 2. 분해폭발을 하는 물질로는 아세틸렌(C_2H_2), 산화에틸렌(C_2H_4O), 하이드라진(N_2H_4), 에틸렌(C_2H_4), 오존(O_3), 아산화질소(N_2O), 산화질소(NO), 시안화수소(HCN) 등이 있다.

111 [O]
> **핵심정리 연소범위 영향요소**
> 1. 온도가 높을 때: 열의 발열속도 > 방열속도 → 연소범위는 넓어진다.
> 2. 온도가 낮을 때: 열의 발열속도 < 방열속도 → 연소범위는 좁아진다.

112 [O]
> **핵심정리 화염일주한계**
> 1. 화염일주란 내압 방폭구조에서 가연성가스가 용기 내부에서 폭발할 때, 생성된 화염이 용기 접합면의 좁은 틈을 통해서 일주하여 주변의 가연성 혼합기를 발화시키는 것을 말한다.
> 2. 화염일주한계는 어떤 전기기계·기구의 용기 접합면 틈새가 길이에 비해 아주 작을 경우, 용기 내부에서 가연성 물질이 점화되더라도 그 폭발화염이 용기 외부로 확산되지 않는 틈새를 말한다.

113 [O]

114 위험도는 폭발상한과 하한의 차이를 폭발하한계로 나눈 값을 말한다.

115 온도가 높아지면 기체분자의 운동이 증가하므로 반응성이 활발해진다. 연소범위(폭발범위)는 온도 상승에 따라 확대되는 경향이 있다.

116 온도상승 시 부피, 압력이 상승하여 연소범위가 넓어진다.

117 메탄이 완전연소할 때 존스(Jones)의 수식을 이용하여 계산한 연소의 하한계는 10(%)이다. (단, 공기 중의 산소는 20v%이며, 소수점 둘째 자리에서 반올림하여 계산하며, LFL = 0.55Cst이다)

정답 및 해설

114 [O] 위험도(H) = $\dfrac{\text{상한계(U)} - \text{하한계(L)}}{\text{하한계(L)}}$ 이다.

115 [O] 일반적으로 화학반응은 온도가 10℃ 상승하면 반응속도가 2배로 증가되고 폭발범위도 온도상승에 따라 확대되는 경향이 있다.

116 [O] 보일의 법칙에 의해 온도상승 시 연소의 범위가 넓어진다.

$$\dfrac{P_1 V_1}{T_1} = \dfrac{P_2 V_2}{T_2} = K(\text{일정})$$

117 [X]   1. 공기몰수 100 : 20 = X : 2

$$X = \dfrac{\text{산소몰수}}{20} \times 100 = \dfrac{2}{20} \times 100 = 10$$

2. Cst = $\dfrac{\text{연료몰수}}{\text{연료몰수} + \text{공기몰수}} \times 100 = \dfrac{1}{1 + 10} \times 100(\%)$

= 9.10(%)

3. LFL = 0.55Cst, UFL = 3.5Cst
LFL = 0.55 × 9.1(%) = 5%

핵심정리 존스(Jones)의 수식

1. LFL = 0.55Cst, UFL = 3.5Cst
2. 화학양론조성비(조성비, Stoichiometric ratio)

$$Cst = \dfrac{\text{연료몰수}}{\text{연료몰수} + \text{공기몰수}} \times 100$$

☐☐☐
118 최소소화농도는 물질의 반응이 가장 일어나는 완전연소 혼합비율을 말한다.

8 인화점·연소점·발화점

☐☐☐
119 인화점은 외부로부터 에너지를 받아 연소가 시작되는 가연성 물질의 최저온도이다.

☐☐☐
120 발화점은 점화원 제거 후에도 연소가 지속될 수 있는 최저온도이다.

☐☐☐
121 연소점은 점화원을 제거한 후에도 계속적으로 연소를 일으킬 수 있는 최저온도를 말한다.

☐☐☐
122 최소발화에너지는 가연물과 산소공급원이 연소범위를 만들었을 때 연소반응이 일어나기 위해서 활성화 상태까지 이르게 하는 최소의 에너지를 말한다.

정답 및 해설

118 [X] 화학양론농도는 물질의 반응이 가장 잘 일어나는 완전연소 혼합비율을 말한다[NTP(21℃, 1기압) 상태에서 가연성 가스, 공기계에서 완전연소에 필요한 농도비율이다].

> **핵심정리** 화학양론농도(조성비, Stoichiometric ratio)
> 1. 화학양론농도는 물질의 반응이 가장 일어나는 완전연소 혼합비율을 말한다[NTP(21℃, 1기압) 상태에서 가연성 가스, 공기계에서 완전연소에 필요한 농도비율이다].
> 2. 연료와 공기의 최적합의 조성 비율이다.

119 [O]
> **핵심정리** 인화점 및 연소점
> 1. 인화점: 가연물에 점화원을 가하였을 때 불이 붙을 수 있는 최저온도를 말한다.
> 2. 연소점: 점화원을 제거한 후에도 계속적으로 연소를 일으킬 수 있는 최저온도를 말한다.

120 [X] 연소점은 점화원 제거 후에도 연소가 지속될 수 있는 최저온도이다.

> **핵심정리** 발화점[Ignition point(temperature)]
> 1. 점화원 없이도 스스로 불이 붙을 수 있는 최저온도이다.
> 2. 착화점, 발화온도, 자연발화점, 착화온도라 부르기도 한다.
> 3. 실내장식물의 모양, 가연성 가스의 비중은 발화점과 관계없다.

121 [O]

122 [O]

123 발화점은 열전도율이 작을수록, 분자구조가 복잡할수록, 산소와의 친화력이 클수록 낮아진다.

124 인화점(유도발화점, Flash point)은 점화원 제거 후에도 연소가 지속될 수 있는 최저온도이다.

125 유도발화점(Flash point)은 가연물에 점화원을 가하였을 때 불이 붙을 수 있는 최저온도를 말한다.

126 유도발화점(Flash point)은 연소점을 말하며, 유도발화점은 점화원을 제거한 후에도 계속적으로 연소를 일으킬 수 있는 최저온도를 말한다.

127 화학반응에너지가 작을수록 발화점이 낮아진다.

128 발열량이 작을수록 발화점이 낮아진다.

정답 및 해설

123 [O]

124 [X] 인화점(유도발화점, Flash point)은 가연물에 점화원을 가하였을 때 불이 붙을 수 있는 최저온도를 말한다.

125 [O]

126 [X] 유도발화점은 인화점이므로 연소점에 대한 내용은 옳지 않다.

127 [X] 화학반응에너지가 클수록 발화점이 낮아진다.

128 [X] 발열량이 클수록 발화점이 낮아진다.

129 알칸계 탄화수소(메탄계, 파라핀계)는 같은 분자량을 가진 다른 유기화합물보다 비점이 높다.

130 파라핀계 탄화수소의 일반식은 C_nH_{2n+2}(n: 탄소원자의 수)으로 사슬모양(Chain형)의 분자구조이다.

131 메탄계 탄화수소는 단일결합과 안정한 결합각으로 인해 반응성이 작은 안정된 화합물이고, 탄소수(사슬길이)가 증가할수록 비점이 높아진다.

132 파라핀계의 탄화수소 분자량 증가(C_xH_y 수의 증가)에 따라 발열량이 증가한다.

133 파라핀계의 탄화수소 분자량 증가(C_xH_y 수의 증가)에 따라 인화점이 높아진다.

정답 및 해설

129 [X] 같은 분자량을 가진 다른 유기화합물보다 비점이 낮다(분자 간의 인력이 약한 특성으로 분자들이 분리하여 액체가 기체로 되는데 작은 에너지가 소요된다).

> **핵심정리** 알칸계 탄화수소(메탄계, 파라핀계)의 성질
> 1. 일반식: C_nH_{2n+2}(n: 탄소원자의 수)
> 2. 사슬모양(Chain형)의 분자구조이다.
> 3. 단일결합과 안정한 결합각으로 인해 반응성이 작은 안정된 화합물이다.
> 4. 탄소수(사슬길이)가 증가할수록 비점이 높아진다.
> 5. 무극성 분자로 물에 불용성이며, 액상은 밀도가 낮아서 물 위에 뜬다.
> 6. 같은 분자량을 가진 다른 유기화합물보다 비점이 낮다(분자 간의 인력이 약한 특성으로 분자들이 분리하여 액체가 기체로 되는데 작은 에너지가 소요된다).
> 7. 일반적으로 탄소수가 4개 이하는 기체, 5~16개 이하는 액체, 17개 이상은 고체이다.

130 [O]

131 [O]

132 [O]

> **핵심정리** C_xH_y 수의 증가(파라핀계)
> 1. 인화점이 높아진다.
> 2. 발열량이 증가한다.
> 3. 발화점이 낮아진다.
> 4. 분자구조가 복잡해진다.
> 5. 휘발성(증기압)이 감소하고 비점은 상승한다.
> 6. 연소범위가 좁아지고 하한계는 낮아진다.

133 [O]

134 파라핀계의 탄화수소 분자량 증가에 따라 휘발성(증기압)이 감소하고 비점도 감소한다.

135 파라핀계의 탄화수소 분자량 증가(C_xH_y 수의 증가)에 따라 발화점은 증가한다.

136 가연물의 발화점 특성으로 금속의 열전도율이 클수록 발화점은 낮아진다.

137 가연물의 발화점 특성으로 최소점화에너지(활성화에너지)가 작을수록 발화점은 낮아진다.

138 가연물의 발화점 특성으로 파라핀계의 탄화수소 분자량이 증가할 수록 발화점은 낮아진다.

139 발화점이란 착화원이 없는 상태에서 가연성 물질 자체의 열의 축적으로 공기 중에서 가열하였을 때 발화되는 최저온도이다.

정답 및 해설

134 [X] 파라핀계의 탄화수소 분자량 증가에 따라 휘발성(증기압)이 감소하고 비점은 상승한다.

135 [X] 파라핀계의 탄화수소 분자량 증가(C_xH_y 수의 증가)에 따라 발화점은 낮아진다.

136 [X] 금속의 열전도율이 작을수록 발화점이 낮아진다.

> **핵심정리** 발화점이 낮아지는 조건
> 1. 분자구조가 복잡할 때
> 2. 금속의 열전도율이 작을수록
> 3. 압력과 화학적 활성도가 클수록
> 4. 발열량, 농도가 클수록
> 5. 최소점화에너지(활성화에너지)가 작을수록
> 6. 산소와 친화력이 클수록

137 [O]

138 [O]

139 [O]

> **핵심정리** 발화점[Ignition point(temperature)]
> 1. 점화원 없이도 스스로 불이 붙을 수 있는 최저온도이다.
> 2. 착화점, 발화온도, 자연발화점, 착화온도라 부르기도 한다.
> 3. 실내장식물의 모양, 가연성 가스의 비중은 발화점과 관계없다.

9 연소의 이상현상

140 불꽃연소란 공기 중에 존재하는 산소와 고체 표면에서 발생하는 느린 연소과정으로 연료표면에서 반응이 일어나고 이 표면에서 작열과 탄화현상이 일어난다.

141 정상연소와 비정상연소는 열의 발생속도와 연소의 확산속도가 서로 균형을 유지한다.

142 선화현상은 역화현상의 반대현상으로서 연료가스의 분출속도보다 연소속도가 빠를 때 발생한다.

143 블로우다운은 불필요해진 일정량의 가스를 대기 중으로 방출하는 것이다.

144 블로우오프는 선화상태에서 화염이 꺼지는 현상을 말한다.

정답 및 해설

140 [X] <u>훈소(훈소화재)</u>란 공기 중에 존재하는 산소와 고체 표면에서 발생하는 <u>느린 연소과정</u>으로 연료표면에서 반응이 일어나고 이 표면에서 작열과 탄화현상이 일어난다. <u>공기의 유입이 많을 경우 유염연소로 변화할 수 있다.</u>

141 [X] 정상연소는 열의 발생속도와 연소의 확산속도가 서로 균형을 유지한다. <u>비정상연소를 하는 경우는 화염의 모양·위치·상태 등이 연소가 일어나는 동안 변한다.</u>

142 [X] <u>선화현상</u>은 일반적으로 기체 연소에서 발생하는데 역화현상의 반대현상으로서 연료가스의 <u>분출속도가 연소속도보다 빠를 때 불꽃이 버너의 노즐에서 떨어지는 연소</u>를 말한다.

> **핵심정리** 역화와 선화
> 1. **역화**: 가연성 가스의 연소 시 노즐에서 혼합가스의 분출속도가 연소속도보다 느릴 때 역화현상이 발생한다 (분출속도 < 연소속도).
> 2. **선화**: 역화현상과 반대현상으로 버너의 불꽃이 버너에서 부상하는 상태이다. 선화현상은 혼합가스의 분출속도가 연소속도보다 빠른 경우에 불꽃이 버너의 노즐에서 떨어지는 현상을 말한다(연소속도 < 분출속도).

143 [O]

144 [O]

145 노즐의 부식 등으로 분출 구멍이 커진 경우 선화가 발생할 수 있다.

146 공급되는 가연물질의 양이 많을 때는 완전연소가 발생할 수 있다.

147 연소소음이란 가연성 혼합가스의 연소속도나 분출속도가 대단히 클 때 연소음 및 폭발음 등이 발생하는 현상이다.

정답 및 해설

145 [X] 노즐의 부식 등으로 <u>분출 구멍이 커진 경우</u> <u>역화</u>가 발생할 수 있다.

> **핵심정리 비정상연소**
> - 연소 시간이 경과하면서 화염의 위치나 모양이 변한다.
> - 가연물질의 연소 시 공급되는 공기의 양이 불충분한 경우에 정상연소가 되지 않고 발생하는 이상현상이다.
> - 열의 발생속도와 연소의 확산속도가 서로 균형을 이루지 못하는 경우이다.
> - 열의 발생속도가 연소의 확산속도를 초과하는 현상으로 격렬한 연소 상태를 말한다. 일반적으로 폭발과 같은 상황이다.
> - 비정상연소로는 역화, 선화, 블로우오프 등이 있다.

146 [X] 공급되는 가연물질의 양이 많을 때는 불완전연소가 발생할 수 있다.

> **핵심정리 불완전한 연소가 이루어지는 원인**
> 1. 연소가스의 배출 불량 등으로 유입공기가 부족할 때
> 2. 공급되는 가연물의 양이 많을 때
> 3. 가스량과 공기량의 균형이 맞지 않을 때
> 4. 불꽃이 낮은 온도의 물질과 접촉할 때
> 5. 연소 초기에 공급되는 공기의 양이 부족할 때
> 6. 연소생성물의 배기가 충분하지 않을 때

147 [O]

□□□
148 완전연소는 가연물의 양이 공급되는 공기(산소)의 공급량보다 상대적으로 많을 때 발생하며, 일산화탄소, 그을음 등이 대표적인 생성물이다.

□□□
149 일반적으로 가연물이 완전연소할 때의 화염온도는 불완전연소할 때보다 낮다.

□□□
150 불완전연소는 연소생성물의 배기가 불량할 때 발생한다.

□□□
151 불완전연소는 산소공급이 충분할 때 발생한다.

□□□
152 불꽃연소는 표면연소와 비교하여 이산화탄소의 발생량이 많다.

□□□
153 불꽃연소를 하는 화재의 형태는 표면화재이다.

정답 및 해설

148 [X] 불완전연소는 가연물의 양이 공급되는 공기(산소)의 공급량보다 상대적으로 많을 때 발생하며, 일산화탄소, 그을음 등이 대표적인 생성물이다.

> **핵심정리** 완전연소와 불완전연소
> 1. 완전연소
>   - 산소가 충분히 공급되어 연소반응이 완전히 진행되어 생성되는 물질에 가연성 물질이 남아있지 않게 되는 현상을 말한다.
>   - 가연물질이 완전연소할 때의 대표적인 생성물에는 이산화탄소(CO_2), 수증기(H_2O) 등이 있다.
> 2. 불완전연소
>   - 산소가 충분히 공급되지 않아 불완전한 연소가 진행되면, 가연물질로부터 열분해가 되어 발생되는 생성물에 가연성 물질이 남아있는 것을 말한다.
>   - 불완전연소의 대표적인 생성물에는 일산화탄소(CO), 그을음, 유리탄소 등이 있다.

149 [X] 일반적으로 가연물이 완전연소할 때의 화염온도는 불완전연소할 때보다 높다.

150 [O]

151 [X] 완전연소는 산소공급이 충분할 때 발생한다.

152 [O]

153 [O]

154 불꽃연소는 부촉매소화가 효과적이지 않다.

155 역화는 용기 밖의 압력이 내부보다 낮을 때 발생할 수 있다.

156 가연성 가스의 연소 시 비활성 가스를 주입하면 연소속도는 상승한다.

157 가연물이 완전연소할 때만 불꽃연소를 한다.

158 가연성 가스의 연소 시 연소하한계에 가까워질수록 연소속도는 상승한다.

정답 및 해설

154 [X] 부촉매소화(억제소화)는 불꽃화재에는 효과적이나, 연쇄반응이 없는 작열연소 또는 심부화재에는 효과적이지 않다.

155 [X] 역화는 용기 밖의 압력이 내부보다 높을 때 발생할 수 있다.

> **핵심정리 역화의 원인**
> 1. 버너가 과열될 때
> 2. 혼합가스량이 너무 적을 때
> 3. 용기 밖에 압력이 높을 때
> 4. 연료의 분출속도가 연소속도보다 느릴 때
> 5. 노즐의 부식 등으로 분출 구멍이 커진 경우

156 [X] 가연성 가스의 연소 시 비활성 가스를 주입하면 연소속도는 감소한다.

157 [X] 불완전연소할 때도 불꽃연소를 한다.

158 [X] 가연성 가스의 연소 시 연소하한계에 가까워질수록 연소속도는 감소한다.

10 연소의 형태

159 고체 가연물질을 가열하면 복잡한 경로를 거쳐 열분해한 다음 열분해 되어 나온 분해가스 등이 연소하는 분해연소의 형태를 갖는다.

160 분해연소를 하는 대표적인 위험물은 「위험물안전관리법」상 제4류 위험물(인화성 액체) 중 특수인화물과 제1석유류이다.

161 고체연료 중 분해연소를 하는 가연물에는 석탄·목재·종이·섬유·플라스틱·고무류 등이 있다.

162 고체가연물 중 질산에스터류, 셀룰로이드 및 트리나이트로톨루엔은 증발연소를 한다. 이러한 물질은 분자 내에 산소를 가지고 있어 가열 시 열분해에 의해 가연성 증기와 함께 산소를 발생하여 자신의 분자 속에 포함되어 있는 산소에 의해 연소한다.

163 자기연소의 형태를 가지는 것은 제5류 위험물이다.

164 중유와 같은 중질유는 열분해하여 가솔린·등유 등으로 변하여 가연성 증기의 발생을 증가시켜 연소가 잘 이루어지게 하는 연소의 형태이다.

정답 및 해설

159 [O]

160 [X] 액체연료 중 분해연소하는 물질로는 비중이 큰 중유, 글리세린, 벙커C유 등으로 3석유류, 4석유류, 동식물유류 등이 있다.

> **핵심정리** 액체연료의 분해연소(Decomposing combustion)
> 1. 점도가 높고 비휘발성이거나 비중이 큰 액체 가연물질은 쉽게 연소 가능한 농도를 발생시키기 어렵다.
> 2. 중유와 같은 중질유는 열분해하여 가솔린·등유 등으로 변하여 가연성 증기의 발생을 증가시켜 연소가 잘 이루어지게 하는 연소의 형태이다.
> 3. 분해연소하는 물질로는 비중이 큰 중유, 글리세린, 벙커C유 등으로 3석유류, 4석유류, 동식물유류 등이 있다.

161 [O]

162 [X] 고체가연물 중 질산에스터류, 셀룰로이드 및 트리나이트로톨루엔은 자기연소를 한다.

163 [O]

164 [O]

165 예혼합연소는 기체 연소의 가장 일반적인 연소로서 연료가스와 공기가 혼합하면서 연소하는 형태를 말한다.

166 목탄은 표면연소를 하고, 소화방법으로 부촉매소화는 효과가 없다.

167 휘발유 및 등유는 액체 연료의 연소형태 중 분해연소를 한다.

168 자기연소(내부연소)의 경우에는 산소를 필요로 하지 않고 그 자체의 산소에 의해 연소된다.

169 외부에서 열을 가하면 가연물 자체 내에서 가연성 기체와 산소가 발생하면서 연소하는 것을 자기연소라 한다.

170 자기연소의 형태를 가지는 가연물은 이산화탄소 소화약제에 의한 질식소화가 효과적이다.

정답 및 해설

165 [X] 확산연소는 기체 연소의 가장 일반적인 연소로서 연료가스와 공기가 혼합하면서 연소하는 형태를 말한다.

166 [O]

167 [X] 휘발유 및 등유는 액체 연료의 연소형태 중 증발연소를 한다.

168 [O]

> **핵심정리** 자기연소(Self combustion)
> 1. 외부에서 열을 가하면 가연물 자체 내에서 가연성 기체와 산소가 발생하면서 연소하는 것을 자기연소라 한다.
> 2. 자기연소(내부연소)의 경우에는 산소를 필요로 하지 않고 그 자체의 산소에 의해 연소된다.
> 3. 이산화탄소 소화약제에 의한 질식소화의 효과를 기대하기 어렵다.
> 4. 자기연소의 형태를 가지는 것은 제5류 위험물이다. 제5류 위험물은 질산에스터류, 셀룰로이드류, 나이트로화합물류, 하이드라진 유도체, 하이드록실아민 등이 있다.

169 [O]

170 [X] 자기연소의 형태를 가지는 가연물은 이산화탄소 소화약제에 의한 질식소화의 효과를 기대하기 어렵다.

171 기체연료의 연소 형태인 예혼합연소의 연소속도가 확산연소보다 비교적 빠르다.

172 예혼합연소 화염의 불꽃은 황색이나 적색을 나타내고 화염의 온도는 확산연소보다 낮다.

173 연소속도란 화염속도에서 미연소가스의 이동속도를 뺀 값이다.

174 연소범위가 넓을수록, 연소범위의 하한계가 낮을수록, 연소범위의 상한계가 높을수록 가연성 가스의 위험성은 감소한다.

175 연소 시 액체는 뜨거운 열을 만나면 액면에서 증기가 생성되는데 연소는 그 증기가 타는 것이므로 가연성 증기가 연소범위 하한계에 도달할 때의 온도를 발화점이라 한다.

176 연소반응에서 반응계질량의 총합이 생성계 질량의 총합보다 큰 반응을 흡열반응이라고 한다.

정답 및 해설

171 [O]

> **핵심정리** 기체연료의 연소형태
> 1. **확산연소**: 연료가스와 공기가 혼합하면서 연소하는 형태를 말한다.
> 2. **예혼합연소**: 가연성 기체와 공기가 미리 연소범위 내에 균일하게 혼합되어 연소하는 형태를 말한다.
> 3. **폭발연소**: 가연성 기체가 일시에 폭발적인 연소현상을 일으키는 비정상연소의 형태를 말한다.

172 [X] 확산연소 화염의 불꽃은 황색이나 적색을 나타낸다. 예혼합연소의 화염은 청색이나 백색을 나타내고 화염의 온도도 확산연소에 비해 높다.

173 [O]

> **핵심정리** 화염속도
> 1. 화염속도 = 연소속도 + 미연소가스의 이동속도
> 2. 연소속도 = 화염속도 - 미연소가스의 이동속도

174 [X] 연소범위가 넓을수록, 연소범위의 하한계가 낮을수록, 연소범위의 상한계가 높을수록 가연성 가스의 위험성은 증가한다.

175 [X] 연소 시 액체는 뜨거운 열을 만나면 액면에서 증기가 생성되는데 연소는 그 증기가 타는 것이므로 가연성 증기가 연소범위 하한계에 도달할 때의 온도를 인화점이라 한다.

176 [X] 연소반응에서 반응계질량의 총합이 생성계 질량의 총합보다 큰 반응을 발열반응이라고 한다.

177 분젠식 버너의 연소방식은 예혼합연소, 적화식 버너의 연소방식은 확산연소이다.

178 숯, 코크스, 목탄, 금속분은 열분해 반응에 의한 휘발성분이 표면에서 산소와 반응하여 연소한다.

11 독성가스

179 일산화탄소는 탄화수소·셀룰로오스로 구성된 가연물질인 석유류, 나무, 고무류, 종이, 석탄 등이 불완전연소할 때 발생되는 유독성 가스이고, 혈액 중 헤모글로빈과의 결합력이 산소보다 210배에 이르고 흡입하면 산소결핍 상태가 된다.

정답 및 해설

177 [O]

핵심정리 예혼합연소와 확산연소

구분		예혼합연소			확산연소
		전1차 공기식	분젠식	세미분젠식	적화식
필요 공기	1차 공기(%)	100	40~70	30~40	0
	2차 공기(%)	0	60~30	70~60	100
불꽃의 색		청록색	청록색	청색	약간 적색
불꽃의 온도(℃)		950	1,300	1,000	900

178 [X] 숯, 코크스, 목탄, 금속분은 열분해 반응을 하지 않고 표면에서 산소와 반응하는 표면연소를 한다.

179 [O]

핵심정리 일산화탄소

1. 탄화수소·셀룰로오스로 구성된 가연물질인 석유류, 나무, 고무류, 종이, 석탄 등이 불완전연소할 때 발생되는 유독성 가스이다.
2. 독성의 허용농도 TLV-TWA(이하 독성의 허용농도라 한다)는 50ppm(g/m³)이고 무취·무미의 환원성이 강한 가스로서 상온에서 염소와 작용하여 유독성 가스인 포스겐($COCl_2$)을 생성한다.
3. 혈액 중 헤모글로빈과의 결합력이 산소보다 210배에 이르고 흡입하면 산소결핍 상태가 된다.
4. 증기 밀도는 0.97로 공기보다 다소 가볍다.

180 TLV-TWA(Threshold Limit Value-Time Weighed Average)는 반수치사농도로 이 농도의 가스를 동물에 한 시간 흡입시켰을 때, 실험동물의 반수가 일정기간(14일) 이내에 사망하게 되는 공기 중의 가스(증기) 농도는 5,000ppm 이하이다.

181 청산가스라고도 불리는 포스겐은 질소성분을 가지고 있는 합성수지, 동물의 털, 인조견, 모직물 등의 섬유가 불완전연소할 때 발생하는 무색의 맹독성 가스이다.

182 암모니아는 질소함유물이 연소할 때 발생하는 연소생성물로서 유독성이 있으며, 상온·상압에서 강한 자극성을 가진 무색의 기체이다. 물에 잘 용해된다.

183 취화수소는 방염수지류 등이 연소할 때 발생되는 연소생성물로서 유독성이 있어 독성 가스로 취급되며 독성의 허용농도는 5ppm이고, 상온·상압에서 무색의 자극성 기체로 물에 잘 용해되지 않는다.

정답 및 해설

180 [X] LC50(Lethal Concentration)에 대한 설명이다.

> **핵심정리** TLV - TWA & LC50
> 1. **TLV-TWA(Threshold Limit Value-Time Weighed Average)**: 평균적인 성인 남자가 매일 8시간 또는 주 40시간을 연속하여 이 농도의 가스(증기)를 함유하고 있는 공기 중에서 작업하더라도 작업자의 건강에는 영향이 없다고 생각되는 한계농도(허용농도)는 200ppm 이하이다.
> 2. **LC50(Lethal Concentration)**: 반수치사농도로 이 농도의 가스를 동물에 한 시간 흡입시켰을 때, 실험동물의 반수가 일정기간(14일) 이내에 사망하게 되는 공기 중의 가스(증기) 농도는 5,000ppm 이하이다.

181 [X] 청산가스는 시안화수소를 말한다.

> **핵심정리** 포스겐($COCl_2$)
> ① 열가소성 수지인 폴리염화비닐(PVC), 수지류 등이 연소할 때 발생되는 연소생성물로서 발생량은 많지 않다.
> ② 독성이 큰 맹독성 가스로서 독성의 허용농도는 0.1ppm이다.

182 [O]

> **핵심정리** 암모니아(Ammonia, NH_3)
> ① 질소함유물이 연소할 때 발생하는 연소생성물로서 유독성이 있으며, 상온·상압에서 강한 자극성을 가진 무색의 기체이다. 물에 잘 용해된다.
> ② 용해도는 54g/100ml(20℃)이다.
> ③ 비료공장·냉매공업 분야에 많이 사용되고 있으므로 이러한 공장에서는 암모니아를 흡입하지 않도록 주의하여야 한다(허용농도 25ppm).
> ④ 물리적 상태는 압축액화가스 상태이고, 증기밀도는 공기보다 가볍다.

183 [X] 취화수소는 상온·상압에서 무색의 자극성 기체로 물에 잘 용해된다.

184 황화수소는 황을 포함하고 있는 유기화합물이 불완전연소하면 발생하는데 계란 썩은 냄새가 난다.

185 시안화수소는 질소 성분을 가지고 있는 합성수지, 동물의 털, 인조견 등의 섬유가 불완전연소할 때 발생하는 맹독성 가스로, 0.3%의 농도에서 즉시 사망할 수 있다.

186 포스겐은 질소 함유물이 연소할 때 발생하고, 냉동시설의 냉매로 많이 쓰이고 있으므로 냉동창고 화재 시 누출 가능성이 크며, 독성의 허용농도는 25ppm이다.

정답 및 해설

184 [O]

> **핵심정리** 황화수소(H_2S)
> 1. 고무, 동물의 털, 가죽 등 황이 함유되어 있는 물질이 불완전연소할 때 발생한다(허용농도 10ppm).
> 2. 계란 썩는 듯한 냄새가 후각을 마비시켜 유해가스의 흡입을 증가시킨다.
> 3. 공기와 섞여 폭발성 혼합물을 형성할 수 있다.
> 4. 흡입 시 두통, 현기증, 기침, 메스꺼움, 불안정한 호흡을 유발할 수 있다.
> 5. 황화수소는 공기보다 밀도가 약간 더 크다. 그 혼합물은 폭발성이 있으며, 산소와 반응하여 이산화황과 물이 형성된다.

185 [O]

186 [X] 암모니아는 질소 함유물이 연소할 때 발생하고, 냉동시설의 냉매로 많이 쓰이고 있으므로 냉동창고 화재 시 누출 가능성이 크며, 독성의 허용농도는 25ppm이다.

> **핵심정리** 암모니아
> 1. 질소함유물이 연소할 때 발생하는 연소생성물로서 유독성이 있으며, 상온·상압에서 강한 자극성을 가진 무색의 기체로서 물에 잘 용해된다.
> 2. 용해도는 54g/100ml(20℃)이다.
> 3. 비료공장·냉매공업 분야에 많이 사용되고 있으므로 이러한 공장에서는 암모니아를 흡입하지 않도록 주의해야 한다(허용농도 25ppm).
> 4. 물리적 상태는 압축액화가스 상태이고, 증기밀도는 공기보다 가볍다.
> 5. 가연성 가스로 불에 탈 수는 있으나 쉽게 점화되지 않는다.
> 6. 증기상 물질은 극도로 자극적이며 부식성이 있다.

187 방염수지류 등이 연소할 때 발생하는 연소생성물로서 유독성이 있어 독성 가스로 취급되며 독성의 허용농도는 5ppm이고, 상온·상압에서 무색의 자극성 기체로 물에 잘 용해되는 가스는 염화수소이다.

188 염화수소는 염소성분이 함유되어 있는 염화비닐수지(PVC), 건축물에 설치된 전선의 피복이 연소할 때 발생하며, 유독성이 있어 독성 가스로 취급하고 있다.

189 시안화수소의 독성허용농도는 25ppm이다.

190 허용농도가 LC50을 기준으로 5천ppm 이하인 가스를 독성 가스라 한다.

191 일산화탄소는 무취·무미의 가스이다.

정답 및 해설

187 [X] 취화수소(HBr)에 대한 내용이다.

> **핵심정리 취화수소(HBr)**
> 1. 방염수지류 등이 연소할 때 발생하는 연소생성물로서 유독성이 있어 독성 가스로 취급되며 독성의 허용농도는 5ppm이다.
> 2. 상온·상압에서 무색의 자극성 기체로 물에 잘 용해된다.
> 3. 불연성 가스로, 공기보다 무거워 지면을 타고 확산된다.
> 4. 금속과 반응하여 화재와 폭발 위험성이 있는 수소가스를 생성한다.

188 [O] 염화수소(HCl)에 대한 내용이다.

> **핵심정리 염화수소(HCl)**
> 1. 염화수소는 염소성분이 함유되어 있는 염화비닐수지(PVC), 건축물에 설치된 전선의 피복이 연소할 때 발생하며, 유독성이 있어 독성 가스로 취급하고 있다.
> 2. 염화수소는 물에 녹아 염산이 되는 것으로 독성의 허용농도는 5ppm이고, 향료·염료·의약·농약 등의 제조에 이용된다.
> 3. 부식성이 강하여 철근콘크리트 내의 철근을 녹슬게 한다.

189 [X] 시안화수소의 독성허용농도는 10ppm(g/m^3)으로서 0.3% 이상의 농도에서는 즉시 사망한다.

190 [O]
> **핵심정리 LC50(Lethal Concentration)**
> 반수 치사농도[동물에 한 시간 흡입시켰을 때, 실험동물의 반수가 일정기간(14일) 이내에 사망하게 되는 공기 중의 가스(증기) 농도]는 5천ppm 이하이다.

191 [O]

192 불화수소는 방염수지류 등이 연소할 때 발생하는 연소생성물이고 독성의 허용농도는 5ppm(TLV-TWA 기준)이다.

193 염화수소는 석유제품, 유지류 등이 탈 때 발생하는 가스이며, 인체에 대한 허용농도는 0.1ppm이고 10ppm 이상의 농도에서는 거의 즉사할 수 있다.

194 LC50은 평균적인 성인 남자가 매일 8시간 또는 주 40시간을 연속해서 이 농도의 가스를 함유하고 있는 공기 중에서 작업하더라도 작업자의 건강에는 영향이 없다고 생각되는 한계농도를 말한다.

195 포스겐은 PVC 등 염소를 함유한 가연물의 연소 시 발생하는 미량의 가스이다.

196 염화수소는 PVC 및 전선의 피복 등이 연소할 때 주로 발생하고 허용농도가 5ppm인 독성 가스이고, 향료·염료 등의 제조에 이용되고 있으며, 부식성이 강하여 철근콘크리트 내의 철근을 녹슬게도 한다.

정답 및 해설

192 [X] 취화수소는 방염수지류 등이 연소할 때 발생하는 연소생성물이고 독성의 허용농도는 5ppm이다. 불화수소는 합성수지인 불소수지가 연소할 때 발생하며 무색의 자극성 기체로 유독성이 강하다. 특히 물에 잘 녹고 부식성이 있으며, 인화성 폭발성 가스를 발생시킨다. 독성의 허용농도는 3ppm(g/m³)이다.

193 [X] 아크로레인은 석유제품, 유지류 등이 탈 때 발생하는 가스이며, 인체에 대한 허용농도는 0.1ppm이고 10ppm 이상의 농도에서는 거의 즉사할 수 있다.

194 [X] TLV-TWA(Threshold Limit Value-Time Weighted Average)에 대한 내용이다. LC50(Lethal Concentration)은 반수 치사농도로 이 농도의 가스를 동물에 한 시간 흡입시켰을 때, 실험동물의 반수가 일정기간(14일) 이내에 사망하게 되는 공기 중의 가스(증기) 농도를 말한다.

195 [O]

196 [O] 염화수소(HCl)에 대한 내용이다.

197 이산화탄소는 무취·무미의 환원성이 강한 가스로서 상온에서 염소와 작용하여 유독성 가스인 포스겐($COCl_2$)을 생성한다.

198 「고압가스 안전관리법 시행규칙」상 독성 가스는 공기 중에 일정량 이상 존재하는 경우 인체에 유해한 독성을 가진 가스로서 허용농도(해당 가스를 성숙한 흰쥐 집단에게 대기 중에서 1시간 동안 계속하여 노출시킨 경우 14일 이내에 그 흰쥐의 2분의 1 이상이 죽게 되는 가스의 농도를 말한다)가 100만분의 5천 이하인 것을 말한다.

199 「고압가스 안전관리법 시행규칙」상 가연성 가스는 공기 중에서 연소하는 가스로서 폭발한계의 하한이 10% 이하인 것과 폭발한계의 상한과 하한의 차가 20% 이상인 것을 말한다.

정답 및 해설

197 [X] 일산화탄소에 대한 설명이다.

> **핵심정리 일산화탄소**
> 1. 탄화수소·셀룰로오스로 구성된 가연물질인 석유류·나무·고무류·종이·석탄 등이 **불완전연소**할 때 발생하는 유독성 가스이다.
> 2. **독성의 허용농도는 50ppm(g/m³)이다.**
> 3. 무취·무미의 환원성이 강한 가스로서 상온에서 염소와 작용하여 유독성 가스인 **포스겐($COCl_2$)을 생성**한다.
> 4. 혈액 중 헤모글로빈과의 결합력이 산소보다 210배에 이르고 흡입하면 산소결핍상태가 된다.
> 5. 증기 밀도는 0.97로 공기보다 다소 가볍다.
> 6. 일산화탄소의 공기 중의 농도가 0.64%인 상태에서는 두통·현기증이 심하게 일어나고 15~30분 이내에 사망할 수 있다. 또한 약 1.28%의 상태에서는 1~3분 내에 사망할 수 있다.

198 [O]

> **핵심정리 「고압가스 안전관리법 시행규칙」상 독성 가스**
> 1. 아크릴로니트릴·아크릴알데히드·아황산가스·암모니아·일산화탄소·이황화탄소·불소·염소·브로민화메탄·염화메탄·염화프렌·산화에틸렌·시안화수소·황화수소·모노메틸아민·디메틸아민·트리메틸아민·벤젠·포스겐·아이오딘화수소·브로민화수소·염화수소·불화수소·겨자가스·알진·모노실란·디실란·디보레인·세렌화수소·포스핀·모노게르만 등이 있다.
> 2. 그 밖에 공기 중에 일정량 이상 존재하는 경우 인체에 유해한 독성을 가진 가스로서 **허용농도**(해당 가스를 성숙한 흰쥐 집단에게 대기 중에서 1시간 동안 계속하여 노출시킨 경우 14일 이내에 그 흰쥐의 2분의 1 이상이 죽게 되는 가스의 농도를 말한다)가 **100만분의 5천 이하인 것**을 말한다.

199 [O]

> **핵심정리 「고압가스 안전관리법 시행규칙」상 가연성 가스**
> 1. 아크릴로니트릴·아크릴알데히드·아세트알데히드·아세틸렌·암모니아·수소·황화수소·시안화수소·일산화탄소·이황화탄소·메탄·염화메탄·브로민화메탄·에탄·염화에탄·염화비닐·에틸렌·산화에틸렌·프로판·시클로프로판·프로필렌·산화프로필렌·부탄·부타디엔·부틸렌·메틸에테르·모노메틸아민·디메틸아민·트리메틸아민·에틸아민·벤젠·에틸벤젠 등이 있다.
> 2. 그 밖에 공기 중에서 연소하는 가스로서 폭발한계(공기와 혼합된 경우 연소를 일으킬 수 있는 공기 중의 가스 농도의 한계를 말한다)의 하한이 10% 이하인 것과 폭발한계의 상한과 하한의 차가 20% 이상인 것을 말한다.

200 암모니아는 페놀수지 및 멜라민 수지 등 질소를 함유한 물질이 연소할 때 눈, 코에 자극성이 강한 유독성 가스가 발생한다.

201 염소 자체는 폭발하지 않으나 수소와 혼합되면 가열 또는 자외선에 의해 폭발이 발생할 수 있는 압축액화가스이다.

12 연기 및 중성대

202 구획화재 시 발생하는 연기는 가연물이 연소할 때 생성되는 물질로서 고체상의 탄소미립자이다.

203 화재초기 발연량은 화재성숙기의 발연량보다 많다고 할 수 있다.

정답 및 해설

200 [O]

201 [O]

202 [O]

> **핵심정리 연기**
> 연기란 가연물이 연소할 때 생성되는 물질로서 고체 상의 탄소미립자이며, 무상의 증기 및 기체상의 분자가 공기 중에서 응축되어 부유 확산하는 복합혼합물을 포함하는 것이다. 연기의 입자는 보통 0.01~10μm 정도로 아주 작다.

203 [O]

> **핵심정리 연기의 특성**
> ① 화재에서 발생되는 연기입자 중 그을음의 존재는 입자에 의한 투과광의 강도를 감소시키기 때문에 가시도에 직접적인 영향을 미친다.
> ② 연기의 유동속도
>   ㉠ 수평 방향: 0.5~1m/s
>   ㉡ 수직 방향: 2~3m/s
>   ㉢ 계단실 내: 3~5m/s
> ③ 화재 시 연기는 처음에는 백색연기, 나중에는 흑색연기로 변한다.
> ④ 수소가 많으면 백색연기, 탄소수가 많으면 흑색연기로 변한다.
> ⑤ 화재초기 발연량은 화재성숙기의 발연량보다 많다고 할 수 있다.
> ⑥ 일반화재는 백색, 유류는 흑색을 나타낸다.

204 공기의 공급량이 적을수록 발연량이 증가된다.

205 연기의 농도가 진해지면 연기입자에 의하여 빛이 차단되므로 가시거리는 짧아진다. 따라서 감광계수로 표시한 연기의 농도와 가시거리의 상관관계는 비례관계이다.

206 건물 내부의 압력이 외부의 압력과 일치하는 위치가 생기는데 이 위치를 건물의 양성대라고 한다.

207 중성대의 아래쪽으로 계속해서 공기가 유입되면 중성대의 위치는 높아지게 된다.

208 연기는 무상의 증기 및 기체상의 분자가 공기 중에서 응축되어 부유 확산하는 복합혼합물을 포함하지 않는다.

정답 및 해설

204 [O]

> **핵심정리** 발연량이 증가되는 경우
> 1. 탄소의 함량이 많을수록
> 2. 화재 초기와 같이 연소속도가 느릴수록
> 3. 공기의 공급량이 적을수록
> 4. 표면적이 적을수록
> 5. 주위 온도가 낮을수록

205 [X] 감광계수로 표시한 연기의 농도와 가시거리의 상관관계는 반비례관계이다.

> **핵심정리** 감광계수
> 1. 연기 속을 빛이 투과하는 데 저하되는 빛의 비율을 측정하여 계수로 나타낸 것을 말한다.
> 2. 감광계수(Cs)의 단위는 $m^{-1} = \dfrac{m^2}{m^3}$ 이다. 즉, 단위체적당의 연기에 의한 빛의 흡수 단면적을 말한다.

206 [X] 건물 내부의 압력이 외부의 압력과 일치하는 위치가 생기는데 이 위치를 건물의 <u>중성대</u>라고 한다.

> **핵심정리** 중성대
> 건물에 화재가 발생했을 때 연소가스와 연기 등은 밀도의 감소로 부력이 증가하므로 위쪽으로 상승하게 된다. 아래쪽에서는 신선한 공기가 건물의 안쪽으로 들어오게 되고 상승한 연소가스, 연기 등은 위쪽에서 나가게 되며 이때 압력차가 0이 되는 곳이 형성되는데 이를 중성대라고 한다.

207 [X] 중성대의 아래쪽으로 계속해서 공기가 유입되면 중성대의 위치는 낮아지게 된다.

208 [X] 무상의 증기 및 기체상의 분자가 공기 중에서 응축되어 부유 확산하는 복합혼합물을 포함한다.

209 수소가 많으면 흑색 연기가 발생이 되고, 탄소가 많으면 백색 연기가 발생한다.

210 화재 시 연기는 처음에는 백색, 나중에는 흑색 연기로 변한다.

211 계단 실내에서의 연기의 유동속도는 3 ~ 5m/s이다.

212 연기는 다량의 유독가스를 함유하며, 화재로 인한 연기는 고열이며 유동 확산이 빠르다.

213 굴뚝효과는 건물 내부와 외부의 밀도와 온도차에 의한 압력의 차이로 발생한다.

214 굴뚝효과는 층의 면적과 외벽의 기밀도는 굴뚝효과에 영향을 주는 요인이다.

215 실외의 공기가 실내보다 따뜻할 때 역굴뚝효과가 발생할 수 있다.

정답 및 해설

209 [X] 수소가 많으면 백색 연기가 발생이 되고, 탄소가 많으면 흑색 연기가 발생된다.

210 [O]

211 [O] 연기의 유동속도
- 수평 방향: 0.5 ~ 1m/s
- 수직 방향: 2 ~ 3m/s
- 계단실 내: 3 ~ 5m/s

212 [O]

213 [O] 굴뚝효과는 고층건축물에서 건물 내부와 외부의 밀도와 온도차에 의한 압력의 차이로 발생한다. 즉, 건물 내부의 더운 공기는 상승하고 외부의 차가운 공기는 아래로 내려오는 현상이다.

214 [X] 층의 면적과는 큰 상관관계가 없다.

> **핵심정리** 굴뚝효과에 영향을 주는 인자
> 1. 건물의 높이
> 2. 외벽의 기밀도
> 3. 건축 내·외의 온도차
> 4. 건물의 층간 공기누설

215 [O]

216 실내의 천장 쪽의 고온가스와 바닥 쪽의 찬공기의 경계선을 중성대라 한다.

217 중성대는 건물 내부의 압력이 외부의 압력과 일치하는 위치를 말한다.

218 중성대 아래쪽으로 계속해서 공기가 유입되면 중성대의 위치는 높아지게 된다.

219 배연을 할 경우에는 중성대의 위쪽에서 해야 효과가 크다.

220 중성대의 개구부 위치에서는 공기의 유동이 발생하지 않는다.

정답 및 해설

216 [X] 실내의 천장 쪽의 고온가스와 바닥 쪽의 찬공기의 경계선을 불연속선이라 한다.

217 [O]

> **핵심정리 중성대**
> 1. 건물 내부의 압력이 외부의 압력과 일치하는 위치를 말한다.
> 2. 건물에 화재가 발생했을 때, 연소가스와 연기 등은 밀도의 감소로 부력이 증가하므로 위쪽으로 상승하게 된다. 아래쪽에서는 신선한 공기가 건물의 안쪽으로 들어오게 되고 상승한 연소가스, 연기 등은 위쪽에서 나가게 되며 이때 압력차가 0이 되는 곳이 형성되는데, 이를 중성대라고 한다.

218 [X] 중성대 아래쪽으로 계속해서 공기가 유입되면 중성대의 위치는 낮아지게 된다.

219 [O]

> **핵심정리 중성대의 특징**
> 1. 상층 개구부를 개방한다면 연소는 확대되지만 발생한 연기는 빠른 속도로 상승하여 외부로 배출되므로 중성대의 경계선은 위로 올라가고 중성대 하층의 면적이 커지므로 대원과 대피자들의 활동공간과 시야가 확보되어 신속히 대피할 수 있다.
> 2. 중성대의 아래쪽으로 계속해서 공기가 유입되면 중성대의 위치는 낮아지게 된다.
> 3. 화재현장에서 소방관은 중성대의 형성 위치를 파악하여 배연 등의 소방 활동에 적용하는 요령이 있어야 하는데, 배연을 할 경우에는 중성대 위쪽에서 배연을 하여야 효과적이다.

220 [O]

221 연기를 이동시키는 영향인자로는 건물 내 강제적인 공기이동, 건축물의 수용인원 등이 있다.

222 감광계수가 0.3m^{-1}일 때 어두침침한 것을 느낄 수 있으며 가시거리는 5m 정도이다.

223 감광계수 1m^{-1}일 때는 가시거리는 5m 정도이고, 거의 앞이 보이지 않는다.

224 감광계수(Cs, m^{-1})는 연기 속을 빛이 투과할 때 저하되는 빛의 비율을 측정하여 계수로 나타낸 것을 말한다.

정답 및 해설

221 [X] 연기를 이동시키는 영향인자로 건축물의 수용인원은 직접적인 관련이 없다.

> **핵심정리 연기를 이동시키는 영향인자**
> 1. **연돌효과(굴뚝효과)**
> 2. **바람의 영향**: 외부에서의 바람에 의해 압력차가 발생한다.
> 3. **온도에 의한 팽창**: 온도상승에 의해 증기가 팽창한다.
> 4. **건물 내 강제적인 공기이동**
> 5. **건물 내·외 온도차**
> 6. **비중차**: 화재로 인한 부력에 의해 연기를 이동시킨다.

222 [X] 감광계수가 0.3m^{-1}일 때 건물 내부에 익숙한 사람이 피난에 지장을 느낄 수 있으며 가시거리는 5m 정도이다.

> **핵심정리 감광계수**
>
> | 감광계수 | 가시거리(m) | 현상 |
> |---|---|---|
> | 0.1 | 20 ~ 30 | 연기감지기가 작동할 때의 정도 |
> | 0.3 | 5 | 건물 내부에 익숙한 사람이 피난에 지장을 느낄 정도 |
> | 0.5 | 3 | 어두침침한 것을 느낄 정도 |
> | 1 | 1 ~ 2 | 거의 앞이 보이지 않을 정도 |
> | 10 | 0.2 ~ 0.5 | 화재 최성기 때의 정도 |
> | 30 | - | 출화실에서 연기가 분출될 때의 연기 농도 |

223 [X] 감광계수 1m^{-1}일 때는 가시거리는 1~2m 정도이고, 거의 앞이 보이지 않는다.

224 [O]

> **핵심정리 감광계수(Cs, m^{-1})의 정의**
> 1. 연기 속을 빛이 투과할 때 저하되는 빛의 비율을 측정하여 계수로 나타낸 것을 말한다.
> 2. 감광계수(Cs)의 단위는 m^{-1} = $\frac{m^2}{m^3}$이다.
>   즉, 단위체적당의 연기에 의한 빛의 흡수 단면적을 말한다.
> 3. 연기의 농도가 진해지면 연기입자에 의해 빛이 차단되므로 가시거리는 짧아진다. 따라서 감광계수로 표시한 연기의 농도와 가시거리는 반비례 관계이다.

225 연기의 농도가 진해지면 연기입자에 의해 빛이 차단되므로 가시거리는 커진다.

226 감광계수로 표시한 연기의 농도와 가시거리는 반비례 관계이다.

227 연기 속을 투과하는 빛의 양을 측정하여 연기농도를 측정하는 방법은 감광계수법(투과율법)이다.

13 열의 전달방식

228 비열이란 어떤 물체의 질량 1kg을 1℃ 올리는 데 필요한 열량을 말한다.

229 열의 출입이 상(태)변화에 사용되지 않고 온도변화 현상으로 나타나는 열을 잠열이라 한다.

정답 및 해설

225 [X] 연기의 농도가 진해지면 연기입자에 의해 빛이 차단되므로 가시거리는 <u>짧아진다</u>. 따라서 <u>감광계수로 표시한 연기의 농도와 가시거리는 반비례 관계이다.</u>

226 [O]

227 [O]

> **핵심정리** 연기농도측정법
> 1. **중량농도측정법**: 연기 입자의 무게를 측정하는 방법이다.
> 2. **입자농도측정법**: 연기 입자의 개수를 측정하는 방법이다.
> 3. **투과율법(=감광계수법)**: <u>연기 속을 투과하는 빛의 양을 측정하는 방법</u>이다.

228 [O]

229 [X] 열의 출입이 상(태)변화에 사용되지 않고 온도변화 현상으로 나타나는 열을 <u>현열</u>이라 한다.

> **핵심정리** 용어의 정의
> 1. **비열**: 어떤 물체의 질량 1kg을 1℃ 올리는 데 필요한 열량을 말한다.
> 2. **현열(감열)**: 열의 출입이 상(태)변화에 사용되지 않고 온도변화 현상으로 나타나는 열을 현열이라 한다.
> 3. **잠열**: 열의 출입이 온도변화 현상으로 나타나지 않고 상(태) 변화로 흡수, 방출되는 열(= 숨은열)을 잠열이라 한다.
> 4. <u>물의 기화열(증발잠열)</u>은 539kcal/kg이고, 얼음의 융해열(용융잠열)은 80kcal/kg이다.

230 물의 기화열(증발잠열)은 약 539kcal/kg이다.

231 열의 전도에 의한 전달은 물질의 이동 없이 고온의 물체와 저온의 물체를 직접 접촉시킬 때 고온의 물체에서 활발하게 일어나는 분자운동이 접촉면에서의 충돌에 따른 자유전자의 이동이나 분자의 진동운동에 의해 저온 물체의 분자운동을 활발하게 하여 에너지를 전달한다.

232 열전달속도(열유속)는 열전도율, 열전달면적, 고온부와 저온부의 온도 차이에 비례하고 열이 전달되는 거리에는 반비례한다.

233 콘크리트가 철근보다 열전도율이 크다.

234 전도에 의한 열전달량은 전열면적과 온도차에 비례하고, 두께차에 반비례한다.

정답 및 해설

230 [O]

231 [O]

> **핵심정리 전도**
> 1. 물질의 이동 없이 고온의 물체와 저온의 물체를 직접 접촉시킬 때 고온의 물체에서 활발하게 일어나는 분자운동이 접촉면에서의 충돌에 따른 <u>자유전자의 이동</u>이나 <u>분자의 진동운동</u>에 의해 저온 물체의 분자운동을 활발하게 하여 에너지를 전달한다.
> 2. 금속이 비금속에 비해 열전도율이 큰 이유는 자유전자의 이동성 때문이다.
> 3. 열전도도는 <u>고체 → 액체 → 기체</u>의 순서이다.
> 4. <u>콘크리트가 철근보다 열전도율이 작다.</u>

232 [O]

233 [X] <u>콘크리트가 철근보다 열전도율이 작다</u>.

234 [O]

> **핵심정리 푸리에의 법칙에 의한 열전달량**
>
> $$\text{열전달량} \quad Q = kA \frac{(T_1 - T_2)}{L}$$
>
> - k: 열전도율(W/mK)
> - A: 열전달 부분의 면적
> - T_1: 고온 측 표면온도(K)
> - L: 물체의 두께
> - $(T_1 - T_2)$: 각 벽면의 온도 차
> - T_2: 저온 측 표면온도(K)

235 유체의 흐름은 층류일 때보다는 난류일 때 열전달이 잘 이루어진다.

236 대류는 고온의 물체와 저온의 물체를 직접 접촉시킬 때 주로 발생한다.

237 스테판-볼츠만의 법칙은 복사열은 절대온도 제곱에 비례하고 열전달 면적에 비례하는 것을 말한다.

238 대류는 온도가 높은 분자의 물질은 밀도가 작아져 위로 올라가고 온도가 낮은 물질은 밀도가 커져서 아래로 내려오면서 형성되는 분자들의 집단 흐름을 말한다.

239 차가운 물체에 뜨거운 물체를 접촉시키면 뜨거운 물체에서 차가운 물체로 열이 전달되지만, 반대의 과정은 자발적으로 일어나지 않은 열역학 법칙은 열역학 제1법칙이다.

정답 및 해설

235 [O]

236 [X] 전도는 고온의 물체와 저온의 물체를 직접 접촉시킬 때 주로 발생한다.

237 [X] 스테판-볼츠만의 법칙은 복사열은 절대온도 4제곱에 비례하고 열전달 면적에 비례하는 것을 말한다.

238 [O]

239 [X] 열역학 제2법칙에 대한 설명이다.

> **핵심정리** 열역학 제2법칙
> 1. 비가역성을 설명하는 법칙이다.
>   - 열은 스스로 저온체에서 고온체로 이동할 수 없다.
>   - 차가운 물체에 뜨거운 물체를 접촉시키면 뜨거운 물체에서 차가운 물체로 열이 전달되지만, 반대의 과정은 일어나지 않는다.
> 2. 자연현상을 판명해 주고, 열이동의 방향성을 제시해주는 열역학 법칙이다.
> 3. 엔트로피(Entropy)
>   - 자연물질이 변형되어, 다시 원래의 상태로 환원될 수 없는 현상이다.
>   - 다시 가용할 수 없는 상태로 환원시킬 수 없는, 무용의 상태로 전환된(에너지)의 총량이다.

240 열평형에 관한 법칙은 열역학 제3법칙이다.

241 일과 열은 서로 교환된다는 열교환법칙은 열역학 제1법칙이다.

정답 및 해설

240 [X] 열역학 제0법칙이다.

> **핵심정리**
>
> 1. **열역학 제0법칙**
>   - 열평형에 관한 법칙이다.
>   - 두 계가 다른 한 계와 열평형을 이룬다면, 그 두 계는 서로 열평형을 이룬다.
> 2. **열역학 제3법칙**
>   - 엔트로피 절댓값의 정의(절대영도 불가능의 법칙)이다.
>   - 어떤 계의 온도를 절대온도 0K까지 내릴 수 없다.
>   - 순수한 결정의 엔트로피는 절대영도에서 0이다.

241 [O] 열과 일의 관계를 설명한 에너지보존의 법칙이다. 열역학 제1법칙은 일과 열은 서로 교환된다는 열교환법칙이다.

> **핵심정리** 열역학 제1법칙
>
> 1. 열과 일의 관계를 설명한 에너지보존의 법칙이다.
> 2. 일과 열은 서로 교환된다는 열교환법칙이다.
> 3. 에너지의 한 형태인 열과 일은 본질적으로 서로 같고 열을 일로, 일은 열로 서로 전환이 가능하며, 이때 열과 일 사이의 변환에는 일정한 비례관계가 성립한다.
> 4. **엔탈피(Enthalpy, H)**: 일정한 압력과 온도에서 물질이 지닌 고유에너지의 양(열 함량)
>
> $$엔탈피(H) = 내부에너지(U) + 유동일(에너지)$$
> $$= 내부에너지(U) + 압력(P) + 체적(V)$$
> $$= U + P + V$$
>
> 5. 엔탈피를 통해 물리·화학적 변화에서 출입하는 열의 양을 구할 수 있고, 화학 평형과도 밀접하게 연관되는 열역학의 핵심함수이다. 엔트로피와 더불어 열역학에서 중요한 개념 중의 하나이다.

14 화염 및 연소속도

242 화염은 연료 분출 흐름 상태에 따라 층류화염과 난류화염으로 분류할 수 있다.

243 층류화염의 높이는 유속에 비례한다.

244 난류 확산화염에서 유속 또는 유량이 증대할 경우 시간이 지남에 따라 화염의 높이는 급속히 높아진다.

245 미연소혼합기의 비열이 클수록 층류 연소속도는 크게 된다.

정답 및 해설

242 [O]

> **핵심정리 난류화염**
> 1. 난류 유동 혼합기의 연소로 불규칙한 운동의 연소이다.
> 2. **난류 연소속도**: 난류 특성 및 혼합기 상태의 함수
> 3. **특징**: 작은 스케일, 높은 연소 강도

> **핵심정리 층류화염**
> 1. 난류가 없는 혼합기의 연소이다.
> 2. 층류 연소속도는 혼합기의 고유한 성질(20~50cm/sec), 상태(온도, 압력)에 따라 일정하다.
> 3. **층류 화염의 구조**: 예열대, 반응대
> 4. 시간이 지남에 따라 유속 및 유량이 증대할 경우 화염의 높이는 높아진다.
> 5. 화염의 길이는 유속에 비례한다.

243 [O]

244 [X] 난류 확산화염에서 유속 또는 유량이 증대할 경우 시간이 지남에 따라 화염의 높이는 거의 변하지 않는다.

245 [X] 미연소혼합기의 비열이 클수록 층류 연소속도는 작게 된다.

> **핵심정리 층류연소**
> 1. **층류(예혼합) 화염의 연소 특성 영향인자**: 연료와 산화제의 혼합비, 압력 및 온도, 혼합기의 물리·화학적 특성 등(연소실의 응력과는 무관하다)
> 2. **층류 연소속도**: 연료의 종류, 혼합기의 조성, 압력, 온도에 대응하는 고유값을 가지며 흐름과는 무관하다.
> 3. 영향인자
>   • 비례요인: 온도, 압력, 열전도율, 산소농도
>   • 반비례요인: 비열, 비중, 분자량, 층류화염의 예열대 두께

246 미연소혼합기의 열전도율이 클수록 층류 연소속도는 크게 된다.

247 미연소혼합기의 압력이 클수록 층류 연소속도는 크게 된다.

248 연소속도는 주변 온도가 상승함에 따라 감소한다.

249 산소농도가 높아지면 연소범위가 넓어진다.

250 압력이 증가하면 연소속도는 증가한다.

251 층류(예혼합)화염은 난류 화염보다 훨씬 높은 연소속도를 가진다.

252 층류(예혼합)화염의 경우 대기압에서 화염 두께는 대단히 얇다

정답 및 해설

246 [O]

247 [O]

248 [X] 연소속도는 주변 온도가 상승함에 따라 **증가**한다.

249 [O]

250 [O] 압력이 증가하면 연소속도는 증가한다. 다만, 연소속도에 따라 차이를 보이며 급격히 증가되지는 않는다.

251 [X] **난류 예혼합화염은 층류 화염보다 훨씬 높은 연소속도를 가진다.**

핵심정리 층류(예혼합) 연소와 난류(예혼합) 연소

구분	층류(예혼합) 연소	난류(예혼합) 연소
연소속도	느림	빠름
화염	원추상의 청색이며 얇음	짧고 두꺼움
미연소분	미존재	존재
휘도	낮음	높음

252 [O]

253 압력이 증가하면 모든 물질의 반응속도는 항상 급속히 증가한다.

254 연소속도는 단위 면적의 화염면이 단위 시간에 소비하는 미연소혼합기의 체적이다.

255 연소속도를 결정하는 가장 중요한 인자는 산화반응을 일으키는 속도이다.

256 가연성 물질을 공기로 연소시키는 경우, 공기 중의 산소 농도를 높이면 연소속도는 빨라지고, 발화온도는 높아진다.

257 미연소혼합기의 비중이 작을수록 연소속도는 작게 된다.

258 층류 확산화염에서 시간이 지남에 따라 유속 및 유량이 증대할 경우 화염의 높이는 일정하다.

정답 및 해설

253 [X] 기체의 경우 압력이 커지면 단위 부피 속 분자수가 많아져서 반응물질의 농도가 증가되며, 분자 사이의 충돌 수가 증가하여 반응속도가 빨라진다.

254 [O]

> **핵심정리 연소속도**
> 1. 연소속도는 단위 면적의 화염면이 단위 시간에 소비하는 미연소혼합기의 체적이다.
> 2. 연소속도는 산화속도, 산화반응속도, 반응속도라고도 한다.
> 3. 반응속도 = $\dfrac{\text{반응물질의 농도 감소량}}{\text{시간의 변화}}$,
>   반응속도 = $\dfrac{\text{생성물질의 농도 증가량}}{\text{시간의 변화}}$

255 [O]

256 [X] 가연성 물질을 공기로 연소시키는 경우, 공기 중의 산소 농도를 높이면 연소속도는 빨라지고, 발화온도는 낮아진다.

257 [X] 미연소혼합기의 비중이 작을수록 연소속도는 크게 된다.

> **핵심정리 층류 연소속도 증가에 미치는 요인**
> 1. 비례요인: 압력, 온도, 열전도율, 산소농도
> 2. 반비례요인: 비열, 비중, 분자량, 층류화염의 예열대 두께

258 [X] 층류 확산화염에서 시간이 지남에 따라 유속 및 유량이 증대할 경우 화염의 높이는 더 높아진다.

15 소방화학

259 증기비중은 $\dfrac{M측정기체}{M공기} = \dfrac{분자량}{29}$ 이다.

260 Halon 1301의 증기비중은 5.14이다.

261 Halon 1211의 화학식은 CF_2ClBr이다.

262 샤를의 법칙: 일정한 온도에서 기체의 질량을 고정하였을 때 기체의 부피는 기체의 압력에 반비례한다.

정답 및 해설

259 [O]

> **핵심정리 증기비중**
>
> 1. 증기비중 = $\dfrac{기체\ 분자량}{공기의\ 평균분자량}$
> 2. 공기의 평균분자량 ≒ $N_2 \times 78(\%) + O_2 \times 21(\%) + Ar \times 1(\%)$
>   ≒ $(14 \times 2) \times 0.78 + (16 \times 2) \times 0.21 + 40 \times 0.01$
>   ≒ 28.96 ≒ 29
>
> | 구분 | CO | CO_2 |
> |---|---|---|
> | 분자량 | 28 | 44 |
> | 증기비중 | $\dfrac{28}{29} = 0.97$ | $\dfrac{44}{29} = 1.52$ |
> | 특성 | 공기보다 가벼움 | 공기보다 무거움 |

260 [O] Halon 1301의 증기비중 = $\dfrac{149}{29} = 5.14$

261 [O]

> **핵심정리 할론 소화약제 명명법**
>
> 1. 할론 소화약제에 대한 명명은 탄화수소인 메탄(CH_4)·에탄(C_2H_6)의 수소원자와 치환되는 할로겐족 원소의 종류와 치환되는 위치 및 수에 따라 부여되고 있다.
> 2. 첫 번째 번호는 할론 번호의 주체가 되는 탄소의 수를 나타내고, 그 다음 번호는 불소의 수, 세 번째는 염소의 수, 마지막은 부촉매소화(화학소화) 기능이 가장 양호한 브로민(취소)의 수이다.
>
> | 할론 | W | X | Y | Z |
> |---|---|---|---|---|
> | | ↓ | ↓ | ↓ | ↓ |
> | | 탄소 | 불소 | 염소 | 브로민 |

262 [X] <u>보일의 법칙</u>: 일정한 온도에서 기체의 질량을 고정하였을 때 <u>기체의 부피는 기체의 압력에 반비례한다</u>.

263 보일-샤를의 법칙: 일정량의 기체의 체적은 압력에 반비례하고, 절대온도에 비례한다.

264 헨리의 법칙: 기체의 압력이 클수록 액체 용매에 잘 용해된다는 것을 설명하는 법칙이다.

265 배수비례의 법칙: 같은 온도와 압력 상태에서 두 기체 확산속도의 비는 두 기체의 분자량의 제곱근에 반비례한다. 여기서 속도는 분자들의 평균속도를 뜻한다.

266 헨리의 법칙: 임의의 화학반응에서 발생(또는 흡수)하는 열은 변화 전과 변화 후의 상태에 의해서 정해지며 그 경로는 무관하다.

267 모든 기체 1몰이 차지하는 부피는 표준 상태에서 22.4L이며, 그 속에는 6.02×10^{23}개의 분자가 들어 있다.

정답 및 해설

263 [O]

264 [O]

265 [X] 그레이엄의 법칙: 같은 온도와 압력 상태에서 두 기체 확산속도의 비는 <u>두 기체의 분자량의 제곱근에 반비례</u>한다. 여기서 속도는 분자들의 평균속도를 뜻한다.

> **핵심정리 그레이엄의 법칙**
>
> $$\frac{Rate_1}{Rate_2} = \sqrt{\frac{M_2}{M_1}}$$
>
> - $Rate_1$ = 첫 번째 기체의 확산속도
> - $Rate_2$ = 두 번째 기체의 확산속도
> - M_1 = 기체1의 분자량
> - M_2 = 기체2의 분자량

266 [X] 헤스의 법칙: 임의의 화학반응에서 발생(또는 흡수)하는 열은 변화 전과 변화 후의 상태에 의해서 정해지며 그 경로는 무관하다.

267 [O]

> **핵심정리 아보가드로의 법칙**
>
> - 온도와 압력이 일정할 때 모든 기체는 같은 부피 속에 같은 수의 분자가 들어 있다.
> - 모든 기체 1몰이 차지하는 부피는 표준 상태에서 22.4L이며, 그 속에는 6.02×10^{23}개의 분자가 들어 있다.

268 고온, 고압일수록 이상기체에 가까워진다.

269 이상기체는 분자 자신이 차지하는 부피를 무시한다.

270 이상기체는 0K에서 부피는 0이어야 하며, 평균 운동에너지는 절대온도에 비례한다.

16 연소반응식

271 이온결합은 비금속원소와 비금속원소가 만나 비금속원소들이 서로 전자를 내어놓아 전자를 공유하는 형태로 원자들의 결합이 이루어지는 결합을 말한다.

정답 및 해설

268 [X] 고온, 저압일수록 이상기체에 가까워진다.

> **핵심정리** 이상기체의 특징
> 1. 고온, 저압일수록 이상기체에 가까워진다.
> 2. 기체분자 간의 인력이나 반발력이 없는 것으로 간주한다.
> 3. 분자의 충돌로 총 운동에너지가 감소되지 않는 완전탄성체이다.
> 4. 온도에 대비하여 일정한 비열을 가진다.
> 5. 분자 자신이 차지하는 부피를 무시한다.
> 6. 아보가드로 법칙을 따른다.
> 7. 0K에서 부피는 0이어야 하며, 평균 운동에너지는 절대온도에 비례한다.
> 8. 보일 - 샤를의 법칙을 만족한다.

269 [O]

270 [O]

271 [X] 공유결합에 대한 설명이다.

> **핵심정리** 화학결합
> 1. **이온결합**: 금속양이온과 비금속음이온이 만나 이루어지는 결합이다.
> 2. **금속결합**: 금속양이온과 자유전자가 만나 이루어지는 결합이다.
> 3. **공유결합**: 비금속원소와 비금속원소가 만나 비금속원소들이 서로 전자를 내어놓아 전자를 공유하는 형태로 원자들의 결합이 이루어지는 결합이다. 공유결합을 통해 만들어진 물질은 공유결합물질과 분자가 존재하게 된다.

272 원소주기율표상에서 ⅦA족(할로겐족)에 해당하는 것으로 불소, 염소, 수소, 브로민, 아이오딘 등이 있다.

273 질량보존의 법칙은 두 원소가 결합하여 두 가지 이상의 화합물을 만들 때 한 원소의 일정량과 결합하는 다른 원소의 질량 사이에는 간단한 질량비가 성립하는 것을 말한다. 이것은 원자가 쪼개지지 않은 채로 항상 정수의 개수비로 화학결합을 하기 때문이다.

274 1기압에서 순수한 물의 어는점을 32°F, 끓는점(비점)을 212°F로 하여 그 사이를 180등분한 것은 절대온도를 의미한다.

275 절대온도는 물의 어는점이나 끓는점을 사용하지 않고 에너지에 비례하도록 온도를 정의한 것으로, 열역학적으로 생각할 수 있는 최저온도로서 기체 평균 운동에너지가 0으로 측정된 약 −273℃를 절대온도 0K로 정한 온도이다.

276 반응하는 물질들의 물리적 상태는 화학반응속도에 큰 영향을 주지 않는다.

📋 정답 및 해설

272 [X] ⅦA족(할로겐족)에 해당하는 것으로 <u>불소, 염소, 브로민, 아이오딘 등</u>이 있다. <u>수소는 해당하지 않는다.</u>

273 [X] <u>배수비례의 법칙(돌턴)</u>에 대한 설명이다. <u>질량보존의 법칙</u>은 물질의 화학반응에 있어서 반응물질들의 질량의 합과 생성물질들의 질량의 합이 같음을 의미한다.

274 [X] <u>화씨온도를 설명한 것이다.</u>

> **📖 핵심정리** 정의
> 1. **섭씨온도:** 1기압에서 순수한 물의 어는점을 0℃, 끓는점(비점)을 100℃로 하여 그 사이를 100등분한 것이 섭씨(Celsius)온도이다.
> 2. **화씨온도:** <u>1기압에서 순수한 물의 어는점을 32°F, 끓는점(비점)을 212°F로 하여 그 사이를 180등분한 것이 화씨(Fahrenheit)온도이다.</u>
> 3. **절대온도:** 물의 어는점이나 끓는점을 사용하지 않고 에너지에 비례하도록 온도를 정의한 것으로, 열역학적으로 생각할 수 있는 최저온도로서 기체 평균 운동에너지가 0으로 측정된 −273℃를 절대온도 0K로 정한 온도이다.

275 [O]

276 [X] 반응속도는 함께 혼합된 물질들의 화학적 성질과 물리적 상태에 의존하고 있다.

> **📖 핵심정리** 반응속도에 영향을 미치는 요인(반응물의 성질)
> - 반응속도는 함께 혼합된 물질들의 화학적 성질과 물리적 상태에 의존하고 있다.
> - <u>반응하는 물질들의 물리적 상태는 화학반응속도에 큰 영향을 준다.</u> 큰 덩어리의 금속들은 연소되지 않으나, 금속분말은 표면적이 크므로 결과적으로 많은 원자들이 공기 중의 산소에 노출되어 연소되기 쉽다.

277 아레니우스(S. Arrhenius)의 반응속도론에 의하면 일반적으로 온도가 10℃ 상승할 때 반응속도는 약 2배 증가한다.

278 농도가 증가함에 따라 단위부피 속의 입자가 증가하고, 입자 수가 증가하면 입자 간의 충돌횟수가 증가하여 반응속도가 빨라진다.

279 과잉공기량은 실제공기량에서 이론공기량을 차감하여 얻은 공기량을 말한다.

280 공기비는 실제공기량을 이론공기량으로 나눈 값이다. 일반적으로 기체 가연물질의 공기비가 고체가연물질의 공기비보다 크다.

정답 및 해설

277 [O] 온도가 상승하면 반응속도도 증가한다. 아레니우스(S. Arrhenius)의 반응속도론에 의하면 일반적으로 온도가 10℃ 상승할 때 반응속도는 약 2배 증가한다.

278 [O] 반응속도는 반응하는 각 물질의 농도의 곱에 비례한다. 농도가 증가함에 따라 단위부피 속의 입자가 증가하고, 입자 수가 증가하면 입자 간의 충돌횟수가 증가하여 반응속도가 빨라진다.

279 [O] 과잉공기량 = 실제공기량 − 이론공기량

280 [X] 일반적으로 고체가연물질의 공기비가 기체가연물질의 공기비보다 크다고 할 수 있다.

> **핵심정리 공기비**
>
> 공기비는 실제공기량을 이론공기량으로 나눈 값을 말한다.
> 1. 기체가연물질의 공기비: 1.1 ~ 1.3
> 2. 액체가연물질의 공기비: 1.2 ~ 1.4
> 3. 고체가연물질의 공기비: 1.4 ~ 2.0

> **핵심정리 연소용 공기량**
>
> 1. 과잉공기량 = 실제공기량 − 이론공기량
> 2. 이론산소량 = 이론공기량 $\times \dfrac{21}{100}$
> 3. 공기비 = $\dfrac{실제공기량}{이론공기량}$ = $\dfrac{실제공기량}{실제공기량 - 과잉공기량}$

17 최소소화농도 및 공기량

281 프로판(C_3H_8)의 연소반응식은 "$3H_8 + 5O_2 \rightarrow 3CO_2 + 4H_2O$"이다.

282 프로판의 최소산소농도(MOC)는 5.5(%)이다. (단, 프로판의 연소하한계는 2.1v%이고, 부탄의 연소하한계는 1.8v%이다.)

283 아세틸렌 1몰이 완전 연소하는데 필요한 이론공기량은 12.5mol이다. (단, 체적비로 계산하며 공기 중의 산소농도를 20vol%로 한다)

284 공기비 계산식은 $\dfrac{\text{이론공기량}}{\text{실제공기량}}$ 이다.

정답 및 해설

281 [O]

> **핵심정리** 완전연소 반응식
> 1. 프로판(C_3H_8): $C_3H_8 + 5O_2 \rightarrow 3CO_2 + 4H_2O$
> 2. 부탄(C_4H_{10}): $C_4H_{10} + \dfrac{13}{2}O_2 \rightarrow 4CO_2 + 5H_2O$

282 [X] 프로판 1몰당 산소 5몰이 소요된다.
프로판의 MOC = 2.1 × 5 = 10.5(%)

283 [O] 아세틸렌: 5 × 2.5 = 12.5mol

> **핵심정리** 공기mol수
> 1. 공기mol수(공기 산소농도가 20vol%인 경우)
>
> $$\text{공기mol수} = \dfrac{100}{20} \times \text{산소mol수}$$
>
> 2. 완전연소 반응식
>   - $CH_4 + 2O_2 \rightarrow CO_2 + 2H_2O$
>   - $C_2H_2 + 2.5O_2 \rightarrow 2CO_2 + H_2O$
>   - $C_3H_8 + 5O_2 \rightarrow 3CO_2 + 4H_2O$
>   - $H_2 + 0.5O_2 \rightarrow 2H_2O$

284 [X] 공기비 계산식은 $\dfrac{\text{실제공기량}}{\text{이론공기량}}$ 이다.

285 실제공기량은 이론공기량에 과잉공기량이 추가된 공기량을 말한다.

286 과잉공기량이 너무 많을 때 불완전연소물의 발생이 많아진다.

287 프로판 5L를 완전연소시키기 위한 이론공기량은 약 119L이다.

288 탄소(C)의 연소방정식: $C + O_2 \rightarrow CO_2$이다.

정답 및 해설

285 [O]

286 [X] 과잉공기량이 너무 많을 때 불완전연소물의 발생이 <u>적어진다</u>.

> **핵심정리** 과잉공기량이 너무 많을 때 일어나는 현상
> 1. 연료소비량이 많아진다.
> 2. 연소실의 온도가 낮아진다.
> 3. 배기가스에 의한 열손실이 증가한다.
> 4. 불완전연소물의 발생이 적어진다.
> 5. 연소속도가 느려지고 연소효율이 저하된다.
> 6. 연소가스 중의 N_2O 발생이 심하여 대기오염을 초래한다.

287 [O] 프로판의 연소방정식: $C_3H_8 + 5O_2 \rightarrow 3CO_2 + 4H_2O$

프로판 5L는 $\frac{5}{22.4}$ mol이다($\because 5L \times \frac{1mol}{22.4L}$).

필요한 산소량은 $= \frac{5}{22.4}$ mol $\times 5 \times \frac{22.4(L)}{1mol} = 25L$이므로,

이론공기량 $A_0 = \frac{O_2}{0.21} = \frac{25}{0.21} ≒ 119L$

288 [O]

PART 2 폭발론

1 폭발의 개념

001 물리적 폭발은 상변화에 따른 폭발로 양적변화를 발생한다.

002 화학적 폭발은 화학반응에 의한 압력상승으로 질적변화를 야기한다.

003 폭발의 성립조건으로 반드시 밀폐된 공간에서만 발생한다.

004 폭발의 경우는 혼합가스 및 분진을 발화시킬 수 있는 최소점화원이 있어야 한다.

정답 및 해설

001 [O]

002 [O]

핵심정리 압력상승에 원인에 따른 분류

물리적 폭발	화학적 폭발
• 양적변화 • 상변화에 따른 폭발 • 액화가스 증기폭발 • 수증기폭발 • 전선폭발(알루미늄 전선) • 감압폭발 • 과열액체 증기폭발(블래비) • 고상간 전이에 의한 폭발	• 질적변화 • 화학반응에 따른 폭발 • 분진폭발 • 분해폭발 • 가스폭발 • 분무폭발 • 박막폭발

003 [X] 일반적인 폭발현상은 밀폐된 공간에서 발생하지만, 증기운폭발의 경우 대기 중에서도 발생할 수 있다. 반드시 밀폐된 공간에서만 발생하지는 않는다.

핵심정리 폭발의 성립조건
1. 밀폐된 공간과 연소의 요소가 있어야 한다.
2. 폭발한계(폭발범위) 내에 있어야 한다.
3. 가연성 가스 및 분진을 발화시킬 수 있는 점화원이 있어야 한다.
4. 급격한 압력 상승이 수반되어야 한다.

004 [O]

005 연소한계와 폭발한계는 같으며, 폭발한계보다 폭굉한계가 넓다.

006 모든 가연물질은 폭발범위 내에서만 폭발한다. 폭발범위 밖에서는 위험성이 감소하며 폭발범위가 넓을수록 위험하다.

007 이황화탄소와 아세틸렌은 폭발 3등급인 가연성 가스에 해당한다.

008 미세한 금속선에 큰 용량의 전류가 흘러 전선의 온도상승으로 용해되어 갑작스런 기체의 팽창이 짧은 시간 내에 발생하는 전선의 폭발은 화학적 폭발에 해당한다.

009 화학적 폭발은 물리 변화를 주체로 한 것으로 고압용기의 파열, 탱크의 감압파손, 폭발적 증발 등이 있다.

정답 및 해설

005 [X] 연소한계와 폭발한계는 같으며, 폭발한계는 폭굉한계보다는 넓다.

> **핵심정리** 연소한계, 폭발한계, 폭굉한계
> 1. 연소한계와 폭발한계는 같으며, 폭발한계는 폭굉한계보다는 넓다.
> 2. 연소범위는 상한치와 하한치의 값을 갖는다.
> 3. 모든 가연물질은 폭발범위 내에서만 폭발한다. 폭발범위 밖에서는 위험성이 감소하며 폭발범위가 넓을수록 위험하다.

006 [O]

007 [O] 폭발 3등급인 가연성 가스는 아세틸렌, 이황화탄소, 수소이다.

> **핵심정리** 안전간격 및 폭발등급
> 1. **안전간격**: 8L의 구형 용기 안에 폭발성 혼합가스를 채우고 점화시켜 발생된 화염이 용기 외부의 폭발성 혼합가스에 전달되는가의 여부를 측정하였을 때, 화염을 전달시킬 수 없는 한계의 틈 사이를 말한다. 안전간격이 작은 가스일수록 위험하다.
> 2. 폭발등급
>
> | 폭발등급 | 안전간격 | 종류 |
> | --- | --- | --- |
> | 폭발 1등급 | 0.6mm 초과 | 메탄, 에탄, 일산화탄소, 암모니아, 아세톤, LPG |
> | 폭발 2등급 | 0.4mm 초과 0.6mm 이하 | 에틸렌, 석탄가스 |
> | 폭발 3등급 | 0.4mm 이하 | 아세틸렌, 이황화탄소, 수소 |

008 [X] 전선의 폭발은 물리적 폭발에 해당한다.

009 [X] 물리적 폭발은 물리 변화를 주체로 한 것으로 고압용기의 파열, 탱크의 감압파손, 폭발적 증발 등이 있다.

010 분해폭발은 급격한 연소반응에 의한 압력의 발생으로 일어나는 폭발이다.

011 급격한 연소반응에 의한 압력의 발생으로 일어나는 산화폭발에는 가스폭발, 분해폭발, 분진폭발, 분무폭발 등이 있다.

012 폭굉유도거리의 영향요인으로 관경이 가늘수록 짧아진다.

013 폭굉유도거리의 영향요인으로 점화에너지가 강할수록 길어진다.

014 폭굉유도거리에 대한 내용으로, 폭굉유도거리는 관경이 가늘거나 이물질이 있는 경우 짧아진다.

정답 및 해설

010 [X] 가스폭발은 급격한 연소반응에 의한 압력의 발생으로 일어나는 폭발이다. 분해폭발은 산소에 관계없이 단독으로 발열·분해반응을 하는 물질에 의해서 발생하는 폭발현상이다. 압력과 온도의 영향을 받아 분해되며, 분해반응 시 발생하는 열과 압력에 의해서 주위에 많은 재해를 주는 폭발을 말한다.

011 [X] 분해폭발은 연소반응과 관련이 없다.

> **핵심정리** 산화폭발
> 1. 산화폭발은 일반적으로 급격한 연소반응에 의한 압력의 발생으로 일어나는 폭발현상이다.
> 2. 산화폭발의 종류로는 가스폭발, 분무폭발, 분진폭발 등이 있다.
> 3. 가연성 가스의 누출, 인화성 액체 탱크 내부의 공기유입, 분진운 형성 등과 같은 폭발성 혼합기체가 형성된 상태에서 점화원에 의하여 착화하여 폭발하는 현상이다.

012 [O]
> **핵심정리** 폭굉유도거리(DID)의 영향요인
> 1. 점화에너지가 강할수록 짧아진다.
> 2. 연소속도가 큰 가스일수록 짧아진다.
> 3. 관경이 가늘수록 짧아진다.
> 4. 관 속에 이물질이 있을 경우에 짧아진다.
> 5. 압력이 높을수록 짧아진다.

013 [X] 폭굉유도거리의 영향요인으로 점화에너지가 강할수록 짧아진다.

014 [O]

015 안전간격이 큰 것일수록 위험하다.

2 폭연과 폭굉

016 폭연이란 가연성 가스의 화염(연소) 전파속도가 음속보다 큰 것으로 파면선단의 압력파에 의해 파괴작용을 발생시키는 현상을 말한다.

017 폭굉은 물질 내에서 충격파가 발생하여 반응을 일으키고 또한 그 반응을 유지하는 현상을 말한다.

018 폭굉은 배관 내 혼합가스의 한 점에서 착화되었을 때 연소파가 일정거리 진행한 후 급격히 화염의 전파속도가 감소되는 현상을 말한다.

019 폭연은 느린 층류연소가 강한 폭발형식으로 전환되는 것이다.

정답 및 해설

015 [X] 가스의 안전간격이 좁은 것일수록 위험하다.

핵심정리 폭발등급 및 안전간격

폭발등급	안전간격	종류
폭발 1등급	0.6mm 초과	메탄, 에탄, 일산화탄소, 암모니아, 아세톤, LPG
폭발 2등급	0.4mm 초과 0.6mm 이하	에틸렌, 석탄가스
폭발 3등급	0.4mm 이하	아세틸렌, 이황화탄소, 수소

016 [X] 폭굉에 대한 설명이다.

017 [O]

018 [X] 배관 내 혼합가스의 한 점에서 착화되었을 때 연소파가 일정거리 진행한 후 급격히 화염의 전파속도가 증가하는 현상을 말한다.

019 [O] **핵심정리** 폭연(Deflagration)의 특징
1. 폭연은 급격한 연소반응으로서 화염의 전파속도가 음속보다 느린 것을 말하며 그 화염의 전파속도는 0.1~10m/s 정도이다.
2. 느린 층류연소가 강한 폭발형식으로 전환되는 것이다.
3. 폭연에서는 반응면 전파는 연소생성물의 난류혼합에 의하여 전파된다.
4. 온도, 압력, 밀도 등이 화염면에서 연속적으로 나타난다.
5. 폭연은 폭굉과 달리 충격파를 형성하지 않는다.

020 폭굉의 에너지 방출속도는 열 전달속도에 기인하지 않고 압력파에 의존한다.

021 폭굉유도거리란 최초의 완만한 연소에서 폭굉까지 발전하는 데 필요한 거리를 말한다. 즉, 화재 이후 완만하게 진행되던 연소가 폭굉으로 발전할 때까지의 거리를 말한다.

022 화염전파속도는 폭연의 경우 음속보다 빠르며, 폭굉의 경우 음속보다 느리다.

023 폭굉은 파면(화염면)에서 온도, 압력, 밀도가 불연속적으로 나타난다.

024 폭굉을 발생시킬 수 있는 기체가 파이프 내에 있을 때 방호대책으로 파이프라인의 장애물이 있는 곳은 관경을 축소한다.

정답 및 해설

020 [O]

> **핵심정리 폭굉(Detonation)의 특징**
> 1. 폭굉은 폭발적 연소반응으로서 화염의 전파속도가 음속보다 빠른 것을 말한다.
> 2. 폭발범위 내의 농도 상태에서 반응속도가 급격히 증대하여 음속을 초과하는 경우이다.
> 3. 에너지 방출속도는 열 전달속도에 기인하지 않고 압력파에 의존한다.
> 4. 폭굉파는 음파와 달리 폭굉파가 통과한 곳은 화학적 조성이 변하므로, 가역적인 탄성파로 취급되지 않는다.
> 5. 온도, 압력, 밀도 등이 화염면에서 불연속적으로 나타난다.

021 [O]

> **핵심정리 폭굉유도거리(DID)의 영향요인**
> 폭굉유도거리가 짧아지는 조건은 위험성이 큰 상황이다.
> 1. 점화에너지가 강할수록 짧아진다.
> 2. 연소속도가 큰 가스일수록 짧아진다.
> 3. 관경이 가늘수록 짧아진다.
> 4. 관속에 이물질(장애물)이 있을 경우에 짧아진다.

022 [X] 화염전파속도는 폭연의 경우 음속보다 느리며, 폭굉의 경우 음속보다 빠르다.

023 [O]

> **핵심정리 폭연과 폭굉**
> 1. 폭연은 온도, 압력, 밀도 등이 화염면에서 연속적으로 나타난다.
> 2. 폭굉은 파면(화염면)에서 온도·압력, 밀도가 불연속적으로 나타난다.

024 [X] 파이프라인의 장애물이 있는 곳은 관경을 확대한다.

025 폭굉을 발생시킬 수 있는 기체가 파이프 내에 있을 때 방호대책으로 공정라인에서 회전이 가능하면 가급적 완만한 회전을 이루도록 한다.

026 폭연은 화염면에서 상대적으로 완만한 에너지 변화에 의해서 온도, 압력, 밀도가 연속적으로 나타난다. 폭굉은 화염면에서 급격한 에너지 변화에 의해서 온도, 압력, 밀도가 불연속적으로 나타난다.

027 폭연과 폭굉은 반응이 지속됨에 따라 화염 자체 온도가 감소된다.

028 폭연은 에너지 전달이 충격파에 의해 나타나고, 폭굉은 일반적인 열전달과정을 통해 나타난다.

정답 및 해설

025 [O]

핵심정리 폭굉의 방호대책
1. 파이프의 지름 대 길이의 비는 가급적 작게 한다.
2. 파이프라인의 장애물이 있는 곳은 관경을 축소한다.
3. 파이프라인에 장애물이 없도록 한다.
4. 공정라인에서 회전이 가능하면 가급적 완만한 회전을 이루도록 한다.

026 [O]

027 [X] 폭연과 폭굉은 반응이 지속됨에 따라 화염 자체 온도가 상승된다.

028 [X] 폭연은 에너지 전달이 열전달 과정에 의해 나타나고, 폭굉은 충격파를 통해 나타난다.

핵심정리 폭연과 폭굉
1. 폭연
   - 폭연에서는 반응면이 열의 분자확산 이동, 반응물과 연소생성물의 난류혼합에 의해 전파된다.
   - 폭연은 폭굉으로 변화될 수 있으며, 에너지 방출속도가 열전달속도(물질의 전달속도)에 영향을 받는다.
   - 폭연은 폭굉과 달리 충격파를 형성하지 않는다.
2. 폭굉
   - 에너지 방출속도는 열전달속도에 기인하지 않고 압력파에 의존한다.
   - 폭굉파는 음파와 달리 통과한 곳에 화학적 조성이 변하므로, 가역적인 탄성파로 취급되지 않는다.

029 메탄보다 수소나 아세틸렌의 폭굉 가능성이 비교적 작다.

030 DID(폭굉유도거리)가 길수록 폭굉이 일어나기 쉽다.

031 폭굉은 파면(화염면)에서 온도, 압력, 밀도가 불연속적으로 나타난다.

032 폭연과 폭굉을 구분하는 기준은 물질의 양이다.

3 화학적 폭발 및 물리적 폭발

033 전선폭발, 감압폭발 및 보일러폭발은 화학적 폭발에 해당한다.

정답 및 해설

029 [X] 메탄의 최소발화에너지가 수소나 아세틸렌 보다 상대적으로 크므로 폭굉 가능성이 적다. 따라서 메탄보다 수소나 아세틸렌의 폭굉 가능성이 비교적 크다.

> **핵심정리** 최소발화에너지
> 1. 수소나 아세틸렌의 최소발화에너지: 5K
> 2. 메탄의 최소발화에너지: 93,000KJ
> 3. 메탄의 최소발화에너지가 수소나 아세틸렌 보다 상대적으로 크므로 폭굉 가능성이 적다.

030 [X] DID(폭굉유도거리)가 짧을수록 폭굉이 일어나기 쉽다.

031 [O]

032 [X] 화염의 전파속도에 따라 폭연과 폭굉을 구분한다.

033 [X] 전선폭발, 감압폭발 및 보일러폭발은 물리적 폭발에 해당한다.

> **핵심정리** 압력상승의 원인에 따른 분류
> 1. 물리적 폭발: 증기폭발, 수증기폭발, 보일러폭발, 전선폭발, 감압폭발
> 2. 화학적 폭발: 산화폭발, 분해폭발, 중합폭발, 촉매폭발
> 3. 물리·화학적 폭발: 블레비(BLEVE) 현상
> 4. 핵폭발

034 화학적 폭발 중 중합폭발은 단량체의 중축합반응에 따른 발열량에 의한 폭발로 대표적인 예로는 산화에틸렌, 시안화수소, 염화비닐 등이 있다.

035 물리적 폭발 중 분진폭발은 공기 중에 부유하고 있는 가연성 분진이 주체가 되는 폭발이다.

036 누출된 가스의 점화는 가스폭발에 해당하며, 물리적 폭발의 범주에 해당한다.

037 메탄과 공기 혼합물의 폭발범위는 저압보다 고압일 때 더 넓어진다.

038 프로판과 공기 혼합물에 질소를 가할 때 폭발범위는 더 넓어진다.

039 물리적 폭발은 물리적 변화를 주체로 하여 발생하는 폭발이다. 고압용기 파열·탱크 감압파손에 의한 압력폭발은 물리적 폭발에 해당한다.

040 아르곤은 불활성 가스이므로 공기와 혼합될 때 폭발성 혼합가스를 형성하지 않는다.

정답 및 해설

034 [O] 중합폭발은 화학적 폭발에 해당한다.

> **핵심정리** 화학적 폭발과 물리적 폭발
> 1. 물리적 폭발
>   - 양적변화
>   - 증기폭발, 수증기폭발, 전선폭발, 감압폭발, 고상간 전이에 의한 폭발
> 2. 화학적 폭발
>   - 질적변화
>   - 가스폭발, 분진폭발, 분해폭발, 분무폭발, 박막폭발

035 [X] 분진폭발은 화학적 폭발에 해당한다.

036 [X] <u>누출된 가스의 점화는 가스폭발에 해당</u>하며, 화학적 폭발의 범주에 해당한다.

037 [O]

038 [X] 프로판과 공기 혼합물에 <u>질소를 가할 때 폭발범위는 더 좁아진다</u>.

039 [O]

040 [O]

041 용기파열의 원인이 될 수 있는 용기 두께 축소의 원인으로 부식, 침식, 화학적 침해 등이 있다.

4 기상폭발과 응상폭발

042 분진폭발, 분해폭발 및 분무폭발은 기상폭발의 범주에 해당한다.

043 증기폭발, 수증기폭발 및 증기운폭발은 응상폭발에 해당한다.

044 증기폭발이란, 고열의 고체와 저온의 액체가 접촉했을 때 찬 액체가 큰 열을 받아 갑자기 증기가 발생하여 증기의 압력에 의해 폭발하는 현상이다.

045 증기폭발은 가연성 기체가 상온에서 혼합기체가 되어 발화원에 의하여 폭발하는 현상이다.

정답 및 해설

041 [O]

042 [O]
> **핵심정리** 원인물질의 상태에 따른 분류
> ① **기상폭발:** 가스폭발, 분진폭발, 분해폭발, 분무폭발, 증기운폭발
> ② **응상폭발:** 증기폭발, 수증기폭발, 전선폭발

043 [X] 증기운폭발은 기상폭발에 해당한다.
> **핵심정리** 원인물질의 상태에 따른 분류
> ① **기상폭발:** 가스폭발, 분진폭발, 분해폭발, 분무폭발, 증기운폭발
> ② **응상폭발:** 증기폭발, 수증기폭발, 전선폭발

044 [O]

045 [X] 혼합가스폭발에 대한 설명이다.
> **핵심정리** 혼합가스폭발
> 1. 농도조건이 맞고 발화원이 존재할 때 가연성가스와 지연성가스의 혼합기체에서 발생하는 폭발이다.
> 2. 가연성 가스나 액상에서 증발한 가스가 산화제와 혼합하여 가연범위 내의 혼합기가 만들어져 발화원에 의해 착화되어 일어나는 폭발이다.

046 증기폭발은 과열 상태의 탱크에서 내부의 액화가스가 분출, 일시에 기화되어 착화·폭발하는 현상이다.

047 증기운폭발은 기상폭발에 해당한다.

048 응상폭발에는 가스폭발, 분무폭발, 분진폭발, 가스의 분해폭발, 증기운폭발(UVCE) 등이 있다.

049 분진폭발은 응상폭발에 해당한다.

050 LPG 또는 LNG 등 사고로 인해 물 위에 분출되었을 때에는 조건에 따라서 급격한 기화에 동반하는 비등현상을 나타내는 것으로 액상에서 기상으로의 급격한 상변화에 의한 폭발현상으로 기상폭발의 범주에 해당한다.

051 공기 중에 분출된 가연성 액체가 미세한 액적이 되어 무상으로 공기 중에 부유하고 있을 때 착화에너지가 주어지면 폭발이 발생한다. 이를 분무폭발이라 한다.

정답 및 해설

046 [X] UVCE(증기운폭발)에 대한 설명이다.

047 [O]

> **핵심정리** 기상폭발과 응상폭발
>
> 폭발을 일으키는 원인물질의 상태에 따라 기상폭발과 응상폭발로 분류할 수 있다. 여기서 응상이란 고체상과 액체상을 모두 포함하는 말이며 기상이란 기체상을 말한다.
>
> 1. **기상폭발**: 원인물질의 상태가 기체상태인 폭발현상을 말하며, 가스폭발, 분무폭발, 분진폭발, 가스의 분해폭발, 증기운폭발(UVCE)이 해당한다.
> 2. **응상폭발**: 원인물질의 상태가 액체 또는 고체인 폭발현상을 말하며, 증기폭발, 수증기폭발, 전선폭발, 물질의 혼합에 의한 폭발, 폭발성 물질의 폭발이 해당한다.

048 [X] 기상폭발에는 가스폭발, 분무폭발, 분진폭발, 가스의 분해폭발, 증기운폭발(UVCE) 등이 있다.

049 [X] 분진폭발은 발생을 일으키는 원인물질의 상태가 기체상이므로 기상폭발이다.

050 [X] 액상에서 기상으로의 급격한 상변화에 의한 폭발현상은 증기폭발에 해당한다. 증기폭발은 응상폭발의 범주에 해당한다.

051 [O]

052 가연성 가스나 가연성 액체가 유출하여 공기와 혼합해서 가연성 혼합기체가 되어 발화원에 의해 폭발하는 현상을 증기폭발이라 한다.

053 수증기폭발과 같은 밀폐된 공간에서의 물리적 폭발은 급격한 화염과 폭음을 동반하여 기계적인 파괴현상을 일으킨다.

054 수증기폭발을 포함시켜 증기폭발이라고 부른다.

055 보일러의 관체가 파손되면 상변화로 폭발하는 현상을 수증기폭발이라 한다.

056 「위험물안전관리법」의 위험물 중 제1류와 제6류, 제3류와 제4류, 제5류와 제2류와 제4류는 혼재하면 혼촉발화의 위험성이 매우 크다.

정답 및 해설

052 [X] 증기운 폭발이라 한다.

> **핵심정리** 증기운폭발(UVCE; Unconfined Vapor Cloud Explosion)
> 1. 유출된 가연성 가스가 공기와 혼합하여 가연성 혼합기체가 되어 발화원에 의해 폭발하는 현상을 말한다.
> 2. 자유공간 중의 증기운폭발이라고도 한다.
> 3. 밀폐된 공간이 아닌 곳에서 발생되는 현상이며, 화구(Fire ball)가 형성된다.

053 [X] 수증기폭발은 화염을 발생시키지 않는다.

> **핵심정리** 수증기폭발
> 1. 수증기폭발은 화염을 동반하지 않는 물리적 폭발에 해당한다.
> 2. 응상폭발의 대표적 형태이다.
> 3. 고온의 물질이 물속에 투입되었을 때 고온의 물질에 의하여 물이 짧은 시간에 과열 상태가 되면서 급격히 비등하는 현상을 말한다. 즉, 조건에 따라 달라지지만 물질의 상변화에 따른 폭발현상이다.

054 [O]

055 [O]

056 [X] 「위험물안전관리법」의 위험물 중 제1류와 제6류, 제3류와 제4류, 제5류와 제2류와 제4류는 혼재하여도 혼촉발화의 위험이 없다.

5 가스폭발 및 분진폭발

057 분진폭발 물질로는 석회석, 생석회, 소석회, 산화알루미늄, 시멘트 가루, 대리석 가루, 가성소다, 유리 등 100여종이 넘는 물질이 있으며, 분진폭발을 일으키지 않는 물질로는 황, 플라스틱, 사료, 석탄, 알루미늄, 철, 쌀, 보리의 곡물 등이 있다.

058 증기폭발은 대기 중에 기화하기 쉬운 액체가 유출되어 대량의 가연성 혼합기체가 형성되고 여기에 발화원에 의하여 폭발하는 현상을 말한다.

059 분진폭발을 일으키는 분진입자의 크기는 약 100마이크로(μ) 또는 76㎛(200mesh) 이하이다.

060 분진의 발열량과 휘발성이 클수록 폭발성이 크다.

061 공기 중에서 산화피막을 형성할 수 있는 가연성 분진은 공기 중의 부유시간이 길어지면 폭발성이 급속하게 증가한다.

062 수분과의 반응성이 있는 금수성 물질의 분진은 가연성 가스의 발생을 촉진시킬 수 있어 폭발의 위험성이 커질 수 있다.

정답 및 해설

057 [X] 분진폭발 물질로는 황, 플라스틱, 사료, 석탄, 알루미늄, 철, 쌀, 보리의 곡물 등 100여종이 넘는 물질이 있으며, 분진폭발을 일으키지 않는 물질로는 석회석, 생석회, 소석회, 산화알루미늄, 시멘트 가루, 대리석 가루, 가성소다, 유리 등이 있다.

058 [X] 증기운폭발(UVCE; Unconfined Vapor Cloud Explosion)에 대한 설명이다. 증기운폭발은 자유공간 중의 증기운폭발이라고도 한다.

059 [O]

060 [O]

061 [X] 공기 중에서 산화피막을 형성할 수 있는 가연성 분진은 공기 중의 부유시간이 길어지면 폭발성이 감소할 수도 있다.

062 [O]

063 ☐☐☐ 입도가 동일한 경우 구상 → 침상 → 평편상 순으로 폭발성이 증가한다.

064 ☐☐☐ 산소의 농도가 낮아지면 최소점화에너지는 감소한다.

065 ☐☐☐ 분진폭발은 가스폭발보다 최소발화에너지가 작으므로 상대적으로 착화가 쉽다.

066 ☐☐☐ 분진폭발은 강한 폭발력으로 가스폭발에 비하여 완전연소를 하여 이산화탄소의 발생량이 많다.

067 ☐☐☐ 분진폭발의 발생에너지는 가스폭발과 비교하여 비교적 크다.

068 ☐☐☐ 분진폭발은 연소속도나 폭발압력은 가스폭발에 비하여 작으나 연소시간은 비교적 길다.

📋 정답 및 해설

063 [O]

064 [X] 산소의 농도가 낮아지면 최소점화에너지는 증가한다.

065 [X] 분진폭발은 가스폭발보다 최소발화에너지가 크므로 상대적으로 착화가 어렵다.

066 [X] 분진폭발은 강한 폭발력으로 가스폭발에 비하여 불완전연소를 하여 일산화탄소의 발생량이 많다.

067 [O]

068 [O]

> **📖 핵심정리** 분진폭발의 특징
> 1. 가스폭발과 같이 조연성 가스의 균일한 상태에서 반응하는 것이 아니고 가연물 주위에서 불균일한 상태에서 반응한다. 즉, 분진폭발은 가스폭발에 비하여 불완전연소가 많이 발생하기 때문에 일산화탄소의 발생량이 상대적으로 크다고 볼 수 있다.
> 2. 가스폭발보다 착화를 일으킬 수 있는 최소발화에너지가 크다.
> 3. 2차 폭발, 3차 폭발을 일으킬 수 있다.
> 4. 일반적으로 연소속도와 폭발압력은 가스폭발에 비교하여 작다고 할 수 있다. 반면에 연소시간이 길고 발생에너지가 크기 때문에 연소규모가 크다고 할 수 있다.

069 분진폭발을 하는 물질은 황, 플라스틱, 사료, 석탄, 알루미늄, 철, 쌀, 보리의 곡물 등이 있다.

070 분진폭발은 산소와의 반응성이 강한 분진의 경우 노출시간이 길수록 산화피막을 형성할 수 있으므로 폭발성을 감소시킬 수 있다.

071 가스폭발은 연쇄폭발이 일어나지만 분진폭발은 일어나지 않는다.

072 분진폭발은 가스폭발에 비해 연소속도와 초기폭발력이 비교적 느리거나 작다.

073 분진입자가 미세할수록 폭발력은 증가한다.

정답 및 해설

069 [O]

> **핵심정리** 분진폭발
> 1. 분진폭발을 하는 물질: 황, 플라스틱, 사료, 석탄, 알루미늄, 철, 쌀, 보리의 곡물 등
> 2. 분진폭발을 일으키지 않는 물질: 석회석($CaCO_3$), 생석회(CaO), 소석회[$Ca(OH)_2$], 산화알루미늄(Al_2O_3), 시멘트 가루, 대리석 가루, 가성소다($NaOH$), 유리 등

070 [O]

071 [X] 분진폭발은 연쇄폭발이 발생될 수 있다.

072 [O]

073 [O]

6 블레비 현상 등

☐☐☐
074 블레비 현상의 발생원인은 화학적 폭발에 의하여 발생하고, 분출된 액화가스의 증기가 연소범위가 형성되어 물리적 폭발로 이어질 수 있다.

☐☐☐
075 블레비 현상의 발생원인은 화재에 노출되어 가열된 가스용기 또는 탱크가 열에 의한 가열로 압력이 증가하여 강도를 상실하면서 폭발하는 현상이다.

☐☐☐
076 블레비(BLEVE) 현상은 일반적으로 액화가스저장탱크에서 발생하는 폭발이다. 보일오버(Boil over)는 유류탱크에서 발생하는 이상 화재 현상이다.

☐☐☐
077 블레비 현상의 결과 파이어 볼(Fire ball)이 발생할 수 있다.

☐☐☐
078 액화가스저장탱크의 블레비 현상의 방지대책에는 감압밸브의 압력을 높게 하는 방법이 있다.

정답 및 해설

074 [X] 블레비(BLEVE) 현상은 물리적 폭발에 의하여 발생하고, 분출된 액화가스의 증기가 연소범위가 형성되어 화학적 폭발로 이어질 수 있다.

> **핵심정리** 블레비(BLEVE) 현상
> 1. 고압 상태인 액화가스용기가 가열되어 물리적 폭발을 하고 순간적으로 화학적 폭발로 이어지는 현상이다.
> 2. 탱크의 증기폭발과 이것에 계속하여 발생하는 가스폭발을 총칭한다.

075 [O]

076 [O]

077 [O]

078 [X] 액화가스저장탱크의 블레비 현상의 방지대책에는 감압밸브의 압력을 낮추는 방법이 있다.

> **핵심정리** 블레비(BLEVE) 현상의 방지대책
> 1. 경사를 지어서 설치한다.
> 2. 감압밸브의 압력을 낮춘다.
> 3. 용기외부에 단열시공을 한다.
> 4. 고정식 살수설비를 설치한다.
> 5. 내압강도를 높게 유지한다.

079 액화가스저장탱크의 블레비 현상의 방지대책으로 액화저장가스탱크의 내압강도를 낮게 유지한다.

080 블레비 현상 발생원인으로 탱크가 계속 가열되면 용기 강도는 저하되고 내부 압력은 상승하여 어느 시점이 되면 저장탱크의 설계압력을 초과하게 되고 탱크가 파괴되어 급격한 폭발현상을 일으킨다.

081 블레비 현상이란, 탱크 주위 화재로 탱크 내 인화성 액체가 비등하고 가스부분의 압력이 상승하여 탱크가 파괴되고 폭발을 일으키는 현상을 말한다.

082 블레비 현상이란, 탱크 바닥에 물과 기름의 에멀젼이 섞여 있을 때 화재로 인한 열파의 침강으로 인하여 급격하게 화재를 수반하여 넘치는 현상(over flow)을 말한다.

083 용기의 두께는 증기운폭발과 직접적인 관련이 없다.

정답 및 해설

079 [X] 내압강도를 높게 유지한다.

080 [O]

081 [O]

082 [X] 보일오버 현상에 대한 설명이다.

083 [O]

> **핵심정리** 증기운폭발에 영향을 주는 인자
> 1. 방출된 물질의 양
> 2. 점화원의 위치
> 3. 점화 전 증기운의 이동거리
> 4. 시간지연, 점화확률
> 5. 폭발효율
> 6. 증발된 물질의 분율

7 방폭구조

084 제0종 위험장소는 인화성 물질이나 가연성 가스가 폭발성 분위기를 생성할 우려가 있는 장소 중 가장 위험한 장소를 말한다.

085 상용 상태에서 가연성 가스가 체류해 위험하게 될 우려가 있는 장소는 제2종 위험장소에 해당한다.

086 환기장치에 이상이나 사고가 발생할 경우에 가연성 가스가 체류하여 위험하게 될 우려가 있는 장소는 제2종 장소에 해당한다.

087 특수 방폭구조는 폭발성 가스 또는 증기(가연성 가스)에 점화 또는 위험 분위기로 인화를 방지할 수 있는 것이 시험, 기타에 의하여 확인된 구조이다.

📑 정답 및 해설

084 [O] 위험장소란 가연성 가스가 폭발할 위험이 있는 농도에 도달할 우려가 있는 장소를 말한다.

> **📖 핵심정리 제0종 장소**
> 1. 인화성 물질이나 가연성 가스가 폭발성 분위기를 생성할 우려가 있는 장소 중 <u>가장 위험한 장소</u>
> 2. 폭발성 가스의 농도가 연속적이거나 장시간 지속적으로 폭발한계 이상이 되는 장소 또는 지속적인 위험상태가 생성되거나 생성될 우려가 있는 장소
> 3. <u>상용 상태에서 가연성 가스의 농도가 연속해서 폭발하한계 이상으로 되는 장소</u>(상시 폭발한계 내의 농도가 되는 장소)

085 [X] 제1종 장소에 대한 설명이다.

> **📖 핵심정리 제1종 장소**
> 1. <u>상용 상태에서 가연성 가스가 체류해 위험하게 될 우려가 있는 장소</u>
> 2. 제1종 장소의 예: <u>환기가 불충분한 장소에 설치된 배관계통으로 쉽게 누설될 우려가 있는 곳</u>

086 [O]

> **📖 핵심정리 제2종 장소**
> 1. 이상 상태하에서 위험 분위기가 <u>단시간 동안</u> 존재할 수 있는 장소
> 2. 가연성 가스가 밀폐된 용기 또는 설비가 <u>사고</u>로 인해 파손되거나 오조작의 경우에만 누출할 위험이 있는 장소
> 3. <u>환기장치에 이상이나 사고가 발생할 경우</u>에 가연성 가스가 체류하여 위험하게 될 우려가 있는 장소

087 [O]

> **📖 핵심정리 특수 방폭구조(s)**
> 1. <u>폭발성 가스 또는 증기에 점화 또는 위험 분위기로 인화를 방지할 수 있는 것이 시험, 기타에 의하여 확인된 구조이다.</u>
> 2. 특수 사용조건 변경 시에는 보호방식에 대한 완벽한 보장이 불가능하므로, <u>제0종 장소나 제1종 장소에서는 사용할 수 없다.</u>
> 3. 용기 내부에 모래 등의 입자를 채우는 충전 방폭구조 또는 협극 방폭구조 등이 있다.

088 비점화 방폭구조(n)란, 정상동작 상태에서 주변의 폭발성 가스 또는 증기에 점화시키지 않고 점화시킬 수 있는 고장이 유발되지 않도록 한 방폭구조이다.

089 충전 방폭구조(q)는 전기기기의 불꽃, 아크 또는 고온이 발생하는 부분을 기름(절연유) 속에 넣고 기름면 위에 존재하는 폭발성 가스 또는 증기에 인화될 우려가 없도록 한 구조이다.

090 내압 방폭구조는 내부폭발에 의한 내용물 손상으로 영향을 미치는 기기에는 부적당하다.

091 방폭대책에는 예방, 국한, 소화, 피난대책 등이 있다.

092 가연성 가스의 용기 및 탱크 내부는 제2종 위험 장소에 해당한다.

정답 및 해설

088 [O]

> **핵심정리** 비점화 방폭구조(n)
> 1. 정상동작 상태에서 주변의 폭발성 가스 또는 증기에 점화시키지 않고 점화시킬 수 있는 고장이 유발되지 않도록 한 방폭구조이다.
> 2. 정상 운전 중인 고전압 등까지도 적용 가능하다.

089 [X] 유입 방폭구조(o)에 대한 설명이다.

> **핵심정리** 충전 방폭구조(q)
> 1. 위험 분위기가 전기 기기에 접촉되는 것을 방지할 목적으로 모래 분체 등의 고체 충진물로 채워서 위험원인과 차단·밀폐시키는 구조를 말한다.
> 2. 충진물로 불활성 물질이 사용된다.

090 [O]

091 [O]

092 [X] 가연성 가스의 용기 및 탱크 내부는 제0종 위험장소에 해당한다.

> **핵심정리** 위험장소의 구분
>
> | 구분 | 위험장소 | 예 |
> |---|---|---|
> | 제0종 장소 | 지속적인 폭발 분위기 | 탱크 내부 |
> | 제1종 장소 | 정상상태하의 간헐적인 폭발 분위기 | 탱크 통기관 부근 |
> | 제2종 장소 | 이상상태하의 폭발 분위기 | 배관 연결부 |

093 안전증(가) 방폭구조(e)는 점화원이 될 우려가 있는 부분을 용기 내에 넣고 신선한 공기 또는 불연성 가스 등의 보호기체를 용기의 내부에 넣어 줌으로써 용기 내부에는 압력이 형성되어 외부로부터 폭발성 가스 또는 증기가 침입하지 못하도록 한 구조이다.

094 압력 방폭구조(p)는 점화원이 될 우려가 있는 부분을 용기 내에 넣고 신선한 공기 또는 불연성 가스 등의 보호기체를 용기의 내부에 넣어 줌으로써 용기 내부에는 압력이 형성되어 외부로부터 폭발성 가스 또는 증기가 침입하지 못하도록 한 구조이다.

095 본질안전 방폭구조(ia 또는 ib)는 정상 시 및 사고 시(단선, 단락, 지락 등)에 발생하는 전기불꽃, 아크 또는 고온에 의하여 폭발성 가스 또는 증기에 점화되지 않는 것이 점화시험 및 기타에 의하여 확인된 구조를 말한다.

096 내압 방폭구조란 용기 내부에서 폭발성 가스가 폭발하였을 때 용기가 그 폭발압력에 파손되지 않고 외부의 폭발성 가스에 인화될 우려가 없도록 한 구조이다.

097 불활성화(Inerting, 이너팅)란 가연성 혼합가스에 불활성 가스를 주입시켜 산소의 농도를 최소 산소농도 이하로 낮추는 공정을 말한다.

정답 및 해설

093 [X] 압력 방폭구조(p)에 대한 설명이다.

094 [O]

095 [O]

096 [O]

097 [O]

098 압력 퍼지는 한쪽 개구부에서 퍼지가스를 가하고 다른 개구부로 혼합가스를 대기 또는 스크러버로 빼내는 공정이다.

099 퍼징(Purging)이란 전기 기계·기구에 전압을 인가하기 전에 폭발성 가스 분위기의 농도를 폭발 하한값 아래로 낮추기 위하여 압력 밀폐함 및 그 덕트를 통하여 충분한 양의 보호 가스를 공급하는 것을 말한다.

100 제0종 장소에서는 원칙적으로 본질안전 방폭구조를 사용한다.

정답 및 해설

098 [X] 스위프 퍼지(Sweep-through purging)에 대한 설명이다.
1. 스위프 퍼지(Sweep-through purging): 한쪽 개구부에서 퍼지가스를 가하고 다른 개구부로 혼합가스를 대기 또는 스크러버로 빼내는 공정
2. 진공 퍼지: 용기에 대한 가장 일반적인 이너팅 방법이다. 큰 용기는 내진공설계가 고려되지 않는 경우가 대부분이므로 큰 저장용기에는 부적합하다.
3. 압력 퍼지: 불활성 가스를 가압하에서 용기 내로 주입시키고 불활성 가스가 공간에 채워진 후에 압력을 대기로 방출함으로써 정상압력으로 환원하는 방법이다.

099 [O]

100 [O]

PART 3 화재론

1 화재의 분류

001 A급 화재는 일반화재에 해당하며, 표시색은 백색이다.

002 C급 화재는 금속화재에 해당하며, 표시색은 무색이다.

003 화재란 사람의 의도에 반하거나 고의에 의해 발생하는 연소현상으로서 소화설비 등을 사용하여 소화할 필요가 있거나 또는 사람의 의도에 반해 발생하거나 확대된 화학적인 폭발현상을 말한다.

004 일반화재(A급화재)는 종이·목재 등의 일반가연물, 고무·플라스틱과 같은 합성고분자 등과 같은 가연성 물질과 관련된 화재이다.

정답 및 해설

001 [O]

002 [X] D급 화재는 금속화재에 해당하며, 표시색은 <u>무</u>색이다.

핵심정리 가연물에 따른 화재의 구분

구분	A급	B급	C급	D급	E급
화재 종류	일반화재	유류화재	전기화재	금속화재	가스화재
표시색	백색	황색	청색	무색	황색
연기색	백색	검은색	-	-	-

003 [O]

004 [O]

005 일반화재의 소화방법은 냉각소화가 가장 효과적이다.

006 화재의 분류는 가연물의 종류와 성상, 대상물의 종류 등에 따라 일반화재, 유류화재, 전기화재, 금속화재, 가스화재 등으로 구분된다.

007 유류화재는 화재 성장속도가 일반화재보다 느리고 연기색상은 일반적으로 백색이다.

008 전기화재는 그 형태가 아주 다양하며 주로 단선, 누전, 과전류, 합선(단락) 등의 발화가 그 원인이다.

정답 및 해설

005 [O]

> **핵심정리** 일반화재(A급 화재)
> 1. 종이·목재 등의 일반가연물, 무·플라스틱과 같은 합성고분자 등과 같은 가연성 물질과 관련된 화재이다.
> 2. 일반적으로 화재 후 재를 남기며, 표시색은 백색이다.
> 3. 소화방법은 냉각소화가 가장 효과적이다.
> 4. 보통화재라고도 한다.

006 [O]

007 [X] 유류화재는 화재 성장속도가 일반화재보다 빠르고 연기색상은 일반적으로 흑색이다.

008 [X] 전기화재는 그 형태가 아주 다양하며 주로 누전, 과전류, 합선(단락) 등의 발화가 그 원인이다. 단선은 직접적인 전기화재의 원인에 해당하지 않는다.

> **핵심정리** 소화적응성에 따른 분류
>
> | 구분 | | 가연물 | 주된 소화방법 |
> |---|---|---|---|
> | 일반화재 | A급 화재 | 나무, 옷, 고무 | 냉각소화 |
> | 유류화재 | B급 화재 | 가솔린, 페인트 | 질식소화 |
> | 전기화재 | C급 화재 | 변압기, 송전선 | 질식소화(비전도성), 제거소화(차단) |
> | 금속화재 | D급 화재 | 알루미늄 | 질식소화(팽창질석 등) |
> | 식용유화재 | K급 화재 | 식용유 | 질식소화(K급 소화기) |
> | 가스화재(국제기준) | E급 화재 | 메탄, 에탄, 암모니아 | 질식소화, 제거소화(차단) |

009 나트륨 또는 칼륨은 물과 반응하여 가연성 가스인 수소가스를 발생시킨다.

010 물질이 분해할 때 발생되는 열을 축적함으로써 자연발화가 일어난다. 종류로는 제5류 위험물, 아세틸렌(C_2H_2), 산화에틸렌(C_2H_4O) 등이 있다.

011 아세틸렌은 용해가스이다. 저장능력 산정 시 용제의 특성에 의하여 그 양이 결정되므로 표준상태로 환산하여 양을 선정한다.

012 액화석유가스(LPG GAS)는 액체에서 기체로 상변화 시 체적변화는 600배이다.

정답 및 해설

009 [O]

> **핵심정리** 금속화재
> 1. 나트륨, 칼륨은 물과 반응하여 가연성 가스인 수소가스가 발생한다.
> 2. 무기과산화물은 물과 반응하여 조연성 가스인 산소가 발생한다.
> 3. 탄화칼슘(카바이트)은 물과 반응하여 가연성 가스인 아세틸렌가스가 발생한다.
> 4. 인화석회(인화칼슘)는 물과 반응하여 가연성 가스인 인화수소가 발생한다.

010 [O]

011 [O]

012 [X] 액체에서 기체로 상변화 시 체적변화는 250 ~ 300배이다.

> **핵심정리** 액화석유가스 및 액화천연가스
>
> | 구분 | 액화석유가스(Liquefied Petroleum Gas) | 액화천연가스(Liquefied Natural Gas) |
> |---|---|---|
> | 주성분 | 프로판, 부탄 | 메탄 |
> | 상태 | 상온상압에서 기체이며, 10 ~ 15℃에서 10kg/cm²에서 액화 보관한다. | 상온상압에서 기체이며, -162℃에서 액화 보관한다. |
> | 발열량 | 크다. | 크다. |
> | 폭발범위 | 프로판(2.1 ~ 9.5%), 부탄(1.8 ~ 8.4%) | 메탄(5 ~ 15%) |
> | 연소속도 | 늦다. | 빠르다. |
> | 체적변화 | 액체에 기체로 250 ~ 300배 | 액체에서 기체로 600배 |
> | 비점 | 프로판(-42.1℃), 부탄(-0.5℃) | 메탄(-162℃) |
> | 비중 | • 기체는 공기보다 무겁다.
• 액체는 물보다 가볍다. | • 공기보다 가볍다.
• 단, -113℃ 이하는 공기보다 무겁다. |

013 액화석유가스의 주성분은 메탄이다.

014 열가소성 수지는 폴리에틸렌, 폴리프로필렌, 폴리염화비닐, 아크릴수지 등이 있다. 열경화성 수지는 페놀수지, 요소수지, 멜라민수지, 에폭시 수지 등이 있다.

015 열경화성 수지는 열을 가하면 용융되어 액체로 되고 온도가 내려가면 고체 상태가 되며 화재의 위험성이 매우 크다.

016 열가소성 수지는 열경화성 수지에 비해 화재 위험성이 크다.

017 유류화재가 발생된 경우 주수소화에 의한 냉각소화가 가장 효과적이다.

018 금속화재 시에는 건조사에 의한 질식소화(단, 소규모화재의 경우)가 효과적이다. 주수소화를 금한다.

019 금속의 경우 분진상태로 공기 중에 부유 시 분진폭발의 우려가 있다.

정답 및 해설

013 [X] 액화석유가스의 주성분은 프로판과 부탄이다.

014 [O]

015 [X] 열가소성 수지는 열을 가하면 용융되어 액체로 되고 온도가 내려가면 고체 상태가 되며 화재의 위험성이 매우 크다. 열경화성 수지는 열을 가하면 용융되지 않고 바로 분해되어 기체를 발생시키며 열가소성에 비해 화재 위험성이 작다.

016 [O]

017 [X] 유류 대부분 물에 녹지 않고 물보다 가벼우며 주수소화 시 연소면이 확대되므로 질식소화가 효과적이다.

018 [O]

019 [O]

2 유류화재의 이상현상

020 ☐☐☐ 보일오버란 중질유 탱크 화재 시 액면의 뜨거운 열파가 탱크 하부로 전달될 때, 탱크 하부에 존재하고 있던 에멀션(Emulsion) 상태의 물을 기화시켜 물의 급격한 부피 팽창으로 탱크 내의 유류가 분출하는 현상이다.

021 ☐☐☐ 슬롭오버(Slop over)는 중질유 탱크 내에 화재로 연소유의 표면온도가 물의 비점 이상 상승했을 때, 물분무 또는 포(Foam) 소화약제를 뜨거운 연소유 표면에 방사하면 물이 수증기가 되면서 급격한 부피 팽창으로 연소유를 탱크 외부로 비산시키는 현상이다.

022 ☐☐☐ 프로스오버(Froth over)는 점성이 큰 뜨거운 유류 표면 아래에서 물이 끓을 때 화재를 수반하지 않고 유류가 넘치는 현상을 말한다.

023 ☐☐☐ 오일오버(Oil over)는 탱크 내의 유류가 50% 이상 저장된 경우, 화재로 인한 내부 압력 상승으로 탱크가 폭발하는 현상을 말한다.

024 ☐☐☐ 보일오버(Boil over)에서는 비점의 비중이 작은 성분은 먼저 증발하고 비점의 비중이 큰 성분은 가열축적되어 열류층이 형성하게 된다. 또한 발생된 열류층은 액면하부로 전파하는 열파침강이 발생한다.

025 ☐☐☐ 원유는 가열해서 나오는 기체를 다시 냉각시켜서 순수한 액체를 얻는 증류법을 이용해 분리 한다.

📋 정답 및 해설

020 [O]

021 [O]

022 [O]

023 [X] 탱크 내의 유류가 50% 미만 저장된 경우가 해당한다.

024 [O]

025 [O]

> **핵심정리 증류법**
> 1. 원유는 가열해서 나오는 기체를 다시 냉각시켜서 순수한 액체를 얻는 증류법을 이용해 분리 한다.
> 2. LPG → 휘발유 → 등유 → 경유 → 중유 → 아스팔트 → 찌꺼기 순으로 얻는다.
> 3. 원유를 이루고 있는 성분들의 끓는점이 다르기 때문에 가능하다. 즉, 증류탑의 가장 위의 층에는 끓는점이 낮은 가스가, 증류탑의 가장 아래층에는 마지막에 남은 찌꺼기가 얻어진다.

3 화재용어 등

026 화재하중은 단위면적당 가연물의 발열량을 인화성액체(휘발유)의 발열량으로 환산한 것이다.

027 유류화재는 일반적으로 연소 후 재를 남기지 않으며, 연소열이 크고 인화성이 좋기 때문에 일반화재보다 위험하다. 포를 이용한 질식소화가 효과적이다.

028 주방에서 사용하는 식용유는 끓는점보다 발화점이 높아 불꽃을 제거하더라도 재발화할 가능성이 높다.

029 화재가혹도는 지속시간(화재강도)과 그 온도의 최고온도(화재하중)가 주요요인이다.

정답 및 해설

026 [X] 단위면적당 가연물의 발열량을 목재의 발열량으로 환산한 것이다.

$$화재하중(Q) = \frac{\sum(G_t H_t)}{H_o A}(kg/㎡) = \frac{\sum Q_t}{4,500A}(kg/㎡)$$

027 [O]

> **핵심정리 유류화재(B급 화재)**
> 1. 유류화재는 가솔린, 등유 등과 같은 인화성 액체(제4류 위험물)의 화재이다. 그 외에 오일, 라커, 페인트 등과 같은 가연성 액체와 관련된 화재도 포함된다.
> 2. 연소 후 재를 남기지 않으며, 연소열이 크고 인화성이 좋기 때문에 일반화재보다 위험하다.
> 3. 포를 이용한 질식소화가 효과적이다.

028 [X] 주방에서 사용하는 식용유는 끓는점보다 발화점이 낮아 불꽃을 제거하더라도 재발화할 가능성이 높다. K급 소화기는 산소를 차단하는 질식소화와 함께 온도를 발화점 이하로 낮추는 냉각소화에 적합한 강화액 약제로 비누처럼 막을 형성하여 재발화를 차단한다.

029 [X] 화재가혹도는 최고온도(화재강도)와 그 온도의 지속시간(화재하중)이 주요요인이다.

> **핵심정리 화재가혹도**
> 1. 화재의 발생으로 건물 내 수용재산 및 건물 자체에 손상을 입히는 정도를 말한다.
> 2. 최고온도는 화재가혹도의 질적 개념으로 화재강도와 관련이 있다.
> 3. 지속시간은 화재가혹도의 양적 개념으로 화재하중과 관련이 있다.

030 화재가혹도의 요소 중 화재하중이 크면 지속시간이 길어지므로 주수시간이 길어야 한다.

031 화재실의 단위시간당 축적되는 열의 양을 화재하중이라고 한다.

032 가연물의 비표면적은 화재강도의 관련인자에 해당하나 가연물의 배열상태와는 무관하다.

033 발연량 측정 시에는 소방청장이 고시하는 방법으로 측정하여 최대 연기밀도는 400 이하이다.

정답 및 해설

030 [O]

> **핵심정리** 화재하중과 화재가혹도의 주수와의 연관성
> 1. 화재가혹도는 소화수의 주수율(L/㎡·min)과 주수시간에 밀접한 관계가 있다.
> 2. 화재가혹도의 요소 중 화재강도(최고온도)가 크면 축적열량이 크므로 주수율(L/㎡·min)이 커야 한다.
> 3. 화재가혹도의 요소 중 화재하중이 크면 지속시간이 길어지므로 주수시간이 길어야 한다.

031 [X] 화재실의 단위시간당 축적되는 열의 양을 화재강도라고 한다.

032 [X] 가연물의 비표면적과 가연물의 배열상태는 화재강도의 관련인자에 해당한다.

> **핵심정리** 화재강도 관련인자
> ① 가연물의 발열량(가연물의 종류)
> ② 가연물의 비표면적
> ③ 가연물의 배열상태
> ④ 화재실의 벽, 바닥, 천장 등의 구조
> ⑤ 산소의 공급

033 [O]

> **핵심정리** 방염성능기준
> 1. 연소상태는 버너의 불꽃을 제거한 때부터이다.
>   - 화염이 상승하며 연소하는 상태가 정지할 때까지 20초 이내(잔염시간)이다.
>   - 화염이 정지하며 연소하는 상태가 정지할 때까지 30초 이내(잔신시간)이다.
> 2. 탄화한 면적은 50cm² 이내이다.
> 3. 탄화한 길이는 20cm 이내이다.
> 4. 화염에 의하여 완전 용융 시까지 불꽃의 접촉 횟수는 3회 이상이다.
> 5. 발연량 측정 시에는 소방청장이 고시하는 방법으로 측정하여 <u>최대 연기밀도는 400 이하</u>이다.

034 잔신시간이란 버너의 불꽃을 제거한 때부터 불꽃을 올리지 아니하고 연소하는 상태가 그칠 때 까지의 시간(잔염이 생기는 동안의 시간은 제외한다)을 말한다.

035 화재하중의 감소방안으로 주요구조부와 내장재를 불연화·난연화한다.

036 전체 가연물의 양(발열량)이 동일할때 화재실의 바닥면적이 커지면 화재하중은 증가한다.

037 화재가혹도는 최고온도(질적개념)와 그 온도의 지속시간(양적개념)이 주요요인이다.

038 화재강도는 공기공급이 원활할수록 발열량이 커져 화재강도는 작게 나타난다.

정답 및 해설

034 [O]

> **핵심정리** 용어의 정리(소방청 고시 위임행정규칙)
> 1. **얇은 포**: 포지형태의 방염성능검사물품(이하 "방염물품"이라 한다)으로서 $1m^2$의 중량이 450g 이하인 것을 말한다.
> 2. **두꺼운 포**: 포지형태의 방염물품으로서 $1m^2$의 중량이 450g을 초과하는 것을 말한다.
> 3. **탄화면적**: 불꽃에 의하여 탄화된 면적을 말한다.
> 4. **탄화길이**: 불꽃에 의하여 탄화된 길이를 말한다.
> 5. **접염횟수**: 불꽃에 의하여 녹을 때까지 불꽃의 접촉횟수를 말한다.
> 6. **용융하는 물품**: 불꽃에 의하여 녹는 물품을 말한다.
> 7. **잔염시간**: 버너의 불꽃을 제거한 때부터 불꽃을 올리며 연소하는 상태가 그칠 때까지의 시간을 말한다.
> 8. **잔신시간**: 버너의 불꽃을 제거한 때부터 불꽃을 올리지 아니하고 연소하는 상태가 그칠 때까지의 시간(잔염이 생기는 동안의 시간은 제외한다)을 말한다.

035 [O]

036 [X] 전체 가연물의 양(발열량)이 동일할때 화재실의 바닥면적이 커지면 화재하중은 감소한다.

037 [O]

038 [X] 화재강도는 공기공급이 원활할수록 발열량이 커져 화재강도는 크게 나타난다.

4 구획화재 등

039 플래시오버 현상은 최성기 직전단계에 발생하며, 발생 이후에는 연료지배형 화재에서 환기지배형 화재로 전이된다.

040 성장기 직전에 연소확대현상인 플래시오버가 발생한다.

041 최성기에 연기의 분출속도는 빠르며, 화재초기보다 연기량은 적고 대체적으로 유리가 녹는 단계이다.

042 쇠퇴기(Decay)에 열 발산율은 크게 감소하기 시작한다.

정답 및 해설

039 [O]

040 [X] 최성기 직전에 연소확대현상인 플래시오버가 발생한다.

041 [O]

> **핵심정리 최성기(Fully developed)**
> 최성기는 구획실 내의 모든 가연성 물질들이 화재에 관련될 때의 단계를 의미한다. 구획실 내에서 연소하는 모든 가연물은 최대의 열량을 발산한다. 또한 많은 양의 연소가스를 발생한다.
> 1. 연기의 분출속도는 빠르며, 화재초기보다 연기량은 적고 대체적으로 유리가 녹는 단계이다.
> 2. 천장이나 벽 등 구조물의 낙하의 위험이 있다.
> 3. 최성기 단계에서 발산하는 연소생성가스의 양과 열은 구획실의 환기의 수와 크기에 영향을 받는다.
> 4. 연소하지 않은 뜨거운 연소생성가스는 인접한 실내공간으로 이동하며, 충분한 양의 산소 공급이 이루어지면 발화할 수 있다.

042 [O]

> **핵심정리 쇠퇴기(Decay)**
> 1. 열 발산율은 크게 감소하기 시작한다.
> 2. 지붕이나 벽체, 대들보나 기둥도 무너져 떨어지고 연기는 흑색에서 백색이 된다.
> 3. 화세가 쇠퇴하고 다른 곳으로의 연소위험은 비교적 적다.
> 4. 타다 남은 잔화물은 일정 시간 동안 구획실 온도를 어느 정도 높일 수 있다.

043 완전연소시키기에 공기의 양이 부족한 환기 부족화재 상태가 되면 생성된 연료가스는 화재실 상층부에서 미연소가스(Unburned fuel gas) 형태로 존재하고 이로 인해 공간 내의 화재특성은 부족한 공기의 양에 의해 결정되기 때문에 환기지배형 화재로 불린다.

044 성장기는 구획실 내의 모든 가연성 물질들이 화재에 관련될 때의 단계를 의미한다. 구획실 내에서 연소하는 모든 가연물은 최대의 열량과 많은 양의 연소가스를 발생한다.

045 백드래프트 현상이 발생하는 것은 훈소상태가 유지될 수 있는 초기 또는 종기단계이다.

046 화재의 진행 변화가 초기단계에서 급속히 이루어지는 것은 성장기단계이다.

정답 및 해설

043 [O]

> **핵심정리** 환기지배형 화재(Ventilation controlled fire)
> 1. 완전연소시키기에 공기의 양이 부족한 환기 부족화재 상태가 되면 생성된 연료가스는 화재실 상층부에서 미연소가스(Unburned fuel gas) 형태로 존재하고 이로 인해 공간 내의 화재특성은 부족한 공기의 양에 의해 결정되기 때문에 환기지배형 화재로 불린다.
> 2. 가연물(연료량)에 비해 환기량이 부족한 경우에 해당한다. 즉, 연료는 정상이나 환기량이 부족한 상태이다.
> 3. 환기지배형 화재의 경우는 연소속도가 비교적 느리다.
> 4. 환기지배형 화재는 공기공급이 충분하지 않으므로 불완전연소가 심하다.

044 [X] 최성기에 대한 설명이다.

045 [O]

> **핵심정리** 발화기(Incipient)
> 발화기(초기단계)는 연소가 시작될 때의 시기를 말한다. 발화시점에는 화재 규모는 작고 처음 발화된 가연물에 한정된다.
> 1. 발화의 물리적 현상은 점화원에 의해 발화하기도 하고 자연발화와 같이 자체의 열의 축적에 의해 발생하기도 한다.
> 2. 건물 내의 가구 등이 독립 연소하고 있으며 다른 동으로의 연소 위험은 없다.
> 3. 다량의 백색 연기가 발생하고, 훈소가 발생하기도 한다.

046 [O]

> **핵심정리** 성장기(Growth)
> 화재가 성장할 때에 천장 부분의 고온의 가스층은 구획실 내의 전반적인 온도를 상승하게 한다. 최초 발화된 가연물의 화재가 커지면서, 성장기의 초기는 개방된 곳에서의 화재와 비슷한 현상을 보인다.
> 1. 화재의 진행 변화가 급속히 이루어진다.
> 2. 건물이 인접해 있으면 다른 동으로의 연소위험이 있다.
> 3. 최성기 직전에 폭발적 연소 확대 현상인 플래시오버가 발생한다.
> 4. 개구부에서는 흑색 연기가 분출된다.

047 쇠퇴기는 구획실 내에 있는 가연물이 거의 연소를 완료하게 되면서 화재의 크기는 크게 감소된다.

048 화재 성장기단계에서는 실내에 있는 내장재에 착화하여 백드래프트 등이 발생하며 개구부에 진한 흑색 연기가 강하게 분출한다.

049 연료지배형 화재는 공기의 공급이 충분하지 않으므로 환기지배형 화재보다 불완전연소를 한다.

050 불완전연소 상태인 훈소상태에서 일시에 다량의 공기가 공급될 때 순간적으로 발화하는 현상은 백드래프트이다.

051 환기지배형 화재(Ventilation controlled fire)는 가연물(연료량)에 비해 환기량이 부족한 경우에 해당한다. 즉, 연료는 정상이나 환기량이 부족한 상태이다.

정답 및 해설

047 [O]
> **핵심정리 쇠퇴기(Decay)**
> 구획실 내에 있는 가연물이 거의 연소를 완료하게 되면서 화재의 크기는 크게 감소된다.
> 1. 열 발산율은 크게 감소하기 시작한다.
> 2. 지붕이나 벽체, 대들보나 기둥도 무너져 떨어지고 연기는 흑색에서 백색이 된다.
> 3. 화세가 쇠퇴하고 다른 곳으로의 연소위험은 비교적 적다.
> 4. 타다 남은 잔화물은 일정 시간 동안 구획실 온도를 어느 정도 높일 수 있다.

048 [X] 화재 성장기단계에서는 실내에 있는 내장재에 착화하여 롤오버 등이 발생하며 개구부에 진한 흑색 연기가 강하게 분출한다.

049 [X] 연료지배형 화재는 공기의 공급이 충분하므로 환기지배형 화재보다 완전연소를 한다.

050 [O]

051 [O]
> **핵심정리 환기지배형 화재(Ventilation controlled fire)**
> 1. 완전연소시키기에 공기의 양이 부족한 환기 부족화재 상태가 되면 생성된 연료가스는 화재실 상층부에서 미연소가스(Unburned fuel gas) 형태로 존재하고 이로 인해 공간 내의 화재특성은 부족한 공기의 양에 의해 결정되기 때문에 환기지배형 화재로 불린다.
> 2. 가연물(연료량)에 비해 환기량이 부족한 경우에 해당한다. 즉, 연료는 정상이나 환기량이 부족한 상태이다.
> 3. 연소속도가 비교적 느리다.
> 4. 공기공급이 충분하지 않으므로 불완전연소가 심하다.

5 내화건축물 및 목조건축물 화재

052 폭렬은 인장강도와 밀접한 관계가 있다.

053 보통 콘크리트보다 고강도 콘크리트를 사용한 건축물화재에서 폭렬현상의 위험성이 작다.

054 내화건축물은 목조건축물화재에 비하여 저온단기형의 특성을 갖는다.

055 목조건축물은 무염착화하여 발염착화한다.

정답 및 해설

052 [X] 폭렬은 **압축강도**와 밀접한 관계가 있다.

053 [X] 보통 콘크리트보다 고강도 콘크리트를 사용한 건축물화재에서 폭렬현상의 위험성이 **크다**.

054 [X] 내화건축물: 저온장기형
  목조건축물: 고온단기형

> **핵심정리** 목조건축물과 내화건축물
> 1. 목조건축물(고온단기형)
>   - 목조건축물의 최성기의 온도는 1,100 ~ 1,300℃이다.
>   - 목조건축물은 무염착화하여 발염착화한다.
>   - 목조건축물의 화재 확대 요인으로는 접촉, 복사열, 비화 등이 있다.
> 2. 내화건축물
>   - 내화건축물의 최성기의 온도는 약 900 ~ 1,000℃이다.
>   - 화재의 진행과정은 초기 → 성장기 → 최성기 → 감쇠기이다.
>   - 목조건축물과 비교하여 저온장기형의 화재 특성이 있다.

055 [O]

> **핵심정리** 목재건축물의 화재 진행과정
>
>
>
> 화재원인 → 무염착화 → 발염착화 → 출화(발화) → 최성기 → 연소낙하 → 진화
>
> 1. 화재의 원인에서 무염착화
>   - 화재의 원인은 가연물과 장소에 따라 차이가 있다. 무염착화란 가연물이 연소할 때 숯불모양으로 불꽃 없이 착화하는 현상으로 공기가 주어질 때 언제든 불꽃발생이 가능한 단계를 말한다.
>   - 유류나 가스 화재에서는 무염착화 없이 발염착화로 이어진다.
> 2. 무염착화에서 발염착화
>   - 무염 상태의 가연물질에 충분한 산소공급으로 불꽃이 발화하는 단계이다.
>   - 가연물의 종류, 바람, 발생 장소 등이 화재의 진행방향을 결정하게 된다.

056 내화건축물의 최성기의 온도는 약 900~1,000℃이다.

057 목조건축물의 화재 확대 요인으로는 접촉, 복사열, 비화 등이 있다.

058 유염착화는 가연물이 연소할 때 숯불모양으로 불꽃 없이 착화하는 현상으로 공기가 주어질 때 언제든지 불꽃 발생이 가능한 단계를 말한다.

059 수분의 함수율이 높을수록 연소속도가 빠르다.

060 열전도율이 작으면 연소가 잘 된다.

📋 정답 및 해설

056 [O]

057 [O]

058 [X] 무염착화에 대한 설명이다.

> **핵심정리 목조건축물의 화재 진행과정**
> 1. **무염착화**: 가연물이 연소할 때 숯불모양으로 불꽃 없이 착화하는 현상으로 공기가 주어질 때 언제든지 불꽃 발생이 가능한 단계를 말한다.
> 2. **무염착화에서 발염착화**: 무염상태의 가연물질에 충분한 산소공급으로 불꽃이 발하는 단계이다.
> 3. **발염착화에서 발화**: 발화(출화)란 단순히 가연물에 불이 붙은 것을 의미하는 것이 아니고 천장이나 벽 속에 착화되었을 때를 말한다.
> 4. **발화에서 최성기**: 플래시오버가 발생되는 단계로 연기의 색은 백색에서 흑색으로 변한다.
> 5. **감쇠기**: 화세가 급격히 약해지면서 지붕이나 벽이 무너지는 시기이다.

059 [X] 수분의 함수율이 낮을수록 연소속도가 빠르다.

> **핵심정리 목재의 연소특성**
> 1. **목재의 외관**: 목재의 크기가 작고 얇은 가연물이 두텁고 큰 것보다 연소가 잘 된다.
> 2. **목재의 열전도율**: 열전도율이 작으면 연소가 잘 된다.
> 3. **열팽창률**: 목재의 열팽창률은 철재, 벽돌, 콘크리트보다 작다.
> 4. **수분의 함유량**: 수분함량이 15% 이상이면 고온에 장시간 접촉해도 착화하기 어렵다.

060 [O]

061 지표화는 습도가 50% 이하일 때 소나무, 삼나무, 편백나무 등에서 잘 일어난다.

062 식용유화재의 소화약제는 비누화작용을 하는 3종 분말 소화약제가 주로 사용된다.

063 훈소는 공기의 공급이 원활하여도 불꽃연소를 하지 않는다.

064 훈소는 톱밥이나 매트리스의 연소에서 보듯이 산소의 부족으로 불꽃을 내지 않고 연기만 나는 연소를 말한다.

065 훈소는 불꽃연소에 비하여 온도가 낮으며, 발연량은 많다.

066 훈소는 가연물이 열분해에 의해서 가연성 가스를 발생시켰을 때 공간의 밀폐로 산소의 양이 부족하거나 바람에 의해 그 농도가 현저히 저하된 경우 다량의 연기를 내며 고체 표면에서 발생하는 느린 연소과정을 말한다.

📖 정답 및 해설

061 [O]

062 [X] 식용유화재의 소화약제는 비누화작용을 하는 <u>1종 분말 소화약제</u>가 주로 사용된다.

063 [X] <u>훈소는 공기의 공급이 원활하면 불꽃연소를 한다.</u>

064 [O]

> **📘 핵심정리 훈소연소(Smoldering)**
> 1. 가연물이 열분해에 의해서 가연성 가스를 발생시켰을 때 공간의 밀폐로 산소의 양이 부족하거나 바람에 의해 그 농도가 현저히 저하된 경우 다량의 연기를 내며, 고체 표면에서 발생하는 느린 연소과정으로 연료표면에서 반응이 일어나고, 이 표면에서 작열과 탄화현상이 일어난다.
> 2. 공기의 유입이 많을 경우 유염연소로 변화할 수 있다.
> 3. 훈소는 톱밥이나 매트리스의 연소에서 보듯이 산소의 부족으로 불꽃을 내지 않고 연기만 나는 연소를 말한다.
> 4. 내부에서는 백열연소를 하고 있다는 점에서 표면연소와 비슷한 형태를 보인다.
> 5. 불꽃연소에 비하여 온도가 낮으며, 발연량은 많다.
> 6. 연소속도가 늦고 연쇄반응이 일어나지 않는다.
> 7. 연기입자가 크며 액체미립자가 다량 포함되어 있다.

065 [O]

066 [O]

067 불티가 되어 날아가 발화하는 것은 비화이다.

068 공기 부족으로 훈소 상태에 있을 때 신선한 공기가 유입되어 실내에 축적되었던 가연성 가스가 단시간에 폭발적으로 연소함으로써 화재가 폭풍을 동반하여 실외로 분출되는 것은 플래시 오버 현상을 말한다.

6 Flash over 등

069 백드래프트는 실내화재에서 공기가 부족한 상태에 있을 때 신선한 공기가 유입되어 분출하는 현상을 말한다.

070 플래시오버는 구획화재에 온도상승에 의해서 일시에 연소하여 화재의 진행을 순간적으로 실내 전체에 확산시키는 현상이다.

071 백드래프트 대응전술 중 측면 공격법은 소방대원이 개구부의 측면에 배치한 후 출입구가 개방되면 개구부의 측면공격을 실시하고 화재 공간에 집중 방수하는 소방전술이다.

정답 및 해설

067 [O]

068 [X] 백드래프트 현상에 대한 설명이다.

069 [O]

070 [O]

> **핵심정리** 플래시오버 및 백드래프트
> 1. **플래시오버**: 어느 시간에 그 실내의 온도상승에 의해서 일시에 연소하여 화재의 진행을 순간적으로 실내 전체에 확산시키는 현상이다.
> 2. **백드래프트**: 공기 부족으로 훈소 상태에 있을 때 신선한 공기가 유입되어 실내에 축적되었던 가연성 가스가 단시간에 폭발적으로 연소함으로써 화재가 폭풍을 동반하여 실외로 분출되는 현상을 말한다.

071 [O]

> **핵심정리** 백드래프트 대응전술
> 1. **배연(지붕환기)법**: 건축물의 지붕에 채광창이 있다면 개방하여 환기를 하거나, 지붕에 개구부를 만들어 배연하는 전술을 말한다. 배연법 대응전술에 의하여 폭발이 발생될 수는 있지만 폭발력이 위로 분산되어 위험성은 크지 않다.
> 2. **측면 공격법**: 소방대원이 개구부의 측면에 배치한 후 출입구가 개방되면 개구부의 측면공격을 실시하고 화재 공간에 집중 방수하는 소방전술이다.
> 3. **급냉(담금질)법**: 화재현장의 개구부를 개방하는 즉시 완벽한 보호장비를 갖춘 소방대원이 집중 방수함으로써 폭발 직전의 기류를 급냉시키는 방법이다. 배연법에 의한 대응전술만큼 효과적이지는 않지만 화재현장에서 유일한 방안인 경우가 많다.

072 개구율(개구부면적/벽면적)이 1/3~1/2일 때 플래시오버가 가장 빠르다.

073 내장재의 열전도율이 낮고 내장재의 두께가 두꺼울수록 빠르다.

074 링파이어 현상은 탱크의 벽면이 가열된 상태에서 포를 방출하는 경우 가열된 벽면부분에서 포가 열화되어 안정성이 저하된 상태에서 증발된 유류가스가 발포되어 있는 거품층을 뚫고 상승되어 유류가스에서 불이 붙는 현상이다.

075 프로스오버는 유류액 표면의 온도가 물의 비점 이상으로 상승되고 소화용수 등이 뜨거운 액 표면에 유입하게 되면 물이 수증기화 되면서 갑작스러운 부피 팽창에 의해 유류가 탱크 외부로 분출되는 현상이다.

7 건축방재 등

076 벽(비내력벽은 제외한다.)의 경우 고온·고압의 증기로 양생된 경량기포 콘크리트패널 또는 경량기포 콘크리트블록조로서 두께가 5cm 이상인 것은 내화구조에 해당한다.

정답 및 해설

072 [O]

073 [X] 내장재의 열전도율이 낮고 내장재의 두께가 <u>얇을수록</u> 빠르다.

074 [O]

075 [O]

076 [X] 두께가 10cm 이상인 것이 해당한다.

> **핵심정리** 내화구조(벽의 경우)
> 1. 철근콘크리트조·철골철근콘크리트조로서 두께가 10cm 이상인 것
> 2. 골구를 철골조로 하고 그 양면을 두께 4cm 이상의 철망모르타르(그 바름바탕을 불연재료로 한 것으로 한정한다.) 또는 두께 5cm 이상의 콘크리트블록·벽돌 또는 석재로 덮은 것
> 3. 철재로 보강된 콘크리트블록조·벽돌조 또는 석조로서 철재에 덮은 콘크리트블록등의 두께가 5cm 이상인 것
> 4. 벽돌조로서 두께가 19cm 이상인 것
> 5. 고온·고압의 증기로 양생된 경량기포 콘크리트패널 또는 경량기포 콘크리트블록조로서 두께가 10cm 이상인 것

077 기둥의 경우의 내화구조는 철근콘크리트조 또는 철골철근콘크리트조로서 그 작은 지름이 20cm 이상인 것이 해당한다. 다만, 고강도 콘크리트(설계기준 강도가 50MPa 이상인 콘크리트)를 사용하는 경우에는 국토교통부장관이 정하여 고시하는 고강도 콘크리트 내화성능 관리기준에 적합하여야 한다.

078 주요구조부는 내력벽(耐力壁), 기둥, 바닥, 보, 지붕틀 및 주계단(主階段)을 말한다.

079 피난구조는 화재 시 불에 견디는 성능은 없어도 화염의 확산을 막을 수 있는 정도와 성능을 가진 구조를 말한다.

080 「건축법 시행령」상 60분 방화문은 연기 및 불꽃을 차단할 수 있는 시간이 60분 이상이고, 열을 차단할 수 있는 시간이 30분 이상인 방화문을 말한다.

정답 및 해설

077 [X] 기둥의 경우의 내화구조는 그 작은 지름이 25cm 이상인 것이다.

> **핵심정리** 기둥의 경우 내화구조
>
> 그 작은 지름이 25cm 이상인 것. 다만, 고강도 콘크리트(설계기준 강도가 50MPa 이상인 콘크리트)를 사용하는 경우에는 국토교통부장관이 정하여 고시하는 고강도 콘크리트 내화성능 관리기준에 적합하여야 한다.
> 1. 철근콘크리트조 또는 철골철근콘크리트조
> 2. 철골을 두께 6cm(경량골재를 사용하는 경우에는 5cm) 이상의 철망모르타르 또는 두께 7cm 이상의 콘크리트블록·벽돌 또는 석재로 덮은 것
> 3. 철골을 두께 5cm 이상의 콘크리트로 덮은 것

078 [O] 내력벽(耐力壁), 기둥, 바닥, 보, 지붕틀 및 주계단(主階段)을 말한다. 다만, 사이 기둥, 최하층 바닥, 작은 보, 차양, 옥외 계단, 그 밖에 이와 유사한 것으로 건축물의 구조상 중요하지 아니한 부분은 제외한다.

079 [X] 방화구조에 대한 설명이다.

> **핵심정리** 방화구조
> 1. 화재 시 불에 견디는 성능은 없어도 화염의 확산을 막을 수 있는 정도와 성능을 가진 구조를 말한다.
> 2. 「건축물의 피난·방화구조 등의 기준에 관한 규칙」에서 국토교통부령으로 정하는 구조에 해당하는 것을 방화구조로 규정하고 있다.

080 [X] 60분+ 방화문에 대한 설명이다.

> **핵심정리** 방화문의 구분(「건축법 시행령」 제64조)
> 1. 60분 + 방화문: 연기 및 불꽃을 차단할 수 있는 시간이 60분 이상이고, 열을 차단할 수 있는 시간이 30분 이상인 방화문을 말한다.
> 2. 60분 방화문: 연기 및 불꽃을 차단할 수 있는 시간이 60분 이상인 방화문을 말한다.
> 3. 30분 방화문: 연기 및 불꽃을 차단할 수 있는 시간이 30분 이상 60분 미만인 방화문을 말한다.

081 성능위주설계는 건축물이 갖추어야 할 세부적인 지침과 고시에 의해 설계하여야 하는 사양위주설계가 아니라 화재모델링 및 시뮬레이션 등 공학적인 기법들을 이용하는 새로운 방화설계를 말한다.

082 공간적 대응 중 대항성으로는 건축물의 내화구조, 방연성능, 방화구획의 성능, 화재방어의 대응성, 초기소화의 대응성 등이 있다.

083 방화문·방화셔터, 스프링클러설비, 옥내소화전설비 등의 설치는 건축물의 방재 측면에서 건축적인 대응을 보조하는 소방 설비적 대응 방식에 해당한다.

정답 및 해설

081 [O]

082 [O]

> **핵심정리** 공간적 대응(Passive system)
>
> 공간적 대응은 건축적인 방재 시스템을 말한다.
> 1. 대항성
>   - 발생된 화재에 건축물이 대항하여 화재를 일부공간에 국한시키는 성능을 말한다.
>   - 일반적으로 건축물의 내화구조, 방연성능, 방화구획의 성능, 화재방어의 대응성, 초기소화의 대응성 등이 있다.
> 2. 회피성
>   - 건축적인 성능으로 화재 발생 자체를 억제하는 것을 말한다.
>   - 난연화, 불연화, 내장재 제한, 방화구획의 세분화, 방화훈련 등 예방적 조치 또는 상황이다.
> 3. 도피성
>   - 화재 발생 시 거주자가 안전한 장소로 피난할 수 있도록 하는 건축적인 성능을 말한다.
>   - 건축의 공간성을 말하는 피난계단, 전실, 안전구역, 건축적인 방연과 배연성능을 말한다.

083 [O]

> **핵심정리** 설비적 대응(Active system)
>
> 설비적 대응은 건축적인 대응을 보조하는 소방 설비적 시스템을 말한다.
> 1. 대항성
>   - 발생된 화재를 소방 설비적 시스템으로 국한시키거나 진압하는 성능이다.
>   - 방화문·방화셔터, 스프링클러설비, 옥내소화전설비 등이 해당된다.
> 2. 회피성
>   - 화재 발생 자체를 억제하는 소방 설비적 시스템을 말한다.
>   - 정전기 발생억제 등 점화원제거설비, 가스누설차단설비 등이 해당된다.
> 3. 도피성
>   - 화재 발생 시 거주자가 안전하게 피난할 수 있는 소방 설비적 시스템이다.
>   - 안전한 피난을 유도하는 피난유도설비, 피난기구 등이 해당된다.

084 「건축법 시행령」상 내화구조란 화재에 견딜 수 있는 성능을 가진 구조로서 국토교통부령으로 정하는 기준에 적합한 구조를 말한다.

085 「건축법 시행령」상 난연재료란 불에 타지 아니하는 성질을 가진 재료로서 국토교통부령으로 정하는 기준에 적합한 재료를 말한다.

086 초고층 건축물이란 층수가 50층 이상이거나 높이가 200m 이상인 건축물을 말한다.

087 「건축법」상 주요 구조부란 내력벽(耐力壁), 기둥, 바닥, 보, 지붕틀 및 주계단(보조계단, 옥외계단은 포함)을 말한다.

정답 및 해설

084 [O]

085 [X] 불연재료에 대한 설명이다.

> **핵심정리** 「건축법 시행령」상 용어의 정의
> 1. **내수재료**: 인조석·콘크리트 등 내수성을 가진 재료로서 국토교통부령으로 정하는 재료를 말한다.
> 2. **내화구조**: 화재에 견딜 수 있는 성능을 가진 구조로서 국토교통부령으로 정하는 기준에 적합한 구조를 말한다.
> 3. **방화구조**: 화염의 확산을 막을 수 있는 성능을 가진 구조로서 국토교통부령으로 정하는 기준에 적합한 구조를 말한다.
> 4. **난연재료**: 불에 잘 타지 아니하는 성능을 가진 재료로서 국토교통부령으로 정하는 기준에 적합한 재료를 말한다.
> 5. **불연재료**: 불에 타지 아니하는 성질을 가진 재료로서 국토교통부령으로 정하는 기준에 적합한 재료를 말한다.
> 6. **준불연재료**: 불연재료에 준하는 성질을 가진 재료로서 국토교통부령으로 정하는 기준에 적합한 재료를 말한다.

086 [O] 초고층 건축물이란 층수가 **50층** 이상이거나 높이가 200m 이상인 건축물을 말한다. **준초고층 건축물**이란 고층건축물 중 초고층 건축물이 아닌 것을 말한다.

087 [X] 보조계단, 옥외계단은 제외한다.

> **핵심정리** 건축물의 주요 구조부
> 1. **바닥**(최하층 바닥 등은 제외)
> 2. **지붕틀**
> 3. **보**(작은 보, 차양 등은 제외)
> 4. **내력벽**[샛벽(칸막이벽, 간벽) 등은 제외]
> 5. **주계단**(보조계단, 옥외계단은 제외)
> 6. **기둥**(샛기둥 등은 제외)

088 방화구획은 원칙적으로 10층 이하의 층은 바닥면적 1천제곱미터(스프링클러 기타 이와 유사한 자동식 소화설비를 설치한 경우에는 바닥면적 3천제곱미터) 이내마다 구획해야 한다.

8 피난론

089 피난대책은 Fool proof와 Fail safe의 원칙을 중시하여야 한다. Fool proof는 하나의 수단이 고장 등으로 실패하여도 다른 수단에 의하여 그 기능이 발휘될 수 있는 것을 의미한다.

정답 및 해설

088 [O]

핵심정리 방화구획 설치기준

1. 10층 이하의 층은 바닥면적 1천제곱미터(스프링클러 및 기타 이와 유사한 자동식 소화설비를 설치한 경우에는 바닥면적 3천제곱미터) 이내마다 구획할 것
2. 매층마다 구획할 것. 다만, 지하 1층에서 지상으로 직접 연결하는 경사로 부위는 제외한다.
3. 11층 이상의 층은 바닥면적 200제곱미터(스프링클러 및 기타 이와 유사한 자동식 소화설비를 설치한 경우에는 600제곱미터) 이내마다 구획할 것. 다만, 벽 및 반자의 실내에 접하는 부분의 마감을 불연재료로 한 경우에는 바닥면적 500제곱미터(스프링클러 및 기타 이와 유사한 자동식 소화설비를 설치한 경우에는 1천500제곱미터) 이내마다 구획하여야 한다.

구분		자동식 소화설비 미설치(m^2 이내)	자동식 소화설비 설치(m^2 이내)
10층 이하		1,000	3,000
11층 이상	일반재료	200	600
	불연재료	500	1,500

089 [X] Fail safe는 하나의 수단이 고장 등으로 실패하여도 다른 수단에 의하여 그 기능이 발휘될 수 있는 것을 의미한다. Fool proof는 피난구 유도등 및 유도표지 등으로 문자보다는 그림과 색을 사용하여 직감적으로 알 수 있도록 한다.

090 건물의 중심부에서 연기와 불꽃이 상승하면 외주(外周) 방향으로, 외주부가 위험하면 중앙 방향으로 퇴피하려는 인간의 피난본능은 퇴피본능이다.

091 긴급사태가 확인되면 반사적으로 그 지점에서 멀어지려는 습성은 우회본능에 대한 내용이다.

092 계단실은 창문·출입구 기타 개구부(창문 등)를 제외한 당해 건축물의 다른 부분과 방화구조의 벽으로 구획해야 한다.

정답 및 해설

090 [O]

> **핵심정리** 피난계획 시 고려하여야 할 인간의 피난본능
> ① 좌회본능
>   ㉠ 오른손잡이인 경우 오른손·오른발이 발달해 있기 때문에 무의식적으로 왼쪽으로 도는 것이 자연스럽다.
>   ㉡ 피난로의 관리에 적용할 수 있다.
> ② 귀소본능: 본능적으로 비상시 자신의 신체를 보호하기 위하여 원래 온 길 또는 늘 사용하는 경로에 의하여 탈출을 도모하고자 한다.
> ③ 추종본능
>   ㉠ 비상시에는 한 사람의 리더를 추종하는 경향이 있다.
>   ㉡ 불특정 다수인이 모이는 현장에서 패닉 현상이 발생하는 경우 한 사람의 리더를 추종하는 본능이 쉽게 발생한다.
> ④ 퇴피본능
>   ㉠ 긴급사태가 확인되면 반사적으로 그 지점에서 멀어지려고 한다.
>   ㉡ 건물의 중심부에서 연기와 불꽃이 상승하면 외주(外周) 방향으로, 외주부가 위험하면 중앙 방향으로 퇴피하려고 한다.
> ⑤ 지광본능
>   ㉠ 화재 시 정전 또는 검은 연기의 유동으로 주위가 어두워지면 사람들은 밝은 곳으로 피난하고자 한다.
>   ㉡ 출입구·계단 등을 가능한 한 외부에 접하게 하는 것이 피난 시 유용하다.

091 [X] 긴급사태가 확인되면 반사적으로 그 지점에서 멀어지려는 습성은 **퇴피본능**에 대한 내용이다.

092 [X] 계단실은 창문·출입구 기타 개구부(창문 등)를 제외한 당해 건축물의 다른 부분과 **내화구조**의 벽으로 구획할 것

> **핵심정리** 건축물 내부에 설치하는 피난계단의 구조(「건축물의 피난·방화구조 등의 기준에 관한 규칙」 제9조)
> 1. 계단실은 창문·출입구 기타 개구부(창문 등)를 제외한 당해 건축물의 다른 부분과 **내화구조**의 벽으로 구획할 것
> 2. 계단실의 실내에 접하는 부분의 마감은 **불연재료**로 할 것

093 「건축물의 피난·방화구조 등의 기준에 관한 규칙」상 건축물 내부에 설치하는 특별피난계단의 구조는 건축물의 내부와 계단실은 노대를 통하여 연결하거나 외부를 향하여 열 수 있는 면적 $1m^2$ 이상인 창문(바닥으로부터 1m 이상의 높이에 설치한 것에 한한다) 또는 「건축물의 설비기준 등에 관한 규칙」제14조의 규정에 적합한 구조의 배연설비가 있는 면적 $3m^2$ 이상인 부속실을 통하여 연결해야 한다.

094 '이동식 기구와 장치 등을 기본으로 하는 피난계획'이 피난계획의 일반적인 원칙에 해당한다.

095 중앙복도형 건축물에서의 피난경로로서 코너식 중 제일 안전한 피난방향의 형태는 Z형이다.

정답 및 해설

093 [O]

핵심정리 특별피난계단의 구조(「건축물의 피난·방화구조 등의 기준에 관한 규칙」제9조)

1. 건축물의 내부와 계단실은 <u>노대를 통하여 연결</u>하거나 외부를 향하여 열 수 있는 면적 $1m^2$ 이상인 창문(바닥으로부터 1m 이상의 높이에 설치한 것에 한한다) 또는 「건축물의 설비기준 등에 관한 규칙」제14조의 규정에 적합한 구조의 배연설비가 있는 면적 $3m^2$ 이상인 <u>부속실</u>을 통하여 연결할 것
2. 계단실·노대 및 부속실은 창문 등을 제외하고는 내화구조의 벽으로 각각 구획할 것
3. 계단실 및 부속실 실내에 접하는 부분의 마감은 불연재료로 할 것
4. 계단실에는 예비전원에 의한 조명설비를 할 것

094 [X] 이동식 기구와 장치 등은 최후의 소수인원을 위한 <u>보조수단</u>이어야 한다.

핵심정리 피난계획의 일반적인 원칙

1. 피난경로는 간단명료하여야 한다.
   - 복도와 통로 등이 복잡하고 굴곡이 있는 것은 부적당하다.
   - 복도와 통로의 말단부에서 계단이나 출구로 연결되는 것이 바람직하다.
2. <u>피난구조설비는 고정식 설비이어야 한다.</u>
   - 이동식 기구와 장치 등은 최후의 소수인원을 위한 <u>보조수단</u>이어야 한다.
   - 이동식 설비로는 피난용 로프, 금속제 사다리, 완강기 등이 있다.
3. 피난수단은 원시적 방법으로 하여야 한다.
   - 비상 시 복잡한 조작을 필요로 하는 것은 부적당하다.
   - 가장 본능적인 인간의 행동을 고려한 조작을 우선시 하여야 한다.
4. 2개 이상의 방향으로 상시 피난할 수 있는 피난로를 확보하여야 한다.

095 [O]

핵심정리 피난방향 및 경로

T형	피난자에게 피난경로를 확실히 알려주는 형태
X형	양방향으로 피난할 수 있는 확실한 형태
H형(CO형)	피난자의 집중으로 패닉현상이 일어날 우려가 있는 형태
Z형	중앙복도형 건축물에서의 피난경로로서 코너식 중 제일 안전한 형태

☐☐☐
096 지하층이란 건축물의 바닥이 지표면 아래에 있는 층으로서 바닥에서 지표면까지 평균높이가 해당 층 높이의 4분의 1 이상인 것을 말한다.

☐☐☐
097 「건축법 시행령」상 내화건축물의 일반적인 경우 피난층 이외의 층에서 거실로부터 직통계단까지의 보행거리는 50m 이하로 하여야 한다.

9 화재조사 1

☐☐☐
098 화재조사의 특징 중 프리즘식은 다양한 측면에서 화재조사를 하여 정확한 조사가 이루어져야 하는 것을 의미한다.

정답 및 해설

096 [X] 지하층이란 건축물의 바닥이 지표면 아래에 있는 층으로서 바닥에서 지표면까지 평균높이가 해당 층 높이의 2분의 1 이상인 것을 말한다.

097 [O]

핵심정리 보행거리에 의한 직통계단(「건축법 시행령」 제34조)

건축물의 피난층(직접 지상으로 통하는 출입구가 있는 층 및 피난안전구역을 말한다) 외의 층에서는 피난층 또는 지상으로 통하는 직통계단을 거실의 각 부분으로부터 계단에 이르는 보행거리가 30m 이하가 되도록 설치하여야 한다.

구분		보행거리
원칙		30m 이하
주요구조부가 내화구조 또는 불연재료로 된 건축물*	일반적인 경우	50m 이하
	공동주택의 16층 이상인 경우	40m 이하
	자동화생산시설의 자동식 소화설비공장인 경우	75m 이하(무인화공장: 100m 이하)

* 지하층에 설치한 바닥면적의 합계가 300m² 이상인 공연장, 집회장, 관람장, 전시장 제외

098 [O]

핵심정리 화재조사의 특징
① 현장성: 화재현장에서 조사가 이루어져야 하므로 현장성을 가진다.
② 강제성: 화재현장에서 관계인의 동의를 얻기는 쉽지 않으므로 강제성의 특징이 있다.
③ 프리즘식: 다양한 측면에서 화재조사를 하여 정확한 조사가 이루어져야 한다.
④ 신속성: 정확한 화재조사의 감식을 위함과 시간이 지날수록 현장보존이 어려워지므로 신속성이 필요하다.
⑤ 정밀과학성: 정확하게 판단되어야 하므로 정밀과학성이 요구된다.
⑥ 보존성: 화재현장에서의 증거물은 보존이 잘 되어야 화재조사가 정확하게 이루어질 수 있다.

099 감식이란 화재와 관계되는 물건의 형상, 구조, 재질, 성분, 성질 등 이와 관련된 모든 현상에 대하여 과학적 방법에 의한 필요한 실험을 행하고 그 결과를 근거로 화재원인을 밝히는 자료를 얻는 것을 말한다.

100 최초착화물이란 연소가 확대되는데 있어 결정적 영향을 미친 가연물을 말한다.

101 발화지점이란 열원과 가연물이 상호작용하여 화재가 시작된 지점을 말한다.

102 발화요인이란 자연발화에 의하여 발화로 이어진 연소현상에 영향을 준 인적·물적·자연적인 요인을 말한다.

정답 및 해설

099 [X] 감식이란 화재원인의 판정을 위하여 전문적인 지식, 기술 및 경험을 활용하여 주로 시각에 의한 종합적인 판단으로 구체적인 사실관계를 명확하게 규명하는 것을 말한다. 감정이란 화재와 관계되는 물건의 형상, 구조, 재질, 성분, 성질 등 이와 관련된 모든 현상에 대하여 과학적 방법에 의한 필요한 실험을 행하고 그 결과를 근거로 화재원인을 밝히는 자료를 얻는 것을 말한다.

100 [X] 연소확대물이란 연소가 확대되는데 있어 결정적 영향을 미친 가연물을 말한다. 최초착화물이란 발화열원에 의해 불이 붙은 최초의 가연물을 말한다.

101 [O]

> **핵심정리** 발화 등
> 1. **발화**: 열원에 의하여 가연물질에 지속적으로 불이 붙는 현상을 말한다.
> 2. **발화열원**: 발화의 최초원인이 된 불꽃 또는 열을 말한다.
> 3. **발화지점**: 열원과 가연물이 상호작용하여 화재가 시작된 지점을 말한다.
> 4. **발화장소**: 화재가 발생한 장소를 말한다.
> 5. **발화요인**: 발화열원에 의하여 발화로 이어진 연소현상에 영향을 준 인적·물적·자연적인 요인을 말한다.

102 [X] 발화요인이란 발화열원에 의하여 발화로 이어진 연소현상에 영향을 준 인적·물적·자연적인 요인을 말한다.

> **핵심정리** 발화요인 및 발화열원
> 1. **발화요인**: 발화열원에 의하여 발화로 이어진 연소현상에 영향을 준 인적·물적·자연적인 요인을 말한다.
> 2. **발화열원**: 발화의 최초원인이 된 불꽃 또는 열을 말한다.

103 연소확대물이란 연소가 확대되는 데 있어 결정적 영향을 미친 가연물을 말한다.

104 동력원이란 발화관련 기기나 제품을 작동 또는 연소시킬 때 사용되어진 연료 또는 에너지를 말한다.

105 잔가율이란 피해물의 종류, 손상 상태 및 정도에 따라 피해액을 적정화시키는 일정한 비율을 말한다.

106 최종잔가율이란 피해물의 경제적 내용연수가 다한 경우 잔존하는 가치의 재구입비에 대한 비율을 말한다.

107 내용연수란 유동자산을 경제적으로 사용할 수 있는 연수를 말한다.

정답 및 해설

103 [O]

> **핵심정리** 화재원인조사의 기초적 사항
> 1. 발화지점: 열원과 가연물이 상호작용하여 화재가 시작된 지점을 말한다.
> 2. 발화장소: 화재가 발생한 장소를 말한다.
> 3. 최초착화물: 발화열원에 의해 불이 붙고 이 물질을 통해 제어하기 힘든 화세로 발전한 가연물을 말한다.
> 4. 발화요인: 발화열원에 의하여 발화로 이어진 연소현상에 영향을 준 인적·물적·자연적인 요인을 말한다.
> 5. 발화관련 기기: 발화에 관련된 불꽃 또는 열을 발생시킨 기기 또는 장치나 제품을 말한다.
> 6. 동력원: 발화관련 기기나 제품을 작동 또는 연소시킬 때 사용된 연료 또는 에너지를 말한다.
> 7. 연소확대물: 연소가 확대되는 데 있어 결정적 영향을 미친 가연물을 말한다.

104 [O]

105 [X] 손해율에 대한 설명이다.

> **핵심정리** 최종잔가율 등
> 1. 손해율: 피해물의 종류, 손상 상태 및 정도에 따라 피해액을 적정화시키는 일정한 비율을 말한다.
> 2. 최종잔가율: 피해물의 경제적 내용연수가 다한 경우 잔존하는 가치의 재구입비에 대한 비율을 말한다.
> 3. 재구입비: 화재 당시의 피해물과 같거나 비슷한 것을 재건축(설계 감리비를 포함한다) 또는 재취득하는데 필요한 금액을 말한다.
> 4. 내용연수: 고정자산을 경제적으로 사용할 수 있는 연수를 말한다.

106 [O]

107 [X] 내용연수란 고정자산을 경제적으로 사용할 수 있는 연수를 말한다.

108 재구입비란 화재 당시의 피해물과 같거나 비슷한 것을 재건축(설계 감리비를 제외한다) 또는 재취득하는데 필요한 금액을 말한다.

109 화재현장이란 화재가 발생하여 소방대 및 관계자 등에 의하여 소화활동이 행하여지고 있는 장소를 말한다.

110 접수란 화재를 접수하고 119상황실로부터 출동지령을 받아 소방대가 소방서 차고에서 출발하는 것을 말한다.

111 완진이란 소방대의 소화활동으로 화재확대의 위험이 현저하게 줄어들거나 없어진 상태를 말한다.

112 철수란 초진 후, 소방대가 현장에서 복귀하는 것을 말한다.

정답 및 해설

108 [X] 재구입비란 화재 당시의 피해물과 같거나 비슷한 것을 재건축(설계 감리비를 포함한다) 또는 재취득하는데 필요한 금액을 말한다.

109 [O]

> **핵심정리** 화재현장 등
> 1. **화재현장**: 화재가 발생하여 소방대 및 관계자 등에 의하여 소화활동이 행하여지고 있는 장소를 말한다.
> 2. **상황실**: 소방관서 또는 소방기관에서 화재·구조·구급 등 각종 소방상황을 접수·전파 처리 등의 업무를 행하는 곳을 말한다.
> 3. **접수**: 119상황실에서 화재 등의 신고를 받은 최초의 시각을 말한다.
> 4. **출동**: 화재를 접수하고 119상황실로부터 출동지령을 받아 소방대가 소방서 차고에서 출발하는 것을 말한다.
> 5. **도착**: 출동지령을 받고 출동한 선착대가 현장에 도착하는 것을 말한다.

110 [X] 접수란 119상황실에서 화재 등의 신고를 받은 최초의 시각을 말한다. 출동이란 화재를 접수하고 119상황실로부터 출동지령을 받아 소방대가 소방서 차고에서 출발하는 것을 말한다.

111 [X] 초진에 대한 설명이다.

> **핵심정리** 용어의 정의
> 1. **초진**: 소방대의 소화활동으로 화재확대의 위험이 현저하게 줄어들거나 없어진 상태를 말한다.
> 2. **완진**: 소방대에 의한 소화활동의 필요성이 사라진 것을 말한다.
> 3. **철수**: 진화가 끝난 후, 소방대가 현장에서 복귀하는 것을 말한다.

112 [X] 철수란 진화가 끝난 후, 소방대가 현장에서 복귀하는 것을 말한다.

10 화재조사 2

☐☐☐
113 동일범이 아닌 각기 다른 사람에 의한 방화, 불장난은 동일 대상물에서 발화했더라도 각각 별건의 화재로 한다.

☐☐☐
114 원칙적으로 1건의 화재란 1개의 발화지점에서 확대된 것으로 발화부터 진화까지를 말한다.

☐☐☐
115 동일 소방대상물의 발화점이 2개소 이상 있는 "지진, 낙뢰 등 자연현상에 의한 다발화재"는 각각 별건의 화재로 한다.

☐☐☐
116 화재의 소실정도 중 반소란 건물의 30% 이상 50% 미만이 소실된 것을 말한다.

☐☐☐
117 화재의 소실정도 중 부분소란 건물의 30% 미만이 소실된 것만을 말한다.

정답 및 해설

113 [O]

114 [O]

115 [X] 동일 소방대상물의 발화점이 2개소 이상 있는 "지진, 낙뢰 등 자연현상에 의한 다발화재"는 1건의 화재로 한다.

> **핵심정리** 화재건수의 결정
>
> 1건의 화재란 1개의 발화지점에서 확대된 것으로 발화부터 진화까지를 말한다. 다만, 다음의 경우에는 당해 각 호에 의한다.
> 1. 동일범이 아닌 각기 다른 사람에 의한 방화, 불장난은 동일 대상물에서 발화했더라도 각각 별건의 화재로 한다.
> 2. 동일 소방대상물의 발화점이 2개소 이상 있는 다음의 화재는 1건의 화재로 한다.
>   가. 누전점이 동일한 누전에 의한 화재
>   나. 지진, 낙뢰 등 자연현상에 의한 다발화재

116 [X] 반소란 건물의 30% 이상 70% 미만이 소실된 것을 말한다.

> **핵심정리** 화재의 소실정도
>
> 1. 건축·구조물화재의 소실정도는 3종류로 구분한다.
>   - **전소**: 건물의 70% 이상(입체면적에 대한 비율을 말한다. 이하 같다)이 소실되었거나 또는 그 미만이라도 잔존부분을 보수하여도 재사용이 불가능 한 것
>   - **반소**: 건물의 30% 이상 70% 미만이 소실된 것
>   - **부분소**: 전소, 반소화재에 해당되지 아니하는 것
> 2. 자동차·철도차량, 선박 및 항공기 등의 소실정도는 건축·구조물화재의 소실정도 구분의 관련 규정을 준용한다.

117 [X] 부분소란 전소, 반소화재에 해당되지 아니하는 것을 말한다.

118 건물의 외벽을 이용하여 실을 만들어 헛간, 목욕탕, 작업실, 사무실 및 기타 건물 용도로 사용하고 있는 것은 주건물과 같은 동으로 본다.

119 목조 건물에서 격벽으로 방화구획이 되어 있는 경우는 다른 동으로 한다.

120 내화조 건물의 옥상에 목조 또는 방화구조 건물이 별도 설치되어 있는 경우는 같은 동으로 한다.

121 건물 등 자산에 대한 최종잔가율은 건물·부대설비·구축물·가재도구는 10%로 하며, 그 이외의 자산은 20%로 정한다.

122 독립된 건물과 건물 사이에 차광막, 비막이 등의 덮개를 설치하고 그 밑을 통로 등으로 사용하는 경우는 다른 동으로 한다.

정답 및 해설

118 [O]

119 [X] 목조 건물에서 격벽으로 방화구획이 되어 있는 경우는 같은 동으로 한다.

120 [X] 내화조 건물의 옥상에 목조 또는 방화구조 건물이 별도 설치되어 있는 경우는 별동으로 한다.

> **핵심정리** 건물의 동수 산정(「화재조사 및 보고규정」[별표 1])
> 1. 주요구조부가 하나로 연결되어 있는 것은 1동으로 한다. 다만 건널 복도 등으로 2 이상의 동에 연결되어 있는 것은 그 부분을 절반으로 분리하여 각 동으로 본다.
> 2. 건물의 외벽을 이용하여 실을 만들어 헛간, 목욕탕, 작업실, 사무실 및 기타 건물 용도로 사용하고 있는 것은 주건물과 같은 동으로 본다.
> 3. 구조에 관계없이 지붕 및 실이 하나로 연결되어 있는 것은 같은 동으로 본다.
> 4. 목조 또는 내화조 건물의 경우 격벽으로 방화구획이 되어 있는 경우도 같은 동으로 한다.
> 5. 독립된 건물과 건물 사이에 차광막, 비막이 등의 덮개를 설치하고 그 밑을 통로 등으로 사용하는 경우는 다른 동으로 한다.
> 6. 내화조 건물의 옥상에 목조 또는 방화구조 건물이 별도 설치되어 있는 경우는 다른 동으로 한다. 다만, 이들 건물의 기능상 하나인 경우(옥내계단이 있는 경우)는 같은 동으로 한다.
> 7. 내화조 건물의 외벽을 이용하여 목조 또는 방화구조 건물이 별도 설치되어 있고 건물 내부와 구획되어 있는 경우 다른 동으로 한다. 다만, 주된 건물에 부착된 건물이 옥내로 출입구가 연결되어 있는 경우와 기계설비 등이 쌍방에 연결되어 있는 경우 등 건물 기능상 하나인 경우는 같은 동으로 한다.

121 [X] 건물 등 자산에 대한 최종잔가율은 건물·부대설비·구축물·가재도구는 20%로 하며, 그 이외의 자산은 10%로 정한다.

122 [O]

123 구조에 관계없이 지붕 및 실이 하나로 연결되어 있는 것은 각각 별동으로 본다.

124 화재피해액은 화재 당시의 피해물과 동일한 구조, 용도, 질, 규모를 재건축 또는 재구입하는 데 소요되는 가액에서 사용손모 및 경과연수에 따른 감가공제를 하고 현재가액을 산정하는 실질적·구체적 방식에 따른다. 단, 회계장부상 현재가액이 입증된 경우에는 그에 따른다.

125 정확한 피해물품을 확인하기 곤란한 경우 등에는 정확한 피해물품을 확인하기 곤란하거나 기타 부득이한 사유에 의하여 실질적·구체적 방식에 의할 수 없는 경우에는 소방청장이 정하는 화재피해액 산정매뉴얼의 간이평가방식으로 산정할 수 있다.

정답 및 해설

123 [X] 구조에 관계없이 <u>지붕 및 실이 하나</u>로 연결되어 있는 것은 <u>같은 동</u>으로 본다.

124 [O]

125 [O]

> **핵심정리** 화재피해액의 산정
>
> 1. **화재피해액**은 화재 당시의 피해물과 동일한 구조, 용도, 질, 규모를 재건축 또는 재구입하는 데 소요되는 가액에서 사용손모 및 경과연수에 따른 감가공제를 하고 현재가액을 산정하는 실질적·구체적 방식에 따른다. 단, 회계장부상 현재가액이 입증된 경우에는 그에 따른다.
> 2. **정확한 피해물품을 확인하기 곤란한 경우 등**: 정확한 피해물품을 확인하기 곤란하거나 기타 부득이한 사유에 의하여 실질적·구체적 방식에 의할 수 없는 경우에는 소방청장이 정하는 화재피해액 산정매뉴얼의 간이평가방식으로 산정할 수 있다.
> 3. **최종잔가율**: 건물 등 자산에 대한 최종잔가율은 건물·부대설비·구축물·가재도구는 **20%**로 하며, 그 이외의 자산은 **10%**로 정한다.
> 4. 건물 등 자산에 대한 내용연수는 매뉴얼에서 정한 바에 따른다.
> 5. 대상별 화재피해액 산정기준은 「화재조사 및 보고규정」 [별표 3]에 따른다.

126 건물의 화재피해액의 산정식은 다음과 같다.
건물: '신축단가(m²당) × 소실면적 × [1 - (0.9 × 경과년수/내용년수)] × 손해율'의 공식에 의하되, 신축 단가는 한국감정원이 최근 발표한 '건물신축단가표'에 의한다.

127 건물의 화재피해액의 산정식 중 회화(그림), 골동품, 보석류는 전부손해의 경우 감정가격으로 하며, 전부손해가 아닌 경우 원상복구에 소요되는 비용으로 한다.

128 화재현장에서 부상을 당한 후 24시간 이내에 사망한 경우에는 당해 화재로 인한 사망으로 본다.

129 화재현장에서 중상의 부상정도는 3주 이상의 입원치료를 필요로 하는 부상을 말한다.

정답 및 해설

126 [X] 건물: '신축단가(m²당) × 소실면적 × [1 - (0.8 × 경과년수/내용년수)] × 손해율'의 공식에 의하되, 신축 단가는 한국감정원이 최근 발표한 '건물신축단가표'에 의한다.

> **핵심정리** 화재피해액의 산정 관련 용어
> 1. **건물**: '신축단가(m²당) × 소실면적 × [1 - (0.8 × 경과년수/내용년수)] × 손해율'의 공식에 의하되, 신축단가는 한국감정원이 최근 발표한 '건물신축단가표'에 의한다.
> 2. **영업시설**: 'm²당 표준단가 × 소실면적 × [1 - (0.9 × 경과년수/내용년수)] × 손해율'의 공식에 의하되, 업종별 m²당 표준단가는 매뉴얼이 정하는 바에 의한다.
> 3. **재고자산**: '회계장부 상 현재가액 × 손해율'의 공식에 의한다. 다만, 회계장부상 현재가액이 확인되지 않는 경우에는 '연간매출액 ÷ 재고자산회전율 × 손해율'의 공식에 의하되, 재고자산회전율은 한국은행이 최근 발표한 '기업경영분석' 내용에 의한다.
> 4. **회화(그림), 골동품, 보석류**: 전부손해의 경우 감정가격으로 하며, 전부손해가 아닌 경우 원상복구에 소요되는 비용으로 한다.

127 [O]

128 [X] 화재현장에서 부상을 당한 후 <u>72시간 이내</u>에 사망한 경우에는 당해 화재로 인한 사망으로 본다.

> **핵심정리** 사상자
> 1. 사상자는 화재현장에서 사망한 사람과 부상당한 사람을 말한다.
> 2. 단, 화재현장에서 부상을 당한 후 <u>72시간 이내</u>에 사망한 경우에는 당해 화재로 인한 사망으로 본다.

129 [O]

> **핵심정리** 부상정도
> 1. **중상**: 3주 이상의 입원치료를 필요로 하는 부상을 말한다.
> 2. **경상**: 중상 이외의(입원치료를 필요로 하지 않는 것도 포함한다) 부상을 말한다. 다만, 병원치료를 필요로 하지 않고 단순하게 연기를 흡입한 사람은 제외한다.

130 「화재조사 및 보고규정」상 「소방의 화재조사에 관한 법률」 제5조 제1항에 따라 화재조사관은 화재발생 사실을 인지하는 즉시 화재조사(이하 "조사"라 한다)를 시작해야 한다.

11 화재진압 1

131 「소방기본법」상 시·도에서 소방업무를 수행하기 위하여 시·도지사 직속으로 소방본부를 둔다.

132 「소방기본법」상 소방업무를 수행하는 소방본부장 또는 소방서장은 그 소재지를 관할하는 특별시장·광역시장·특별자치시장·도지사 또는 특별자치도지사(시·도지사)의 지휘와 감독을 받는다.

정답 및 해설

130 [O]

> **핵심정리** 화재조사의 개시 및 원칙(「화재조사 및 보고규정」 제3조)
> 1. 「소방의 화재조사에 관한 법률」 제5조 제1항에 따라 화재조사관(이하 "조사관"이라 한다)은 화재발생 사실을 인지하는 즉시 화재조사(이하 "조사"라 한다)를 시작해야 한다.
> 2. 소방관서장은 「소방의 화재조사에 관한 법률 시행령」 제4조 제1항에 따라 조사관을 근무 교대조별로 2인 이상 배치하고, 「소방의 화재조사에 관한 법률 시행규칙」 제3조에 따른 장비·시설을 기준 이상으로 확보하여 조사업무를 수행하도록 하여야 한다.
> 3. 조사는 물적 증거를 바탕으로 과학적인 방법을 통해 합리적인 사실의 규명을 원칙으로 한다.

131 [O]

> **핵심정리** 소방기관의 설치 등
> 1. 시·도의 화재 예방·경계·진압 및 조사, 소방안전교육·홍보와 화재, 재난·재해, 그 밖의 위급한 상황에서의 구조·구급 등의 업무(소방업무)를 수행하는 소방기관의 설치에 필요한 사항은 대통령령으로 정한다.
> 2. 소방업무를 수행하는 소방본부장 또는 소방서장은 그 소재지를 관할하는 특별시장·광역시장·특별자치시장·도지사 또는 특별자치도지사(시·도지사)의 지휘와 감독을 받는다.
> 3. 원칙적으로 소방본부장 또는 소방서장은 시·도지사의 지휘와 감독을 받음에도 불구하고 소방청장은 화재예방 및 대형 재난 등 필요한 경우 시·도 소방본부장 및 소방서장을 지휘·감독할 수 있다.
> 4. 시·도에서 소방업무를 수행하기 위하여 시·도지사 직속으로 소방본부를 둔다.

132 [O]

☐☐☐
133 「소방기본법」상 소방기관이 소방업무를 수행하는 데에 필요한 인력과 장비 등(소방력)에 관한 기준은 행정안전부령으로 정한다.

☐☐☐
134 「소방력 기준에 관한 규칙」상 소방청, 소방본부, 소방서는 소방기관에 해당한다.

☐☐☐
135 「소방공무원 임용령」상 소방청, 소방본부, 소방서는 소방기관에 해당한다.

☐☐☐
136 「소방장비관리법」상 소방청, 소방본부, 소방서는 소방기관에 해당한다.

정답 및 해설

133 [O]

> **핵심정리** 소방력의 기준 등
> 1. 소방기관이 소방업무를 수행하는 데에 필요한 인력과 장비 등(소방력)에 관한 기준은 행정안전부령으로 정한다.
> 2. 시·도지사는 소방력의 기준에 따라 관할구역의 소방력을 확충하기 위하여 필요한 계획을 수립하여 시행하여야 한다.
> 3. 소방자동차 등 소방장비의 분류·표준화와 그 관리 등에 필요한 사항은 따로 법률에서 정한다.

134 [X] 소방청, 소방본부는 해당하지 않는다.

> **핵심정리** 「소방력 기준에 관한 규칙」상 소방기관
> 소방장비, 인력 등을 동원하여 소방업무를 수행하는 소방서·119안전센터·119구조대·119구급대·119구조구급센터·119항공대·소방정대(消防艇隊)·119지역대·119종합상황실·소방체험관을 말한다.

135 [X] 소방본부는 해당하지 않는다.

> **핵심정리** 「소방공무원 임용령」상 소방기관
> 소방청, 특별시·광역시·특별자치시·도·특별자치도(시·도)와 중앙소방학교·중앙119구조본부·국립소방연구원·지방소방학교·서울종합방재센터 및 소방서를 말한다.

136 [X] 소방청은 해당하지 않는다.

> **핵심정리** 「소방장비관리법」상 소방기관
> 중앙소방학교·중앙119구조본부·소방본부·소방서·지방소방학교·119안전센터·119구조대·119구급대·119구조구급센터·항공구조구급대·소방정대·119지역대 및 소방체험관 등 소방업무를 수행하는 기관을 말한다.

☐☐☐
137 「소방력 기준에 관한 규칙」상 시·도지사는 관할구역의 소방장비 및 소방인력의 수요·보유 및 부족 현황을 5년마다 조사하여 소방력(消防力) 보강계획을 수립·추진하여야 한다.

☐☐☐
138 소방장비관리의 기본계획과 시행계획의 수립권자는 소방청장이다.

☐☐☐
139 소방청장은 품질이 우수한 소방장비를 확충하고 소방장비의 품질을 혁신하기 위하여 대통령령으로 정하는 소방장비(인증대상 소방장비)에 대하여 인증을 할 수 있다.

정답 및 해설

137 [O]

> **핵심정리 소방력 보강계획 등의 수립**
> 1. 시·도지사는 관할구역의 소방장비 및 소방인력의 수요·보유 및 부족 현황을 5년마다 조사하여 소방력(消防力) 보강계획을 수립·추진하여야 한다.
> 2. 시·도지사는 소방력 보강계획을 바탕으로 매년 6월 30일까지 다음 연도 사업계획을 수립하여 소방청장에게 제출하여야 한다.
> 3. 소방청장은 사업계획에 국가의 특수한 소방시책을 반영할 필요가 있는 경우에는 시·도지사에게 그 시책을 반영하도록 요구할 수 있다.

138 [O]

> **핵심정리 소방장비관리의 기본계획 등**
> 1. 소방청장은 소방장비관리 업무를 효과적으로 수행하기 위하여 「소방기본법」 제6조에 따른 소방업무에 관한 종합계획에 따라 소방장비관리 기본계획(기본계획)을 5년마다 수립하여 시행하여야 한다.
> 2. 소방청장은 기본계획을 효율적으로 추진하기 위하여 매년 소방장비관리 시행계획(시행계획)을 수립하여 시행하여야 한다.

139 [O]

> **핵심정리 소방장비의 인증**
> 1. 소방청장은 품질이 우수한 소방장비를 확충하고 소방장비의 품질을 혁신하기 위하여 대통령령으로 정하는 소방장비(인증대상 소방장비)에 대하여 인증을 할 수 있다.
> 2. 인증을 받으려는 소방장비의 제조자 또는 판매자는 지정받은 인증기관에 인증을 신청하여야 한다.
> 3. 소방장비 인증의 기준·절차·방법·유효기간 및 그 밖에 소방장비 인증제도의 운영에 필요한 사항은 대통령령으로 정한다.

140 「소방장비관리법 시행령」상 화재진압활동에 사용되는 기동장비는 자체에 동력원이 부착되어 자력으로 이동할 수 있는 장비만을 말한다.

141 「화재예방법」상 화재예방강화지구의 지정권자는 시·도지사이다.

12 화재진압 2

142 「소방기본법」상 소방력의 동원권자는 소방청장이다.

143 「소방기본법」상 소방본부장이나 소방서장은 소방활동을 할 때에 긴급한 경우에는 이웃한 소방본부장 또는 소방서장에게 소방업무의 응원(應援)을 요청할 수 있다.

144 소방용수시설은 소화전, 저수조, 급수탑을 말한다.

정답 및 해설

140 [X] 「소방장비관리법 시행령」상 화재진압활동에 사용되는 **기동장비**는 자체에 **동력원**이 부착되어 **자력으로** 이동하거나 **견인되어 이동**할 수 있는 장비를 말한다.

핵심정리 소방장비의 분류

1. 기동장비: 자체에 동력원이 부착되어 자력으로 이동하거나 견인되어 이동할 수 있는 장비

소방자동차	소방펌프차, 소방물탱크차, 소방화학차, 소방고가차, 무인방수차, 구조차 등
행정지원차	행정 및 교육지원차 등
소방선박	소방정, 구조정, 지휘정 등
소방항공기	고정익항공기, 회전익항공기 등

2. 보호장비: 소방현장에서 소방대원의 신체를 보호하는 장비

호흡장비	공기호흡기, 공기공급기, 마스크류 등
보호장구	방화복, 안전모, 보호장갑, 안전화, 방화두건 등
안전장구	인명구조 경보기, 대원 위치추적장치, 대원 탈출장비 등

141 [O]

142 [O]

143 [O]

144 [O]

145 소방용수시설의 설치기준(공통기준)으로 주거지역·상업지역 및 공업지역에 설치하는 경우에는 소방대상물과의 수평거리를 100m 이하로 한다.

146 소방용수시설의 설치기준(공통기준)으로 주거·상업·공업지역 외의 지역에 설치하는 경우는 소방대상물과의 수평거리를 140m 이하로 한다.

147 저수조 흡수관의 투입구가 사각형의 경우에는 한 변의 길이가 50cm 이상, 원형의 경우에는 지름이 50cm 이상이어야 한다.

148 소방용수시설 중 저수조는 지면으로부터의 낙차는 4.5m 이상으로 해야 한다.

📒 정답 및 해설

145 [O]

> **📖 핵심정리 소방용수시설의 설치기준(공통기준)**
> - 주거지역·상업지역 및 공업지역에 설치하는 경우: 소방대상물과의 수평거리를 100m 이하로 한다.
> - 주거·상업·공업지역 외의 지역에 설치하는 경우: 소방대상물과의 수평거리를 140m 이하로 한다.

146 [O]

147 [X] 저수조 흡수관의 투입구가 사각형의 경우에는 한 변의 길이가 60cm 이상, 원형의 경우에는 지름이 60cm 이상이어야 한다.

> **📖 핵심정리 소방용수시설의 개별 설치기준**
> 1. **소화전**: 상수도와 연결하여 지하식 또는 지상식의 구조로 하고, 소방용 호스와 연결하는 소화전의 연결금속구의 구경은 65mm로 해야 한다.
> 2. **급수탑**: 급수배관의 구경은 100mm 이상으로 하고, 개폐밸브는 지상에서 1.5m 이상, 1.7m 이하의 위치에 설치하도록 해야 한다.
> 3. **저수조**
>   - 지면으로부터의 낙차는 4.5m 이하로 해야 한다.
>   - 흡수부분의 수심은 0.5m 이상으로 해야 한다.
>   - 흡수관의 투입구가 사각형의 경우에는 한 변의 길이가 60cm 이상, 원형의 경우 지름은 60cm 이상으로 해야 한다.

148 [X] 지면으로부터의 낙차는 4.5m 이하로 해야 한다.

> **📖 핵심정리 소방용수시설의 개별 설치기준**
> 1. **소화전**: 상수도와 연결하여 지하식 또는 지상식의 구조로 하고, 소방용 호스와 연결하는 소화전의 연결금속구의 구경은 65mm로 해야 한다.
> 2. **급수탑**: 급수배관의 구경은 100mm 이상으로 하고, 개폐밸브는 지상에서 1.5m 이상, 1.7m 이하의 위치에 설치하도록 해야 한다.
> 3. **저수조**
>   - 지면으로부터의 낙차는 4.5m 이하로 해야 한다.
>   - 흡수부분의 수심은 0.5m 이상으로 해야 한다.
>   - 흡수관의 투입구가 사각형의 경우에는 한 변의 길이가 60cm 이상, 원형의 경우 지름은 60cm 이상으로 해야 한다.

149 소방전술의 기본원칙 중 선착대 우위의 원칙은 화재현장에 가장 먼저 도착한 소방대의 주도적인 역할을 존중한다는 원칙이다.

150 소방전술의 기본원칙 중 중점주의의 원칙은 화세에 비추어 소방력이 부족하여 불가피한 경우에는 가장 피해가 적을 것으로 판단되는 부분의 희생을 감수하더라도 보다 중요한 부분을 집중적으로 방어하여야 한다는 공격적인 원칙이다.

151 유하주수는 주수압력을 약하게 하여 물이 흐르듯이 주수하는 방법으로, 건물의 벽 속에 잠재해 있는 화세의 잔화처리 등에 이용한다.

정답 및 해설

149 [O]

> **핵심정리** 소방전술의 기본원칙
> 1. **신속대응의 원칙**: 화재를 신속히 발견하고, 출동하여 대응한다면 피해가 확대되기 전에 진화할 수 있다는 것이다.
> 2. **인명구조 최우선의 원칙**: 사람의 생명은 무엇보다 소중하므로 다소 재산피해를 감수하더라도 인명보호를 최우선 과제로 삼아야 한다는 원칙이다.

150 [X] 중점주의의 원칙은 화세에 비추어 소방력이 부족하여 불가피한 경우에는 가장 피해가 적을 것으로 판단되는 부분의 희생을 감수하더라도 보다 중요한 부분을 집중적으로 방어하여야 한다는 수세적인 원칙이다.

151 [O]

> **핵심정리** 주수방법
> 1. **집중주수**: 연소물 또는 인명의 구조를 위한 엄호를 위해 한 곳에 집중적으로 주수하는 것을 말하며, 주수목표에 접근하지 않도록 주의한다.
> 2. **확산주수**: 연소물이나 연소위험이 있는 장소에 대하여 넓게 관창을 상하, 좌우, 원을 그리듯이 주수하는 방법이다.
> 3. **반사주수**: 장해물로 인한 주수사각 때문에 주수목표에 직접 주수할 수 없는 경우, 벽, 천장 등에 물을 반사시켜 주수하는 방법이다.
> 4. **유하주수**: 주수압력을 약하게 하여 물이 흐르듯이 주수하는 방법으로, 건물의 벽 속에 잠재해 있는 화세의 잔화처리 등에 이용한다.

PART 4 소화론

1 소화의 기본원리 1

☐☐☐
001 양초의 촛불을 입김으로 끄는 소화방법은 냉각소화의 방법으로 물리적 소화로 구분할 수 있다.

☐☐☐
002 실내에 액화석유가스(LPG)가 누설되어 화재가 발생하였을 때 저장용기의 주밸브를 폐쇄시켜 소화하는 방법은 제거소화에 해당하고, 산림화재 시 벌목하는 방법(방화선 구축)은 질식소화에 해당한다.

☐☐☐
003 제5류 위험물은 자기반응성물질로 급속히 연소 확대할 수 있는 가연물이므로 질식소화의 방법이 효과적이다.

☐☐☐
004 가연물질의 연속적인 연쇄반응이 진행하지 않도록 정촉매를 이용하여 연소현상인 화재를 소화시키는 방법을 화학적소화라고 한다.

☐☐☐
005 일산화탄소를 소화약제로 방사하였을 경우에 피복소화 효과가 있다.

📋 정답 및 해설

001 [X] 제거소화에 해당한다. 제거소화는 연소의 3요소 또는 4요소 중 하나인 가연물을 점화원이 없는 장소로 신속하게 제거하거나 안전한 장소로 이동시키는 소화방법을 말한다.

002 [X] 산림화재 시 벌목하는 방법(방화선 구축)은 제거소화에 해당한다.

003 [X] 제5류 위험물은 물질 자체에 산소를 포함하고 있으므로 질식소화의 방법이 효과적이지 않다.

004 [X] 가연물질의 연속적인 연쇄반응이 진행하지 않도록 부촉매를 이용하여 연소현상인 화재를 소화시키는 방법을 부촉매소화(화학적 소화)라고 한다.

005 [X] 이산화탄소를 소화약제로 방사하였을 경우 이산화탄소의 증기비중은 1.52로서 공기보다 1.52배 무거워진다.

006 희석소화작용이 적용되는 가연성 액체는 물에 용해되는 비수용성의 가연물질이어야만 한다.

007 유화소화는 일반적으로 비중이 물보다 큰 중유 등으로 인한 화재 시 무상의 물 소화약제로 방사하거나 포 소화약제를 유류화재 시 방사하는 경우 유류표면에 유화층을 형성하여 공기 중의 산소의 공급을 차단시켜 소화하는 작용을 말한다.

008 화학적 원리를 이용하기 때문에 일명 화학적 소화라 하고, 연속적인 연쇄반응을 억제하여 화염을 형성하는 라디칼을 없앰으로써 소화하여 억제소화라고도 한다.

009 숯, 목탄, 금속분 등은 부촉매소화효과를 얻기 어렵다.

정답 및 해설

006 [X] 희석소화작용이 적용되는 가연성 액체는 물에 용해되는 **수용성의 가연물질**이어야만 한다.

> **핵심정리 희석소화**
> ① 희석소화작용이 적용되는 가연성 액체는 물에 용해되는 수용성의 가연물질이어야만 한다. 수용성 가연물질인 알코올·에스테르·케톤 등으로 인한 화재에 많은 양의 물을 방사하여 가연물질의 농도를 연소농도 이하로 희석하여 소화시키는 작용이다.
> ② 연소하고 있는 가연물질에 공급되고 있는 산소의 농도를 연소농도 이하로 낮추어 소화하는 것은 희석소화이면서 질식소화라 할 수 있다.

007 [O]

> **핵심정리 유화소화**
> ① 유화소화는 유류표면에 유화층을 형성하여 산소의 공급을 차단하여 소화하는 방법을 말한다.
> ② 유화층은 유류표면에 물과 유류의 중간 성질을 가지는 엷은 층을 말한다.
> ③ 일반적으로 비중이 물보다 큰 중유 등으로 인한 화재 시 무상의 물 소화약제로 방사하거나 포 소화약제를 유류화재 시 방사하는 경우 유류표면에 유화층을 형성하여 공기 중의 산소의 공급을 차단시켜 소화하는 작용을 말한다.

008 [O]

> **핵심정리 부촉매소화**
> 1. 가연물질의 연속적인 연쇄반응이 진행하지 않도록 부촉매를 이용하여 연소현상인 화재를 소화시키는 방법을 부촉매소화라고 한다.
> 2. 화학적 원리를 이용하기 때문에 일명 화학적 소화라 하고, 연속적인 연쇄반응을 억제하여 **화염을 형성하는 라디칼을 없앰으로써 소화하여 억제소화라고도 한다.**
> 3. 표면연소(무염연소)물질들은 연쇄반응을 동반한 연소가 아니므로 **부촉매소화효과를 얻기 어렵다.**

009 [O] 표면연소(무염연소)물질들은 연쇄반응을 동반한 연소가 아니므로 **부촉매소화효과를 얻기 어렵다.**

010 부촉매소화는 불꽃연소에 효과적이다.

011 냉각소화는 가연성 분해물질의 생성을 억제하기 위한 것이다.

012 부촉매의 역할은 가연물의 연속적인 연쇄반응이 진행하지 않도록 하여 연소속도를 느리게 하여 소화되도록 하는 것이다.

013 수계 소화약제에서는 부촉매소화가 효과적이다.

014 부촉매소화작용은 가연물질 내에 함유되어 있는 수소·산소로부터 활성화되어 생성되는 수소기(H^*)·수산기(OH^*)를 억제하는 소화방법이다.

015 강화액 소화약제는 동절기 물 소화약제가 동결되는 단점을 보완하고 물의 소화력을 높이기 위하여 화재에 억제 효과가 있는 염류를 첨가한 것으로, 염류로는 알칼리금속염의 탄산칼륨(K_2CO_3)과 인산암모늄[$(NH_4)H_2PO_4$] 등이 사용된다.

정답 및 해설

010 [O]

011 [O]

> **핵심정리 냉각소화**
> 1. 점화원의 열을 점화원 유지상태 이하로 가연물질을 냉각하기 위한 것이다.
> 2. 가연성 분해물질의 생성을 억제하기 위한 것이다.
> 3. 연소반응의 속도를 지연시키기 위한 것이다.

012 [O] 부촉매소화는 가연물질의 <u>연속적인 연쇄반응이 진행하지 않도록 부촉매를</u> 사용하여 연소현상인 화재를 소화시키는 방법을 말한다. <u>부촉매의 역할</u>은 가연물의 연속적인 연쇄반응이 진행하지 않도록 하여 <u>연소속도를 느리게 하여 소화되도록 하는 것</u>이다.

013 [X] <u>수계 소화약제</u>에서는 <u>부촉매소화효과를 기대하기 힘들다</u>. 포 소화약제는 수계 소화약제의 일종으로 부촉매소화효과가 없다.

014 [O]

015 [O]

016 강화액소화기가 무상일 때는 A, B, C급 화재에 적용된다.

017 물을 이용한 소화는 질식소화와 냉각소화를 기대할 수 있다. 단, 실내건축물의 밀폐된 공간에서 분무주수에 의한 주수 시에 얻을 수 있는 가장 큰 소화효과는 질식소화이다.

018 화염이 발생하는 연소반응을 주도하는 라디칼을 제거하여 중단시키는 방법은 부촉매소화이다.

019 제1종 분말 소화약제는 제1인산암모늄으로부터 열분해되어 나온 기체상의 암모니아·수증기 등이 공기 중의 산소의 공급을 차단하여 소화하는 방법은 질식소화 또는 방진소화에 해당한다.

2 소화의 기본원리 2

020 양초의 촛불을 입김으로 끄는 주된 소화효과는 질식소화이다.

021 제거소화는 부촉매소화와 달리 질식소화, 냉각소화와 함께 화학적 소화로 구분할 수 있다.

022 산소는 공기 중에 21vol% 또는 2vol3% 존재하고 있는데, 가연물질에 공급되는 공기 중 산소의 양을 15vol% 이하로 하면 산소 결핍에 의하여 연소상태가 정지되는 것을 질식소화라 한다.

정답 및 해설

016 [O]

017 [O]

018 [O]

019 [X] 제3종 분말 소화약제에 대한 설명이다.

020 [X] 제거소화에 해당한다.

021 [X] 제거소화는 부촉매소화와 달리 질식소화, 냉각소화와 함께 물리적 소화로 구분할 수 있다. 즉, 제거소화는 물리적 소화이며, 부촉매소화는 화학적 소화이다.

022 [O]

023 연소의 3요소 또는 4요소를 구성하는 가연물질을 안전한 장소로 이동시켜 소화하는 것을 제거소화라 한다.

024 희석소화작용이 적용되는 가연성 액체는 물에 용해되는 수용성의 가연물질이어야만 한다. 수용성 가연물질인 알코올·에스터·케톤 등으로 인한 화재에 많은 양의 물을 방사하여 가연물질의 농도를 연소농도 이하로 희석하여 소화시키는 작용이다.

025 가연물질이 연소하고 있는 장소에 공기보다 비중이 큰 이산화탄소를 소화약제로 방사하였을 때 피복소화 또는 질식소화 효과를 얻을 수 있다.

026 제3종 분말 소화약제를 고체 화재면에 방사 시 메타 - 인산(HPO_3)이 생성되어 유리질의 피막을 형성하므로 열분해 생성으로 인한 방진효과가 나타나게 된다.

정답 및 해설

023 [O]

> **핵심정리** 제거소화
> - 전기화재 시 전원차단
> - 가스화재 시 가스공급 차단
> - 산불화재 시 방화선(도로) 구축
> - 연소물이나 화원을 제거하여 연소반응을 중지시켜 소화
> - 촛불을 입으로 불어서 소화하는 방법
> - 물리적 소화에 해당

024 [O]

> **핵심정리** 희석소화
> 1. 희석소화작용이 적용되는 가연성 액체는 물에 용해되는 수용성의 가연물질이어야만 한다. 수용성 가연물질인 알코올·에스터·케톤 등으로 인한 화재에 많은 양의 물을 방사하여 가연물질의 농도를 연소농도 이하로 희석하여 소화시키는 작용이다.
> 2. 수용성의 가연물질에 소화약제인 물을 대량으로 방사하여 수용성 가연물질의 연소농도를 낮추어 희석하여 소화하는 것을 희석소화라 한다.
> 3. 연소하고 있는 가연물질에 공급되고 있는 산소의 농도를 연소농도 이하로 낮추어 소화하는 것은 희석소화이면서 질식소화라 할 수 있다.

025 [O]

026 [O]

> **핵심정리** 방진소화
> 제3종 분말 소화약제를 고체 화재면에 방사 시 메타 - 인산(HPO_3)이 생성되어 유리질의 피막을 형성하므로 열분해 생성으로 인한 방진효과가 나타나게 된다.
>
> $$NH_4H_2PO_4 \rightarrow HPO_3 + NH_3 + H_2O$$

027 강화액 소화약제의 K⁺이 화학반응하여 소화한 것은 화학적 소화(부촉매 소화) 방법이다.

028 산불화재 시 방화선을 구축하여 소화한 것은 질소소화(물리적 소화)방법이다.

029 화학적 소화방법에 해당하는 할론의 대체물질인 할로겐화합물 및 불활성기체 소화약제도 할론 소화약제처럼 화재의 열에 의해서 가연물질로부터 활성화된 활성유리기인 수소기(H) 또는 수산기(OH)와 반응하여 가연물질의 연속적인 연쇄반응을 차단·방해하는 것을 말한다.

030 질식소화는 공기 중 산소농도를 15% 이하로 낮추어 소화하는 방법, 밀폐된 공간에서 분무주수에 의한 방법이 해당한다.

031 방진소화는 일반적으로 비중이 물보다 큰 중유 등으로 인한 화재 시 무상의 물 소화약제로 방사하거나 포 소화약제를 유류화재 시 방사하는 경우 유류표면에 유화층을 형성하여 공기 중의 산소의 공급을 차단시켜 소화하는 작용을 말한다.

정답 및 해설

027 [O]

028 [X] 산불화재 시 방화선을 구축하여 소화한 것은 제거소화(물리적 소화)방법이다.

029 [O]

030 [O]

031 [X] 유화소화에 대한 설명이다. 방진소화 효과는 3종 분말소화약제를 이용한 경우에 나타난다.

3 물 소화약제

032 물 소화약제는 연소상태에 있는 가연물질을 다른 물질에 비하여 비교적 큰 비열과 기화열을 이용하여 열을 흡수하거나 빼앗는 방법으로 냉각하여 소화할 수 있다.

033 물의 용해열은 80cal/g이며, 융점(빙점)은 0℃, 비점은 100℃이다.

034 물은 수소 2원자와 산소 1원자로 이루어져 있으며, 이들 사이의 화학결합은 수소결합이다.

035 물은 극성 분자이기 때문에 분자 간의 결합은 수소결합에 의해 이루어진다.

정답 및 해설

032 [O]

> **핵심정리 냉각소화**
> 1. 연소의 3요소 또는 4요소 중의 점화원을 이용한 소화의 원리로써 연소 중인 가연물질의 온도를 발화점 이하로 냉각시켜 소화하는 것을 말한다.
> 2. 냉각소화가 가능한 소화약제로는 물 소화약제, 강화액 소화약제, 이산화탄소 소화약제, 할론 소화약제, 포 소화약제 등이 있다.

033 [O]

034 [X] 물은 수소 2원자와 산소 1원자로 이루어져 있으며, 이들 사이의 화학결합은 극성 공유결합이다.

> **핵심정리 물의 화학적 특성**
> 1. 물은 수소 2원자와 산소 1원자로 이루어져 있으며, 이들 사이의 화학결합은 극성 공유결합이다.
> 2. 물은 극성 분자이기 때문에 분자 간의 결합은 수소결합에 의해 이루어진다.
> 3. 물이 비교적 큰 표면 장력을 갖는 것도 분자 간의 인력의 세기와 직접적인 관계가 있으며, 비교적 큰 비열도 수소 결합을 끊는 데 큰 에너지가 필요하기 때문이다.

035 [O]

036 분무주수의 주된 소화작용은 질식소화이다.

037 물 소화약제의 냉각소화효과가 큰 이유는 비열과 융해열이 크기 때문이다.

038 물의 비열은 1cal/g℃로 다른 물질에 비하여 상대적으로 작다.

039 물의 증발잠열(기화열)은 539.6cal/g으로 다른 물질에 비하여 크고, 물의 용융열 79.7cal/g과 비교하여도 기화열은 상당히 크다.

040 대기압하에서 100℃의 물이 액체에서 수증기의 상태로 변할 때 체적은 약 500~600배 정도 증가한다.

041 물의 비중은 1기압을 기준으로 0℃일 때 가장 크고 이를 기준으로 높아지거나 낮아질 때 비중은 작아진다.

정답 및 해설

036 [O]

037 [X] 물 소화약제의 냉각소화효과가 큰 이유는 비열과 기화열이 크기 때문이다.

038 [X] 물의 비열은 1cal/g℃로 다른 물질에 비하여 상대적으로 크다.

핵심정리 물의 물리적 특성

물질명	비열(cal/g℃)	물질명	비열(cal/g℃)
물	1.00	할론 1301	0.20
수소	3.41	할론 1211	0.12
헬륨	1.25	할론 2402	0.18
이산화탄소	0.55	공기	0.24

039 [O]

핵심정리 물의 물리적 특성

구분	증발잠열	용융열	구분	증발잠열	용융열
물	539.6	79.7	에틸 알코올	204.0	24.9
아세톤	124.5	23.4	LPG	98.0	–

040 [X] 대기압하에서 100℃의 물이 액체에서 수증기의 상태로 변할 때 체적은 약 1,700배 정도 증가한다.

041 [X] 물의 비중은 1기압을 기준으로 4℃일 때 가장 크고 이를 기준으로 높아지거나 낮아질 때 비중은 작아진다.

042 물의 표면장력은 온도가 상승하면 커진다.

043 무상주수는 화재의 소화를 위해 물의 방사형태가 굵고 긴 막대기와 안개모양의 중간 형상을 갖는 방울모양으로 방사하는 것을 말한다.

044 봉상주수(棒狀注水)는 소화설비의 방사기구로부터 굵은 물줄기의 형태로 주수하는 방법이다.

045 봉상주수는 전기전도성이 있어 전기화재에는 부적당하다.

046 무상주수는 중질유 및 고비중을 가지는 화재 시 유류표면에 엷은 유화층을 형성하여 공기 중의 산소의 공급을 차단하는 유화소화효과를 나타내기도 한다.

📋 정답 및 해설

042 [X] 물의 표면장력은 온도가 상승하면 작아진다.

043 [X] 적상주수에 대한 설명이다.

> **📖 핵심정리 적상주수(適狀注水)**
> - 물입자의 직경이 0.5 ~ 4mm인 물방울모양의 형상으로 주수되는 방법이다.
> - 스프링클러설비의 스프링클러헤드로부터 물이 방사될 경우 방사되는 물입자의 형태로 적상으로 방사되는 물입자는 봉상의 물입자와 같이 전기의 전도성이 있으므로 전기화재(C급 화재)에는 부적합하다.
> - 적용 소화설비는 스프링클러설비·연결살수설비 등이 있다.

044 [O]
> **📖 핵심정리 봉상주수(棒狀注水)**
> - 소화설비의 방사기구로부터 굵은 물줄기의 형태로 주수하는 방법이다.
> - 일반화재로서 화세가 강하여 신속하게 화재의 소화가 필요한 경우 사용된다.
> - 수용성 가연물질의 화재 시 짧은 시간에 많은 양의 소화약제가 요구되는 상황에 대처하기 위해 많이 사용된다.
> - 전기전도성이 있어 전기화재에는 부적당하다.

045 [O]

046 [O]
> **📖 핵심정리 무상주수(霧狀注水)**
> - 물을 구름 또는 안개모양으로 방사하는 방법으로 물을 주수하는 방법이다.
> - 중질유 및 고비중을 가지는 화재 시 유류표면에 엷은 유화층을 형성하여 공기 중의 산소의 공급을 차단하는 유화소화효과를 나타내기도 한다.
> - 주된 소화원리는 질식소화이다.
> - 물방울 입자의 크기는 스프링클러 → 물분무 → 미분무의 순으로 미분무가 가장 작다.

047 봉상주수는 비점이 비교적 높은 제4류 위험물 중 제3석유류인 중질유(중유) 및 고비중을 가지는 윤활유·아스팔트유 등의 화재 시 유류표면에 엷은 유화층을 형성하여 공기 중의 산소의 공급을 차단하는 유화효과(에멀션효과)를 나타내기도 한다.

048 물분무는 설비의 표면 보호를 목적으로 하며, 미분무는 구획된 작은 공간에 대한 보호를 목적으로 한다. 물방울 입자의 크기는 스프링클러 > 물분무 > 미분무의 순으로 미분무가 가장 작다.

049 전기화재 시 물 소화약제를 이용하여 소화하기 위해선 일정한 거리를 유지하면서 적상주수하여야 한다.

050 증점제는 물의 유동성 때문에 소방대상물에 부착성이 떨어지므로, 물의 유실을 방지하고 장기간 체류하게 함으로써 소화력을 증대시키기 위한 것이다.

051 표면장력을 크게하여 침투성을 증대시키는 것은 침투제에 대한 내용이다.

정답 및 해설

047 [X] 무상주수의 경우에 유화소화 효과가 있다.

048 [O]

049 [X] 전기화재 시 물 소화약제를 이용하여 소화하기 위해선 일정한 거리를 유지하면서 무상주수하여야 한다.

050 [O]

> **핵심정리 증점제(Viscosity water agent)**
> 1. 물의 점도를 증가시키는 Viscosity agent를 혼합한 수용액이며, Thick water라고 불리기도 한다.
> 2. 점성이 좋으면 물이 분산되지 않아 소방대상물에 정확히 도달할 수 있어서 산림화재에 사용된다.
> 3. 물은 유동성이 좋아 소화대상물에 장시간 부착되어 있지 못한다. 따라서 가연물에 대한 접착성질을 강화시키기 위하여 증점제를 사용한다.
> 4. 증점제를 사용하여 물의 사용량을 줄일 수 있으며, 대표적인 증점제로는 CMC, Gelgard 등이 있다.
> 5. 증점제를 사용하면 가연물에 대한 침투성이 떨어지고, 방수 시에 마찰손실이 증가하며, 분무 시 물방울의 직경이 커지는 등의 단점이 있다.

051 [X] 표면장력을 작게하여 침투성을 증대시키는 것은 침투제에 대한 내용이다.

> **핵심정리 침투제**
> 1. 물의 침투성을 증가시키기 위하여 합성계면활성제를 사용한다.
> 2. 물의 표면장력을 낮추어 심부화재, 원면화재의 소화효과를 극대화할 수 있다.
> 3. 침투제가 첨가된 물을 Wet water라고 부르며, 이것은 가연물 내부로 침투하기 어려운 목재, 고무, 플라스틱, 원면, 짚 등의 화재에 사용되고 있다.

4 포 소화약제

☐☐☐
052 포 소화약제의 주된 소화효과는 질식소화, 냉각소화이다.

☐☐☐
053 포 소화설비는 동결에 우려가 없어 설치상 제약이 없다.

☐☐☐
054 포 소화약제는 잔존물로 인한 2차 피해 우려가 있다.

☐☐☐
055 단백포 약제의 경우에는 변질·부패의 우려가 있다.

☐☐☐
056 팽창비가 커지면 함수율이 적어져 내열성이 감소한다.

☐☐☐
057 팽창비가 커지면 환원시간이 짧아진다.

☐☐☐
058 팽창비가 커지면 포의 유동성이 감소한다.

☐☐☐
059 포 소화약제가 갖추어야 할 구비조건으로 피연소물의 표면에 잘 흡착되어야 한다.

정답 및 해설

052 [O]
053 [X] 동절기에는 동결로 인한 포의 유동성의 한계로 설치상 제약이 있다.
054 [O]
055 [O]
056 [O]
057 [O]
058 [X] 팽창비가 커지면 포의 유동성이 증가한다.
059 [O]

060 포 소화약제의 요구조건으로 유면에 잘 확산되어야 한다.

061 포 소화약제는 인화성·가연성 액체 화재 시 사용이 제한된다.

062 포 소화약제의 팽창비 = $\dfrac{\text{발포 후의 체적}}{\text{포수용액의 체적}}$ 이다.

063 제1종의 팽창비는 80배 이상 250배 미만이고, 제2종의 팽창비는 250배 이상 500배 미만이다.

064 기계포 소화약제는 이산화탄소를 핵으로 사용하며, 화재 발생 시 A제와 B제를 서로 혼합시켜 이때 화학반응에 의해서 발생되는 것을 사용하여 화재를 소화하도록 제조된 소화약제이다.

정답 및 해설

060 [O]

061 [X] 포 소화약제는 인화성·가연성 액체 화재 시 매우 효과적이다.

062 [O]

063 [O]

핵심정리 저발포와 고발포

포의 명칭		포의 팽창비율
저발포		20배 이하
고발포	제1종 기계포	80배 이상 250배 미만
	제2종 기계포	250배 이상 500배 미만
	제3종 기계포	500배 이상 1,000배 미만

064 [X] 화학포 소화약제에 대한 설명이다.

핵심정리 포 소화약제

포 소화약제는 화학포 소화약제와 기계포 소화약제로 구분한다.
1. 화학포 소화약제는 화학적으로 제조된 소화약제로서 2가지 이상의 소화약제를 혼합하여 발생되는 포이다.
2. 기계포 소화약제는 화학적으로 제조된 소화약제를 송수펌프 또는 압입용펌프에 의해 강제로 흡입하여 포를 생성시켜 소화할 수 있도록 제조된 것이다.

065 기계포 소화약제는 화학적으로 제조된 소화약제를 송수펌프 또는 압입용펌프에 의해 강제로 흡입하여 포를 생성시켜 소화할 수 있도록 제조된 것이다.

066 알코올형포 소화약제는 수합성계면활성제를 주원료로 하는 포 소화약제 중 기름표면에서 수성막을 형성하는 포 소화약제를 말한다.

067 포 소화약제는 소화 후 물로 인한 피해가 발생한다.

068 단백포 소화약제는 불소계 계면활성제이며, 분말과 겸용하면 7 ~ 8배 소화효과가 있다.

069 수용성 가연물질에 용해되지 않는 성질을 가진 포 소화약제에는 금속비누형 알코올포 소화약제·고분자겔 생성형 알코올형 포 소화약제·불화단백형 알코올형 포 소화약제 등이 있다.

📋 정답 및 해설

065 [O]

066 [X] 수성막포 소화약제에 대한 설명이다.

> **📖 핵심정리** 기계포 소화약제
> 1. **단백포 소화약제**: 단백질을 가수분해한 것을 주원료로 하는 포 소화약제를 말한다.
> 2. **합성계면활성제포 소화약제**: 합성계면활성제를 주원료로 하는 포 소화약제를 말한다.
> 3. **수성막포 소화약제**: 수합성계면활성제를 주원료로 하는 포 소화약제 중 기름표면에서 수성막을 형성하는 포 소화약제를 말한다.
> 4. **알코올포 소화약제**: 단백질의 가수분해물이나 합성계면활성제 중에 지방산 금속염이나 타계통의 합성계면활성제 또는 고분자겔 생성물 등을 첨가한 포 소화약제로서 제4류 위험물 중 수용성용제의 소화에 사용하는 약제를 말한다.
> 5. **불화단백포 소화약제**: 단백포 소화약제의 소화성능을 향상시키기 위하여 불소계통의 계면활성제를 첨가한 포 소화약제를 말한다.

067 [O]

> **📖 핵심정리** 포 소화약제의 특징
> 1. 유류화재에 매우 효과적이다.
> 2. 개방된 옥외공간에서 발생한 화재에도 소화효과가 우수하다.
> 3. 일반적으로 인체에 무해하며, 화재 시에 열 분해에 의한 독성 가스의 발생이 많지 않다.
> 4. <u>소화 후 물로 인한 피해가 발생한다.</u>
> 5. 단백포의 경우 부패의 우려가 있다.

068 [X] 수성막포 소화약제는 불소계 계면활성제이며, <u>분말과 겸용하면 7 ~ 8배 소화효과가 있다.</u>

069 [O]

5 이산화탄소 소화약제

070 소화에 필요한 이산화탄소의 최소 소화농도는 가연성 기체와 액체의 종류에 따라 다르다.

071 이산화탄소 소화약제는 산소농도의 희석에 의한 질식소화를 주목적으로 하므로 개방된 장소에서의 일반가연물 화재의 소화에는 부적합하다.

072 이산화탄소를 소화약제로 이용하는 가장 큰 목적은 소화약제로 인하여 연소하지 아니한 피연소 물질에 물리·화학적 피해를 주지 않기 때문이다.

073 이산화탄소는 완전산화물질이므로 활성을 가지지 않기 때문에 산소와 반응할 수 없고, 따라서 질식성을 가지고 있기 때문에 가연물질의 연소에 필요한 산소의 공급을 차단할 수 있다.

정답 및 해설

070 [O]

핵심정리 물질에 따른 이산화탄소의 최소 소화농도

물질명	최소 소화농도(vol%)	최소 설계농도(vol%)
아세틸렌	55	66
부탄	28	34
일산화탄소	53	64
에틸렌	41	49
메탄	25	34
프로필렌	30	36

071 [O] 개방된 공간에서는 소화 설계농도를 유지하기 어렵다.

072 [O]

073 [O]

074 이산화탄소 소화약제는 일반화재, 유류화재, 전기화재에 소화적응성이 있다(NFTC 101).

075 이산화탄소의 임계온도는 31.35℃로 상온에 가깝기 때문에 하절기의 경우 액화이산화탄소의 온도가 임계점을 넘으면 용기 내의 압력이 급격히 상승되어 위험하다.

076 이산화탄소 소화약제는 방출 시에는 배관 내를 액상으로 흐르지만 분사 헤드에서는 기화되어 분사된다. 가장 큰 소화효과는 냉각효과이며 약간의 부촉매소화 효과도 있다.

077 이산화탄소의 주된 소화효과는 산소농도 저하에 의한 질식효과이다. 소화에 필요한 이산화탄소의 농도는 가연성 기체와 액체의 종류에 상관없이 산소의 농도를 13w%로 하면 질식소화가 된다.

정답 및 해설

074 [X] 일반화재의 소화적응성은 없다.

핵심정리 가스계 소화약제별 화재적응성 여부

	소화약제의 구분	일반화재	유류화재	전기화재	주방화재
가스	이산화탄소 소화약제	-	O	O	-
	할론 소화약제	O	O	O	-
	할로겐화합물 및 불활성기체 소화약제	O	O	O	-

075 [O]

핵심정리 이산화탄소 특성

1. 액체이산화탄소는 자체 증기압이 21℃에서 57.8kg/cm²·G(-18℃에서 20.4kg/cm²·G)정도로 매우 높기 때문에 다른 가압원의 도움 없이 자체 압력으로도 방사가 가능하다.
2. 이산화탄소의 임계온도는 31.35℃로 상온에 가깝기 때문에 하절기의 경우 액화이산화탄소의 온도가 임계점을 넘으면 용기 내의 압력이 급격히 상승되어 위험하다.
3. 삼중점(Triple point)에서는 세 가지 상이 평형이 되어 기체·액체·고체가 공존할 수 있다. 이산화탄소는 삼중점인 5.1kg/cm², -56.6℃에서 기체·액체·드라이아이스가 공존한다. 일반적으로 고체이산화탄소는 녹기보다는 승화가 쉽게 발생하는데, 이것은 대기압이 삼중점의 압력보다 낮기 때문이다.

076 [X] 가장 큰 소화효과는 질식효과이며 약간의 냉각효과 있으나 부촉매소화 효과는 없다.

077 [X] 소화에 필요한 이산화탄소의 농도는 가연성 기체와 액체의 종류에 따라 다르다.

078 공기 중 산소농도가 20%일 때, 이산화탄소를 방사해서 산소농도 10%가 되었다면 이때 이산화탄소의 최소 소화농도는 40(%)이다.

079 이산화탄소를 분해시키는 반응성이 큰 금속(Na, K, Mg, Ti, Zr 등)과 금속수소화물(LiH, NaH, CaH$_2$)에 소화효과가 효과적이다.

080 이산화탄소 소화약제에 대한 내용이다. 이산화탄소는 제5류 위험물의 화재 시 질식소화효과가 우수하다.

081 이산화탄소의 기화열은 액화이산화탄소 1g에 대하여 56.31cal이며, 다른 소화약제에 비하여 냉각소화기능이 우수한 편이다.

082 액체상태의 이산화탄소가 기체상태로 변화할 때 주변의 열을 흡수하여 냉각되는 효과로 공기 중의 수증가가 응결하여 안개가 생기는 현상을 운무현상이라 한다.

📋 정답 및 해설

078 [X] 관련식: $CO_2(\%) = \dfrac{21 - O_2}{21} \times 100$ (단, 공기 중의 산소의 농도 21%일 경우)

풀이식: $CO_2(\%) = \dfrac{20 - 10}{20} \times 100 = 50(\%)$

따라서 이산화탄소의 최소 소화농도는 50(%)이다.

079 [X] 이산화탄소 소화약제의 사용이 제한된다.

> **핵심정리** 사용제한 장소
> 1. 방재실·제어실 등 사람이 상시 근무하는 장소
> 2. 소화약제에 의해 질식 또는 인체의 위해가 발생할 우려가 있는 밀폐장소
> 3. 제5류 위험물을 저장·취급하는 장소
> 4. 이산화탄소를 분해시키는 반응성이 큰 금속(Na, K, Mg, Ti, Zr 등)과 금속수소화물(LiH, NaH, CaH$_2$)

080 [X] 이산화탄소는 제5류 위험물의 화재 시 질식소화효과가 없다.

081 [O]

082 [O]

> **핵심정리** 이산화탄소의 줄-톰슨 효과
> 1. 액체상태의 이산화탄소가 기체상태로 변화할 때 주변의 열을 흡수하여 냉각되는 효과로 공기 중의 수증기가 응결하여 안개가 생기는 현상을 운무현상이라 한다.
> 2. 고압의 이산화탄소의 방사 시 저압인 대기(공기) 중의 수증기가 응결하여 안개를 발생시키는 현상을 말한다.
> 3. 대기 중으로 방출되면 −78℃로 급랭(줄-톰슨 효과)되어 배관에 소량의 수분이 있으면 결빙하여 고체 이산화탄소인 드라이아이스로 변하여 배관을 막는 현상을 말한다.

083 이산화탄소의 줄-톰슨 효과는 대기 중으로 방출되면 -78°C로 급랭되어 배관에 소량의 수분이 있으면 결빙하여 고체 이산화탄소인 드라이아이스로 변하여 배관을 막는 현상을 말한다.

084 이산화탄소의 소화농도 $CO_2(\%) = \dfrac{21 - O_2}{21} \times 100$이고, 이산화탄소의 기화체적 $CO_2(m^3) = \dfrac{21 - O_2}{O_2} \times V$이다.

6 할론 소화약제

085 할론 소화약제는 할로겐족 원소인 불소(F)·염소(Cl)·브로민(Br, 취소)·아이오딘(I)을 탄화수소인 메탄(CH_4)·에탄(C_2H_6)의 수소원자와 치환시켜 제조된 물질이다.

086 오존파괴지수(ODP)는 어떤 화합물질의 오존파괴 정도를 숫자로 표현한 것으로써 숫자가 클수록 오존파괴 정도가 크다. 삼염화불화탄소($CFCl_3$)의 오존파괴능력을 1로 보았을 때 상대적인 파괴능력을 나타내는 지수로서 몬트리올의정서에서 규정한 모든 오존층파괴물질에 대해 오존층파괴지수가 산정되어 있다.

📑 정답 및 해설

083 [O]

084 [O]

085 [O]

> **핵심정리 할론 소화약제**
> 1. 할론 소화약제는 할로겐족 원소인 불소(F)·염소(Cl)·브로민(Br, 취소)·아이오딘(I)을 탄화수소인 메탄(CH_4)·에탄(C_2H_6)의 수소원자와 치환시켜 제조된 물질이다.
> 2. 할로겐족 원소인 브로민·염소 등이 가연물질 내에 함유되어 있는 활성유리기인 수소기(H)·수산기(OH)와 반응하여 가연물질의 연쇄반응 또는 화재의 진행을 차단·억제하는 부촉매소화효과가 우수하다.

086 [O]

> **핵심정리 오존파괴지수(ODP)**
> 1. 어떤 화합물질의 오존파괴 정도를 숫자로 표현한 것으로써 숫자가 클수록 오존파괴 정도가 크다. 삼염화불화탄소($CFCl_3$)의 오존파괴능력을 1로 보았을 때 상대적인 파괴능력을 나타내는 지수로서 몬트리올의정서에서 규정한 모든 오존층파괴물질에 대해 오존파괴지수가 산정되어 있다.
> 2. 할론 1301의 ODP는 14.1, 할론 1211은 2.4, 할론 2402는 6.6으로 CFC-11에 비해 훨씬 높은 값을 가지고 있다. CFC-11의 ODP는 1이다.

087 할론 소화약제는 할로겐족 원소인 불소·염소·브로민을 탄화수소인 메탄·에탄의 수소원자와 치환시켜 제조된 물질로 할론 소화약제로 불리고 있다.

088 오존파괴지수 기준물질을 CFC-11($CFCl_3$)이다.

089 ODP(오존파괴지수) = $\dfrac{\text{어떤 물질 1kg에 의해 파괴되는 오존량}}{\text{CFC-11 1kg에 의해 파괴되는 오존량}}$ 이다.

090 오존층 파괴지수는 할론 1301가 가장 크고, 다음은 2402, 1211 순이다.

정답 및 해설

087 [O]

088 [O] 오존파괴지수 기준물질을 CFC-11($CFCl_3$)이다. 오존파괴지수(ODP; Ozone Depletion Potential)는 기준물질로 CFC-11($CFCl_3$)의 오존파괴지수(ODP)를 1로 정하고 상대적으로 어떤 물질의 대기권에서의 수명, 물질의 단위질량당 염소나 브로민질량의 비, 활성염소와 브로민의 오존파괴능력 등을 고려하여 물질의 오존파괴지수(ODP)가 정해진다.

> **핵심정리** 오존파괴지수(ODP; Ozone Depletion Potential)
> 1. 어떤 화합물의 오존파괴 정도를 숫자로 표현한 것으로서 숫자가 클수록 오존파괴 정도가 크다. 삼염화불화탄소($CFCl_3$)의 오존파괴능력을 1로 보았을 때 상대적인 파괴능력을 나타내는 지수로써 몬트리올 의정서에서 규정한 모든 오존층파괴물질에 대해 오존파괴지수가 산정되어 있다.
> 2. CFC-11은 $CFCl_3$($CFCl_3$: 삼염화불화탄소)을 말한다.

089 [O]
> **핵심정리** 오존파괴지수와 지구온난화지수
> 1. ODP(오존파괴지수) = $\dfrac{\text{어떤 물질 1kg에 의해 파괴되는 오존량}}{\text{CFC-11 1kg에 의해 파괴되는 오존량}}$
> 2. GWP(지구온난화지수) = $\dfrac{\text{어떤 물질 1kg에 의한 지구온난화 정도}}{CO_2 \text{ 1kg에 의한 지구온난화 정도}}$

090 [O]
> **핵심정리** 할론 소화약제의 특성
> 1. 전기음성도는 불소, 염소, 취소, 옥소 순이다.
> 2. 소화효과는 옥소, 취소, 염소, 불소 순이다.
> 3. 소화효과는 1301, 1211, 2402, 1011, 1040 순이다.
> 4. 오존층파괴지수는 1301, 2402, 1211 순이다.

7 할로겐화합물 및 불활성기체 소화약제

091 할로겐화합물 및 불활성기체 소화약제는 불소·염소·브로민·아이오딘 중 하나 이상 원소를 포함하고 있는 유기화합물을 기본 성분으로 하는 '불활성기체 소화약제'와 헬륨·네온·아르곤·질소 중 하나 이상의 원소를 기본 성분으로 하는 '할로겐화합물 소화약제'로 구분된다.

092 불활성기체 소화약제는 화학적소화 특성이 우수하다.

093 불활성가스 소화약제 IG-100은 질소가 99.9vol% 이상이다.

094 할로겐화합물 소화약제는 순도가 99% 이상이고 불소, 염소, 브롬(브로민), 요오드(아이오딘) 중 하나 이상의 원소를 포함하고 있는 유기화합물을 기본성분으로 하는 소화약제이다.

정답 및 해설

091 [X] 할로겐화합물 및 불활성기체 소화약제는 불소·염소·브로민·아이오딘 중 하나 이상 원소를 포함하고 있는 유기화합물을 기본 성분으로 하는 '할로겐화합물 소화약제'와 헬륨·네온·아르곤·질소 중 하나 이상의 원소를 기본 성분으로 하는 '불활성기체 소화약제'로 구분된다.

092 [X] 할론이나 분말소화약제와 같이 화학적 소화특성을 지니고 있는 것은 아니고 주로 밀폐된 공간에서 산소농도를 낮추는 것에 의해 소화한다.

093 [O]

핵심정리 불활성가스 소화약제

불활성기체 소화약제의 종류	화학식	NOAEL(%)
IG-01	Ar	43
IG-100	N_2	43
IG-541	N_2: 52%, Ar: 40%, CO_2: 8%	43
IG-55	N_2: 50%, Ar: 50%	43

094 [O] 할로겐화합물 및 불활성기체 소화약제는 불소·염소·브로민·아이오딘 중 하나 이상 원소를 포함하고 있는 유기화합물을 기본 성분으로 하는 '할로겐화합물 소화약제'와 헬륨·네온·아르곤·질소 중 하나 이상의 원소를 기본 성분으로 하는 '불활성기체 소화약제'로 구분된다.

095 불활성기체 소화약제는 대기 잔존지수와 GWP가 0이며 ODP도 0이다.

096 NOAEL과 LOAEL은 높을수록 독성이 크다.

097 HCFC – 124 물질과 HFC – 125 물질은 인체에 유해하므로 사람이 있는 장소에서 사용해서는 안 된다.

정답 및 해설

095 [O]

> **핵심정리 불활성기체 소화약제**
> 1. 대기 잔존지수와 GWP가 0이며 ODP도 0이다.
> 2. 할론이나 분말소화약제와 같이 화학적 소화특성을 지니고 있는 것은 아니고 주로 밀폐된 공간에서 산소농도를 낮추는 것에 의해 소화한다.
> 3. 불활성기체 소화약제는 주로 질소, 아르곤, 이산화탄소로 되어 있으므로 화학소화보다는 질식소화가 주된 소화작용을 한다.

096 [X] NOAEL과 LOAEL은 높을수록 독성이 작다.

097 [O] HCFC – 124 물질과 HFC – 125 물질은 NOAEL이 1.0vol%로 다른 할로겐화합물 및 불활성기체 소화약제보다 낮다. NOAEL과 LOAEL은 높을수록 독성이 작다. 따라서 HCFC – 124 물질과 HFC – 125 물질은 인체에 유해하므로 사람이 있는 장소에서 사용해서는 안 된다.

> **핵심정리 NOAEL과 LOAEL**
> 1. NOAEL(No Observed Adverse Effect Level)
>   - 심장에 악영향이 나타나지 않는 최고 농도이다.
>   - 거주공간에서의 사용을 제한하기 위한 소화약제의 농도로 인체에 부작용이 없고 아무런 악영향을 미치지 않는 최고의 농도를 의미한다.
> 2. LOAEL(Lowest Observed Adverse Effect Level)
>   - 심장에 악영향이 나타나는 최저 농도이다.
>   - 거주공간에서의 사용을 제한하기 위한 소화약제의 농도로 인체에 부작용이 있고 악영향을 미치는 최저의 농도를 의미한다.
> 3. NOAEL과 LOAEL은 높을수록 독성이 작다.

098 IG-01은 아르곤이 99.9vol% 이상이다.

099 IG-55는 산소가 50vol%, 아르곤이 50vol%인 성분으로 되어 있다.

100 NOAEL은 심장에 악영향이 나타나지 않는 최고 농도이다.

101 LOAEL은 심장에 악영향이 나타나는 최고 농도이다.

정답 및 해설

098 [O]

핵심정리 IG-01·IG-55·IG-100(불연성·불활성기체 혼합가스)

1. IG-01은 아르곤이 99.9vol% 이상이다.
2. IG-55는 질소가 50vol%, 아르곤이 50vol%인 성분으로 되어 있다.
3. IG-100은 질소가 99.9vol% 이상이다.

소화약제	화학식
IG-01	Ar
IG-100	N_2
IG-541	$N_2(52\%)$, $Ar(40\%)$, $CO_2(8\%)$
IG-55	$N_2(50\%)$, $Ar(50\%)$

099 [X] IG-55는 질소가 50vol%, 아르곤이 50vol%인 성분으로 되어 있다.

100 [O]

101 [X] LOAEL은 심장에 악영향이 나타나는 최저 농도이다.

핵심정리 용어의 정의

1. ALT(Atmospheric Life Time)은 온실가스가 발사된 후 대기권에서 분해하지 않고 체류하는 잔류기간이다.
2. LC50(50% Lethal Concentration)은 반수 치사농도(ppm)이다.
3. ALC(Approximate Lethal Concentration)는 실험용 쥐의 2분의 1이 15분 이내에 사망하는 농도로 ALC 값이 클수록 물질의 독성이 낮다.

8 분말 소화약제

102 제1종 분말 소화약제를 고체 화재면에 방사 시 메타-인산(HPO_3)이 생성되어 유리질의 피막을 형성하므로 열분해 생성으로 인한 방진효과가 나타나게 된다.

103 제2종 분말 소화약제의 경우 열분해되어 나온 오쏘인산(H_3PO_4)이 일반가연물질인 내부에 함유되어 있는 셀룰로오스로부터 물을 빼앗아 화염의 연락물질인 수소라디칼(H^*)·수산라디칼(OH^*)의 생성을 방지함으로써 활성이 없는 탄소로 탄화시켜 소화시키는 탈수·탄화작용을 한다.

104 열분해과정에서 발생되는 기체상태의 이산화탄소(CO_2)·수증기(H_2O)가 가연물질의 산소량의 부족으로 인하여 소화되게 하는 질식소화작용을 한다.

105 분말 소화약제에 사용되는 분말의 입자는 보통 10~70㎛ 정도이며, 분말의 입도는 너무 크거나 미세해도 안 되며 20~25㎛ 정도가 최적의 소화효과를 얻을 수 있다.

106 메타인산(HPO_3)은 일반가연물질인 나무·종이·섬유 등의 연소과정인 잔진상태의 숯불표면에 유리(Glass)상의 피막을 이루어 공기 중의 산소의 공급을 차단시켜 방진소화작용을 한다.

107 분말의 구비조건으로는 유동성, 무독성, 비고화성, 내부식성, 내습성, 작은 비중, 경제성, 경년기간, 미세도가 필요하다.

정답 및 해설

102 [X] 제3종 분말 소화약제를 고체 화재면에 방사 시 메타-인산(HPO_3)이 생성되어 유리질의 피막을 형성하므로 열분해 생성으로 인한 방진효과가 나타나게 된다.

$$NH_4H_2PO_4 \rightarrow HPO_3 + NH_3 + H_2O$$

103 [X] 제3종 분말 소화약제에 대한 설명이다.

104 [O]

105 [O]

106 [O]

107 [O]

108 제1종 분말 소화약제의 주성분은 제1인산암모늄($NH_4H_2PO_4$)이다.

109 제3종 분말 소화약제의 주성분은 탄산수소칼륨이다.

110 제1종 분말 소화약제의 경우 식용유화재에서 나트륨을 가하면 지방을 가수분해하는 비누화작용을 일으켜서 질식소화한다.

111 제3종 분말 소화약제의 주성분은 제1인산암모늄이고 착색은 담홍색이다.

112 제1인산암모늄으로부터 360℃ 이상의 온도에서 열분해하는 과정에서 액체상태의 점성을 가진 메타인산(HPO_3)이 생성된다.

113 제1종 분말 소화약제는 탄산수소나트륨과 같은 물질이 열분해할 때 주위로부터 반응에 필요한 열을 흡수함으로써 가연물질의 연소온도를 발화점 이하로 낮게 하여 냉각소화작용을 한다.

정답 및 해설

108 [X] 제3종 분말 소화약제의 주성분은 제1인산암모늄($NH_4H_2PO_4$)이다.

핵심정리 분말 소화약제의 분류

종별	주성분	색상	소화대상	특징
제1종	탄산수소나트륨	백색	B급, C급	비누화반응
제2종	탄산수소칼륨	담자색	B급, C급	-
제3종	제1인산암모늄	담홍색	A급, B급, C급	메탄인산
제4종	중탄산칼륨 + 요소	회색	B급, C급	-

109 [X] 제3종 분말 소화약제의 주성분은 제1인산암모늄($NH_4H_2PO_4$)이다.
110 [O]
111 [O]
112 [O]
113 [O]

114 일반화재의 소화성능은 제1종 분말 소화약제가 가장 우수하다.

115 제2종 분말 소화약제가 제1종 분말 소화약제보다 소화 능력이 우수한 이유는 칼륨이 나트륨보다 반응성이 더 크기 때문이다. 칼륨 이온(K+)이 나트륨 이온(Na+)보다 화학적 소화효과가 크다.

116 분말 소화약제는 피연소물질에 피해를 끼친다.

117 분말 소화약제는 전기절연성이 높아 고전압의 전기화재에도 적합하다.

정답 및 해설

114 [X] 일반화재의 소화성능은 **제3종 분말 소화약제가 가장 우수하다.**

115 [O]

116 [O]

> **핵심정리** 분말 소화약제의 단점
> - 피연소물질에 피해를 끼친다.
> - 소화약제 자체는 무해하나 열분해 시 유해성 가스를 발생하는 것도 있다.
> - 유체가 아니므로 배관 내의 흐름 시 고압을 필요로 한다.
> - 습기의 흡입에 주의하여야 한다.

117 [O]

> **핵심정리** 분말 소화약제의 장점
> - 유류화재나 전기화재 시에 소화성능이 우수하다.
> - 화재의 확대 및 급속한 인화성 액체의 소화에 적합하다.
> - 전기절연성이 높아 고전압의 전기화재에도 적합하다.
> - 소화약제의 수명이 반영구적이어서 경제적이지만, 분말소화기의 내용연수는 10년이다.

PART 5 소방시설

1 소방시설의 분류 1

☐☐☐
001 연결송수관설비는 소화활동설비에 해당한다.

☐☐☐
002 무선통신보조설비는 경보설비에 해당한다.

☐☐☐
003 소방시설이란 소화설비, 경보설비, 피난구조설비, 소화용수설비, 그 밖에 소화활동설비로서 대통령령으로 정하는 것을 말한다.

☐☐☐
004 소방용품이란 소방시설등을 구성하거나 소방용으로 사용되는 제품 또는 기기로서 대통령령으로 정하는 것을 말한다.

☐☐☐
005 소방대상물이란 건축물 등의 규모·용도 및 수용인원 등을 고려하여 소방시설을 설치하여야 하는 소방대상물로서 대통령령으로 정하는 것을 말한다.

정답 및 해설

001 [O]
> **핵심정리 소화활동설비**
> 1. 연결송수관설비
> 2. 연결살수설비
> 3. 연소방지설비
> 4. 무선통신보조설비
> 5. 비상콘센트설비

002 [X] 무선통신보조설비는 소화활동설비에 해당한다.

003 [O]

004 [O]

005 [X] **특정소방대상물**이란 건축물 등의 규모·용도 및 수용인원 등을 고려하여 소방시설을 설치하여야 하는 소방대상물로서 대통령령으로 정하는 것을 말한다.

006 소방시설등이란 소방시설과 비상구, 그 밖에 소방 관련 시설로서 대통령령으로 정하는 것을 말한다.

007 특정소방대상물이란 건축물 등의 규모·용도 및 수용인원 등을 고려하여 피난설비를 설치하여야 하는 소방대상물로서 대통령령으로 정하는 것을 말한다.

008 고체에어로졸 소화설비는 물분무등소화설비에 해당한다.

009 할로겐화합물 및 불활성기체 소화설비는 물분무등소화설비에 해당한다.

010 고체에어로졸자동소화장치는 자동소화장치에 해당한다.

정답 및 해설

006 [O] 소방시설등이란 소방시설과 <u>비상구</u>, 그 밖에 소방 관련 시설로서 대통령령으로 정하는 것을 말한다.

007 [X] 특정소방대상물이란 건축물 등의 규모·용도 및 수용인원 등을 고려하여 <u>소방시설</u>을 설치하여야 하는 <u>소방대상물</u>로서 대통령령으로 정하는 것을 말한다.

008 [O]

> **핵심정리 물분무등소화설비**
> 1. 물분무 소화설비
> 2. 미분무 소화설비
> 3. 포 소화설비
> 4. 이산화탄소 소화설비
> 5. 할론 소화설비
> 6. 할로겐화합물 및 불활성기체 소화설비
> 7. 분말 소화설비
> 8. 강화액 소화설비
> 9. 고체에어로졸 소화설비

009 [O]

010 [O]

> **핵심정리 자동소화장치**
> 1. 주거용 주방자동소화장치
> 2. 상업용 주방자동소화장치
> 3. 캐비닛형 자동소화장치
> 4. 가스자동소화장치
> 5. 분말자동소화장치
> 6. 고체에어로졸자동소화장치

011 통합감시시설은 소화활동설비에 해당한다.

012 옥내소화전설비는 수계소화설비에 해당한다.

013 포소화설비는 비수계소화설비에 해당한다.

014 자동화재탐지설비와 연소방지설비는 경보설비에 해당한다.

015 통로유도등, 객석유도등 및 시각경보기는 피난구조설비에 해당한다.

016 방화복(안전모, 보호장갑 및 안전화 포함), 방열복, 공기호흡기 및 인공소생기는 소화활동설비에 해당한다.

017 자동확산소화기, 캐비닛형 자동소화장치, 미분무 소화설비는 소화설비에 해당한다.

018 스프링클러설비와 물분무소화설비는 물분무등소화설비에 해당한다.

정답 및 해설

011 [X] 통합감시시설은 경보설비에 해당한다.

012 [O]

013 [X] 포소화설비는 수계소화설비에 해당한다.

014 [X] 연소방지설비는 소화활동설비에 해당한다.

015 [X] 시각경보기는 경보설비에 해당한다.

016 [X] 방화복, 방열복, 공기호흡기 및 인공소생기는 피난구조설비 중 인명구조기구에 해당한다.

017 [O]

018 [X] 스프링클러설비는 물분무등소화설비에 해당하지 않는다.

2 소방시설의 분류 2

019 소화기구는 소화기, 간이소화용구 및 자동확산소화기이다.

020 간이소화용구는 에어로졸식 소화용구, 투척용 소화용구, 소공간용 소화용구 및 소화약제 외의 것을 이용한 간이 소화용구이다.

021 피난구조설비 중 피난기구는 피난사다리, 구조대, 완강기, 소방청장이 정하여 고시하는 화재안전기준으로 정하는 것을 말한다.

022 피난구조설비 중 유도등은 간이피난유도선, 피난구유도등, 통로유도등, 객석유도등, 유도표지를 말한다.

023 화재를 진압하는 데 필요한 물을 공급하거나 저장하는 설비는 소화용수설비이다. 소화용수설비에는 상수도소화용수설비와 소화수조·정화조 그 밖의 소화용수설비가 있다.

024 소방시설등이란 소방시설과 비상구, 그 밖에 소방 관련 시설로서 대통령령으로 정하는 것을 말한다. 대통령령으로 정하는 것은 방화문과 자동방화셔터이다.

📋 정답 및 해설

019 [O]

> 📖 **핵심정리** 소화기구
> 1. 소화기
> 2. 간이소화용구: 에어로졸식 소화용구, 투척용 소화용구, 소공간용 소화용구 및 소화약제 외의 것을 이용한 간이 소화용구
> 3. 자동확산소화기

020 [O]

021 [O]

022 [X] 피난구조설비 중 **유도등**은 피난유도선, 피난구유도등, 통로유도등, 객석유도등, 유도표지를 말한다. 간이피난유도선은 해당하지 않는다.

023 [X] 화재를 진압하는 데 필요한 물을 공급하거나 저장하는 설비는 **소화용수설비**이다. 소화용수설비에는 상수도소화용수설비와 **소화수조·저수조 그 밖의 소화용수설비**가 있다. 정화조는 해당하지 않는다.

024 [O]

025 무창층이란 지하층 중 개구부 면적의 합계가 해당 층 바닥면적의 30분의 1 이하가 되는 층이다.

026 무창층이란 지하층 중 개구부 면적의 합계가 해당 층 바닥면적의 20분의 1 이하가 되는 층이다.

027 자동소화장치는 소방용품 중 소화설비에 해당한다.

정답 및 해설

025 [X] 무창층이란 지상층 중 개구부 면적의 합계가 해당 층 바닥면적의 30분의 1 이하가 되는 층이다.

> **핵심정리 무창층의 개구부의 요건**
> 1. 크기는 지름 50cm 이상의 원이 통과할 수 있는 크기일 것
> 2. 해당 층의 바닥면으로부터 개구부 밑부분까지 높이가 1.2m 이내일 것
> 3. 도로 또는 차량이 진입할 수 있는 빈터를 향할 것
> 4. 화재 시 건축물로부터 쉽게 피난할 수 있도록 창살이나 그 밖의 장애물을 설치하지 아니할 것
> 5. 내부 또는 외부에서 쉽게 부수거나 열 수 있을 것

026 [X] 무창층이란 지하층 중 개구부 면적의 합계가 해당 층 바닥면적의 30분의 1 이하가 되는 층이다.

027 [O]

> **핵심정리 소방용품**
> 1. 소화설비를 구성하는 제품 또는 기기
>   - 소화기구(소화약제 외의 것을 이용한 간이소화용구 제외)
>   - 자동소화장치
>   - 소화설비를 구성하는 소화전, 관창(管槍), 소방호스, 스프링클러헤드, 기동용 수압개폐장치, 유수제어밸브 및 가스관선택밸브
> 2. 경보설비를 구성하는 제품 또는 기기
>   - 누전경보기 및 가스누설경보기
>   - 경보설비를 구성하는 발신기, 수신기, 중계기, 감지기 및 음향장치(경종만 해당)
> 3. 피난구조설비를 구성하는 제품 또는 기기
>   - 피난사다리, 구조대, 완강기(간이완강기 및 지지대 포함)
>   - 공기호흡기(충전기 포함)
>   - 피난구유도등, 통로유도등, 객석유도등 및 예비 전원이 내장된 비상조명등

3 소화기구 및 자동소화장치

028 거실이란 거주·집무·작업·집회·오락 그 밖에 이와 유사한 목적을 위하여 사용하는 방을 말한다.

029 팽창질석·팽창진주암의 능력단위 0.5단위는 삽을 상비한 50L 이상의 것 1포를 말한다.

030 대형소화기는 화재 시 사람이 운반할 수 있도록 운반대와 바퀴가 설치되어 있고 능력단위가 A급 10단위 이상, B급 20단위 이상인 소화기를 말한다.

031 차륜식 소화기는 바퀴가 달린 차대(車臺) 등에 소화기 본체가 장착되어 끌어서 이동하는 형태의 소화기를 말한다.

032 가압식 소화기는 용기 중에 소화약제와 함께 소화약제의 방출원이 되는 질소 등의 압축가스를 봉입한 방식의 소화기를 말한다.

033 고체에어로졸 자동소화장치는 열, 연기 또는 불꽃 등을 감지하고 에어로졸의 소화약제를 방사하여 소화하는 소화장치를 말한다.

034 위락시설의 소화기구 능력단위는 해당 용도의 바닥면적 50m²마다 능력단위 1단위 이상을 기준으로 한다.

정답 및 해설

028 [O]

029 [X] 팽창질석·팽창진주암의 능력단위 0.5단위는 삽을 상비한 **80L 이상**의 것 1포를 말한다.

030 [O]

031 [O]

032 [X] 축압식 소화기에 대한 설명이다.

033 [O]

034 [X] 위락시설의 소화기구 능력단위는 해당 용도의 바닥면적 30m²마다 능력단위 1단위 이상을 기준으로 한다.

035 공연장·집회장·관람장·문화재·전시장 및 의료시설의 소화기구 능력단위는 해당 용도의 바닥면적 50m²마다 능력단위 1단위 이상을 기준으로 한다.

036 특정소방대상물의 각 부분으로부터 1개의 소화기까지의 보행거리가 소형소화기의 경우에는 20m 이내, 대형소화기의 경우에는 30m 이내가 되도록 배치할 것. 다만, 가연성물질이 없는 작업장의 경우에는 작업장의 실정에 맞게 보행거리를 완화하여 배치할 수 있다.

037 C급 화재용 소화기는 전기전도성시험에 적합하여야 하며, C급 화재에 대한 능력단위는 지정하지 아니한다.

038 대형소화기 중 포소화기에 충전하는 소화약제의 양은 80L 이상이다.

정답 및 해설

035 [X] 전시장의 소화기구 능력단위는 해당 용도의 바닥면적 100m²마다 능력단위 1단위 이상을 기준으로 한다. 공연장·집회장·관람장·문화재·장례식장 및 의료시설의 소화기구 능력단위는 해당 용도의 바닥면적 50m²마다 능력단위 1단위 이상을 기준으로 한다.

036 [O]

037 [O]

> **핵심정리 능력단위**
> 1. A급 화재용 소화기 또는 B급 화재용 소화기는 능력단위의 수치가 1 이상이어야 한다.
> 2. 대형소화기의 능력단위의 수치는 A급 화재에 사용하는 소화기는 10단위 이상, B급 화재에 사용하는 소화기는 20단위 이상이어야 한다.
> 3. C급 화재용 소화기는 전기전도성시험에 적합하여야 하며, C급 화재에 대한 능력단위는 지정하지 아니한다.
> 4. K급 화재용 소화기는 K급 화재용 소화기의 소화성능시험에 적합하여야 하며, K급 화재에 대한 능력단위는 지정하지 아니한다.

038 [X] 포소화기에 충전하는 소화약제의 양은 20L 이상이다.

> **핵심정리 대형소화기에 충전하는 소화약제의 양**
> 1. 물소화기: 80L 이상
> 2. 강화액소화기: 60L 이상
> 3. 할로겐화물소화기: 30kg 이상
> 4. 이산화탄소소화기: 50kg 이상
> 5. 분말소화기: 20kg 이상
> 6. 포소화기: 20L 이상

039 주방화재(K급 화재)란 주방에서 동·식물유류를 취급하는 조리기구에서 일어나는 화재를 말한다.

040 유류화재(B급 화재)란 인화성 액체, 가연성 액체, 석유 그리스, 타르, 오일, 유성도료, 솔벤트, 래커, 알코올 및 인화성 가스와 같은 유류가 타고 나서 재가 남지 않는 화재를 말한다.

4 옥내소화전설비 1

041 옥내소화전설비는 소방대가 도착하기 전에 건축물의 관계인이 초기 화재진압을 위해서 사용하는 자동식 소화설비이다.

042 옥내소화전설비는 일반적으로 수원, 가압송수장치, 배관, 제어반, 비상전원, 호스 및 노즐 등으로 구성된다.

043 가압송수장치란 소화설비의 배관 내 압력변동을 검지하여 자동적으로 펌프를 기동 및 정지시키는 것으로서 압력챔버 또는 기동용압력스위치 등을 말한다.

044 가압수조란 가압원인 압축공기 또는 불연성 고압기체에 따라 소방용수를 가압시키는 수조를 말한다.

045 연성계란 대기압 이상의 압력과 대기압 이하의 압력을 측정할 수 있는 계측기를 말한다.

정답 및 해설

039 [O]

040 [O]

041 [X] 옥내소화전설비는 소방대가 도착하기 전에 건축물의 관계인이 초기 화재진압을 위해서 사용하는 **수동식 소화설비**이다.

042 [O]

043 [X] **기동용수압개폐장치**에 대한 설명이다.

044 [O]

045 [O]

☐☐☐
046 진공계란 대기압 이상의 압력을 측정하는 계측기를 말한다.

☐☐☐
047 안전운전이란 펌프의 성능시험을 목적으로 펌프토출측의 개폐밸브를 닫은 상태에서 펌프를 운전하는 것을 말한다.

☐☐☐
048 가압송수장치에는 체절운전 시 수온의 상승을 방지하기 위한 순환배관을 설치하여야 한다(충압펌프의 경우에도 설치하여야 한다.)

☐☐☐
049 펌프의 토출측에는 압력계를 체크밸브 이전에 펌프 토출측 플랜지에서 가까운 곳에 설치하고, 흡입측에는 연성계 또는 진공계를 설치하여야 한다.

☐☐☐
050 특정소방대상물의 어느 층에 있어서도 해당 층의 옥내소화전(2개 이상 설치된 경우에는 2개의 옥내소화전)을 동시에 사용할 경우 각 소화전의 노즐선단에서의 방수압력이 0.25MPa 이상이고, 방수량이 350L/min 이상이 되는 성능의 것으로 하여야 한다.

📋 정답 및 해설

046 [X] 진공계: 대기압 이하의 압력을 측정하는 계측기를 말한다.

047 [X] 체절운전에 대한 설명이다.

048 [X] 가압송수장치에는 체절운전 시 수온의 상승을 방지하기 위한 순환배관을 설치하여야 한다. 다만, 충압펌프의 경우에는 그러하지 아니하다.

049 [O]

050 [X] 특정소방대상물의 어느 층에 있어서도 해당 층의 옥내소화전(2개 이상 설치된 경우에는 2개의 옥내소화전)을 동시에 사용할 경우 각 소화전의 노즐선단에서의 방수압력이 0.17MPa 이상이고, 방수량이 130L/min 이상이 되는 성능의 것으로 하여야 한다.

> **📖 핵심정리** 전동기 또는 내연기관에 따른 펌프를 이용하는 가압송수장치
> 1. 쉽게 접근할 수 있고 점검하기에 충분한 공간이 있는 장소로서 화재 및 침수 등의 재해로 인한 피해를 받을 우려가 없는 곳에 설치할 것
> 2. 동결방지조치를 하거나 동결의 우려가 없는 장소에 설치할 것
> 3. 특정소방대상물의 어느 층에 있어서도 해당 층의 옥내소화전(5개 이상 설치된 경우에는 5개의 옥내소화전)을 동시에 사용할 경우 각 소화전의 노즐선단에서의 방수압력이 0.17MPa(호스릴옥내소화전설비를 포함) 이상이고, 방수량이 130L/min(호스릴옥내소화전설비를 포함) 이상이 되는 성능의 것으로 할 것. 다만, 하나의 옥내소화전을 사용하는 노즐선단에서의 방수압력이 0.7MPa를 초과할 경우에는 호스접결구의 인입측에 감압장치를 설치하여야 한다.
> 4. 펌프의 토출량은 옥내소화전이 가장 많이 설치된 층의 설치개수(옥내소화전이 2개 이상 설치된 경우에는 2개)에 130L/min를 곱한 양 이상이 되도록 할 것

5 옥내소화전설비 2

051 펌프의 성능은 체절운전 시 정격토출압력의 150%를 초과하지 아니하고, 정격토출량의 140%로 운전 시 정격토출압력의 65% 이상이 되어야 한다.

052 옥내소화전설비에는 소방차로부터 그 설비에 송수할 수 있는 송수구는 지면으로부터 높이가 0.5m 이상 1m 이하의 위치에 설치하여야 하고, 구경 65mm의 쌍구형 또는 단구형으로 해야 한다.

053 옥내소화전설비의 방수구는 특정소방대상물의 층마다 설치하되, 해당 특정소방대상물의 각 부분으로부터 하나의 옥내소화전 방수구까지의 수평거리가 40m(호스릴옥내소화전설비를 포함한다) 이하가 되도록 하여야 한다.

054 옥내소화전설비의 방수구의 설치위치는 바닥으로부터 1.5m 이하이다.

055 옥내소화전설비의 호스의 구경은 65mm 이상(호스릴옥내소화전설비는 40mm 이상)이다.

정답 및 해설

051 [X] 펌프의 성능은 체절운전 시 정격토출압력의 **140%**를 초과하지 아니하고, 정격토출량의 150%로 운전 시 정격토출압력의 **65% 이상**이 되어야 한다.

> **핵심정리** 펌프의 성능시험배관 설치기준
> 1. 성능시험배관은 펌프의 토출 측에 설치된 개폐밸브 이전에서 분기하여 설치하고, 유량측정장치를 기준으로 전단 직관부에 개폐밸브를 후단 직관부에는 유량조절밸브를 설치할 것
> 2. 유량측정장치는 성능시험배관의 직관부에 설치하되, 펌프의 정격토출량의 175% 이상 측정할 수 있는 성능이 있을 것

052 [O]

053 [X] 해당 특정소방대상물의 각 부분으로부터 하나의 **옥내소화전 방수구까지의 수평거리가 25m**(호스릴옥내소화전설비를 포함한다) 이하가 되도록 하여야 한다.

054 [O]

055 [X] 호스의 구경은 **40mm 이상**(호스릴옥내소화전설비는 25mm 이상)이다.

> **핵심정리** 방수구
> 1. 옥내소화전의 방수구는 소방대상물의 층마다 설치한다.
> 2. 당해 소방대상물의 각 부분으로부터 하나의 옥내소화전 방수구까지의 수평거리는 25m 이하이다.
> 3. 방수구의 설치위치는 바닥으로부터 1.5m 이하이다.
> 4. 호스의 구경은 **40mm 이상**(호스릴옥내소화전설비는 25mm 이상)이다.
> 5. 노즐의 구경은 **13mm**의 것으로 한다.

056 소방용스트레이너란 소화설비의 배관에 설치하여 동결방지를 위하여 설치하는 장치(스트레이너)를 말한다.

057 플렉시블조인트는 갑작스런 펌프의 작동으로 인한 충격이 배관에 전달하지 않도록 펌프의 흡입 측과 토출 측에 플렉시블을 설치한다.

058 푸트밸브란 수조의 흡수구에 설치되는 밸브로서 여과기능과 체크밸브기능을 한다.

059 체크밸브란 유수가 일방향으로 흐르게 하는 밸브를 말하며, 역류를 방지하는 기능이 있지는 않다.

060 평상시 옥내소화전설비에서 발생되는 적은 양의 압력누수는 토출량이 적은 충압펌프를 사용하여 보충한다. 따라서 충압펌프는 주기능이 소화용이 아니므로 펌프성능시험배관도 설치하지 않는다.

061 소방용펌프는 원심펌프를 주로 사용하며 원심펌프에는 볼류트펌프와 터빈펌프의 2종류가 있다.

정답 및 해설

056 [X] 소방용스트레이너란 소화설비의 배관에 설치하여 오물 등의 불순물을 여과시켜 원활하게 소화용수를 공급하는 장치(스트레이너)를 말한다.

057 [O]

058 [O]

059 [X] 체크밸브란 유수가 일방향으로 흐르게 하는 밸브를 말하며, 역류를 방지하기 위하여 설치한다.

060 [O]

061 [O]

062 펌프 흡입 측의 배관의 구경을 달리할 경우에는 펌프 입구에서 공기고임을 방지하기 위하여 편심 레듀서를 설치한다.

063 펌프 운전 중 정전 등으로 펌프가 급히 정지하는 경우 관 내의 운동에너지가 압력에너지로 변하여 소음과 진동을 수반하는 현상이 발생하는데 이를 수격작용이라 한다.

064 임펠러 속도가 지나치게 큰 경우 펌프의 공동현상이 발생할 수 있다.

065 펌프의 흡입압력이 유체의 증기압보다 큰 경우 펌프의 공동현상이 발생할 수 있다.

정답 및 해설

062 [O]

> **핵심정리** 편심 레듀서
> 1. 펌프 흡입측의 배관의 구경을 달리할 경우에는 펌프 입구에서 공기고임을 방지하기 위하여 편심 레듀셔를 설치한다.
> 2. 수조와 펌프의 높이가 너무 크거나 배관의 마찰이 클 경우에는 유효흡입양정이 작아져 Cavitation 현상이 일어나기 쉽다.

063 [O]

064 [O]

065 [X] 펌프의 흡입압력이 유체의 증기압보다 낮은 경우 펌프의 공동현상이 발생할 수 있다.

> **핵심정리** 공동현상(Cavitation)
> 1. 정의: 펌프의 흡입 양정이 높거나 유속의 급속한 변화 또는 와류의 발생 등에 의해 기포가 생성되는 현상을 공동현상(Cavitation)이라고 한다. 이때 펌프성능은 저하되고 진동소음이 발생하며, 심하면 양수불능이 된다.
> 2. 발생원인
>   - 펌프의 흡입 측 수두가 큰 경우
>   - 펌프의 마찰손실이 클 경우
>   - 펌프의 흡입관경이 너무 작은 경우
>   - 유체가 고온일 경우
>   - 임펠러 속도가 지나치게 큰 경우
>   - 펌프의 흡입압력이 유체의 증기압보다 낮은 경우

066 수조의 위치가 펌프보다 높은 경우 펌프 흡입 측 배관에는 항상 물이 채워져 있어야 한다.

067 물올림장치는 전용의 탱크를 설치하고 유효수량은 100L 이상으로 하되, 구경 15mm 이상의 급수배관을 설치하여 당해 펌프의 흡입배관에 상시 물이 채워지도록 하여야 한다.

068 흡입수면에서 펌프 중심높이까지를 "흡입양정", 펌프 중심높이에서 토출수면까지를 "토출양정", 흡입수면에서 토출수면까지의 실제양정을 "실양정"이라고 한다.

069 실양정에 배관 내 마찰손실수두, 호스마찰손실 등을 가한 전체양정을 "전양정"이라고 한다.

070 옥외소화전설비의 수원은 그 저수량이 옥외소화전의 설치개수(옥외소화전이 2개 이상 설치된 경우에는 2개)에 $5m^3$를 곱한 양 이상이 되도록 하여야 한다.

📋 정답 및 해설

066 [X] 수조의 위치가 펌프보다 낮은 경우 펌프 흡입 측 배관에는 항상 물이 채워져 있어야 한다.

> **📖 핵심정리** 물올림장치
> 1. 수조의 위치가 펌프보다 낮은 경우 펌프 흡입 측 배관에는 항상 물이 채워져 있어야 한다.
> 2. 물올림장치는 전용의 탱크를 설치하고 유효수량은 100L 이상으로 하되, 구경 15mm 이상의 급수배관을 설치하여 당해 펌프의 흡입배관에 상시 물이 채워지도록 하여야 한다.

067 [O]

068 [O]

069 [O]

070 [X] 옥외소화전설비의 수원은 그 저수량이 옥외소화전의 설치개수(옥외소화전이 2개 이상 설치된 경우에는 2개)에 $7m^3$를 곱한 양 이상이 되도록 하여야 한다.

> **📖 핵심정리** 옥외소화전설비
> 1. 개요
>   - 옥외소화전설비는 건물의 아래층(1~2층)의 초기 화재뿐만 아니라 본격 화재에도 적합한 소화설비로서 외부에 설치 고정된 소화설비이다.
>   - 자체소화뿐만 아니라 인접건물로의 연소방지를 목적으로도 사용된다.
> 2. 수원
>   - 노즐 선단에서의 방수압력: 0.25 ~ 0.7MPa
>   - 노즐 선단에서의 방수량: 350L/min 이상
>   - 펌프의 토출량: 350L/min × 옥외소화전 설치개수(최대 2개)
>   - 수원의 용량(저수량): $7m^3$ × 옥외소화전 설치개수(최대 2개)

6 스프링클러설비 1

071 스프링클러설비는 화재가 발생하면 천장이나 반자에 설치된 헤드가 감열 작동하거나 자동적으로 화재를 발견함과 동시에 주변에 적상주수를 하여 효과적으로 화재를 진압할 수 있는 고정식 소화설비이다.

072 스프링클러설비는 사람이 없는 야간에도 자동적으로 화재를 감지하여 소화 및 경보를 해준다.

073 일제살수식 스프링클러설비란 가압송수장치에서 일제개방밸브 1차측까지 배관 내에 항상 물이 가압되어 있고 2차측에서 폐쇄형 스프링클러헤드까지 대기압으로 있다가 화재 발생 시 자동감지장치 또는 수동식 기동장치의 작동으로 일제개방밸브가 개방되면 스프링클러헤드까지 소화용수가 송수되는 방식의 스프링클러설비를 말한다.

074 건식 스프링클러헤드는 물과 오리피스가 분리되어 동파를 방지할 수 있는 스프링클러헤드를 말한다.

075 스프링클러설비 가압송수장치의 정격토출압력은 하나의 헤드선단에 0.25MPa 이상 0.8MPa 이하의 방수압력이 될 수 있게 하는 크기로 하여야 한다.

정답 및 해설

071 [O]

072 [O]

> **핵심정리** 스프링클러설비의 장·단점
>
> - 장점
>   - 사람이 없는 야간에도 자동적으로 화재를 감지하여 소화 및 경보를 해준다.
>   - 물을 사용하므로 소화약제의 가격이 저렴하다.
>   - 초기소화에 절대적으로 우수하다.
>   - 감지부에 의한 작동으로 수동과 자동 모두 가능하다.
> - 단점
>   - 다른 소화설비보다 구조가 비교적 복잡하다.
>   - 물로 인한 수손피해가 발생할 수 있다.
>   - 동절기에 동파가 될 수도 있다.
>   - 건축물의 층고에 영향을 줄 수 있다.

073 [X] 일제살수식 스프링클러설비는 개방형 스프링클러헤드를 사용한다.

074 [O]

075 [X] 스프링클러설비 가압송수장치의 정격토출압력은 하나의 헤드선단에 0.1MPa 이상 1.2MPa 이하의 방수압력이 될 수 있게 하는 크기로 하여야 한다.

076 엑셀러레이터는 건식밸브에 설치되어 건식밸브 2차측의 압축공기를 빠르게 배기시켜 건식밸브의 클래퍼가 보다 빨리 개방될 수 있도록 한 것이다.

077 건식설비에는 배관 내에 물이 없기 때문에 하향형 헤드 설치 시 일단 작동되어 급수가 되면 하향형 헤드 내에 물이 들어가 배수를 시키더라도 물이 남아있게 되어 동파될 우려가 있다. 따라서 드라이펜던트형 헤드를 설치함으로써 동파를 방지할 수 있다.

078 습식 스프링클러설비의 구성요소는 알람밸브(Alarm valve), 압력스위치(Pressure switch), 리타딩챔버(지연타이머), 가압용송수장치 등이 있다.

079 습식 스프링클러설비의 리타딩챔버는 배관의 동파방지를 위하여 설치한다.

정답 및 해설

076 [O]

077 [O]

078 [O]

> **핵심정리** 습식 스프링클러설비의 구성요소
> ① 알람밸브(Alarm valve)
>   ㉠ 알람밸브에서 알람신호를 발하기 때문에 알람경보밸브라고도 한다.
>   ㉡ 클래퍼는 알람밸브 내부에 설치된 작은 원형판으로 알람밸브에서 1차측과 2차측을 구분하는 기준이 된다.
> ② 압력스위치(Pressure switch)
>   ㉠ 2차측에 설치되어 있으며, 2차측의 가압수가 방출되면 클래퍼가 열리게 되고 이때 클래퍼 밑 부분의 작은 구멍을 통하여 가압수가 압력스위치에 이르게 된다.
>   ㉡ 이때 압력스위치의 벨로우즈(Bellows)를 가압하여 접점을 이루게 한다. 이러한 유수현상을 수신기에 송신하여 경보가 울리고 밸브개방표시등이 점등되며, 가압펌프를 기동시킨다.
> ③ 리타딩챔버 또는 지연타이머
>   실제 화재가 아닌 경우 화재신호를 발하게 되면 혼란을 야기할 수 있다. 따라서 자동경보밸브에 설치되어 경보밸브의 오동작을 방지한다.

079 [X] 리타딩챔버는 실제 화재가 아닌 경우 화재신호를 발하게 되면 혼란을 야기할 수 있다. 따라서 자동경보밸브에 설치되어 경보밸브의 오동작을 방지한다.

080 건식 스프링클러설비의 공기압축기(Auto air compressor, 자동에어콤프레셔)는 건식밸브에 설치되어 건식밸브 2차측의 압축공기를 빠르게 배기시켜 건식밸브의 클래퍼가 보다 빠르게 개방될 수 있도록 한 것이다.

081 교차회로 감지기란 감지기의 오동작에 의한 설비의 작동을 방지하기 위하여 감지기의 회로 구성을 교차방식으로 하는 것이다.

082 체크밸브는 준비작동식 밸브와 함께 설치되어 밸브와 전원의 상태를 감시하고 수동으로 직접 밸브를 개방시킬 수 있는 기능을 가지고 있다.

083 건식설비의 헤드는 습식설비의 폐쇄형 헤드를 그대로 사용할 수 있는데, 되도록 상향형 헤드를 사용하여야 한다. 하향형 헤드를 사용해야 하는 경우에는 드라이펜던트형 헤드를 설치한다.

정답 및 해설

080 [X] 액셀러레이터(Accelerator, 가속기)에 대한 설명이다. 공기압축기는 "건식밸브 2차측에 연결되어 압축공기 상태를 유지"하는 것을 말한다.

> **핵심정리** 건식 스프링클러설비의 구성요소
> 1. 공기압축기(Auto air compressor, 자동에어콤프레셔): 건식밸브 2차측에 연결되어 압축공기 상태를 유지시킨다.
> 2. 액셀러레이터(Accelerator, 가속기)
>   ㉠ 건식밸브의 빠른 작동과 배관의 압축공기를 빠르게 배기시키기 위하여 배기가속장치를 설치한다.
>   ㉡ 액셀러레이터는 건식밸브에 설치되어 건식밸브 2차측의 압축공기를 빠르게 배기시켜 건식밸브의 클래퍼가 보다 빠르게 개방될 수 있도록 한 것이다.

081 [O] 교차회로 감지기란 방호구역에 2개회로의 감지회로를 서로 엇갈리게(X 배선방식) 설치하고 각각의 회로에 화재감지기를 설치하는 것을 말한다(감지기의 오동작에 의한 설비의 작동을 방지하기 위함).

082 [X] 슈퍼비조리 패널(Supervisory panel)에 대한 설명이다. 체크밸브는 유수가 일방향으로 흐르게 하는 밸브를 말하며, 역류를 방지하기 위하여 설치한다.

083 [O] 동파 방지를 위하여 드라이펜던트형 헤드를 사용한다. 건식설비에는 배관 내에 물이 없기 때문에 하향형 헤드 설치 시 일단 작동되어 급수가 되면 하향형 헤드 내에 물이 들어가 배수를 시키더라도 물이 남아 있게 되어 동파될 우려가 있으므로 드라이펜던트형 헤드를 설치함으로써 동파를 방지할 수 있다.

084 솔레노이드밸브는 화재감지기의 화재신호에 의하여 작동되며, 작동과 동시에 가압부의 충압수를 배출함으로써 클래퍼를 개방시키는 역할을 하는 밸브이다.

085 폐쇄형 스프링클러헤드를 사용하면 화재 시 열에 의하여 개방된 헤드에서만 살수가 이루어지는 전역방출방식인 반면, 일제살수식 스프링클러설비는 살수구역 내의 모든 헤드를 개방형으로 설치하기 때문에 살수구역의 모든 헤드에서 소화수가 살수되는 국소방출방식이다.

정답 및 해설

084 [O]

> **핵심정리 준비작동식 스프링클러설비의 작동순서**
> ① 화재가 발생하면 감지기의 작동 또는 수동조작에 의하여 프리액션밸브가 작동한다.
> ② 솔레노이드밸브(또는 전동밸브)가 작동하여 다이어프램이 개방되며 가압수가 2차측 배관 안으로 흘러 들어간다.
> ③ 밸브의 2차측으로 이동하는 물이 물의 압력으로 압력(알람)스위치를 작동시켜 화재경보가 발생한다.
> ④ 수신반에 화재표시등이 점등된다.
> ⑤ 동시에 소방펌프가 작동되어 2차측에 가압수가 공급된다.
> ⑥ 열에 의하여 폐쇄형 헤드가 개방되면 개방된 헤드로 물이 방수된다.

085 [X] 폐쇄형 스프링클러헤드를 사용하면 화재 시 열에 의하여 개방된 헤드에서만 살수가 이루어지는 국소방출방식인 반면, 일제살수식 스프링클러설비는 살수구역 내의 모든 헤드를 개방형으로 설치하기 때문에 살수구역의 모든 헤드에서 소화수가 살수되는 전역방출방식이다.

☐☐☐
086 천장·반자 중 한쪽이 불연재료로 되어 있고 천장과 반자사이의 거리가 2m 미만인 부분은 헤드의 설치제외 장소에 해당한다.

☐☐☐
087 헤드의 반사판은 정상 상태에서는 방수구를 막고 있으나 열에 의하여 일정한 온도에 도달하면 스스로 파괴·용해되어 헤드로부터 이탈됨으로써 방수구가 열려 스프링클러헤드가 작동되도록 하는 부분을 말한다.

정답 및 해설

086 [X] 천장·반자 중 한쪽이 불연재료로 되어 있고 천장과 반자사이의 거리가 1m 미만인 부분은 헤드의 설치제외 장소에 해당한다.

> **핵심정리 NFTC 103 – 2.12.1 헤드의 설치제외 대상 장소**
> 2.12.1 스프링클러설비를 설치해야 할 특정소방대상물에 있어서 다음의 어느 하나에 해당하는 장소에는 스프링클러헤드를 설치하지 않을 수 있다.
> 2.12.1.1 계단실(특별피난계단의 부속실을 포함한다)·경사로·승강기의 승강로·비상용승강기의 승강장·파이프덕트 및 덕트피트(파이프·덕트를 통과시키기 위한 구획된 구멍에 한한다)·목욕실·수영장(관람석부분을 제외한다)·화장실·직접 외기에 개방되어 있는 복도·기타 이와 유사한 장소
> 2.12.1.2 통신기기실·전자기기실·기타 이와 유사한 장소
> 2.12.1.3 발전실·변전실·변압기·기타 이와 유사한 전기설비가 설치되어 있는 장소
> 2.12.1.4 병원의 수술실·응급처치실·기타 이와 유사한 장소
> 2.12.1.5 천장과 반자 양쪽이 불연재료로 되어 있는 경우로서 그 사이의 거리 및 구조가 다음의 어느 하나에 해당하는 부분
> 2.12.1.5.1 천장과 반자 사이의 거리가 2m 미만인 부분
> 2.12.1.5.2 천장과 반자 사이의 벽이 불연재료이고 천장과 반자사이의 거리가 2m 이상으로서 그 사이에 가연물이 존재하지 않는 부분
> 2.12.1.6 천장·반자 중 한쪽이 불연재료로 되어 있고 천장과 반자사이의 거리가 1m 미만인 부분
> 2.12.1.7 천장 및 반자가 불연재료 외의 것으로 되어 있고 천장과 반자사이의 거리가 0.5m 미만인 부분
> 2.12.1.8 펌프실·물탱크실 엘리베이터 권상기실 그 밖의 이와 비슷한 장소
> 2.12.1.9 현관 또는 로비 등으로서 바닥으로부터 높이가 20m 이상인 장소

087 [X] 헤드의 감열체에 대한 설명이다.

> **핵심정리 헤드의 구성요소**
> ① 반사판: 스프링클러헤드의 방수구에서 유출되는 물을 세분시키는 작용을 하는 것을 말한다.
> ② 프레임: 스프링클러헤드의 나사 부분과 디프렉타를 연결하는 이음쇠 부분을 말한다.
> ③ 감열체: 정상 상태에서는 방수구를 막고 있으나 열에 의하여 일정한 온도에 도달하면 스스로 파괴·용해되어 헤드로부터 이탈됨으로써 방수구가 열려 스프링클러헤드가 작동되도록 하는 부분을 말한다.
> ④ 퓨지블링크: 감열체 중 이융성 금속으로 융착되거나 이융성 물질에 의하여 조립된 것을 말한다.
> ⑤ 유리벌브: 감열체 중 유리구 안에 액체 등을 넣어 봉한 것을 말한다.

7 스프링클러설비 2

088 폐쇄형 스프링클러헤드에서 감열체가 작동하는 온도로서 미리 헤드에 표시한 온도를 표시온도라 한다.

089 폐쇄형 스프링클러헤드에서 방수구를 막고 있는 감열체가 정상상태에서 이탈하지 못하게 하기 위하여 헤드를 조립할 때 헤드에 가하여지도록 미리 설계된 하중을 설계하중이라 한다.

090 감열체 중 이융성 금속으로 융착되거나 이융성 물질에 의하여 조립된 것을 유리벌브라 한다.

091 스프링클러헤드의 방수구에서 유출되는 물을 세분시키는 작용을 하는 것을 반사판이라 한다.

092 반응시간지수(RTI)란 기류의 온도·속도 및 작동시간에 대하여 스프링클러헤드의 반응을 예상한 지수이다.

093 실제진화밀도(ADD)란 단위면적당 스프링클러로부터 물 얼마를 방사해야 소화되는지를 결정하는 값이다. 화재를 소화하는데 필요한 최소 물의 양을 가연물 상단의 표면적으로 나눈 값(lpm/m^2)이다.

정답 및 해설

088 [O]

089 [O]

090 [X] 퓨지블링크라 한다.

091 [O]

092 [O] $RTI = r\sqrt{u}$
- r: 감열체의 시간상수(초)
- u: 기류속도(m/s)

093 [X] **필요진화밀도(RDD)에 대한 설명이다.**
실제진화밀도(ADD)란 스프링클러헤드로부터 방출된 물이 화면에 실제 도달한 양을 뜻한다. 이는 스프링클러의 성능을 볼 수 있는 중요한 요소이며, 스프링클러로부터 분사된 물 중에서 화염을 통과하여 연소 중인 가연물 상단에 도달한 양을 가연물 상단의 표면적으로 나눈 값(lpm/m^2)으로 침투된 물의 분포밀도를 나타낸다.

094 라지드롭형 스프링클러헤드(ELO)란 동일조건의 수압력에서 큰 물방울을 방출하여 화염의 전파속도가 빠르고 발열량이 큰 저장창고 등에서 발생하는 대형화재를 진압할 수 있는 헤드를 말한다.

095 조기반응의 RTI 값은 80 이하이어야 한다.

096 특수반응의 RTI 값은 51 초과~80 이하이어야 한다.

097 캐비닛형 간이스프링클러설비는 수조를 사용하지 아니하고 상수도에 직접 연결하여 항상 기준 압력 및 방수량 이상을 확보할 수 있는 설비를 말한다.

098 미분무란 물만을 사용하여 소화하는 방식으로 최소설계압력에서 헤드로부터 방출되는 물입자 중 99%의 누적체적분포가 400㎛ 이하로 분무되고 A, B, C급 화재에 적응성을 갖는 것을 말한다.

📗 정답 및 해설

094 [O]

095 [X] 조기반응의 RTI 값은 50 이하이어야 한다.

> **핵심정리 감도시험**
> 1. 표준반응의 RTI 값은 80 초과~350 이하이어야 한다.
> 2. 특수반응의 RTI 값은 51 초과~80 이하이어야 한다.
> 3. 조기반응의 RTI 값은 50 이하이어야 한다.

096 [O]

097 [X] 상수도직결형 간이스프링클러설비에 대한 설명이다.

> **핵심정리 간이스프링클러설비**
> 1. **캐비닛형 간이스프링클러설비**: 가압송수장치, 수조(「캐비넷형 간이스프링클러설비 성능인증 및 제품검사의 기술기준」에서 정하는 바에 따라 분리형으로 할 수 있다) 및 유수검지장치 등을 집적화하여 캐비닛 형태로 구성시킨 간이 형태의 스프링클러설비를 말한다.
> 2. **상수도직결형 간이스프링클러설비**: 수조를 사용하지 아니하고 상수도에 직접 연결하여 항상 기준 압력 및 방수량 이상을 확보할 수 있는 설비를 말한다.

098 [O]

099 중압 미분무 소화설비는 사용압력이 1.2MPa을 초과하고 3.5MPa 이하인 미분무 소화설비를 말한다.

100 고압 미분무 소화설비는 최저사용압력이 2.5MPa을 초과하는 미분무 소화설비를 말한다.

8 포소화설비

101 펌프의 토출관과 흡입관 사이의 배관 도중에 설치한 흡입기에 펌프에서 토출된 물의 일부를 보내고, 농도조절밸브에서 조정된 포 소화약제의 필요량을 포 소화약제 탱크에서 펌프 흡입 측으로 보내어 이를 혼합하는 방식은 펌프 프로포셔너 방식이다.

102 포수용액에 가압원으로 압축된 공기 또는 질소를 일정비율로 혼합하는 방식은 라인 프로포셔너 혼합 방식이다.

정답 및 해설

099 [O]
> **핵심정리** 미분무 소화설비
> 1. 저압 미분무 소화설비: 최고사용압력이 1.2MPa 이하인 미분무 소화설비를 말한다.
> 2. 중압 미분무 소화설비: 사용압력이 1.2MPa을 초과하고 3.5MPa 이하인 미분무 소화설비를 말한다.
> 3. 고압 미분무 소화설비: 최저사용압력이 3.5MPa을 초과하는 미분무 소화설비를 말한다.

100 [X] 고압 미분무 소화설비: 최저사용압력이 3.5MPa을 초과하는 미분무 소화설비를 말한다.

101 [O]
> **핵심정리** 포소화원액의 혼합장치
> 1. 펌프 프로포셔너: 농도조절밸브
> 2. 라인 프로포셔너: 벤츄리관의 벤츄리작용
> 3. 프레져 프로포셔너: 벤츄리관의 벤츄리작용 + 펌프가압수의 포 소화약제 저장탱크에 대한 압력
> 4. 프레져 사이드 프로포셔너: 펌프 2개 + 압입기
> 5. 압축공기포 믹싱챔버 방식: 가압원(압축된 공기 또는 질소)

102 [X] 포수용액에 가압원으로 압축된 공기 또는 질소를 일정비율로 혼합하는 방식은 압축공기포 혼합 방식이다.

103 프레져 사이드 프로포셔너(Pressure side proportioner) 방식은 펌프의 토출관에 압입기를 설치하여 포 소화약제 압입용 펌프로 포 소화약제를 압입시켜 혼합하는 방식을 말한다.

104 습식포란 공기포비가 10배 이하의 압축공기포이고, 건식포란 공기포비가 10배를 초과하는 압축공기포를 말한다.

105 공기포비란 포수용액과 가압공기를 혼합한 경우의 비율(포수용액의 양에 대한 공급공기량을 배수로 표시한 것)을 말한다.

정답 및 해설

103 [O]

> **핵심정리** 프레져 사이드 프로포셔너(Pressure side proportioner) 방식
> 1. 펌프의 토출관에 압입기를 설치하여 포 소화약제 압입용 펌프로 포 소화약제를 압입시켜 혼합하는 방식을 말한다.
> 2. 비행기 격납고, 대규모 유류저장소, 석유화학 Plant 시설 등과 같은 대단위 고정식 포 소화설비에 사용하며 압입혼합방식이라 한다.
> 3. 소화용수와 약제의 혼합 우려가 없어 장기간 보존하며 사용할 수 있다.
> 4. 시설이 거대해지며 설치비가 비싸다.
> 5. 원액펌프의 토출압력이 급수펌프의 토출압력보다 낮으면 원액이 혼합기에 유입하지 못한다.

104 [O]

105 [O]

> **핵심정리** 용어의 정의
> 1. 압축공기포: 포수용액에 압축공기 또는 질소가 혼합된 것을 말한다.
> 2. 공급공기량: 압축공기포혼합장치에 공급된 압축공기 또는 질소의 양을 대기압 상태에서 단위 시간당 공기 또는 질소의 체적으로 표시한 것을 말한다.
> 3. 공칭공기량: 공급공기량의 최대값을 열역학적 표준상태(25℃, 1기압)에서의 값으로 환산하여 표시한 것을 말한다.
> 4. 공기포비: 포수용액과 가압공기를 혼합한 경우의 비율(포수용액의 양에 대한 공급공기량을 배수로 표시한 것)을 말한다.
> 5. 습식포: 공기포비가 10배 이하의 압축공기포를 말한다.
> 6. 건식포: 공기포비가 10배를 초과하는 압축공기포를 말한다.

106 펌프 프로포셔너 방식이란 펌프와 발포기의 중간에 설치된 벤추리관의 벤추리작용과 펌프 가압수의 포 소화약제 저장탱크에 대한 압력에 따라 포 소화약제를 흡입·혼합하는 방식을 말한다.

107 프레져 프로포셔너 방식(Pressure proportioner)은 포 소화설비에서 가장 일반적인 혼합방식으로 일명 가압혼합방식이라고 한다.

108 팽창비란 최종 발생한 포 체적을 원래 포수용액 체적으로 나눈 값을 말한다.

109 포수용액이란 포 소화약제에 물을 가한 수용액을 말한다.

정답 및 해설

106 [X] 프레져 프로포셔너 방식에 대한 설명이다.

> **핵심정리 펌프 프로포셔너(Pump proportioner) 방식**
> 1. 펌프의 토출관과 흡입관 사이의 배관 도중에 설치한 흡입기에 펌프에서 토출된 물의 일부를 보내고, <u>농도조절밸브</u>에서 조정된 포 소화약제의 필요량을 포 소화약제 탱크에서 펌프 흡입 측으로 보내어 이를 혼합하는 방식을 말한다.
> 2. 위험물제조소등의 포 소화설비에는 사용하지 않으며, <u>소방펌프차</u>에 주로 사용되고 있다.
> 3. 원액을 사용하기 위한 손실이 적고 보수가 용이하다.
> 4. 펌프의 흡입 측 배관 압력이 거의 없어야 하며, 압력이 있을 경우 원액의 혼합비가 차이가 나거나 원액탱크 쪽으로 물이 역류할 수 있다.
> 5. 화학소방차 등에서 주로 사용하는 방식이다.

107 [O]

> **핵심정리 프레져 프로포셔너 방식(Pressure proportioner)**
> 1. 펌프와 발포기의 중간에 설치된 벤추리관의 벤추리작용과 펌프가압수의 포 소화약제 저장탱크에 대한 압력에 따라 포 소화약제를 흡입·혼합하는 방식을 말한다.
> 2. 포 소화설비에서 가장 일반적인 혼합방식으로 일명 가압혼합방식이라고 한다.

108 [O]

109 [O]

> **핵심정리 용어의 정의**
> 1. <u>팽창비</u>: 최종 발생한 포 체적을 원래 포수용액 체적으로 나눈 값을 말한다.
> 2. <u>공기포비</u>: 포수용액과 가압공기를 혼합한 경우의 비율(포수용액의 양에 대한 공급공기량을 배수로 표시한 것)을 말한다.
> 3. <u>포수용액</u>: 포 소화약제에 물을 가한 수용액을 말한다.

9 경보설비

110 수신기란 감지기나 발신기에서 발하는 화재신호를 직접 수신하거나 중계기를 통하여 수신하여 화재의 발생을 표시 및 경보하여 주는 장치를 말한다.

111 비상벨설비란 화재 발생 상황을 경종으로 경보하는 설비를 말한다.

112 경계구역이란 특정소방대상물 중 화재신호를 발신하고 그 신호를 수신 및 유효하게 제어할 수 있는 구역을 말한다.

113 중계기란 감지기·발신기 또는 전기적 접점 등의 작동에 따른 신호를 받아 이를 수신기의 제어반에 전송하는 장치를 말한다.

정답 및 해설

110 [O]

111 [O]

> **핵심정리 비상경보설비**
> 1. **비상벨설비**: 화재 발생 상황을 경종으로 경보하는 설비를 말한다.
> 2. **자동식사이렌설비**: 화재 발생 상황을 사이렌으로 경보하는 설비를 말한다.
> 3. **단독경보형 감지기**: 화재 발생 상황을 단독으로 감지하여 자체에 내장된 음향장치로 경보하는 감지기를 말한다.
> 4. **발신기**: 화재 발생 신호를 수신기에 수동으로 발신하는 장치를 말한다.
> 5. **수신기**: 발신기에서 발하는 화재신호를 직접 수신하여 화재의 발생을 표시 및 경보하여 주는 장치를 말한다.

112 [O]

113 [O]

> **핵심정리 자동화재탐지설비**
> 1. **경계구역**: 특정소방대상물 중 화재신호를 발신하고 그 신호를 수신 및 유효하게 제어할 수 있는 구역을 말한다.
> 2. **수신기**: 감지기나 발신기에서 발하는 화재신호를 직접 수신하거나 중계기를 통하여 수신하여 화재의 발생을 표시 및 경보하여 주는 장치를 말한다.
> 3. **중계기**: 감지기·발신기 또는 전기적 접점 등의 작동에 따른 신호를 받아 이를 수신기의 제어반에 전송하는 장치를 말한다.
> 4. **감지기**: 화재 시 발생하는 열, 연기, 불꽃 또는 연소생성물을 자동적으로 감지하여 수신기에 발신하는 장치를 말한다.
> 5. **발신기**: 화재 발생 신호를 수신기에 수동으로 발신하는 장치를 말한다.
> 6. **시각경보장치**: 자동화재탐지설비에서 발하는 화재신호를 시각경보기에 전달하여 청각장애인에게 점멸형태의 시각경보를 하는 것을 말한다.

114 자동화재탐지설비의 경계구역은 하나의 경계구역이 2개 이상의 층에 미치지 아니하도록 할 것. 다만, 1,000m² 이하의 범위 안에서는 2개의 층을 하나의 경계구역으로 할 수 있다.

115 자동화재탐지설비의 경계구역은 하나의 경계구역의 면적은 500m² 이하로 하고 한변의 길이는 60m 이하로 할 것. 다만, 해당 특정소방대상물의 주된 출입구에서 그 내부 전체가 보이는 것에 있어서는 한 변의 길이가 60m의 범위 내에서 1,000m² 이하로 할 수 있다.

116 자동화재탐지설비의 경계구역은 계단·경사로(에스컬레이터경사로 포함)·엘리베이터 승강로(권상기실이 있는 경우에는 권상기실)·린넨슈트·파이프 피트 및 덕트 기타 이와 유사한 부분에 대하여는 별도로 경계구역을 설정하되, 하나의 경계구역은 높이 45m 이하(계단 및 경사로는 제외한다)로 한다.

117 연기감지기는 화재에 의해서 발생되는 연기를 감지하여 화재신호를 발신하는 감지기를 말한다.

118 보상식 감지기는 화재 시 발생하는 열, 연기, 불꽃을 자동적으로 감지하는 기능 중 두 가지 이상의 성능(동일 생성물이나 다른 연소생성물의 감지 기능)을 가진 것으로서 두 가지 이상의 성능이 함께 작동할 때 화재신호를 발신하거나 또는 두 개 이상의 화재신호를 각각 발신하는 감지기를 말한다.

📑 정답 및 해설

114 [X] 500m² 이하의 범위 안에서는 2개의 층을 하나의 경계구역으로 할 수 있다.

115 [X] 하나의 경계구역의 면적은 600m² 이하로 하고 한변의 길이는 50m 이하로 할 것. 다만, 해당 특정소방대상물의 주된 출입구에서 그 내부 전체가 보이는 것에 있어서는 한 변의 길이가 50m의 범위 내에서 1,000m² 이하로 할 수 있다.

116 [X] 하나의 경계구역은 높이 45m 이하(계단 및 경사로에 한한다)로 한다.

117 [O]

118 [X] 복합형 감지기에 대한 설명이다.

> **핵심정리 감지기의 구분**
> 1. **열감지기**: 화재에 의해서 발생되는 열을 감지하여 화재신호를 발신하는 감지기를 말한다.
> 2. **연기감지기**: 화재에 의해서 발생되는 연기를 감지하여 화재신호를 발신하는 감지기를 말한다.
> 3. **불꽃감지기**: 화재에 의해서 발생되는 불꽃(적외선 및 자외선을 포함한다)을 감지하여 화재신호를 발신하는 감지기를 말한다.
> 4. **복합형 감지기**: 화재 시 발생하는 열, 연기, 불꽃을 자동적으로 감지하는 기능 중 두 가지 이상의 성능(동일 생성물이나 다른 연소생성물의 감지 기능)을 가진 것으로서 두 가지 이상의 성능이 함께 작동할 때 화재신호를 발신하거나 또는 두 개 이상의 화재신호를 각각 발신하는 감지기를 말한다.

☐☐☐
119 보상식스포트형이란 차동식스포트형와 정온식스포트형 성능을 겸한 것으로서 두 개의 성능 중 어느 한 기능이 작동되면 작동신호를 발하는 것을 말한다.

☐☐☐
120 보상식스포트형 감지기는 연기감지기에 해당한다.

☐☐☐
121 차동식분포형은 주위온도가 일정 상승률 이상이 되는 경우에 작동하는 것으로서 넓은 범위 내에서의 열 효과의 누적에 의하여 작동되는 것을 말한다.

☐☐☐
122 정온식감지선형은 일국소의 주위온도가 일정한 온도 이상이 되는 경우에 작동하는 것으로서 외관이 전선으로 되어 있지 아니한 것을 말한다.

☐☐☐
123 광전식스포트형이란 주위의 공기가 일정한 농도의 연기를 포함하게 되는 경우에 작동하는 것으로서 일국소의 연기에 의하여 광전소자에 접하는 광량의 변화로 작동하는 것을 말한다.

정답 및 해설

119 [O]

120 [X] 보상식스포트형 감지기는 열감지기에 해당한다.

121 [O]

> **핵심정리 열감지기**
> 1. **차동식스포트형**: 주위온도가 일정 상승률 이상이 되는 경우에 작동하는 것으로서 일국소에서의 열 효과에 의하여 작동되는 것을 말한다.
> 2. **차동식분포형**: 주위온도가 일정 상승률 이상이 되는 경우에 작동하는 것으로서 넓은 범위 내에서의 열 효과의 누적에 의하여 작동되는 것을 말한다.
> 3. **정온식감지선형**: 일국소의 주위온도가 일정한 온도 이상이 되는 경우에 작동하는 것으로서 외관이 전선으로 되어 있는 것을 말한다.
> 4. **정온식스포트형**: 일국소의 주위온도가 일정한 온도 이상이 되는 경우에 작동하는 것으로서 외관이 전선으로 되어 있지 아니한 것을 말한다.
> 5. **보상식스포트형**: 1.과 4.의 성능을 겸한 것으로서 1.의 성능 또는 4.의 성능 중 어느 한 기능이 작동되면 작동신호를 발하는 것을 말한다.

122 [X] 정온식스포트형 감지기에 대한 설명이다. 정온식감지선형 감지기는 일국소의 주위온도가 일정한 온도 이상이 되는 경우에 작동하는 것으로서 외관이 전선으로 되어 있는 것을 말한다.

123 [O]

124 광전식분리형 감지기는 발광부와 수광부로 구성된 구조로 발광부와 수광부 사이의 공간에 일정한 농도의 연기를 포함하게 되는 경우에 작동하는 것을 말한다.

10 피난구조설비

125 공기안전매트는 화재 발생 시 사람이 건축물 내에서 외부로 긴급히 뛰어 내릴 때 충격을 흡수하여 안전하게 지상에 도달할 수 있도록 포지에 공기 등을 주입하는 구조로 되어 있는 것을 말한다.

126 완강기는 포지 등을 사용하여 자루형태로 만든 것으로서 화재 시 사용자가 내려옴으로써 대피할 수 있는 것이어야 한다.

127 간이완강기는 사용자의 몸무게에 따라 자동적으로 내려올 수 있는 기구 중 사용자가 교대하여 연속적으로 사용할 수 있는 것을 말한다.

128 간이완강기는 사용자의 몸무게에 따라 자동적으로 내려올 수 있는 기구 중 사용자가 연속적으로 사용할 수 없는 것을 말한다.

정답 및 해설

124 [O]

125 [O]

126 [X] 구조대에 대한 설명이다.

> **핵심정리** 완강기
> - 사용자의 몸무게에 따라 자동적으로 내려올 수 있는 기구 중 사용자가 교대하여 **연속적으로** 사용할 수 있는 것을 말한다.
> - 구성요소는 조속기, 후크, 벨트, 로프, 릴 등이다.
> - 안전하강속도 16~150cm/s를 조절하는 능력이 있어야 한다.
> - 평상시 청소를 하지 않아도 작동할 수 있어야 한다.

127 [X] 완강기에 대한 설명이다.

128 [O]

129 하향식 피난구용 내림식 사다리는 사용자의 몸무게에 의하여 자동으로 하강하고 내려서면 스스로 상승하여 연속적으로 사용할 수 있는 무동력 승강식 피난기를 말한다.

130 방화복은 고온의 복사열에 가까이 접근하여 소방활동을 수행할 수 있는 내열피복을 말한다.

131 공기호흡기는 호흡 부전 상태인 사람에게 인공호흡을 시켜 환자를 보호하거나 구급하는 기구를 말한다.

132 방화복은 화재진압 등의 소방활동을 수행할 수 있는 피복을 말한다.

133 공기호흡기의 최고충전압력은 30MPa 이상으로서 공기용기에 충전되는 공기의 양은 40L/min로 호흡하는 경우 사용시간이 30분 이상이어야 한다.

정답 및 해설

129 [X] 승강식 피난기에 대한 설명이다. 하향식 피난구용 내림식 사다리: 하향식 피난구 해치에 격납하여 보관하고 사용 시에는 사다리 등이 소방대상물과 접촉하지 아니하는 내림식 사다리를 말한다.

130 [X] 방열복에 대한 설명이다.

> **핵심정리 인명구조기구**
> 1. **방열복**: 고온의 복사열에 가까이 접근하여 소방활동을 수행할 수 있는 내열피복을 말한다.
> 2. **공기호흡기**: 소화 활동 시에 화재로 인하여 발생하는 각종 유독가스 중에서 일정시간 사용할 수 있도록 제조된 압축공기식 개인호흡장비(보조마스크를 포함)를 말한다.
> 3. **인공소생기**: 호흡 부전 상태인 사람에게 인공호흡을 시켜 환자를 보호하거나 구급하는 기구를 말한다.
> 4. **방화복**: 화재진압 등의 소방활동을 수행할 수 있는 피복을 말한다.

131 [X] 인공소생기에 대한 설명이다.

132 [O]

133 [O]
> **핵심정리 공기호흡기의 규격**
> 1. 공기호흡기의 최고충전압력은 30MPa 이상으로서 공기용기에 충전되는 공기의 양은 40L/min로 호흡하는 경우 사용시간이 **30분 이상**이어야 한다. 이 경우 사용시간은 15분 단위로 증가시켜 구분한다.
> 2. 공기호흡기의 총 질량은 사용시간을 기준하여 30분용은 7kg, 45분용은 9kg, 60분용은 11kg, 75분용 이상은 18kg 이하이어야 한다. 이 경우, 공기용기에 충전되는 공기와 보조마스크, 밧데리, 무선통신장치의 질량은 제외하고, 「화재예방, 소방시설 설치·유지 및 안전관리에 관한 법률 시행령」[별표 5]에 따라 비치하는 공기호흡기에는 제2조 제12호부터 제15호까지의 장치 및 장비를 제외할 수 있다.

□□□
134 객석유도등은 객석의 통로, 바닥 또는 벽에 설치하는 유도등을 말한다.

□□□
135 피난구유도등은 피난구 또는 피난경로로 사용되는 출입구를 표시하여 피난을 유도하는 등을 말한다.

□□□
136 거실통로유도등은 피난통로가 되는 계단이나 경사로에 설치하는 통로유도등으로 바닥면 및 디딤 바닥면을 비추는 것을 말한다.

□□□
137 승강식 피난기란 사용자의 몸무게에 의하여 수동으로 하강하고 내려서면 스스로 상승하여 연속적으로 사용할 수 없는 무동력 승강식피난기를 말한다.

□□□
138 피난유도선은 햇빛이나 전등불에 따라 축광하거나 전류에 따라 빛을 발하는 유도체로서 어두운 상태에서 피난을 유도할 수 있도록 띠 형태로 설치되는 피난유도시설을 말한다.

정답 및 해설

134 [O]

135 [O]

136 [X] 계단통로유도등에 대한 설명이다.

> **핵심정리 유도등의 종류**
> 1. **피난구유도등**: 피난구 또는 피난경로로 사용되는 출입구를 표시하여 피난을 유도하는 등을 말한다.
> 2. **통로유도등**: 피난통로를 안내하기 위한 유도등으로 **복도통로유도등, 거실통로유도등, 계단통로유도등**을 말한다.
>   - **거실통로유도등**: 거주, 집무, 작업, 집회, 오락 그 밖에 이와 유사한 목적을 위하여 계속적으로 사용하는 거실, 주차장 등 개방된 통로에 설치하는 유도등으로 피난의 방향을 명시하는 것을 말한다.
>   - **복도통로유도등**: 피난통로가 되는 복도에 설치하는 통로유도등으로서 피난구의 방향을 명시하는 것을 말한다.
>   - **계단통로유도등**: 피난통로가 되는 계단이나 경사로에 설치하는 통로유도등으로 바닥면 및 디딤 바닥면을 비추는 것을 말한다.
> 3. **객석유도등**: 객석의 통로, 바닥 또는 벽에 설치하는 유도등을 말한다.

137 [X] 승강식 피난기란 사용자의 몸무게에 의하여 자동으로 하강하고 내려서면 스스로 상승하여 연속적으로 사용할 수 있는 무동력 승강식피난기를 말한다.

138 [O]

☐☐☐
139 피난구유도등은 피난구의 바닥으로부터 높이 1.5m 이상으로서 출입구에 인접하도록 설치하여야 한다.

☐☐☐
140 피난구유도등의 표시면 색상은 녹색바탕에 안쪽에 백색문자이다.

☐☐☐
141 통로유도등의 표시면 색상은 녹색바탕에 안쪽에 백색문자이다.

☐☐☐
142 광원점등방식 피난유도선은 피난유도 표시부는 바닥으로부터 높이 1m 이하의 위치 또는 바닥 면에 설치해야 한다.

정답 및 해설

139 [O]

> **핵심정리** 유도등 및 유도표지의 설치 높이 정리
> 1. 피난구유도등: 1.5m 이상
> 2. 거실통로유도등: 1.5m 이상(단, 기둥 설치 시 1.5m 이하)
> 3. 복도통로유도등: 1m 이하
> 4. 계단통로유도등: 1m 이하
> 5. 객석유도등: 객석의 통로, 바닥 또는 벽
> 6. 피난구유도표지: 출입구 상단
> 7. 통로유도표지: 1m

140 [O]

> **핵심정리** 표시면의 색상 정리
> 1. 피난구유도등: 녹색바탕에 안쪽에 백색문자
> 2. 통로유도등: 백색바탕에 안쪽에 녹색문자
> 3. 객석유도등: 백색바탕에 안쪽에 녹색문자

141 [X] 통로유도등 표시면 색상은 백색바탕에 안쪽에 녹색문자이다.

142 [O]

> **핵심정리** 광원점등방식 피난유도선 설치기준
> 1. 구획된 각 실로부터 주출입구 또는 비상구까지 설치할 것
> 2. 피난유도 표시부는 바닥으로부터 높이 1m 이하의 위치 또는 바닥 면에 설치할 것
> 3. 피난유도 표시부는 50cm 이내의 간격으로 연속되도록 설치하되 실내장식물 등으로 설치가 곤란할 경우 1m 이내로 설치할 것
> 4. 수신기로부터의 화재신호 및 수동조작에 의하여 광원이 점등되도록 설치할 것
> 5. 비상전원이 상시 충전상태를 유지하도록 설치할 것
> 6. 바닥에 설치되는 피난유도선 표시부는 매립하는 방식을 사용할 것
> 7. 피난유도 제어부는 조작 및 관리가 용이하도록 바닥으로부터 0.8m 이상 1.5m 이하의 높이에 설치할 것

143 축광방식 피난유도선 설치기준은 피난유도 표시부는 바닥으로부터 높이 1m 이하의 위치 또는 바닥 면에 설치해야 한다.

11 소화활동설비

144 상수도소화용수설비는 호칭지름 75mm 이상의 수도배관에 호칭지름 100mm 이상의 소화전을 접속해야 한다.

145 제연경계의 폭이란 제연경계의 천장 또는 반자로부터 그 수직하단까지의 거리를 말한다.

146 하나의 제연구역은 직경 50m 원내에 들어갈 수 있어야 한다.

정답 및 해설

143 [X] 축광방식 피난유도선 설치기준은 바닥으로부터 높이 50cm 이하의 위치 또는 바닥면에 설치해야 한다.

> **핵심정리** 축광방식 피난유도선 설치기준
> 1. 구획된 각 실로부터 주출입구 또는 비상구까지 설치할 것
> 2. 바닥으로부터 높이 50cm 이하의 위치 또는 바닥면에 설치할 것
> 3. 피난유도 표시부는 50cm 이내의 간격으로 연속되도록 설치할 것
> 4. 부착대에 의하여 견고하게 설치할 것
> 5. 외광 또는 조명장치에 의하여 상시 조명이 제공되거나 비상조명등에 의한 조명이 제공되도록 설치할 것

144 [O]
> **핵심정리** 상수도소화용수설비의 설치
> 상수도소화용수설비는 「수도법」에 따른 기준 외에 다음의 기준에 따라 설치하여야 한다.
> 1. 호칭지름 75mm 이상의 수도배관에 호칭지름 100mm 이상의 소화전을 접속할 것
> 2. 소화전은 소방자동차 등의 진입이 쉬운 도로변 또는 공지에 설치할 것
> 3. 소화전은 특정소방대상물의 수평투영면의 각 부분으로부터 140m 이하가 되도록 설치할 것

145 [O]
> **핵심정리** 용어의 정의
> 1. 제연구역이란 제연경계(제연설비의 일부인 천장을 포함한다)에 의해 구획된 건물 내의 공간을 말한다.
> 2. 예상제연구역이란 화재 발생 시 연기의 제어가 요구되는 제연구역을 말한다.
> 3. 제연경계의 폭이란 제연경계의 천장 또는 반자로부터 그 수직하단까지의 거리를 말한다.
> 4. 수직거리란 제연경계의 바닥으로부터 그 수직하단까지의 거리를 말한다.
> 5. 공동예상제연구역이란 2개 이상의 예상제연구역을 말한다.

146 [X] 하나의 제연구역은 직경 60m 원내에 들어갈 수 있어야 한다.

147 제연경계는 제연경계의 폭이 0.6m 이하로 한다.

148 유입풍도 안의 풍속은 20m/s 이하로 하여야 한다.

149 배출기의 흡입 측 풍도 안의 풍속은 15m/s 이하로 하고 배출 측 풍속은 20m/s 이하로 해야 한다.

150 도로터널이란 「도로법」에서 규정한 도로의 일부로서 자동차의 통행을 위해 지붕이 있는 지하 구조물을 말한다.

정답 및 해설

147 [X] 제연경계는 제연경계의 폭이 0.6m 이상으로 한다.

> **핵심정리 제연구역 구획 방법**
> 1. 하나의 제연구역의 면적은 1,000m² 이내로 할 것
> 2. 거실과 통로(복도를 포함한다. 이하 같다)는 상호 제연구획할 것
> 3. 통로상의 제연구역은 보행중심선의 길이가 60m를 초과하지 아니할 것
> 4. 하나의 제연구역은 직경 60m 원내에 들어갈 수 있을 것
> 5. 하나의 제연구역은 2개 이상 층에 미치지 아니하도록 할 것. 다만, 층의 구분이 불분명한 부분은 그 부분을 다른 부분과 별도로 제연구획하여야 한다.

148 [O]

> **핵심정리 유입풍도등**
> 1. 유입풍도 안의 풍속은 20m/s 이하로 하고 풍도의 강판두께는 「제연설비의 화재안전기준」 제9조 제2항 제1호의 기준으로 설치하여야 한다.
> 2. 옥외에 면하는 배출구 및 공기유입구는 비 또는 눈 등이 들어가지 아니하도록 하고, 배출된 연기가 공기유입구로 순환유입하지 아니하도록 하여야 한다.

149 [O]

150 [O]

151 종류환기방식이란 터널 안의 배기가스와 연기 등을 배출하는 환기설비로서 기류를 횡방향(바닥에서 천장)으로 흐르게 하여 환기하는 방식을 말한다.

정답 및 해설

151 [X] 횡류환기방식에 대한 설명이다.

> **핵심정리** 용어의 정의
> 1. **도로터널:** 「도로법」에서 규정한 도로의 일부로서 자동차의 통행을 위해 지붕이 있는 지하 구조물을 말한다.
> 2. **설계화재강도:** 터널 화재 시 소화설비 및 제연설비 등의 용량산정을 위해 적용하는 차종별 최대열방출률(MW)을 말한다.
> 3. **종류환기방식:** 터널 안의 배기가스와 연기 등을 배출하는 환기설비로서 기류를 종방향(출입구 방향)으로 흐르게 하여 환기하는 방식을 말한다.
> 4. **횡류환기방식:** 터널 안의 배기가스와 연기 등을 배출하는 환기설비로서 기류를 횡방향(바닥에서 천장)으로 흐르게 하여 환기하는 방식을 말한다.
> 5. **반횡류환기방식:** 터널 안의 배기가스와 연기 등을 배출하는 환기설비로서 터널에 수직배기구를 설치해서 횡방향과 종방향으로 기류를 흐르게 하여 환기하는 방식을 말한다.

PART 6 위험물

1 위험물의 분류 1

001 제1류 위험물(산화성 고체)란 고체로서 화염에 의한 발화의 위험성 또는 인화의 위험성을 판단하기 위하여 고시로 정하는 시험에서 고시로 정하는 성질과 상태를 나타내는 것을 말한다.

002 제5류 위험물(자기반응성 물질)은 액체 또는 기체로서 폭발의 위험성 또는 가열분해의 격렬함을 판단하기 위하여 고시로 정하는 시험에서 고시로 정하는 성질과 상태를 나타내는 것을 말한다.

003 제3류 위험물(자연발화성 및 금수성 물질)은 고체 또는 액체로서 공기 중에서 발화의 위험성이 있거나 수소와 접촉하여 발화하거나 가연성 가스를 발생하는 위험성이 있는 것을 말한다.

004 제2류 위험물(가연성 고체)라 함은 고체로서 화염에 의한 발화의 위험성 또는 인화의 위험성을 판단하기 위하여 고시로 정하는 시험에서 고시로 정하는 성질과 상태를 나타내는 것을 말한다.

005 철분, 금속분, 마그네슘은 제2류 위험물, 가연성 고체에 해당한다.

정답 및 해설

001 [X] 제2류 위험물(가연성 고체)에 대한 설명이다. 제1류 위험물(산화성 고체)는 고체로서 산화력의 잠재적인 위험성 또는 충격에 대한 민감성을 판단하기 위하여 소방청장이 정하여 고시하는 시험에서 고시로 정하는 성질과 상태를 나타내는 것을 말한다.

002 [X] 제5류 위험물(자기반응성 물질)은 고체 또는 액체로서 폭발의 위험성 또는 가열분해의 격렬함을 판단하기 위하여 고시로 정하는 시험에서 고시로 정하는 성질과 상태를 나타내는 것을 말한다.

003 [X] 제3류 위험물(자연발화성 및 금수성 물질) 고체 또는 액체로서 공기 중에서 발화의 위험성이 있거나 물과 접촉하여 발화하거나 가연성 가스를 발생하는 위험성이 있는 것

004 [O]

005 [O]

006 금속의 수소화물, 금속의 인화물은 제2류 위험물, 자연발화성 및 금수성 물질에 해당한다.

007 알킬알루미늄, 알킬리튬은 제3류 위험물 자연발화성 및 금수성 물질에 해당한다.

008 과염소산, 과산화수소는 제1류 위험물 산화성 고체에 해당한다.

009 무기과산화물은 제1류 위험물이다.

010 질산은 제6류 위험물이다.

011 황의 지정수량은 100kg, 알루미늄의 탄화물은 300kg, 알칼리토금속은 50kg이다.

012 황화인, 적린은 제2류 위험물 가연성 고체에 해당한다.

013 휘발류는 제4류 위험물 중 제1석유류(수용성)에 해당한다.

정답 및 해설

006 [X] 금속의 수소화물, 금속의 인화물은 제3류 위험물, 자연발화성 및 금수성 물질에 해당한다.

007 [O]

008 [X] 과염소산, 과산화수소는 제6류 위험물 산화성 액체에 해당한다.

009 [O]

010 [O]

011 [O]

012 [O]

013 [X] 휘발류는 제4류 위험물 중 제1석유류(비수용성)에 해당한다.

□□□
014 경유와 중유의 지정수량의 합은 3천리터이다.

□□□
015 동·식물유류의 지정수량은 6,000리터이다.

□□□
016 마그네슘은 제2류 위험물(가연성고체)에 해당하며 지정수량은 300킬로그램이다.

□□□
017 질산염류와 질산은 제1류 위험물(산화성 고체)에 해당한다.

□□□
018 액체는 1기압 및 20℃에서 액상인 것 또는 20℃ 초과 40℃ 이하에서 액상인 것을 말한다.

□□□
019 액상이라 함은 수직으로 된 시험관에 시료를 55mm까지 채운 당해 시험관을 수평으로 하였을 때 시료액면의 선단이 30mm를 이동하는데 걸리는 시간이 90초 이내에 있는 것을 말한다.

2 위험물의 분류 2

□□□
020 특수인화물이라 함은 이황화탄소, 디에틸에테르 그 밖에 1기압에서 인화점이 100℃ 이하인 것 또는 발화점이 –20℃ 이하이고 비점이 40℃ 이하인 것을 말한다.

📑 정답 및 해설

014 [O] 경유는 1,000리터, 중유는 2,000리터이다. 따라서 경유와 중유의 지정수량의 합은 3천리터이다.

015 [X] 동·식물유류의 지정수량은 10,000리터이다.

016 [X] 마그네슘의 지정수량은 500킬로그램이다.

017 [X] 질산은 제6류 위험물(산화성 액체)에 해당한다.

018 [O]

019 [O]

020 [X] 특수인화물이라 함은 이황화탄소, 디에틸에테르 그 밖에 1기압에서 **발화점**이 100℃ 이하인 것 또는 인화점이 –20℃ 이하이고 비점이 40℃ 이하인 것을 말한다.

021 알코올류라 함은 1분자를 구성하는 탄소원자의 수가 1개부터 3개까지인 포화1가 알코올(변성알코올을 포함한다)을 말한다.

022 이황화탄소와 디에틸에테르의 지정수량은 50리터이다.

023 제1석유류라 함은 아세톤, 휘발유 그 밖에 1기압에서 인화점이 -20℃ 미만인 것을 말한다.

024 제3석유류는 중유, 크레오소트유 그 밖에 1기압에서 인화점이 70℃ 이상 200℃ 미만인 것을 말한다. 다만, 도료류 그 밖의 물품은 가연성 액체량이 40wt.% 이하인 것은 제외한다.

025 제2석유류는 등유, 경유 그 밖에 1기압에서 인화점이 21℃ 이상 70℃ 미만인 것을 말한다. 다만, 도료류 그 밖의 물품에 있어서 가연성 액체량이 40wt.% 이상이면서 인화점이 40℃ 이하인 동시에 연소점이 60℃ 이하인 것은 제외한다.

정답 및 해설

021 [O]

022 [O]

023 [X] 제1석유류라 함은 아세톤, 휘발유 그 밖에 1기압에서 인화점이 21℃ 미만인 것을 말한다.

핵심정리 인화성 액체 분류(「위험물안전관리법 시행령」 제3조)

인화성 액체	종류	그 밖의 것(1기압 상태에서)
특수인화물	이황화탄소, 디에틸에테르	• 발화점 100℃ 이하 • 인화점 -20℃ 이하이고 비점 40℃ 이하
알코올류	-	탄소원자 수 1~3개 포화1가 알코올(변성알코올 포함)
제1석유류	아세톤, 휘발유	인화점 21℃ 미만
제2석유류	등유, 경유	인화점 21℃ 이상 ~ 70℃ 미만
제3석유류	중유, 크레오소트유	인화점 70℃ 이상 ~ 200℃ 미만
제4석유류	기어유, 실린더유	인화점 200℃ 이상 ~ 250℃ 미만
동식물유류	동물의 지육·식물의 종자	인화점 250℃ 미만

024 [O]

025 [X] 제2석유류는 등유, 경유 그 밖에 1기압에서 인화점이 21℃ 이상 70℃ 미만인 것을 말한다. 다만, 도료류 그 밖의 물품에 있어서 가연성 액체량이 40wt.% 이하이면서 인화점이 40℃ 이상인 동시에 연소점이 60℃ 이상인 것은 제외한다.

026 제2석유류는 등유, 경유 그 밖에 1기압에서 인화점이 21℃ 이상 70℃ 미만인 것을 말한다. 다만, 도료류 그 밖의 물품에 있어서 가연성 액체량이 60wt.% 이하이면서 인화점이 40℃ 이상인 동시에 연소점이 40℃ 이상인 것은 제외한다.

027 제6류 위험물의 질산은 그 비중이 1.49 이하인 것에 한한다.

028 금속의 수소화물의 지정수량은 500kg이다.

029 황린은 제2류 위험물에 해당한다.

030 과망가니즈산염류는 제1류 위험물에 해당한다. 지정수량은 1,000킬로그램이다.

031 제1석유류(수용성)의 지정수량은 400L, 제2석유류(수용성)는 2,000L, 제3석유류(수용성)는 4,000L이다. 따라서 지정수량의 합은 6,400L이다.

032 특수인화물의 지정수량은 50L, 제4석유류의 지정수량은 6,000L이다.

정답 및 해설

026 [X] 제2석유류는 등유, 경유 그 밖에 1기압에서 인화점이 21℃ 이상 70℃ 미만인 것을 말한다. 다만, 도료류 그 밖의 물품에 있어서 가연성 액체량이 40wt.% 이하이면서 인화점이 40℃ 이상인 동시에 연소점이 60℃ 이상인 것은 제외한다.

027 [X] 제6류 위험물의 질산은 그 비중이 1.49 이상인 것에 한한다.

028 [X] 금속의 수소화물의 지정수량은 300kg이다.

029 [X] 황린은 제3류 위험물에 해당한다.

030 [O]

031 [O]

032 [O]

3 제1류 위험물

☐☐☐
033 제1류 위험물은 불연성 물질이며, 가연성 물질의 연소를 돕는다(조연성, 지연성).

☐☐☐
034 제1류 위험물은 대부분 무색 결정 또는 백색 분말이며 비중이 1보다 크고, 물에 잘 녹지 않는다.

☐☐☐
035 KNO_3, $NaNO_3$, NH_4NO_3와 같은 질산염류는 조해성이 있다.

☐☐☐
036 제1류 위험물은 대부분 산소를 포함하는 무기화합물이다(염소화이소시아누르산은 제외).

☐☐☐
037 제1류 위험물은 단독으로 분해·폭발하는 경우는 적지만 가연물이 혼합되어 있을 때는 연소·폭발한다.

☐☐☐
038 과망가니즈산염류는 환원제에 해당한다.

☐☐☐
039 무기과산화물(Inorganic peroxide)은 과산화수소(H_2O_2)의 수소가 금속으로 치환된 화합물을 말한다.

☐☐☐
040 과산화나트륨(Sodium peroxide, Na_2O_2)은 강한 산화제로서 가열하면 쉽게 산소를 방출한다.

📋 정답 및 해설

033 [O]

034 [X] 제1류 위험물은 대부분 무색 결정 또는 백색 분말이며 비중이 1보다 크고, <u>물에 잘 녹는다</u>.

035 [O]

036 [O]

037 [O]

038 [X] 과망가니즈산염류는 <u>강산화제</u>에 해당한다.

039 [O]

040 [O] $2Na_2O_2 \rightarrow 2Na_2O + O_2\uparrow$

041 과산화나트륨(Sodium peroxide, Na_2O_2)은 CO_2·할로겐소화 불가하며, 소화질석·마른 모래로 질식소화한다.

042 무기과산화물은 금수성이 있으므로 물을 사용하여서는 아니 된다.

043 제1류 위험물의 소화방법은 산소의 분해 방지를 위하여 물과 급격히 반응하지 않는 것은 물로 주수하는 냉각소화가 효과적이다(단, 무기과산화물은 제외한다.). 화재 주위의 가연물과는 격리하거나 주위 가연물의 소화에 주력하는 것이 바람직하다.

044 제1류 위험물은 자신은 불연성이기 때문에 가연물의 종류에 따라 화재진압대책을 수립하여야 한다.

045 질산나트륨($NaNO_3$)은 황산(H_2SO_4)과 접촉하면 분해폭발하며 질산(HNO_3)을 분해시킨다.

046 질산염류(Nitrate)는 질산(HNO_3)의 수소가 금속 또는 양성원자단으로 치환된 화합물을 말한다.

047 알칼리금속의 과산화물은 물과 급격히 발열 반응하므로 건조사에 의한 피복소화를 실시한다(주수소화와 병행하면 7~8 정도의 효과를 얻을 수 있다.)

정답 및 해설

041 [O]

042 [O]

043 [O]

044 [O]

045 [O]

046 [O]

047 [X] 알칼리금속의 과산화물은 물과 급격히 발열 반응하므로 건조사에 의한 피복소화를 실시한다(주수소화 절대 엄금).

048 산화성 고체는 환원제이므로 화기취급에 주의하여야 한다.

049 K_2O_2(과산화칼륨)의 지정수량은 300킬로그램이다.

4 제2류 위험물

050 금속분(철분, 마그네슘 등)은 물이나 산과 접촉하면 확산 폭발하므로 물이나 산과 접촉을 피해야 한다.

051 제2류 위험물은 모두 산소를 함유하고 있지 않은 강한 환원성 물질(환원제)이다.

052 철분, 금속분, 마그네슘은 물과 산의 접촉으로 수소가스를 발생하고 발열한다. 금속분은 습기와 접촉할 때 자연발화의 위험성이 있다.

053 금속분, 황가루, 철분은 밀폐된 공간 내에서 점화원이 있으면 분진폭발을 일으킨다.

054 마그네슘과 이산화탄소는 반응하지 않는다.

정답 및 해설

048 [X] 산화성 고체 자체는 연소하지 아니하는 불연성 물질에 해당한다.

049 [X] K_2O_2(무기과산화물: 알칼리 금속의 무기과산화물 - 과산화칼륨)의 지정수량은 50킬로그램이다.

050 [O]

051 [O]

052 [O]

053 [O]

054 [X] 마그네슘과 이산화탄소는 반응하여 가연성 가스(일산화탄소 또는 탄소)가 생성된다.

> **핵심정리** 마그네슘과 이산화탄소의 반응
> 1. $2Mg + CO_2 \rightarrow 2MgO + 2C$
> 2. $Mg + CO_2 \rightarrow MgO + CO\uparrow$

055 제2류 위험물은 강환원제로서 비중이 1보다 크다.

056 제2류 위험물은 산화제와 접촉하면 급격하게 폭발할 수 있는 가연성 물질이며, 연소속도가 빠르고 연소열이 큰 고체이다.

057 황린은 제2류 위험물인 자연발화성 물질에 해당한다.

058 철분, 금속분, 마그네슘은 마른 모래, 건조분말, 금속화재용 분말 소화약제를 사용하여 질식소화한다.

059 황화인은 이산화탄소 소화약제, 마른 모래, 건조분말에 의한 질식소화 효과가 없다.

060 황화인은 CO_2, 건조분말, 마른 모래로 질식소화한다.

정답 및 해설

055 [O]

056 [O]

057 [X] 황린은 제3류 위험물인 자연발화성 물질에 해당한다.

058 [O]

059 [X] 황화인은 이산화탄소 소화약제, 마른 모래, 건조분말에 의한 질식소화한다.

> **핵심정리** 제2류 위험물의 소화방법 및 화재진압대책
> 1. 철분, 금속분, 마그네슘은 마른 모래, 건조분말, 금속화재용 분말 소화약제를 사용하여 질식소화한다.
> 2. 황화인은 이산화탄소 소화약제, 마른 모래, 건조분말에 의한 질식소화한다.
> 3. 냉각소화가 적당하다(금속분, 철분, 마그네슘, 황화인 제외).
> 4. 분진폭발이 우려되는 경우 충분히 안전거리를 확보하여야 한다.
> 5. 제2류 위험물의 화재 시 다량의 열과 유독성의 연기를 발생하므로 반드시 방호복과 공기호흡기를 착용하여야 한다.

060 [O]
> **핵심정리** 황화인(Phosphorus sulfide)
> 1. 인의 황화물을 통틀어 이르는 말이다.
> 2. 대표적인 황화인은 삼황화인(P_4S_3), 오황화인(P_2S_5), 칠황화인(P_4S_7)이다.
> 3. 산화제, 가연물, 강산류, 금속분과의 혼합을 방지한다.
> 4. CO_2, 건조분말, 마른 모래로 질식소화한다.

061 마그네슘은 2mm의 체를 통과하지 아니하는 덩어리 상태의 것과 직경 5mm 이상의 막대모양의 것은 위험물에서 제외한다.

062 마그네슘은 산이나 더운 물에 반응하여 수소를 발생하며, 많은 반응열에 의하여 발화한다.

063 마그네슘의 열전도율, 전기 전도율은 알루미늄보다 높다.

064 마그네슘은 가열하면 연소하기 쉽고 백광 또는 푸른 불꽃을 내며, 양이 많은 경우 순간적으로 맹렬히 폭발한다. 마그네슘의 연소반응식은 '$2Mg + O_2 \rightarrow 2MgO + (2 \times 143.7)kcal$'이다.

065 오황화인과 칠황화인이 물과 반응했을 때 공통적으로 황화수소가 발생한다.

정답 및 해설

061 [X] 마그네슘은 2mm의 체를 통과하지 아니하는 덩어리 상태의 것과 <u>직경 2mm 이상의 막대모양의 것은 위험물에서 제외한다.</u>

062 [O] $Mg + 2HCl \rightarrow MgCl_2 + H_2\uparrow + Qkcal$

063 [X] 마그네슘의 열전도율, 전기 전도율은 알루미늄보다 낮다.

> **핵심정리** 마그네슘(Magnesium, Mg)
> 1. <u>2mm의 체를 통과하지 아니하는 덩어리 상태의 것과 직경 2mm 이상의 막대모양의 것은 위험물에서 제외</u>한다.
> 2. 공기 중 부식성은 적으나 산이나 염류에 의해 침식당한다.
> 3. 열전도율, 전기 전도율은 알루미늄보다 낮다.
> 4. 공기 중 미세한 분말이 부유하면 <u>분진폭발</u>의 위험이 있다.
> 5. 산이나 더운 물에 반응하여 수소를 발생하며, 많은 반응열에 의하여 발화한다.
>
> $$Mg + 2HCl \rightarrow MgCl_2 + H_2\uparrow + Qkcal$$
>
> 6. 가열하면 연소하기 쉽고 백광 또는 푸른 불꽃을 내며, 양이 많은 경우 순간적으로 맹렬히 폭발한다.
>
> $$2Mg + O_2 \rightarrow 2MgO + (2 \times 143.7)kcal$$

064 [O]

065 [O]

5 제3류 위험물

066 탄화칼슘(CaC_2)은 물과 반응하여 수소 가스를 생성한다.

067 아세틸렌은 이황화탄소보다 위험도가 작다.

068 제3류 위험물은 칼륨(K), 나트륨(Na), 알킬알루미늄(RAl), 알킬리튬(RLi)을 제외하고 물보다 가볍다.

069 칼륨, 나트륨, 알칼리금속, 알칼리토금속은 보호액(석유) 속에 보관한다.

070 알킬알루미늄, 알킬리튬은 물 또는 공기와 접촉하면 폭발한다. 저장방법으로는 물 속에 저장한다.

071 황린은 공기와 접촉하면 자연발화한다. 따라서 물 속에 저장·보관한다.

072 알칼리금속, 알칼리토금속은 물과 반응하여 수소 기체를 발생시킨다.

073 알칼리토금속의 지정수량은 50kg, 금속의 수소화물은 300kg, 황린은 20kg이다. 따라서 지정수량의 합은 370kg이다.

정답 및 해설

066 [X] 탄화칼슘(CaC_2)은 물과 반응하여 **아세틸렌** 가스를 생성한다.

067 [O]

068 [X] 칼륨(K), 나트륨(Na), 알킬알루미늄(RAl), 알킬리튬(RLi)을 제외하고 물보다 **무겁다**.

069 [O]

070 [X] **알킬알루미늄, 알킬리튬**은 물 또는 공기와 접촉하면 폭발한다. 저장방법으로는 **헥산** 속에 저장한다.

071 [O]

072 [O]

073 [O]

☐☐☐
074 인화칼슘(인화석회, Ca₃P₂)은 물 또는 묽은 산과 반응하여 유독성 가스인 포스겐(COCl₂) 가스를 생성한다.

☐☐☐
075 인화칼슘(인화석회, Ca₃P₂)은 건조한 공기 중에서는 안정하나 300℃ 이상에서 산화한다.

☐☐☐
076 인화칼슘의 소화방법은 주수소화가 효과적이다.

☐☐☐
077 탄화칼슘(CaC₂)은 물과 반응하여 포스핀 가스를 발생한다.

☐☐☐
078 산화칼슘(CaO)은 물과 반응하여 수산화칼슘과 물을 생성한다.

☐☐☐
079 인화칼슘(Ca₃P₂)의 물과의 반응식은 'Ca₃P₂ + 6H₂O → 3Ca(OH)₂ + 2PH₃ + Qkcal'이다.

📖 정답 및 해설

074 [X] 인화칼슘(인화석회, Ca₃P₂)은 물 또는 묽은 산과 반응하여 유독성 가스인 <u>포스핀(인화수소, PH₃)</u> 가스를 생성한다.

075 [O]

> **📖 핵심정리** 금속의 인화물(Phosphide)
> 1. 인(P)과 양성원소의 화합물이다.
> 2. 인화칼슘(인화석회, Ca₃P₂)은 건조한 공기 중에서는 안정하나 300℃ 이상에서 산화한다.
> 3. 인화칼슘은 물, 산과 격렬하게 반응하여 <u>포스핀(인화수소, PH₃)</u>을 발생한다.
>
> $$Ca_3P_2 + 6H_2O \rightarrow 3Ca(OH)_2 + 2PH_3 \uparrow$$
> $$Ca_3P_2 + 6HCl \rightarrow 3CaCl_2 + 2PH_3 \uparrow$$
>
> 4. 인화칼륨은 물, 산과의 접촉으로 포스핀(PH₃)을 발생한다. 따라서 밀폐용기에 넣어 환기가 잘되는 찬 곳에 저장한다.

076 [X] 인화칼슘의 소화방법은 <u>주수소화가 적당하지 않다.</u>

077 [X] 탄화칼슘(CaC₂)은 물과 반응하여 아세틸렌 가스를 발생한다.
$$CaC_2 + 2H_2O \rightarrow Ca(OH)_2 + C_2H_2 + Qkcal$$

078 [O] $CaO + 2H_2O \rightarrow Ca(OH)_2 + H_2O + Qkcal$

079 [O]

080 메탄가스를 발생시키는 카바이드는 Al$_4$C$_3$, BeC$_2$이다.

081 탄화알루미늄(Al$_4$C$_3$)은 물과 반응하여 메탄을 발생한다.

082 수소화나트륨(NaH)은 물과 반응하여 아세틸렌 가스를 발생시킨다.

083 제3류 위험물인 수소화알루미늄리튬(Lithium Aluminium Hydride, LiAlH$_4$)은 물과 반응하여 메탄가스가 발생하며, 지정수량은 300kg이다.

084 제3류 위험물인 인화알루미늄은 물·산과의 접촉으로 포스핀(PH$_3$)을 발생한다.

085 제3류 위험물인 탄화칼슘(CaC$_2$, 칼슘카바이드, 탄화석회)은 물과 심하게 반응하여 수산화칼슘(소석회)과 메탄가스를 발생한다.

정답 및 해설

080 [O]

> **핵심정리 카바이드**
> 1. 아세틸렌 가스를 발생시키는 카바이드: Li$_2$C$_2$, Na$_2$C$_2$, K$_2$C$_2$, MgC$_2$
> 2. **메탄가스를 발생시키는 카바이드**: Al$_4$C$_3$, BeC$_2$
> 3. 메탄과 수소 가스를 발생시키는 카바이드: Mn$_3$C$_3$

081 [O]

082 [X] 수소화나트륨(NaH)은 물과 반응하여 수소가스를 발생시킨다.
NaH + H$_2$O → NaOH + H$_2$↑ + Qkcal

083 [X] 수소화알루미늄리튬(Lithium Aluminium Hydride, LiAlH$_4$): 물과 접촉 시 수소를 발생하고 발화한다.
LiAlH$_4$ + 4H$_2$O → LiOH + Al(OH)$_3$ + 4H$_2$↑ + Qkcal

084 [O] 인화알루미늄은 물·산과의 접촉으로 포스핀(PH$_3$)을 발생한다. 밀폐용기에 넣어 환기가 잘되는 찬 곳에 저장한다.
AlP + 3H$_2$O → Al(OH)$_3$ + PH$_3$

085 [X] 탄화칼슘(CaC$_2$, 칼슘카바이드, 탄화석회)은 물과 심하게 반응하여 수산화칼슘(소석회)과 아세틸렌가스를 발생한다.
CaC$_2$ + 2H$_2$O → Ca(OH)$_2$ + C$_2$H$_2$↑

086 제3류 위험물인 탄화알루미늄(Al₄C₃, 알루미늄카바이드)은 상온에서 물과 반응하여 메탄가스를 만든다.

087 「위험물안전관리법」상 위험물인 칼슘의 지정수량은 10kg이다.

088 제3류 위험물 중 칼륨(K)·나트륨(Na)·알킬알루미늄(RAl)·알킬리튬(RLi)을 제외하고 물보다 무겁다.

089 황린·알킬알루미늄·알킬리튬은 공기 중에서 산화를 피하기 위하여 물 속에 저장한다.

090 칼륨은 물과 반응하여 발열하고 메탄가스와 열을 발생한다.

정답 및 해설

086 [O] 탄화알루미늄(Al₄C₃, 알루미늄카바이드)은 상온에서 물과 반응하여 메탄가스를 만든다.
$$Al_4C_3 + 12H_2O \rightarrow 4Al(OH)_3 + 3CH_4 \uparrow$$

087 [X] 칼슘은 알칼리토금속에 해당하므로 지정수량은 50kg이다.

088 [O] 제3류 위험물 공통성질
 (1) 무기화합물과 유기화합물로 구성되어 있다.
 (2) 칼륨(K)·나트륨(Na)·알킬알루미늄(RAl)·알킬리튬(RLi)을 제외하고 물보다 무겁다.
 (3) 대부분이 고체이다(단, 알킬알루미늄·알킬리튬은 고체 또는 액체).
 (4) 칼륨·나트륨·알칼리금속·알칼리토금속은 보호액(석유) 속에 보관한다.
 (5) 가열 또는 강산화성 물질·강산류와 접촉으로 위험성이 증가한다.

089 [X] 알킬알루미늄·알킬리튬은 공기나 물을 만나면 격렬하게 반응하여 발화할 수 있다. 특히 저장 시 수분의 접촉을 차단하기 위하여 헥산 속에 저장한다.

090 [X] 칼륨은 물과 격렬히 반응하여 발열하고 수소와 열을 발생한다.
$$2K + 2H_2O \rightarrow 2KOH + H_2 \uparrow + Qkcal$$

091 트리에틸알루미늄(Triethyl Aluminium, $(C_2H_5)_3Al$)은 물과 반응하여 에탄가스(C_2H_6)를 발생하고 발열·폭발한다.

092 황린 미분상의 발화점은 34℃이고, 고형상의 발화점은 60℃(습한 공기 중에서는 30℃)이다.

6 제4류 위험물

093 제4류 위험물은 물보다 가벼운 것이 많으며, 수용성과 비수용성이 있다.

094 수용성 위험물은 비수용성 위험물보다 소화가 쉽다.

095 비휘발성 석유류가 휘발성 석유류보다 안전하다.

📑 정답 및 해설

091 [O] $(C_2H_5)_3Al + 3H_2O \rightarrow Al(OH)_3 + 3C_2H_6\uparrow$

> **핵심정리** 트리메틸알루미늄(TMA) + 물
> $(CH_3)_3Al + 3H_2O \rightarrow Al(OH)_3 + 3CH_4$

092 [O]

> **핵심정리** 황린(Yellow phosphorus, White phosphorus, P_4, 백린)
> ① 화재 시에는 물로 냉각소화하되 가급적 분무주수한다. 초기소화에는 포·CO_2, 분말 소화약제도 유효하며, 젖은 모래·흙 등으로 질식소화할 수 있다.
> ② 미분상의 발화점은 34℃이고, 고형상의 발화점은 60℃(습한 공기 중에서는 30℃)이다.
> ③ 물에 불용하여 벤젠·이황화탄소에 녹는다. 따라서 물 속에 저장한다(알칼리제를 넣어 pH9 정도 유지).
> ④ 발화점이 매우 낮아 공기 중에 노출되면 서서히 자연발화를 일으키고 어두운 곳에서 청백색의 인광을 낸다.
> ⑤ 공기 중에 격렬하게 연소하여 유독성 가스인 오산화인(P_2O_5)의 백연을 낸다.
> $$P_4 + 5O_2 \rightarrow 2P_2O_5\uparrow + Qkcal$$
> ⑥ NaOH 등 강알칼리 용액과 반응하여 맹독성의 포스핀가스(PH_3)를 발생한다.
> $$P_4 + 3KOH + 3H_2O \rightarrow PH_3\uparrow + 3KH_2PO_2$$

093 [O]

094 [O]

095 [O]

096 제4류 위험물은 인화점이 낮을수록 안전하다.

097 아세트알데히드는 산과 접촉·중합하여 발열한다.

098 이황화탄소는 연소 범위가 넓고 물과 150℃ 이상으로 가열하면 분해되어 이산화탄소(CO_2)와 황화수소(H_2S) 가스를 발생한다.

099 이황화탄소는 연소 시 유독한 아황산(SO_2) 가스를 발생한다.

100 물보다 가볍고 물에 녹기 어렵기 때문에 물(수조) 속에 저장한다.

정답 및 해설

096 [X] 인화점이 <u>높을수록</u> 안전하다.

097 [O]

> **핵심정리 아세트알데히드(CH_3CHO)**
> 1. 자극성의 과일 향을 지닌 무색투명한 인화성이 강한 휘발성 액체이다.
> 2. 환원성이 크다.
> 3. 화학적 활성이 크며, 물에 잘 녹고 유기 용제 및 고무를 잘 녹인다.
> 3. 증기비중 1.52, 인화점 -37.7℃, 발화점 185℃, 연소 범위는 4.1~57% 이다.
> 4. 산화 시 초산, 환원 시 에탄올이 생성된다.
>   - $CH_3CHO + \frac{1}{2}O_2 \rightarrow CH_3COOH$
>   - $CH_3CHO + H_2 \rightarrow C_2H_5OH$

098 [O] $CS_2 + 2H_2O \rightarrow CO_2 + 2H_2S$

099 [O] 연소 시 유독한 아황산(SO_2) 가스를 발생한다. $CS_2 + 3O_2 \rightarrow CO_2 + 2SO_2$

> **핵심정리 이황화탄소(CS_2)**
> 1. 휘발하기 쉽고 인화성이 강하며, 제4류 위험물 중 착화점이 가장 낮다.
> 2. 연소 시 유독한 아황산(SO_2) 가스를 발생한다.
> $$CS_2 + 3O_2 \rightarrow CO_2 + 2SO_2$$
> 3. 연소 범위가 넓고 물과 150℃ 이상으로 가열하면 분해되어 이산화탄소(CO_2)와 황화수소(H_2S) 가스를 발생한다.
> $$CS_2 + 2H_2O \rightarrow CO_2 + 2H_2S$$

100 [X] 물보다 <u>무겁고</u> 물에 녹기 어렵기 때문에 물(수조) 속에 저장한다.

101 제4류 위험물은 전기의 불량도체로서 정전기의 축적이 용이하고 이것이 점화원이 되는 때가 많다.

102 제4류 위험물의 발생증기는 가연성이며 대부분의 증기비중은 공기보다 무겁다. 발생된 증기는 연소하한이 낮아 매우 인화하기 쉽다.

103 이황화탄소는 발화점(착화점)이 700℃ 이상이므로 자연발화의 위험이 없다.

104 제4류 위험물은 전기적으로 전도체이므로 정전기 축적이 용이하지 않다.

105 제4류 위험물의 소규모화재는 CO_2·포·물분무·분말·할론 소화약제를 이용하여 소화하고, 대규모화재는 포 소화약제를 이용하여 질식소화한다.

106 수용성 석유류의 화재는 알코올형포, 다량의 물로 희석소화한다.

107 디에틸에테르는 무색투명한 액체로서 휘발성이 매우 높고 마취성을 가진다.

108 휘발유는 원유에서 끓는점에 의한 분별증류를 하여 얻어지는 유분 중에서 가장 낮은 온도에서 분출되는 것으로, 대략적으로 탄소수가 5개에서 9개까지의 포화 및 불포화 탄화수소의 혼합물이다.

정답 및 해설

101 [O]

102 [O]

103 [X] 이황화탄소는 발화점(착화점)이 100℃로 매우 낮아 자연발화의 위험이 있다.

104 [X] 제4류 위험물은 전기적으로 부도체이므로 정전기 축적이 용이하여 정전기가 점화원으로 작용할 수 있다.

105 [O]

106 [O]

107 [O]

108 [O]

109 벤젠(C_6H_6)은 무색투명한 액체로 독특한 냄새가 나는 휘발성 액체이다. 방향족 탄화수소 중 가장 간단한 구조를 가진다. 또한, 휘발하기 쉽고 인화점이 낮아서 정전기 스파크와 같은 아주 작은 점화원에 의해서도 인화한다.

7 제5류 위험물

110 제5류 위험물은 대부분 유기 화합물이며 유기과산화물을 제외하고는 질소를 함유한 유기 질소화합물이다.

111 하이드라진 유도체는 무기 화합물이다.

112 불안정한 물질로서 공기 중 장기간 저장 시 분해하여 분해열이 축적되는 분위기에서는 자연발화의 위험이 있다.

113 제3류 위험물은 자기반응성 물질로서, 그 자체 산소를 함유하고 있어서 연소 시 산소 공급이 없더라고 연소가 가능한 자기 연소(내부 연소)를 일으켜 연소 속도가 대단히 빠르고 폭발적이다.

114 제5류 위험물은 다른 산화제와 같이 저장하면 폭발 발생시 피해가 커진다. 따라서 환원제와 산화제를 모두 멀리한다.

115 질산에스터류란 질산($HONO_2$)의 수소 원자를 알킬기(R, C_nH_{2n+1})로 치환한 형태의 화합물이다.

📋 정답 및 해설

109 [O]

110 [O]

111 [O]

112 [O]

113 [X] 제5류 위험물에 대한 설명이다.

114 [O]

115 [O] 질산에스터류란 질산($HONO_2$)의 수소 원자를 알킬기(R, C_nH_{2n+1})로 치환한 형태의 화합물이다. 질산메틸, 질산에틸, 나이트로글리세린, 나이트로셀룰로오스 등이 있다.

116 나이트로셀룰로오스의 자연발화는 산화열에 의해 발생한다.

117 제5류 위험물은 그 자체에 연소에 필요한 산소를 함유하고 있어 냉각소화보다는 질식소화가 효과적이다.

118 제5류 위험물은 이산화탄소 소화약제에 의한 질식소화가 효과적이다.

119 질산에스테류는 이산화탄소 소화약제에 의한 질식소화가 효과적이다.

120 제5류 위험물에 있어서 운반용기 표시는 "화기엄금" 및 "충격주의" 표시를 하여야 한다.

정답 및 해설

116 [X] 나이트로셀룰로오스의 자연발화는 **분해열**에 의해 발생한다.

117 [X] **제5류 위험물은 그 자체에 연소에 필요한 산소를 함유하고 있어 가연물의 착화점을 내리는 냉각소화(주수소화)**가 효과적이다.

118 [X] **제5류 위험물은 이산화탄소 소화약제에 의한 질식소화는** 효과적이지 않다.

119 [X] 질식소화 효과가 없다.

120 [O]

8 제6류 위험물

121 제6류 위험물에 있어서 운반용기 표시는 '가연물접촉주의' 표시를 하여야 한다.

122 제6류 위험물은 모두 가연물에 해당한다.

123 제6류 위험물은 물질의 액체 비중이 1보다 커서 물보다 무겁다.

124 제6류 위험물의 증기는 유독하며(과산화수소 제외) 피부와 접촉 시 점막을 부식시키는 유독성·부식성 물질이다.

125 제6류 위험물은 산소를 많이 함유하고 있으며(할로겐간화합물은 제외) 물보다 무겁고 물에 잘 녹는다.

126 제6류 위험물 중 과염소산의 지정수량은 500kg이다.

정답 및 해설

121 [O]

> **핵심정리 운반용기 표시**
> 1. 제1류 위험물 중 알칼리금속의 과산화물 또는 이를 함유한 것에 있어서는 "화기·충격주의", "물기엄금" 및 "가연물접촉주의", 그 밖의 것에 있어서는 "화기·충격주의" 및 "가연물접촉주의"
> 2. 제2류 위험물 중 철분·금속분·마그네슘 또는 이들 중 어느 하나 이상을 함유한 것에 있어서는 "화기주의" 및 "물기엄금", 인화성 고체에 있어서는 "화기엄금", 그 밖의 것에 있어서는 "화기주의"
> 3. 제3류 위험물 중 자연발화성 물질에 있어서는 "화기엄금" 및 "공기접촉엄금", 금수성 물질에 있어서는 "물기엄금"
> 4. 제4류 위험물에 있어서는 "화기엄금"
> 5. 제5류 위험물에 있어서는 "화기엄금" 및 "충격주의"
> 6. 제6류 위험물에 있어서는 "가연물접촉주의"

122 [X] 모두 불연성 물질이지만 다른 물질의 연소를 돕는 산화성·지연성 액체이다.

123 [O]

124 [O]

125 [O]

126 [X] 제6류 위험물 중 과염소산의 지정수량은 300kg이다.

PART 7 소방역사 및 소방조직

1 소방의 역사

001 1977년 「소방공무원법」이 제정되어 1978년 시행되었다.

002 1958년 내무부에 민방위본부 설치로 민방위제도를 실시하게 되면서 치안본부 소방과에서 민방위본부 소방국으로 이관되었고 소방이 경찰로부터 분리되었다.

003 전국적으로 광역자치소방행정 체계였던 시기는 1970년 이후이다.

004 전국의 소방이 국가소방체제였던 시기는 1948 ~ 1970년이다.

005 중앙소방위원회 집행기구로 소방청을 설치하였던 시기는 1946 ~ 1947년이다.

정답 및 해설

001 [O]

002 [X] 1975년 내무부에 민방위본부 설치로 민방위제도를 실시하게 되면서 치안본부 소방과에서 민방위본부 소방국으로 이관되었고 소방이 경찰로부터 분리되었다.

003 [X] 전국적으로 광역자치소방행정 체계였던 시기는 1992년 이후이다.

> **핵심정리** 제도의 변천과정
> 1. 조선시대: 세종 8년 ~ 한말
> 2. 과도기[미군정시대(1945 ~ 1948년)]: 자치소방체제
> 3. 초창기 정부수립 이후(1948 ~ 1970년): 국가소방체제
> 4. 발전기(1970 ~ 1992년): 국가·자치이원화
> 5. 정착기(1992 ~ 2020년): 시·도(광역)자치소방

004 [O]

005 [O]

006 미군정 시대인 1946년 중앙소방위원회가 설치되었다.

007 1915년 최초의 경성소방서가 설치되었다.

008 1992년 전국 시·도에 소방본부를 설치·운영하고 광역소방행정체제로 전환하였다.

009 갑오개혁 이후 '소방'이라는 용어를 처음 사용하였다.

010 1948년부터 1970년은 국가소방과 자치소방의 이원화 시기였다.

011 금화도감은 제조 7명, 사 5명, 부사 6명, 판관 6명으로 구성되었다.

012 한성부의 대형화재를 계기로 병조에 금화도감을 설치하게 되었는데[세종 8년(1426년 2월)], 상비 소방제도로서의 관서는 아니지만 화재를 방비하는 독자적 기구로서 우리나라 최초의 소방기구라 볼 수 있다.

정답 및 해설

006 [O]

> **핵심정리** 중앙소방위원회
> 1. 중앙소방위원회는 상무부 토목국(1946년 8월 7일)을 설치하였으며 위원회는 7인의 위원으로 구성하였다.
> 2. 1947년 남조선 과도정부로 개칭된 후에는 중앙소방위원회 집행기구로 소방청을 설치하였다. 소방청에는 청장 1인, 서기관 1인을 두고 군정고문 1인을 두었고 조직으로는 총무과·소방과·예방과를 두었다.

007 [X] <u>1925년 최초의 경성소방서</u>가 설치되었다.

008 [O]

009 [O]

010 [X] <u>1970년부터 1992년은</u> 국가소방과 자치소방의 이원화 시기였다.

011 [O]

012 [O]

013 1910년 한일병합조약 이전부터 상비소방수가 있었고, 소방조 명문화는 1915년 6월 23일 소방조규칙을 제정하면서부터이다.

014 소방이라는 용어의 사용의 경우 1910년 경무청처리계획 제정 시 총무국 분장 사무에 "수화소방은"이라 하여 처음으로 소방이라는 용어를 사용하였다.

015 1995년 6월에 소방업무, 민방위 업무 등을 담당하는 소방방재청이 설립되었다.

016 1948년 「행정 기구와 정원에 관한 규정」을 개정하여 도에 소방본부를 설치할 수 있는 근거를 마련하였다.

017 1981년 4월 20일 「국가공무원법」에 소방공무원을 별정직에서 특정직 공무원으로 분류하였다.

018 1994년 성수대교 붕괴, 1995년 삼풍백화점 붕괴 등 대형재난이 발생하였다.

019 1992년 3월 28일 「소방기관 설치 및 정원에 관한 규정」을 제정하였고, 그 해 「지방세법」 및 동 시행령을 개정하여 시·군세인 소방공동시설세를 도세로 전환하였다.

정답 및 해설

013 [O]

014 [X] 소방이라는 용어의 사용: 1895년 5월 3일 경무청처리계획 제정 시 총무국 분장 사무에 "수화소방은"이라 하여 처음으로 소방이라는 용어를 사용하였다.

015 [X] 2004년 6월에 소방업무, 민방위 업무 등을 담당하는 소방방재청이 설립되었다.

016 [X] 1992년 3월 28일 「행정 기구와 정원에 관한 규정」을 개정하여 도에 소방본부를 설치할 수 있는 근거를 마련하였다.

017 [O]

018 [O]

019 [O]

☐☐☐
020 2004년 11월 7일 국회를 통과한 「정부조직법」 개정안이 11월 18일 국무회의에서 의결을 거쳐 19일 공포·시행됨으로써 국민안전처가 공식 출범하게 되었다.

☐☐☐
021 1998년 2월 총무처와 내무부를 통합하여 행정자치부가 출범하면서 민방위국에 재난관리국이 다시 흡수되어 민방위재난관리국으로 개칭되었다.

☐☐☐
022 2017년 7월 26일 소방청이 신설되었다.

☐☐☐
023 1995년 5월에 소방국 내 구조구급과를 신설하였다.

☐☐☐
024 1431년 세종 13년에 병조 소속으로 금화도감이 설치되었다.

☐☐☐
025 1958년 「소방법」이 제정되었다. 화재, 풍수해, 설해의 예방·경계·진압·방어까지 소방의 업무로 규정되었다.

☐☐☐
026 1967년 「풍수해대책법」의 제정으로 자연재해 업무가 이관되어 소방의 업무는 화재의 예방·경계·진압으로 축소되었다.

📋 정답 및 해설

020 [X] 2014년 11월 7일 국회를 통과한 「정부조직법」 개정안이 11월 18일 국무회의에서 의결을 거쳐 19일 공포·시행됨으로써 국민안전처가 공식 출범하게 되었다.

021 [O]

022 [O]

023 [O]

024 [X] 1426년 세종 8년에 병조 소속으로 금화도감이 설치되었다.

025 [O]

026 [O]

027 1989년 12월 30일 개정된 「소방법」에 구급업무를 소방의 업무로 포함시키게 되었다.

028 1999년 「소방법」 제1조에 화재의 예방·경계·진압과 재난·재해, 그 밖의 위급한 상황에서의 구조·구급활동을 명시하였다.

029 오직 한 사람의 상관으로부터 명령을 받고 그에게 보고해야 한다는 것은 명령통일의 원리이다.

030 계선의 원리는 특정 사안에 대한 결정에 있어서 의사결정과정에서는 개인의 의견이 참여하지만 결정을 내리는 것은 개인이 아닌 소속 기관의 장이라는 것을 말한다.

031 소방행정작용의 특성 중 우월성은 소방행정기관이 당사자의 허락을 받지 않고 일방적인 결정에 의하여 행정조치를 취하는 것으로, 화재의 예방조치와 강제처분 등이 해당한다.

정답 및 해설

027 [X] 1981년 일부 지역 소방관서에서 시범 실시된 야간통행금지시간대 응급환자 이송업무가 국민의 호응을 얻기 시작해 1983년 12월 30일 개정된 「소방법」에 구급업무를 소방의 업무로 포함시키게 되었다.

028 [O]

029 [O]

030 [O]

031 [O]

> **핵심정리** 소방행정작용의 특성
>
> 1. **우월성**: 소방행정기관이 당사자의 허락을 받지 않고 일방적인 결정에 의하여 행정조치를 취하는 것으로, 화재의 예방조치와 강제처분 등이 해당한다.
> 2. **획일성**: 소방대상물의 용도가 같으면 원칙적으로 소방법령의 적용에 있어서 획일적으로 적용되어야 한다는 원칙을 말한다.
> 3. **기술성**: 소방행정은 공공의 위험을 배제하는 수단, 방법을 강구함에 있어서 재난·재해로부터 국민의 생명·재산의 보호를 우선한다는 특성을 갖는다.
> 4. **강제성**: 소방행정의 실효성을 확보하기 위해 행정객체가 소방행정법에 의해 부과된 의무를 위반한 경우에 그에 대해 제재를 가할 수 있고 직접 자력으로 행정내용을 강제하고 실현할 수 있는 있는 특성을 가진다.

032 소방조직의 원리 중 조정의 원리는 각 부분이 공동목표를 달성하기 위해 행동을 통일하고 공동체의 노력으로 질서정연하게 배열하는 것을 말한다. 무니(J. Mooney)는 조직의 원리 중 조정의 원리가 제1원리라고 주장한다.

2 소방의 조직 1

033 제4류 위험물을 저장·취급하는 제조소에는 안전관리자를 보조하기 위하여 의용소방대를 설치한다.

034 소방령의 계급정년은 11년이다.

035 소방감의 계급정년은 6년이다.

036 소방위에서 소방경으로의 근속승진 소요연수는 8년 이상이다.

정답 및 해설

032 [O]
핵심정리 소방조직의 원리
1. **계층제의 원리**: 가톨릭의 교권제도에서 유래된 것으로 업무에 대한 권한과 책임의 정도에 따라 상하의 계층을 설정하는 것이다.
2. **통솔범위의 원리**: '한 명의 상관이 부하를 효과적으로 직접 통솔할 수 있는가'가 통솔범위이다.
3. **명령통일의 원리**: 오직 한 사람의 상관으로부터 명령을 받고 그에게 보고해야 한다는 것이다.
4. **분업의 원리**: 한 가지 주된 업무를 분담시키는 것이 분업의 원리이다. 기능의 원리 또는 전문화의 원리라고도 한다.
5. **조정의 원리**: 각 부분이 공동목표를 달성하기 위해 행동을 통일하고 공동체의 노력으로 질서정연하게 배열하는 것을 말한다. 무니(J. Mooney)는 조직의 원리 중 조정의 원리가 제1원리라고 주장한다.
6. **계선의 원리**: 특정 사안에 대한 결정에 있어서 의사결정과정에서는 개인의 의견이 참여하지만 결정을 내리는 것은 개인이 아닌 소속 기관의 장이다.

033 [X] 제4류 위험물을 취급하는 제조소 또는 일반취급소(지정수량의 합이 3,000 이상)에는 자체소방대를 설치하여야 한다.

034 [X] 소방령의 계급정년은 14년이다.

035 [X] 소방감의 계급정년은 4년이다.

036 [O]

037 소방사, 소방교 및 소방장의 시보기간은 6개월간이다.

038 「소방공무원법」상 임용이란 신규채용·승진·전보·파견·강임·휴직·직위해제·정직·강등·복직·면직·해임 및 파면을 말한다.

039 「소방공무원법」상 소방령 이상의 소방공무원은 소방청장의 제청으로 행정안전부장관을 거쳐 대통령이 임용한다. 다만, 소방총감은 대통령이 임명하고, 소방령 이상 소방준감 이하의 소방공무원에 대한 전보, 휴직, 직위해제, 강등, 정직 및 복직은 소방청장이 한다.

040 「소방공무원법」상 소방경 이하의 소방공무원은 소방청장이 임용한다.

041 소방행정의 업무적 특성 중 가외성은 소방지식과 다양한 분야의 전문성이 요구되는 종합과학성을 지닌다.

정답 및 해설

037 [O]

038 [O]

> **핵심정리** 「소방공무원법」상 용어의 정의
> 1. **임용**: 신규채용·승진·전보·파견·강임·휴직·직위해제·정직·강등·복직·면직·해임 및 파면을 말한다.
> 2. **전보**: 소방공무원의 같은 계급·자격 내에서의 근무기관이나 부서를 달리하는 임용을 말한다.
> 3. **강임**: 동종의 직무 내에서 하위의 직위에 임명하는 것을 말한다.
> 4. **복직**: 휴직·직위해제 또는 정직 중에 있는 소방공무원을 직위에 복귀시키는 것을 말한다.

039 [X] 「소방공무원법」상 소방령 이상의 소방공무원은 소방청장의 제청으로 국무총리를 거쳐 대통령이 임용한다. 다만, 소방총감은 대통령이 임명하고, 소방령 이상 소방준감 이하의 소방공무원에 대한 전보, 휴직, 직위해제, 강등, 정직 및 복직은 소방청장이 한다.

040 [O]

> **핵심정리** 임용권자(「소방공무원법」 제6조)
> 1. 소방령 이상의 소방공무원은 소방청장의 제청으로 국무총리를 거쳐 대통령이 임용한다. 다만, 소방총감은 대통령이 임명하고, 소방령 이상 소방준감 이하의 소방공무원에 대한 전보, 휴직, 직위해제, 강등, 정직 및 복직은 소방청장이 한다.
> 2. 소방경 이하의 소방공무원은 소방청장이 임용한다.
> 3. 대통령은 임용권의 일부를 대통령령으로 정하는 바에 따라 소방청장 또는 시·도지사에게 위임할 수 있다.
> 4. 소방청장은 임용권의 일부를 대통령령으로 정하는 바에 따라 시·도지사 및 소방청 소속기관의 장에게 위임할 수 있다.
> 5. 시·도지사는 위임받은 임용권의 일부를 대통령령으로 정하는 바에 따라 그 소속기관의 장에게 다시 위임할 수 있다.

041 [X] 전문성에 대한 설명이다. 가외성(잉여성)은 현재 필요한 소방력보다 많은 여유자원을 확보하여야 한다.

042 「의용소방대 설치 및 운영에 관한 법률」상 소방본부장 또는 소방서장은 소방업무를 보조하게 하기 위하여 필요한 때에는 의용소방대원을 소집할 수 있다.

043 「의용소방대 설치 및 운영에 관한 법률」상 의용소방대원은 상근으로 한다.

044 「의용소방대 설치 및 운영에 관한 법률」상 의용소방대는 '화재의 경계와 진압업무의 보조' 임무를 수행한다.

045 「의용소방대 설치 및 운영에 관한 법률」상 소방본부장 또는 소방서장은 재난현장에서 화재진압, 구조·구급 등의 활동과 화재예방활동에 관한 업무(소방업무)를 보조하기 위하여 의용소방대를 설치할 수 있다.

046 「의용소방대 설치 및 운영에 관한 법률」상 의용소방대는 시·도, 시·읍 또는 면에 둔다.

정답 및 해설

042 [O]

043 [X] 의용소방대원은 비상근으로 한다.

044 [O]

> **핵심정리** 의용소방대의 임무
> - 화재의 경계와 진압업무의 보조
> - 구조·구급 업무의 보조
> - 화재예방업무의 보조
> - 화재 등 재난 발생 시 대피 및 구호업무의 보조

045 [X] 의용소방대의 설치는 시·도지사 또는 소방서장은 재난현장에서 화재진압, 구조·구급 등의 활동과 화재예방활동에 관한 업무(소방업무)를 보조하기 위하여 의용소방대를 설치할 수 있다.

> **핵심정리** 의용소방대의 설치 등
> - 시·도지사 또는 소방서장은 재난현장에서 화재진압, 구조·구급 등의 활동과 화재예방활동에 관한 업무(소방업무)를 보조하기 위하여 의용소방대를 설치할 수 있다.
> - 의용소방대는 시·도, 시·읍 또는 면에 둔다.

046 [O]

047 「의용소방대 설치 및 운영에 관한 법률」상 시·도지사는 의용소방대원이 「의용소방대 설치 및 운영에 관한 법률」 제7조에 따른 임무를 수행하는 때에는 예산의 범위에서 수당을 지급할 수 있다.

048 의용소방대원의 정년은 65세로 한다.

049 화재예방상 필요하다고 인정되거나 화재위험경보 시 발령하는 신호는 경계신호이다.

3 소방의 조직 2

050 소방경 이상의 소방공무원은 소방청장의 제청으로 국무총리를 거쳐 대통령이 임용한다.

051 자체소방대를 설치하여야 하는 대상사업소는 '지정수량의 3,000배 이상의 제4류 위험물을 취급하는 제조소 또는 일반취급소', '옥외탱크저장소에 저장하는 제4류 위험물의 최대수량이 지정수량의 50만배 이상인 사업소'이다.

052 소방인사행정은 인적자원에 대한 노동가치의 산출이 곤란하다. 이 특성은 정부의 행정서비스와 재화의 비시장성에 기인한다.

정답 및 해설

047 [O]

048 [O]

049 [O]

> **핵심정리** 소방신호의 종류
> - **경계신호**: 화재예방상 필요하다고 인정되거나, 화재위험경보 시 발령한다.
> - **발화신호**: 화재가 발생한 때 발령한다.
> - **해제신호**: 소화활동이 필요 없다고 인정되는 때 발령한다.
> - **훈련신호**: 훈련상 필요하다고 인정되는 때 발령한다.

050 [X] 소방령 이상의 소방공무원은 소방청장의 제청으로 국무총리를 거쳐 대통령이 임용한다.

051 [O]

052 [O]

053 소방공무원은 특수 경력직 공무원 중 특정직 공무원에 해당한다.

054 기동장비는 자체에 동력원이 부착되어 자력으로 이동하거나 견인되어 이동할 수 있는 장비를 말한다.

055 기동장비 중 소방자동차는 소방펌프차, 소방물탱크차, 소방화학차, 소방고가차, 무인방수차, 구조차 등이 있다.

056 현장지휘훈련을 받아야 할 대상자는 소방위, 소방경, 소방령, 소방정이다.

정답 및 해설

053 [X] 소방공무원은 경력직 공무원 중 특정직 공무원에 해당한다.

> **핵심정리 공무원의 구분**
> 국가공무원(공무원)은 경력직 공무원과 특수경력직 공무원으로 구분한다.
> 1. 경력직 공무원
>   - 일반직 공무원: 기술·연구 또는 행정 일반에 대한 업무를 담당하는 공무원
>   - 특정직 공무원: 법관, 검사, 외무공무원, 경찰공무원, 소방공무원, 교육공무원, 군인, 군무원
> 2. 특수경력직 공무원: 경력직 공무원 외의 공무원
>   - 정무직 공무원
>   - 별정직 공무원

054 [O]

055 [O]

> **핵심정리 소방장비(기동장비)**
>
> | 소방자동차 | 소방펌프차, 소방물탱크차, 소방화학차, 소방고가차, 무인방수차, 구조차 등 |
> |---|---|
> | 행정지원차 | 행정 및 교육지원차 등 |
> | 소방선박 | 소방정, 구조정, 지휘정 등 |
> | 소방항공기 | 고정익항공기, 회전익항공기 등 |

056 [O]

057 강등은 1계급 아래로 직급을 내리고 공무원신분은 보유하나 3개월간 직무에 종사하지 못하며 그 기간 중 보수는 전액을 감한다.

058 정직은 1개월 이상 3개월 이하의 기간 동안 보수의 1/3을 삭감하여 지급하는 것이다.

059 파면은 공무원 신분을 상실하게 하는 처분이며, 5년 내에는 공무원으로 재임용될 수 없고, 퇴직급여액의 1/2을 삭감하는 가장 무거운 벌이다.

정답 및 해설

057 [O]

> **핵심정리 징계처분의 종류**
> 1. **견책**: 잘못된 행동에 대해 훈계하고 회개하게 하는 처분으로, 가장 가벼운 징계에 해당하지만 공식적인 징계 절차를 거쳐 처분하고 그 결과를 인사기록에 기재한다.
> 2. **감봉**: 1개월 이상 3개월 이하의 기간 동안 보수의 1/3을 삭감하여 지급하는 것이다.
> 3. **정직**: 1개월 이상 3개월 이하의 기간 동안 공무원의 신분은 보유하지만 직무에 종사할 수 없도록 하는 것이다. 정직기간 중 보수의 전액을 삭감한다.
> 4. **강등**: 직급을 1단계 강등, 신분 보유, 3개월의 직무정지, 강등기간 중 보수의 전액을 삭감한다.

058 [X] 감봉은 1개월 이상 3개월 이하의 기간 동안 보수의 1/3을 삭감하여 지급하는 것이다. 정직은 1개월 이상 3개월 이하의 기간 동안 공무원의 신분은 보유하지만 직무에 종사할 수 없도록 하는 것이다. 정직기간 중 보수의 전액을 삭감한다.

059 [O] 해임: 공무원 신분을 상실하게 하는 처분이며, 해임 후 3년 내에는 공무원으로 재임용될 수 없지만 연금법상의 불이익은 없다.
파면: 공무원 신분을 상실하게 하는 처분이며, 5년 내에는 공무원으로 재임용될 수 없고, 퇴직급여액의 1/2을 삭감하는 가장 무거운 벌이다.

PART 8 구조·구급론

1 119구조·구급에 대한 법률 1

☐☐☐
001 구급이란 응급환자에 대하여 행하는 상담, 응급처치 및 이송 등의 활동을 말한다.

☐☐☐
002 119항공대란 항공기, 구조·구급 장비 및 119항공대원으로 구성된 단위조직을 말한다.

☐☐☐
003 구조·구급 기본계획 및 집행계획의 수립·시행권자는 소방청장이다.

☐☐☐
004 테러대응구조대는 대형·특수 재난사고의 구조, 현장 지휘 및 테러현장 등의 지원 등을 위하여 소방청 또는 시·도 소방본부에 설치하되, 시·도 소방본부에 설치하는 경우에는 시·도의 규칙으로 정하는 바에 따른다.

☐☐☐
005 특수구조대에는 화학구조대, 수난구조대, 고속국도구조대, 산악구조대 및 지하철구조대가 있다.

☐☐☐
006 소방청장은 국외에서 대형재난 등이 발생한 경우 재외국민의 보호 또는 재난발생국의 국민에 대한 인도주의적 구조 활동을 위하여 국제구조대를 편성하여 운영할 수 있다.

정답 및 해설

001 [O] 구조란 화재, 재난·재해 및 테러, 그 밖의 위급한 상황(위급상황)에서 외부의 도움을 필요로 하는 사람(요구조자)의 생명, 신체 및 재산을 보호하기 위하여 수행하는 모든 활동을 말한다. 구급이란 응급환자에 대하여 행하는 상담, 응급처치 및 이송 등의 활동을 말한다.

002 [O]

003 [O]

004 [X] 직할구조대에 대한 설명이다.

005 [O]

006 [O]

007 소방청장은 국제구조대를 편성·운영하는 경우 인명 탐색 및 구조, 응급의료, 안전평가, 시설관리, 공보연락 등의 임무를 수행할 수 있도록 구성하여야 한다.

008 「응급의료에 관한 법률」에 따른 응급구조사 자격을 가진 사람으로서 소방청장이 실시하는 구조업무에 관한 교육을 받은 사람이 구조대원의 자격기준에 해당한다.

009 국제구조대의 편성·운영권자는 외교부장관이다.

010 「응급의료에 관한 법률」에 따른 「의료법」 제2조 제1항에 따른 의료인은 구조대원의 자격기준에 해당한다.

2 119구조·구급에 대한 법률 2

011 구급대원의 자격기준에 소방청장이 실시하는 인명구조사 시험에 합격한 사람은 해당하지 않는다.

정답 및 해설

007 [O]

008 [O]

> **핵심정리 구조대원의 자격기준**
> - 소방청장이 실시하는 인명구조사 교육을 받았거나 인명구조사 시험에 합격한 사람
> - 국가·지방자치단체 및 공공기관의 구조 관련 분야에서 근무한 경력이 2년 이상인 사람
> - 응급구조사 자격을 가진 사람으로서 소방청장이 실시하는 구조업무에 관한 교육을 받은 사람

009 [X] 국제구조대의 편성·운영권자는 소방청장이다.

010 [O]

> **핵심정리 구급대원의 자격기준**
> - 「의료법」 제2조 제1항에 따른 의료인
> - 「응급의료에 관한 법률」 제36조 제2항에 따라 1급 응급구조사 자격을 취득한 사람
> - 「응급의료에 관한 법률」 제36조 제3항에 따라 2급 응급구조사 자격을 취득한 사람
> - 실시하는 구급업무에 관한 교육을 받은 사람

011 [O]

012 응급환자는 질병, 분만, 각종 사고 및 재해로 인한 부상이나 그 밖의 위급한 상태로 인하여 즉시 필요한 응급처치를 받지 아니하면 생명을 보존할 수 없거나 심신에 중대한 위해(危害)가 발생할 가능성이 있는 환자 또는 이에 준하는 사람으로서 보건복지부령으로 정하는 사람을 말한다.

013 응급조치는 응급의료행위의 하나로서 응급환자의 기도를 확보하고 심장박동의 회복, 그 밖에 생명의 위험이나 증상의 현저한 악화를 방지하기 위하여 긴급히 필요로 하는 처치를 말한다.

014 소방청장은 119구급대원 등에게 응급환자 이송에 관한 정보를 효율적으로 제공하기 위하여 소방청과 시·도 소방본부에 119구급상황관리센터(구급상황센터)를 설치·운영하여야 한다.

015 소방본부장 또는 소방서장은 초고층 건축물 등에서 요구조자의 생명을 안전하게 구조하거나 도서·벽지에서 발생한 응급환자를 의료기관에 긴급히 이송하기 위하여 119항공대를 편성하여 운영한다.

016 '시설물에 대한 단순 안전조치 및 장애물 단순 제거의 요청을 받은 경우'에는 구조대원이 구조출동 요청을 거절할 수 있다.

017 '집중호우 경보를 무시하고 교량하부의 교각기초에서 캠핑을 하여 고립된 경우'에는 구조대원이 구조출동 요청을 거절할 수 있다.

📋 정답 및 해설

012 [O]

013 [X] 응급처치에 대한 설명이다.

014 [O]

015 [X] <u>소방청장 또는 소방본부장</u>은 <u>초고층 건축물 등에서 요구조자의 생명을 안전하게 구조하거나 도서·벽지에서 발생한 응급환자를 의료기관에 긴급히 이송하기 위하여 119항공대</u>를 편성하여 운영한다.

016 [O]

> 📖 **핵심정리** 구조대원이 구조출동 요청을 거절할 수 있는 경우
>
> 구조대원이 구조출동 요청을 거절할 수 있는 경우는 다음과 같다. 다만, 다른 수단으로 조치하는 것이 불가능한 경우에는 그러하지 아니하다.
> 1. 단순 문 개방의 요청을 받은 경우
> 2. 시설물에 대한 단순 안전조치 및 장애물 단순 제거의 요청을 받은 경우
> 3. 동물의 단순 처리·포획·구조 요청을 받은 경우
> 4. 그 밖에 주민생활 불편해소 차원의 단순 민원 등 구조활동의 필요성이 없다고 인정되는 경우

017 [X] 집중호우 경보를 무시하고 교량하부의 교각기초에서 캠핑을 하여 고립된 경우라도 출동하여 구조하여야 한다.

018 구급요청을 거절한 구급대원은 구급 거절·거부 확인서를 작성하여 소속 소방관서장에게 보고하고, 소속 소방관서에 1년간 보관하여야 한다.

019 38℃ 이상의 고열 또는 호흡곤란이 있는 경우는 구급대원은 구급대상자가 비응급환자인 경우에는 구급출동 요청을 거절할 수 있다.

020 병원 간 이송 또는 자택으로의 이송 요청자는 구급대원은 구급대상자가 비응급환자인 경우에는 구급출동 요청을 거절할 수 있다.

021 소방청장 또는 시·도지사는 항공기 사고(「항공·철도 사고조사에 관한 법률」에 따른 항공사고는 제외한다)의 원인에 대한 조사 및 사고수습 등을 위하여 각각 119항공기사고조사단을 편성·운영할 수 있다.

3 로프기술 등

022 출동경로와 현장 진입로 결정은 구조활동 단계별 행동요령 중 출동 시 조치사항이다.

정답 및 해설

018 [X] 구급요청을 거절한 구급대원은 구급 거절·거부 확인서를 작성하여 소속 소방관서장에게 보고하고, 소속 소방관서에 <u>3년간</u> 보관하여야 한다.

019 [X] 단순 감기환자의 비응급환자인 경우에는 거절할 수 있다. 다만, 38℃ 이상의 고열 또는 호흡곤란이 있는 경우는 제외한다.

020 [O] 병원 간 이송 또는 자택으로의 이송 요청자는 구급출동 요청을 거절할 수 있다. 다만, 의사가 동승한 응급환자의 병원 간 이송은 제외한다.

021 [O]

022 [O]

> **핵심정리** 출동 시 조치사항
> 1. 사고발생 장소, 사고의 종류 및 개요, 요구조자의 수와 상태 및 도로상황·건물상황을 확인한다.
> 2. 사고정보를 통하여 구출방법을 검토하고 <u>사용할 장비를 선정</u>하고 필요한 장비가 있으면 추가로 적재한다.
> 3. <u>출동경로와 현장 진입로</u>를 결정한다.
> 4. 추가정보에 의해 파악된 사고개요 및 규모 등이 초기에 판단하였던 구출방법 및 임무분담 등 결정에 부합되는지를 재확인한다.
> 5. <u>선착대의 행동내용 등을 파악</u>하여 자기대의 임무와 활동요령을 검토한다.

023 매듭의 강도는 8자매듭이 가장 크다.

024 합성섬유 로프의 경우 표백제나 강한 세척제를 사용하여 찬물과 연한 비누를 사용해서 세척한다.

025 2개의 로프를 직접 연결하면 마찰부위에서 발생하는 열로 인해 로프가 단선될 수 있으므로 카라비너를 함께 사용한다.

026 로프는 매듭을 하는 끝 부분이 가장 크게 손상되며 매듭은 로프강도를 현저하게 감소시킨다.

정답 및 해설

023 [O]

핵심정리 매듭과 꺾임에 의한 로프의 장력변화

매듭의 종류	매듭의 강도(%)
매듭하지 않은 상태	100
8자매듭	75 ~ 80
한겹고정매듭	70 ~ 75
이중 피셔맨매듭	65 ~ 70
피셔맨매듭	60 ~ 65
테이프매듭	60 ~ 70
말뚝매듭	60 ~ 65
엄지매듭	60 ~ 65

024 [X] 합성섬유 로프의 경우 찬물과 연한 비누를 사용해서 세척하고 표백제나 강한 세척제는 사용하지 않는다.

핵심정리 로프의 관리

1. 로프는 산성 물질(자동차 배터리액 등)과 접촉하지 않게 하고, 산성과 접촉이 의심되는 경우에는 즉시 폐기하도록 한다.
2. 2개의 로프를 직접 연결하면 마찰부위에서 발생하는 열로 인해 로프가 단선될 수 있으므로 카라비너를 함께 사용한다.
3. 로프는 매듭을 하는 끝 부분이 가장 크게 손상되며 매듭은 로프강도를 현저하게 감소시킨다.
4. 물에 젖은 로프는 예민해지고 늘어나며, 매듭의 강도를 감소시킨다.
5. 로프를 구입한 부서에서는 폐기할 때까지 지속적으로 관리하고 기록하여야 하며, 로프의 사용일자 및 검사·정비사항 등을 기록부에 기입하여야 한다.

025 [O]

026 [O]

027 로프는 배터리액, 탄화수소 연료 또는 자욱한 연기나 이러한 물질의 증기와 같은 화학적 오염에 노출되어서는 안 되며, 동력장비 또는 이러한 장비의 예비연료와는 따로 보관하여야 한다.

028 천연섬유 로프는 정기적으로 물로 세척하여 깨끗한 상태에서 사용한다.

029 매듭의 가장 중요한 조건은 묶기 쉽고, 자연적으로 풀리지 않고 간편하게 해체할 수 있는 매듭이다.

030 매듭의 끝부분은 엉킴을 방지하기 하기 위하여 로프 직경의 2~3 정도만 남아 있어야 한다.

031 매듭의 크기가 가능한 크게 할 수 있는 방법을 선택한다.

032 매듭의 끝 부분이 빠지지 않도록 주매듭을 묶은 후 옭매듭 등으로 다시 마감해 준다.

033 한겹매듭은 굵기가 서로 다른 로프를 연결할 때 사용하는 결합매듭에 해당한다.

정답 및 해설

027 [O]

028 [X] 천연섬유는 물로 세척하지 않는다. 물로 세척하면 처음에는 천연섬유를 강하게 하지만 지속적으로 적셨다 건조하면 섬유를 약하게 하면서 손상된다.

029 [O]

030 [X] 매듭의 끝부분은 빠지지 않도록 최소한 로프 직경의 10배 정도는 남아 있어야 한다.

031 [O] 매듭의 크기가 작은 방법을 선택한다.

032 [O]

033 [O]

> **핵심정리** 이어매기(연결): 한 로프를 다른 로프와 서로 연결하기
> - 바른매듭
> - 한겹매듭
> - 두겹매듭
> - 8자연결매듭
> - 피셔맨매듭

☐☐☐
034 고정매듭은 로프의 굵기에 관계없이 안전벨트에 로프를 묶을 때 쓰는 매듭이다.

☐☐☐
035 외상환자의 경우에는 두부후굴 하악거상법으로 시행하는 것이 바람직하다.

☐☐☐
036 응급환자의 치료순서는 2순위이고, 심볼은 거북이 그림이다.

☐☐☐
037 비응급환자의 심볼은 십자가 표시이다.

정답 및 해설

034 [O]

> **핵심정리** 마디짓기(결절): 로프의 끝이나 중간에 마디나 매듭·고리 만들기
> - 옭매듭
> - 8자매듭
> - 줄사다리매듭
> - 고정매듭
> - 두겹고정매듭
> - 나비매듭

035 [X] 외상환자의 경우에는 경추가 손상될 수 있으므로 <u>두부후굴을 시행하지 않고 하악거상법만 시행하는 것이 바람직하다.</u>

036 [O]

> **핵심정리** 중증도 분류
>
> | 분류 | 치료순서 | 색깔 | 심볼 |
> |---|---|---|---|
> | Critical(긴급환자) | 1 | 적색(Red) | 토끼 그림 |
> | Urgent(응급환자) | 2 | 황색(Yellow) | 거북이 그림 |
> | Minor(비응급환자) | 3 | 녹색(Green) | X 표시 |
> | Dead(지연환자) | 4 | 흑색(Black) | 십자가 표시 |

037 [X] 비응급환자의 심볼은 X 표시이다.

PART 9 재난관리론

1 재난관리론

001 존스(Jones)의 재해분류 중 스모그, 온난화, 사막화, 염수화 현상, 산사태, 산성화, 홍수, 토양침식 등은 준자연재해에 해당한다.

002 존스(Jones)의 재해분류 중 지형학적 재해는 산사태, 염수토양 등이다.

003 태풍과 가뭄은 존스(Jones)의 재해분류(자연재해) 중 지구물리학적 재해 중 지질학적 재해에 해당한다.

004 아네스(Anesth)의 재해분류 중 태풍은 지진성 재해에 해당한다.

정답 및 해설

001 [X] 존스(Jones)의 재해분류 중 스모그, 온난화, 사막화, 염수화 현상, 눈사태, 산성화, 홍수, 토양침식 등은 준자연재해에 해당한다. 산사태는 자연재해 중 지형학적 재해로 분류한다.

002 [O]

003 [X] 지구물리학적 재해 중 기상학적 재해에 해당한다.

핵심정리 존스(Jones)의 재해분류(자연재해)

대분류	세분류		재해의 종류
자연재해	지구 물리학적 재해	지질학적	지진, 화산, 쓰나미 등
		지형학적	산사태, 염수토양 등
		기상학적	안개, 눈, 해일, 번개, 토네이도, 폭풍, 태풍, 가뭄, 이상기온 등
	생물학적 재해	-	세균, 질병, 유독식물, 유독동물 등
준자연재해	-		스모그, 온난화, 사막화, 염수화 현상, 눈사태, 산성화, 홍수, 토양침식 등
인위재해	-		공해, 폭동, 교통사고, 폭발사고, 전쟁 등

004 [X] 아네스(Anesth)의 재해분류 중 태풍은 기후성 재해에 해당한다.

005 아네스(Anesth)의 재해분류 중 사고성 재해는 교통사고, 산업사고, 폭발사고 등을 말한다.

006 재해로 인해 발생된 환자를 효율적으로 치료하기 위해 내과적 재난(Medical disaster)과 외상성 재난(Surgical disaster)으로 구분한다.

007 외상성 재난은 피해자들이 주로 외상을 당하는 재난으로, 부상 형태가 외상으로 나타나는 재난을 말한다.

008 내과적 재난은 화학물질 누출, 방사능 누출, 유독물질 누출 등의 사고로 호흡기장애, 대사기능장애 등을 유발시키는 물리적 재난을 말한다.

009 재난관리에 있어서 책임범위 및 부담 측면에서 분산적 접근방법보다 통합적 접근방법이 과도하다고 할 수 있다.

010 재난관리에 있어서 통합적 접근방법의 정보전달체계는 일원화되어 있는 장점이 있다.

정답 및 해설

005 [O]

핵심정리 아네스(Anesth)의 재해분류

대분류	세분류	재해의 종류
자연재해	기후성 재해	태풍
	지진성 재해	지진, 화산폭발, 해일
인위재해	사고성 재해	교통사고, 산업사고, 폭발사고, 생물학적 재해, 화학적 재해(유독물질), 방사능재해, 화재사고
	계획적 재해	테러, 폭동, 전쟁

006 [O]

007 [O]

핵심정리 재난의 응급의학적 분류
1. 내과적 재난(Medical disaster): 화학물질 누출, 방사능 누출, 유독물질 누출 등의 사고로 호흡기장애, 대사기능장애 등을 유발시키는 화학적 재난(질환재난)을 말한다.
2. 외상성 재난(Surgical disaster): 피해자들이 주로 외상을 당하는 재난으로서 물리적 재해로 인한 부상 형태가 외상으로 나타나는 재난을 말한다.

008 [X] 내과적 재난 또는 질환재난은 화학물질 누출, 방사능 누출, 유독물질 누출 등의 사고로 호흡기장애, 대사기능장애 등을 유발시키는 화학적 재난을 말한다.

009 [O]

010 [O]

☐☐☐
011 인적자원의 효과적 활용은 통합적 접근방법보다 분산적 접근방법이 효율적이다.

2 재난 및 안전관리 기본법-총칙

☐☐☐
012 재난 및 안전관리 기본법은 각종 재난으로부터 국토를 보존하고 국민의 생명·신체 및 재산을 보호하기 위하여 국가와 지방자치단체의 재난 및 안전관리체제를 확립하고, 재난의 예방·대비·대응·복구와 안전문화활동, 그 밖에 재난 및 안전관리에 필요한 사항을 규정함을 목적으로 한다.

☐☐☐
013 사회재난은 화재·붕괴·폭발·교통사고(항공사고 및 해상사고를 포함한다)·화생방사고·환경오염사고·다중운집인파사고 등으로 인하여 발생하는 대통령령으로 정하는 규모 이상의 피해와 국가핵심기반의 마비, 「감염병의 예방 및 관리에 관한 법률」에 따른 감염병 또는 「가축전염병예방법」에 따른 가축전염병의 확산, 「미세먼지 저감 및 관리에 관한 특별법」에 따른 미세먼지, 「우주개발 진흥법」에 따른 인공우주물체의 추락·충돌 등으로 인한 피해를 말한다.

☐☐☐
014 "해외재난"이란 대한민국의 영역 밖에서 대한민국 국민의 생명·신체 및 재산에 피해를 주거나 줄 수 있는 재난으로서 정부차원에서 대처할 필요가 있는 재난을 말한다.

☐☐☐
015 "안전관리"란 재난의 예방·대비·대응 및 복구를 위하여 하는 모든 활동을 말한다.

☐☐☐
016 "재난관리주관기관"이란 재난관리업무를 중앙행정기관 및 지방자치단체(「제주특별자치도 설치 및 국제자유도시 조성을 위한 특별법」 제10조 제2항에 따른 행정시를 포함한다), 지방행정기관·공공기관·공공단체(공공기관 및 공공단체의 지부 등 지방조직을 포함한다) 및 재난관리의 대상이 되는 중요시설의 관리기관 등으로서 대통령령으로 정하는 기관을 말한다.

정답 및 해설

011 [X] 인적자원의 효과적 활용은 통합적 접근방법이 효율적이다.

012 [O]

013 [O]

014 [O]

015 [X] "재난관리"란 재난의 예방·대비·대응 및 복구를 위하여 하는 모든 활동을 말한다. "안전관리"란 재난이나 그 밖의 각종 사고로부터 사람의 생명·신체 및 재산의 안전을 확보하기 위하여 하는 모든 활동을 말한다.

016 [X] 재난관리책임기관에 대한 설명이다.

017 □□□ "재난관리주관기관"이란 재난이나 그 밖의 각종 사고에 대하여 그 유형별로 예방·대비·대응 및 복구 등의 업무를 주관하여 수행하도록 대통령령으로 정하는 관계 중앙행정기관을 말한다.

018 □□□ "소방활동"이란 재난이 발생할 우려가 현저하거나 재난이 발생하였을 때에 국민의 생명·신체 및 재산을 보호하기 위하여 긴급구조기관과 긴급구조지원기관이 하는 인명구조, 응급처치, 그 밖에 필요한 모든 긴급한 조치를 말한다.

019 □□□ "긴급구조기관"이란 소방청·소방본부 및 소방서를 말한다. 다만, 해양에서 발생한 재난의 경우에는 해양경찰청·지방해양경찰청 및 해양경찰서를 말한다.

020 □□□ "긴급구조지원기관"이란 긴급구조에 필요한 인력·시설 및 장비, 운영체계 등 긴급구조능력을 보유한 기관이나 단체로서 대통령령으로 정하는 기관과 단체를 말한다.

021 □□□ "재난관리활동"이란 안전교육, 안전훈련, 홍보 등을 통하여 안전에 관한 가치와 인식을 높이고 안전을 생활화하도록 하는 등 재난이나 그 밖의 각종 사고로부터 안전한 사회를 만들어가기 위한 활동을 말한다.

022 □□□ "안전취약계층"이란 어린이, 노인, 장애인, 저소득층 등 신체적·사회적·경제적 요인으로 인하여 재난에 취약한 사람을 말한다.

023 □□□ "재난관리정보"란 재난관리를 위하여 필요한 재난상황정보, 동원가능 자원정보, 건설산업정보, 지리정보를 말한다.

📋 **정답 및 해설**

017 [O]

018 [X] 긴급구조에 대한 설명이다.

019 [O]

020 [O]

021 [X] 안전문화활동에 대한 설명이다.

022 [O]

023 [X] "재난관리정보"란 재난관리를 위하여 필요한 재난상황정보, 동원가능 자원정보, 시설물정보, 지리정보를 말한다.

024 "재난안전통신망"이란 재난관리책임기관·긴급구조기관 및 긴급구조지원기관이 재난 및 안전관리업무에 이용하거나 재난현장에서의 통합지휘에 활용하기 위하여 구축·운영하는 통신망을 말한다.

025 "국가기반시설"이란 에너지, 정보통신, 교통수송, 보건의료 등 국가경제, 국민의 안전·건강 및 정부의 핵심기능에 중대한 영향을 미칠 수 있는 시설, 정보기술시스템 및 자산 등을 말한다.

026 "재난안전데이터"란 정보처리능력을 갖춘 장치를 통하여 생성 또는 처리가 가능한 형태로 존재하는 재난 및 안전관리에 관한 정형의 모든 자료만을 말한다.

027 행정안전부장관은 국가 및 지방자치단체가 행하는 재난 및 안전관리 업무를 총괄·조정한다.

3 재난 및 안전관리 기본법 - 총칙 2

028 자연재난 유형별 재난관리주관기관: 과학기술정보통신부 및 우주항공청-「우주개발 진흥법」제2조 제3호 나목에 따른 자연우주물체의 추락·충돌 등으로 인해 발생하는 재해

029 자연재난 유형별 재난관리주관기관: 행정안전부 - 황사로 인해 발생하는 재해

정답 및 해설

024 [O]

025 [X] 국가핵심기반에 대한 설명이다.

026 [X] "재난안전데이터"란 정보처리능력을 갖춘 장치를 통하여 생성 또는 처리가 가능한 형태로 존재하는 재난 및 안전관리에 관한 정형 또는 비정형의 모든 자료를 말한다.

027 [O]

028 [O]

029 [X] 환경부 - 황사로 인해 발생하는 재해

030 자연재난 유형별 재난관리주관기관: 환경부 - 하천·호소 등의 조류 대발생으로 인해 발생하는 재해

031 자연재난 유형별 재난관리주관기관: 국토교통부 - 「지진·화산재해대책법」 제2조 제1호에 따른 지진재해

032 자연재난 유형별 재난관리주관기관: 행정안전부 - 「자연재해대책법」 제2조 제2호에 따른 자연재해로서 낙뢰, 가뭄, 폭염 및 한파로 인해 발생하는 재해

033 자연재난 유형별 재난관리주관기관: 환경부 - 「자연재해대책법」 제2조 제3호에 따른 풍수해 중 조수로 인해 발생하는 재해

034 자연재난 유형별 재난관리주관기관: 행정안전부 및 소방청 - 「산림보호법」 제2조 제10호에 따른 산사태로 인해 발생하는 재해

035 사회재난 유형별 재난관리주관기관: 교육부 - 「교육시설 등의 안전 및 유지관리 등에 관한 법률」 제2조 제1호에 따른 교육시설(「연구실 안전환경 조성에 관한 법률」 제2조 제2호에 따른 연구실은 제외한다)의 "화재등"이라 한다)으로 인해 발생하는 국가 또는 지방자치단체 차원의 대처가 필요한 인명 또는 재산의 피해 등 이 영 제2조에 따른 피해(이하 "대규모 피해"라 한다)

정답 및 해설

030 [O]

031 [X] 행정안전부 - 「지진·화산재해대책법」 제2조 제1호에 따른 지진재해

032 [O]

> **핵심정리** 행정안전부
> 1) 「자연재해대책법」 제2조 제2호에 따른 자연재해로서 낙뢰, 가뭄, 폭염 및 한파로 인해 발생하는 재해
> 2) 「자연재해대책법」 제2조 제3호에 따른 풍수해(조수로 인해 발생하는 재해는 제외한다)
> 3) 「지진·화산재해대책법」 제2조 제1호에 따른 지진재해
> 4) 「지진·화산재해대책법」 제2조 제2호에 따른 화산재해

033 [X] 해양수산부 - 「자연재해대책법」 제2조 제3호에 따른 풍수해 중 조수로 인해 발생하는 재해

034 [X] 산림청 - 「산림보호법」 제2조 제10호에 따른 산사태로 인해 발생하는 재해

035 [O]

036 사회재난 유형별 재난관리주관기관: 보건복지부 – 「영유아보육법」 제2조 제3호에 따른 어린이집의 화재등으로 인해 발생하는 대규모 피해

037 사회재난 유형별 재난관리주관기관: 과학기술정보통신부 및 우주항공청 – 「우주개발 진흥법」 제2조 제3호 가목에 따른 인공우주물체의 추락·충돌 등으로 인해 발생하는 피해

038 사회재난 유형별 재난관리주관기관: 교육부 – 「연구실 안전환경 조성에 관한 법률」 제2조 제12호에 따른 연구실사고로 인해 발생하는 대규모 피해

039 사회재난 유형별 재난관리주관기관: 행정안전부 및 소방청 – 일반인이 자유로이 모이거나 통행하는 도로, 광장 및 공원의 다중운집인파사고로 인해 발생하는 대규모 피해

040 사회재난 유형별 재난관리주관기관: 산업자원부 – 「위험물안전관리법」 제2조 제1항 제1호에 따른 위험물의 누출·화재·폭발 등으로 인해 발생하는 대규모 피해

정답 및 해설

036 [X] 교육부 – 「영유아보육법」 제2조 제3호에 따른 어린이집의 화재등으로 인해 발생하는 대규모 피해

037 [O]

038 [X] 과학기술정보통신부 – 「연구실 안전환경 조성에 관한 법률」 제2조 제12호에 따른 연구실사고로 인해 발생하는 대규모 피해

039 [X] 행정안전부 및 경찰청 – 일반인이 자유로이 모이거나 통행하는 도로, 광장 및 공원의 다중운집인파사고로 인해 발생하는 대규모 피해

040 [X] 행정안전부 및 소방청 – 「위험물안전관리법」 제2조 제1항 제1호에 따른 위험물의 누출·화재·폭발 등으로 인해 발생하는 대규모 피해

041 사회재난 유형별 재난관리주관기관: 문화체육관광부 - 「가축전염병 예방법」 제2조 제2호에 따른 가축전염병의 확산으로 인한 피해

042 사회재난 유형별 재난관리주관기관: 중소벤처기업부 - 「유통산업발전법」 제2조 제3호에 따른 대규모점포의 화재 등으로 인해 발생하는 대규모 피해

043 사회재난 유형별 재난관리주관기관: 환경부 - 「농어촌정비법」 제2조 제6호에 따른 농업생산기반시설 중 저수지의 붕괴·파손 등으로 인해 발생하는 대규모 피해

044 사회재난 유형별 재난관리주관기관: 행정안전부 및 소방청 - 「석유 및 석유대체연료 사업법」 제2조 제1호에 따른 석유의 정제시설·비축시설 및 같은 법 시행령 제2조 제3호에 따른 주유소의 화재등으로 인해 발생하는 대규모 피해

045 사회재난 유형별 재난관리주관기관: 보건복지부 - 「의료법」 제3조 제2항 제3호에 따른 병원급 의료기관의 화재 등으로 인해 발생하는 대규모 피해

정답 및 해설

041 [X] 농림축산식품부가 재난관리주관기관이다.

> **핵심정리 | 농림축산식품부**
> 1) 「가축전염병 예방법」 제2조 제2호에 따른 가축전염병의 확산으로 인한 피해
> 2) 「농어촌정비법」 제2조 제6호에 따른 농업생산기반시설 중 저수지의 붕괴·파손 등으로 인해 발생하는 대규모 피해
> 3) 「농수산물 유통 및 가격안정에 관한 법률」 제2조 제2호에 따른 농수산물도매시장(축산물도매시장은 포함하며, 수산물도매시장은 제외한다) 및 같은 조 제12호에 따른 농수산물종합유통센터(수산물종합유통센터는 제외한다)의 화재등으로 인해 발생하는 대규모 피해

042 [X] 산업통상자원부 - 「유통산업발전법」 제2조 제3호에 따른 대규모점포의 화재등으로 인해 발생하는 대규모 피해

043 [X] 농림축산식품부 - 「농어촌정비법」 제2조 제6호에 따른 농업생산기반시설 중 저수지의 붕괴·파손 등으로 인해 발생하는 대규모 피해

044 [X] 산업통상자원부 - 「석유 및 석유대체연료 사업법」 제2조 제1호에 따른 석유의 정제시설·비축시설 및 같은 법 시행령 제2조 제3호에 따른 주유소의 화재등으로 인해 발생하는 대규모 피해

045 [O]

046 사회재난 유형별 재난관리주관기관: 농림축산식품부 – 「감염병의 예방 및 관리에 관한 법률」 제2조 제1호에 따른 감염병의 확산으로 인한 피해

047 사회재난 유형별 재난관리주관기관: 환경부 – 「먹는물관리법」 제3조 제1호에 따른 먹는물의 수질오염으로 인해 발생하는 대규모 피해

4 중앙위원회 등

048 재난 및 안전관리에 관한 제36조에 따른 재난사태의 선포에 관한 사항을 심의하기 위하여 국무총리 소속으로 중앙안전관리위원회(이하 "중앙위원회"라 한다)를 둔다.

049 중앙위원회의 위원장은 국무총리가 되고, 위원은 대통령령으로 정하는 중앙행정기관 또는 관계 기관·단체의 장이 된다.

050 중앙위원회에 간사 1명을 두며, 간사는 소방청장이 된다.

051 행정안전부장관 등이 중앙위원회 위원장의 직무를 대행할 때에는 행정안전부의 재난안전관리사무를 담당하는 본부장이 중앙위원회 간사의 직무를 대행한다.

정답 및 해설

046 [X] 보건복지부 및 질병관리청 – 「감염병의 예방 및 관리에 관한 법률」 제2조 제1호에 따른 감염병의 확산으로 인한 피해

047 [O]

048 [O]

049 [O]

050 [X] 중앙위원회에 간사 1명을 두며, 간사는 행정안전부장관이 된다.

051 [O]

052 「재난 및 안전관리 기본법 시행령」상 중앙위원회, 조정위원회, 실무위원회 및 중앙재난방송협의회의 회의에 출석한 위원에게는 예산의 범위에서 수당과 여비, 그 밖의 실비를 지급할 수 있다. 다만, 공무원인 위원이 그 업무와 직접 관련하여 회의에 출석하는 경우에는 그러하지 아니하다.

053 「재난 및 안전관리 기본법 시행령」상 중앙위원회, 조정위원회 및 중앙재난방송협의회의 위원 중 공무원인 위원의 임기는 해당 직위에 재임하는 기간으로 하고, 그 외의 위원의 임기는 2년으로 한다. 다만, 보궐위원의 임기는 전임자 임기의 남은 기간으로 한다.

054 중앙위원회에 상정될 안건을 사전에 검토하고 제26조에 따른 국가핵심기반의 지정에 관한 사항의 심의를 수행하기 위하여 중앙위원회에 안전정책조정위원회(이하 "조정위원회"라 한다)를 둔다.

055 조정위원회의 위원장은 국무총리가 되고, 위원은 대통령령으로 정하는 중앙행정기관의 차관 또는 차관급 공무원과 재난 및 안전관리에 관한 지식과 경험이 풍부한 사람 중에서 위원장이 임명하거나 위촉하는 사람이 된다.

056 「재난 및 안전관리 기본법 시행령」상 법 제10조 제4항에 따른 실무위원회는 위원장 1명을 포함하여 30명 내외의 위원으로 구성한다.

057 「재난 및 안전관리 기본법 시행령」상 실무위원회의 회의(이하 "실무회의"라 한다)는 위원 5명 이상의 요청이 있거나 실무위원장이 필요하다고 인정하는 경우에 실무위원장이 소집한다.

정답 및 해설

052 [O]

053 [O]

054 [O]

055 [X] 조정위원회의 위원장은 행정안전부장관이 되고, 위원은 대통령령으로 정하는 중앙행정기관의 차관 또는 차관급 공무원과 재난 및 안전관리에 관한 지식과 경험이 풍부한 사람 중에서 위원장이 임명하거나 위촉하는 사람이 된다.

056 [X] 실무위원회는 위원장 1명을 포함하여 50명 내외의 위원으로 구성한다.

057 [O]

058 「재난 및 안전관리 기본법 시행령」상 실무회의는 실무위원장과 실무위원장이 회의마다 지정하는 12명 내외의 위원으로 구성한다.

059 행정안전부장관은 5년마다 재난 및 안전관리 사업의 효과성 및 효율성을 평가하고, 그 결과를 관계 중앙행정기관의 장에게 통보하여야 한다.

060 지역별 재난 및 안전관리에 관한 해당 지역에 대한 재난 및 안전관리정책에 관한 사항을 심의·조정하기 위하여 "시·도지사" 소속으로 시·도 안전관리위원회(이하 "시·도위원회"라 한다)를 두고, 시장·군수·구청장 소속으로 시·군·구 안전관리위원회(이하 "시·군·구위원회"라 한다)를 둔다.

061 시·도위원회의 위원장은 소방본부장이 되고, 시·군·구위원회의 위원장은 소방서장이 된다.

062 재난에 관한 예보·경보·통지나 응급조치 및 재난관리를 위한 재난방송이 원활히 수행될 수 있도록 중앙위원회에 중앙재난방송협의회를 둘 수 있다.

063 「재난 및 안전관리 기본법 시행령」상 법 제12조 제1항에 따라 중앙위원회에 두는 중앙재난방송협의회는 위원장 1명과 부위원장 1명을 포함한 25명 이내의 위원으로 구성한다.

064 「재난 및 안전관리 기본법 시행령」상 중앙재난방송협의회의 위원장은 위촉 위원 중에서 과학기술정보통신부장관이 지명하는 사람이 되고, 부위원장은 중앙재난방송협의회의 위원 중에서 호선한다.

정답 및 해설

058 [X] 실무회의는 실무위원장과 실무위원장이 회의마다 지정하는 25명 내외의 위원으로 구성한다.

059 [X] 행정안전부장관은 매년 재난 및 안전관리 사업의 효과성 및 효율성을 평가하고, 그 결과를 관계 중앙행정기관의 장에게 통보하여야 한다.

060 [O]

061 [X] 시·도위원회의 위원장은 시·도지사가 되고, 시·군·구위원회의 위원장은 시장·군수·구청장이 된다.

062 [X] 재난에 관한 예보·경보·통지나 응급조치 및 재난관리를 위한 재난방송이 원활히 수행될 수 있도록 중앙위원회에 중앙재난방송협의회를 두어야 한다.

063 [O]

064 [O]

065 중앙위원회의 위원장은 재난 및 안전관리에 관한 민관 협력관계를 원활히 하기 위하여 중앙안전관리민관협력위원회(이하 "중앙민관협력위원회"라 한다)를 구성·운영할 수 있다.

066 「재난 및 안전관리 기본법 시행령」상 법 제12조의2 제1항에 따른 중앙안전관리민관협력위원회(이하 "중앙민관협력위원회"라 한다)는 공동위원장 2명을 포함하여 35명 이내의 위원으로 구성한다.

067 행정안전부장관은 시·도위원회의 운영과 지방자치단체의 재난 및 안전관리업무에 대하여 필요한 지원과 지도를 할 수 있으며, 시·도지사는 관할 구역의 시·군·구위원회의 운영과 시·군·구의 재난 및 안전관리업무에 대하여 필요한 지원과 지도를 할 수 있다.

5 중앙재난안전대책본부 등

068 대통령령으로 정하는 대규모 재난(이하 "대규모재난"이라 한다)의 대응·복구(이하 "수습"이라 한다) 등에 관한 사항을 총괄·조정하고 필요한 조치를 하기 위하여 국무총리 소속으로 중앙재난안전대책본부(이하 "중앙대책본부"라 한다)를 둔다.

069 중앙대책본부의 본부장(이하 "중앙대책본부장"이라 한다)은 행정안전부장관이 되며, 중앙대책본부장은 중앙대책본부의 업무를 총괄하고 필요하다고 인정하면 중앙재난안전대책본부회의를 소집할 수 있다. 다만, 해외재난의 경우에는 외교부장관이, 「원자력시설 등의 방호 및 방사능 방재 대책법」 제2조 제1항 제8호에 따른 방사능재난의 경우에는 같은 법 제25조에 따른 중앙방사능방재대책본부의 장이 각각 중앙대책본부장의 권한을 행사한다.

📖 정답 및 해설

065 [X] **조정위원회의 위원장은** 재난 및 안전관리에 관한 민관 협력관계를 원활히 하기 위하여 중앙안전관리민관협력위원회(이하 "중앙민관협력위원회"라 한다)를 구성·운영할 수 있다.

066 [O]

067 [O]

068 [X] 대통령령으로 정하는 대규모 재난의 "수습" 등에 관한 사항을 총괄·조정하고 필요한 조치를 하기 위하여 행정안전부에 "중앙대책본부"를 둔다.

069 [O]

070 중앙대책본부장은 국내 또는 해외에서 발생하였거나 발생할 우려가 있는 대규모재난의 수습을 지원하기 위하여 관계 중앙행정기관 및 관계 기관·단체의 재난관리에 관한 전문가 등으로 수습지원단을 구성하여 현지에 파견할 수 있다.

071 해당 관할 구역에서 재난의 수습 등에 관한 사항을 총괄·조정하고 필요한 조치를 하기 위하여 시·도지사는 시·도재난안전대책본부(이하 "시·도대책본부"라 한다)를 두고, 시장·군수·구청장은 시·군·구재난안전대책본부(이하 "시·군·구대책본부"라 한다)를 둔다.

072 시·도대책본부 또는 시·군·구대책본부(이하 "지역대책본부"라 한다)의 본부장(이하 "지역대책본부장"이라 한다)은 시·도지사 또는 시장·군수·구청장이 되며, 지역대책본부장은 지역대책본부의 업무를 총괄하고 필요하다고 인정하면 대통령령으로 정하는 바에 따라 지역재난안전대책본부회의를 소집할 수 있다.

073 국토교통부장관은 수습본부 또는 지역대책본부의 재난상황의 관리와 재난 수습 등을 효율적으로 지원하기 위하여 필요한 경우에는 대책지원본부를 둘 수 있다.

074 재난의 효과적인 수습을 위하여 국무총리가 범정부적 차원의 통합 대응이 필요하다고 인정하는 경우에는 국무총리가 중앙대책본부장의 권한을 행사할 수 있다. 이 경우 행정안전부장관, 외교부장관(해외재난의 경우에 한정한다) 또는 원자력안전위원회 위원장(방사능 재난의 경우에 한정한다)이 차장이 된다.

075 「재난 및 안전관리 기본법 시행령」상 중앙대책본부(법 제14조 제3항 단서에 따라 방사능재난의 경우 중앙대책본부가 되는 「원자력시설 등의 방호 및 방사능 방재 대책법」 제25조에 따른 중앙방사능방재대책본부는 제외한다)에는 차장·총괄조정관·대변인·통제관·부대변인 및 담당관을 두며, 연구개발·조사 및 홍보 등 전문적 지식의 활용이 필요한 경우에는 중앙대책본부장(국무총리가 중앙대책본부장인 경우에는 차장을 말한다)을 보좌하기 위하여 특별대응단장 또는 특별보좌관(이하 "특별대응단장등"이라 한다)을 둘 수 있다.

정답 및 해설

070 [O]

071 [O]

072 [O]

073 [X] 행정안전부장관의 권한에 해당한다.

074 [O]

075 [O]

☐☐☐
076 「재난 및 안전관리 기본법 시행령」상 특별대응단장등에는 업무수행에 필요한 최소한의 하부조직을 둘 수 있다.

6 재난안전상황실

☐☐☐
077 행정안전부장관은 재난정보의 수집·전파, 상황관리, 재난발생 시 초동조치 및 지휘 등의 업무를 수행하기 위하여 상시 재난안전상황실을 설치·운영할 수 있다.

☐☐☐
078 시장·군수·구청장은 재난정보의 수집·전파, 상황관리, 재난발생 시 초동조치 및 지휘 등의 업무를 수행하기 위하여 상황에 따라 시·군·구별 재난안전상황실을 설치·운영하여야 한다.

☐☐☐
079 중앙행정기관의 장은 소관 업무분야의 재난상황을 관리하기 위하여 재난안전상황실을 설치·운영하거나 재난상황을 관리할 수 있는 체계를 갖추어야 한다.

☐☐☐
080 누구든지 재난의 발생이나 재난이 발생할 징후를 발견하였을 때에는 즉시 그 사실을 시장·군수·구청장·긴급구조기관, 그 밖의 관계 행정기관에 신고하여야 한다.

☐☐☐
081 재외공관의 장은 관할 구역에서 해외재난이 발생하거나 발생할 우려가 있으면 즉시 그 상황을 행정안전부장관 또는 소방청장에게 보고하여야 한다.

정답 및 해설

076 [O]

077 [X] 행정안전부장관은 재난정보의 수집·전파, 상황관리, 재난발생 시 초동조치 및 지휘 등의 업무를 수행하기 위하여 상시 재난안전상황실을 설치·운영하여야 한다.

078 [X] 시장·군수·구청장은 재난정보의 수집·전파, 상황관리, 재난발생 시 초동조치 및 지휘 등의 업무를 수행하기 위하여 상시 시·군·구별 재난안전상황실을 설치·운영하여야 한다.

079 [O]

080 [O]

081 [X] 재외공관의 장은 관할 구역에서 해외재난이 발생하거나 발생할 우려가 있으면 즉시 그 상황을 외교부장관에게 보고하여야 한다.

082 보고를 받은 외교부장관은 지체 없이 해외재난 발생 또는 발생 우려 지역에 거주하거나 체류하는 대한민국 국민의 생사확인 등 안전 여부를 확인하고, 행정안전부장관 및 관계 중앙행정기관의 장과 협의하여 해외재난국민의 보호를 위한 방안을 마련하여 시행하여야 한다.

7 국가안전관리기본계획 등

083 국무총리는 재난 및 사고로부터 국민의 생명·신체 및 재산을 보호하기 위하여 5년마다 국가의 재난 및 안전관리업무에 관한 기본계획(이하 "국가안전관리기본계획"이라 한다)을 수립하여야 한다.

084 국무총리는 행정안전부장관으로 하여금 국가안전관리기본계획의 수립지침을 작성하여 관계 중앙행정기관의 장에게 통보하도록 하여야 한다.

085 관계 중앙행정기관의 장은 수립지침에 따라 5년마다 그 소관에 속하는 재난 및 안전관리업무에 관한 기본계획을 작성한 후 행정안전부장관에게 제출하여야 한다.

086 관계 중앙행정기관의 장은 제22조 제5항에 따라 통보받은 국가안전관리기본계획에 따라 매년 그 소관 업무에 관한 집행계획을 작성하여 중앙위원회의 심의를 거쳐 확정한다.

087 시·도지사는 재난 및 사고로부터 관할 구역 주민의 생명·신체 및 재산을 보호하기 위하여 국가안전관리기본계획에 따라 지역 여건을 고려하여 매년 시·도의 재난 및 안전관리업무에 관한 계획(이하 "시·도안전관리계획"이라 한다)을 수립할 수 있다.

📑 정답 및 해설

082 [O]

083 [O]

084 [O]

085 [O]

086 [X] 관계 중앙행정기관의 장은 제22조제5항에 따라 통보받은 국가안전관리기본계획에 따라 매년 그 소관 업무에 관한 집행계획을 작성하여 조정위원회의 심의를 거쳐 확정한다.

087 [X] 시·도지사는 재난 및 사고로부터 관할 구역 주민의 생명·신체 및 재산을 보호하기 위하여 국가안전관리기본계획에 따라 지역 여건을 고려하여 매년 시·도의 재난 및 안전관리업무에 관한 계획(이하 "시·도안전관리계획"이라 한다)을 수립하여야 한다.

☐☐☐
088 행정안전부장관은 국가안전관리기본계획과 제23조 제1항에 따른 집행계획에 따라 매년 시·도안전관리계획의 수립지침을 작성하여 시·도지사에게 통보하여야 한다.

☐☐☐
089 관계 중앙행정기관의 장은 제23조 제1항에 따라 확정된 전년도 집행계획의 추진실적을 매년 국무총리에게 제출하여야 한다.

☐☐☐
090 재난관리책임기관의 장은 전년도 세부집행계획의 추진실적을 매년 소속 중앙행정기관의 장에게 제출하여야 하고, 이를 제출받은 소속 중앙행정기관의 장은 해당 추진실적을 행정안전부장관에게 제출하여야 한다.

8 재난의 예방

☐☐☐
091 재난관리책임기관의 장은 소관 관리대상 업무의 분야에서 재난 발생을 사전에 방지하기 위하여 '재난에 대응할 조직의 구성 및 정비'의 조치를 하여야 한다.

☐☐☐
092 재난관리책임기관의 장은 재난관리의 실효성을 확보할 수 있도록 제1항 제4호(재난이 발생할 위험이 높은 분야에 대한 안전관리체계의 구축 및 안전관리규정의 제정)에 따른 안전관리체계 및 안전관리규정을 정비·보완하여야 한다.

☐☐☐
093 관계 중앙행정기관의 장은 소관 분야의 국가핵심기반을 다른 '국가핵심기반 등에 미치는 연쇄효과', '둘 이상의 중앙행정기관의 공동대응 필요성', '재난이 발생하는 경우 국가안전보장과 경제·사회에 미치는 피해 규모 및 범위' 및 '재난의 발생 가능성 또는 그 복구의 용이성'의 기준에 따라 중앙위원회의 심의를 거쳐 지정할 수 있다.

📋 정답 및 해설

088 [O]

089 [X] 관계 중앙행정기관의 장은 제23조 제1항에 따라 확정된 전년도 집행계획의 추진실적을 매년 행정안전부장관에게 제출하여야 한다.

090 [O]

091 [O]

092 [O]

093 [O]

094 '국가핵심기반의 지정 등'은 재난관리의 단계별 활동 중 예방단계에 해당한다.

095 '특정관리대상지역의 지정 및 관리 등'은 단계별 활동 중 대비단계에 해당한다.

096 '재난방지시설의 관리'는 단계별 활동 중 대비단계에 해당한다.

097 '재난안전분야 종사자 교육'은 단계별 활동 중 대응단계에 해당한다.

098 소방청장 또는 소방본부장은 재난이 발생할 위험이 높거나 재난예방을 위하여 계속적으로 관리할 필요가 있다고 인정되는 지역을 대통령령으로 정하는 바에 따라 특정관리대상지역으로 지정할 수 있다.

099 「재난 및 안전관리 기본법 시행령」상 소방청장 또는 시·도지사는 법 제27조 제1항에 따른 특정관리대상지역(이하 "특정관리대상지역"이라 한다)을 지정하기 위하여 소관 지역의 현황을 매년 정기적으로 또는 수시로 조사하여야 한다.

정답 및 해설

094 [O]

095 [O]

핵심정리 재난관리 단계별 활동

예방단계	• 재난관리책임기관의 장의 재난예방조치 등 • <u>국가핵심기반의 지정 등</u> • <u>특정관리대상지역의 지정 및 관리</u> • **재난방지시설의 관리** • 재난안전분야 종사자 교육 • <u>재난예방을 위한 긴급안전점검 등</u> • 재난예방을 위한 안전조치 • 정부합동 안전점검 • 집중 안전점검 기간 운영 등 • 재난관리 실태 공시 등

096 [X] 단계별 활동 중 예방단계에 해당한다.

097 [X] 단계별 활동 중 예방단계에 해당한다.

098 [X] 단계별 활동 중 예방단계에 해당한다.

099 [X] 중앙행정기관의 장 또는 지방자치단체의 장의 권한에 해당한다.

100 재난관리책임기관의 장은 관계 법령 또는 제3장의 안전관리계획에서 정하는 바에 따라 대통령령으로 정하는 재난방지시설을 점검·관리하여야 한다.

101 재난관리책임기관에서 재난 및 안전관리업무를 담당하는 공무원이나 직원은 행정안전부장관이 실시하는 전문교육(이하 "전문교육"이라 한다)을 행정안전부령으로 정하는 바에 따라 정기적으로 또는 수시로 받아야 한다.

102 「재난 및 안전관리 기본법 시행규칙」상 전문교육의 대상자는 해당 업무를 맡은 후 3개월 이내에 신규교육을 받아야 하며, 신규교육을 받은 후 매 2년마다 정기교육을 받아야 한다.

103 행정안전부장관 또는 재난관리책임기관(행정기관만을 말한다)의 장은 긴급안전점검 결과 재난 발생의 위험이 높다고 인정되는 시설 또는 지역에 대하여는 대통령령으로 정하는 바에 따라 그 소유자·관리자 또는 점유자에게 정밀안전진단(시설만 해당한다), 보수 또는 보강 등 정비, 재난을 발생시킬 위험요인의 제거 등의 안전조치를 할 것을 명할 수 있다.

104 행정안전부장관은 재난 예방 및 국민 안전 확보를 위하여 재난안전분야 제도개선 과제를 선정하여 재난관리주관기관의 장에게 개선과제의 이행을 요청할 수 있다.

105 행정안전부장관은 재난관리책임기관의 재난 및 안전관리 실태를 점검하기 위하여 대통령령으로 정하는 바에 따라 정부합동안전점검단(이하 "정부합동점검단"이라 한다)을 편성하여 안전 점검을 실시할 수 있다.

📋 정답 및 해설

100 [O]

101 [O]

102 [O]

103 [X] 전문교육의 대상자는 해당 업무를 맡은 후 6개월 이내에 신규교육을 받아야 하며, 신규교육을 받은 후 매 2년마다 정기교육을 받아야 한다.

104 [O]

105 [O]

9 재난의 대비

106 재난관리책임기관의 장은 재난의 발생으로 인하여 통신이 끊기는 상황에 대비하여 미리 유선이나 무선 또는 위성통신망을 활용할 수 있도록 긴급통신수단을 마련하여야 한다.

107 행정안전부장관은 재난현장에서 "긴급통신수단"이 공동 활용될 수 있도록 하기 위하여 재난관리책임기관, 긴급구조기관 및 긴급구조지원기관에서 보유하고 있는 긴급통신수단의 보유 현황 등을 조사하고, 긴급통신수단을 관리하기 위한 체계를 구축·운영할 수 있다.

108 시·도지사 또는 소방본부장은 재난관리를 효율적으로 수행하기 위하여 재난분야 용어정의 및 표준체계 정립, 국가재난 대응체계에 대한 원칙, 재난경감·상황관리·유지관리 등에 관한 일반적 기준, 그 밖의 대통령령으로 정하는 사항이 포함된 국가재난관리기준을 제정하여 운용하여야 한다. 다만, 「산업표준화법」 제12조에 따른 한국산업표준을 적용할 수 있는 사항에 대하여는 한국산업표준을 반영할 수 있다.

109 '재난분야 위기관리 매뉴얼 작성·운용'은 재난관리의 단계별 활동 중 예방단계에 해당한다.

110 '국가재난관리기준의 제정·운용 등'은 재난관리의 단계별 활동 중 예방단계에 해당한다.

정답 및 해설

106 [O]

107 [O]

108 [X] 행정안전부장관의 권한에 해당한다.

109 [X] 단계별 활동 중 대비단계에 해당한다.

핵심정리 재난관리 단계별 활동

대비단계	• 재난관리자원의 관리 • 재난현장 긴급통신수단의 마련 • 국가재난관리기준의 제정·운용 등 • 기능별 재난대응 활동계획의 작성·활용 • 재난분야 위기관리 매뉴얼의 작성·운용 • 다중이용시설 등의 위기상황 매뉴얼의 작성·관리 및 훈련 • 안전기준의 등록 및 심의 등 • 재난안전통신망의 구축·운영 • 재난대비훈련 기본계획의 수립 및 실시

110 [X] 단계별 활동 중 대비단계에 해당한다.

111 '다중이용시설 등의 위기상황 매뉴얼 작성·관리 및 훈련'은 재난관리의 단계별 활동 중 대비단계에 해당한다.

112 '재난안전통신망의 구축·운영'은 재난관리의 단계별 활동 중 대비단계에 해당한다.

113 재난관리책임기관의 장은 재난관리가 효율적으로 이루어질 수 있도록 대통령령으로 정하는 바에 따라 기능별 재난대응 활동계획(이하 "재난대응활동계획"이라 한다)을 작성하여 활용하여야 한다.

114 위기관리 표준매뉴얼은 국가적 차원에서 관리가 필요한 재난에 대하여 재난관리 체계와 관계 기관의 임무와 역할을 규정한 문서로 위기대응 실무매뉴얼의 작성 기준이 된다.

115 현장조치 행동매뉴얼은 위기관리 표준매뉴얼에서 규정하는 기능과 역할에 따라 실제 재난대응에 필요한 조치사항 및 절차를 규정한 문서로 재난관리주관기관의 장과 관계 기관의 장이 작성한다.

116 현장조치 행동매뉴얼은 재난현장에서 임무를 직접 수행하는 기관의 행동조치 절차를 구체적으로 수록한 문서로 위기대응 실무매뉴얼을 작성한 기관의 장이 지정한 기관의 장이 작성하되, 시장·군수·구청장은 재난유형별 현장조치 행동매뉴얼을 통합하여 작성할 수 있다.

📖 정답 및 해설

111 [O]

112 [O]

113 [O]

114 [O] 위기관리 표준매뉴얼: 국가적 차원에서 관리가 필요한 재난에 대하여 재난관리 체계와 관계 기관의 임무와 역할을 규정한 문서로 위기대응 실무매뉴얼의 작성 기준이 되며, 재난관리주관기관의 장이 작성한다. 다만, 다수의 재난관리주관기관이 관련되는 재난에 대해서는 관계 재난관리주관기관의 장과 협의하여 행정안전부장관이 위기관리 표준매뉴얼을 작성할 수 있다.

115 [X] 위기대응 실무매뉴얼: 위기관리 표준매뉴얼에서 규정하는 기능과 역할에 따라 실제 재난대응에 필요한 조치사항 및 절차를 규정한 문서로 재난관리주관기관의 장과 관계 기관의 장이 작성한다. 이 경우 재난관리주관기관의 장은 위기대응 실무매뉴얼과 제1호에 따른 위기관리 표준매뉴얼을 통합하여 작성할 수 있다.

116 [O] 현장조치 행동매뉴얼: 재난현장에서 임무를 직접 수행하는 기관의 행동조치 절차를 구체적으로 수록한 문서로 위기대응 실무매뉴얼을 작성한 기관의 장이 지정한 기관의 장이 작성하되, 시장·군수·구청장은 재난유형별 현장조치 행동매뉴얼을 통합하여 작성할 수 있다. 다만, 현장조치 행동매뉴얼 작성 기관의 장이 다른 법령에 따라 작성한 계획·매뉴얼 등에 재난유형별 현장조치 행동매뉴얼에 포함될 사항이 모두 포함되어 있는 경우 해당 재난유형에 대해서는 현장조치 행동매뉴얼이 작성된 것으로 본다.

117 재난관리주관기관의 장이 작성한 위기관리 표준매뉴얼은 행정안전부장관의 승인을 받아 이를 확정하고, 위기대응 실무매뉴얼과 연계하여 운용하여야 한다.

118 국무총리는 재난관리업무를 효율적으로 하기 위하여 대통령령으로 정하는 바에 따라 위기관리에 필요한 매뉴얼 표준안을 연구·개발하여 보급할 수 있다.

119 대통령령으로 정하는 다중이용시설 등의 소유자·관리자 또는 점유자는 행정안전부령으로 정하는 바에 따라 위기상황에 대비한 매뉴얼을 작성·관리하여야 한다. 다만, 다른 법령에서 위기상황에 대비한 대응계획 등의 작성·관리에 관하여 규정하고 있는 경우에는 그 법령에서 정하는 바에 따른다.

120 국토교통부장관은 안전기준을 체계적으로 관리·운용하기 위하여 안전기준을 통합적으로 관리할 수 있는 체계를 갖추어야 한다.

121 행정안전부장관은 체계적인 재난관리를 위하여 재난안전통신망을 구축·운영할 수 있다.

122 행정안전부장관은 5년 마다 재난대비훈련 기본계획을 수립하고 재난관리책임기관의 장에게 통보하여야 한다.

정답 및 해설

117 [O]

118 [X] 행정안전부장관은 재난관리업무를 효율적으로 하기 위하여 대통령령으로 정하는 바에 따라 위기관리에 필요한 매뉴얼 표준안을 연구·개발하여 보급할 수 있다.

119 [X] 대통령령으로 정하는 다중이용시설 등의 소유자·관리자 또는 점유자는 대통령령으로 정하는 바에 따라 위기상황에 대비한 매뉴얼을 작성·관리하여야 한다. 다만, 다른 법령에서 위기상황에 대비한 대응계획 등의 작성·관리에 관하여 규정하고 있는 경우에는 그 법령에서 정하는 바에 따른다.

120 [X] 행정안전부장관은 안전기준을 체계적으로 관리·운용하기 위하여 안전기준을 통합적으로 관리할 수 있는 체계를 갖추어야 한다.

121 [X] 행정안전부장관은 체계적인 재난관리를 위하여 재난안전통신망을 구축·운영하여야 하며, 재난관리책임기관·긴급구조기관 및 긴급구조지원기관(이하 "재난관련기관"이라 한다)은 재난관리에 재난안전통신망을 사용하여야 한다.

122 [X] 행정안전부장관은 매년 재난대비훈련 기본계획을 수립하고 재난관리책임기관의 장에게 통보하여야 한다.

123 행정안전부장관, 중앙행정기관의 장, 시·도지사, 시장·군수·구청장 및 긴급구조기관(이하 "훈련주관기관"이라 한다)의 장은 대통령령으로 정하는 바에 따라 매년 정기적으로 또는 수시로 재난관리책임기관, 긴급구조지원기관 및 군부대 등 관계 기관(이하 "훈련참여기관"이라 한다)과 합동으로 재난대비훈련(제34조의5에 따른 위기관리 매뉴얼의 숙달훈련을 포함한다)을 실시하여야 한다.

10 재난의 대응

124 행정안전부장관은 원칙적으로 대통령령으로 정하는 재난이 발생하거나 발생할 우려가 있는 경우 사람의 생명·신체 및 재산에 미치는 중대한 영향이나 피해를 줄이기 위하여 긴급한 조치가 필요하다고 인정하면 중앙위원회의 심의를 거쳐 재난사태를 선포할 수 있다.

125 시·도지사는 관할 구역에서 재난이 발생하거나 발생할 우려가 있는 등 대통령령으로 정하는 경우 사람의 생명·신체 및 재산에 미치는 중대한 영향이나 피해를 줄이기 위하여 긴급한 조치가 필요하다고 인정하면 시·도위원회의 심의를 거쳐 재난사태를 선포할 수 있다. 이 경우 시·도지사는 지체 없이 그 사실을 행정안전부장관에게 통보하여야 한다.

정답 및 해설

123 [O]

124 [O] 행정안전부장관은 대통령령으로 정하는 재난이 발생하거나 발생할 우려가 있는 경우 사람의 생명·신체 및 재산에 미치는 중대한 영향이나 피해를 줄이기 위하여 긴급한 조치가 필요하다고 인정하면 중앙위원회의 심의를 거쳐 재난사태를 선포할 수 있다. 다만, 행정안전부장관은 재난상황이 긴급하여 중앙위원회의 심의를 거칠 시간적 여유가 없다고 인정하는 경우에는 중앙위원회의 심의를 거치지 아니하고 재난사태를 선포할 수 있다.

125 [O]

126 지역통제단장과 시장·군수·구청장은 재난이 발생할 우려가 있거나 재난이 발생하였을 때에는 즉시 수방(水防)·진화·구조 및 구난, 그 밖에 재난 발생을 예방하거나 피해를 줄이기 위한 응급조치를 하여야 한다.

127 중앙통제단은 긴급구조에 대한 사항의 총괄·조정, 긴급구조기관 및 긴급구조지원기관이 하는 긴급구조활동의 역할 분담과 지휘·통제 등을 한다.

128 중앙통제단은 행정안전부에 둔다.

정답 및 해설

126 [O]

> **핵심정리** 지역통제단장의 응급조치
> 1. 진화에 관한 응급조치
> 2. 긴급수송 및 구조 수단의 확보
> 3. 현장지휘통신체계의 확보

> **핵심정리** 시장·군수·구청장의 응급조치
> 1. 경보의 발령 또는 전달이나 피난의 권고 또는 지시
> 2. 재난예방을 위한 안전조치
> 3. 진화·수방·지진방재, 그 밖의 응급조치와 구호
> 4. 피해시설의 응급복구 및 방역과 방범, 그 밖의 질서 유지
> 5. 긴급수송 및 구조 수단의 확보
> 6. 급수 수단의 확보, 긴급피난처 및 구호품의 확보
> 7. 현장지휘통신체계의 확보
> 8. 재난 발생을 예방하거나 줄이기 위하여 필요한 사항으로서 대통령령으로 정하는 사항

127 [O]

128 [X] 중앙통제단은 소방청에 둔다.

> **핵심정리** 중앙긴급구조통제단(중앙통제단)
> 1. 소속: 소방청
> 2. 중앙통제단 단장: 소방청장
> 3. 목적
>   • 긴급구조에 관한 사항의 총괄·조정
>   • 긴급구조기관 및 긴급구조지원기관이 하는 긴급구조활동의 역할 분담과 지휘·통제

129 '위기경보의 발령 등'은 재난관리의 단계별 활동 중 예방단계에 해당한다.

130 '재난 예보·경보체계 구축·운영 등'은 재난관리의 단계별 활동 중 대비단계에 해당한다.

131 '위험구역의 설정'은 재난관리의 단계별 활동 중 복구단계에 해당한다.

132 '재난사태 선포'는 재난관리의 단계별 활동 중 예방단계에 해당한다.

133 '강제대피조치'는 재난관리의 단계별 활동 중 대비단계에 해당한다.

정답 및 해설

129 [X] 재난관리의 단계별 활동 중 대응단계에 해당한다.

핵심정리 재난관리 단계별 활동

대응단계 (응급조치 등)	• 재난사태의 선포 • 응급조치 • 위기경보의 발령 등 • 재난 예보·경보체계의 구축·운영 등 • 동원명령 등 • 대피명령 • 위험구역의 설정 • 강제대피조치 • 통행제한 등 • 응원
대응단계 (긴급구조)	• 긴급구조 현장지휘 • 긴급구조대응계획의 수립 • 재난대비능력 보강 • 항공기 등 조난사고 시의 긴급구조 등 • 긴급구조지원기관의 능력에 대한 평가

130 [X] 재난관리의 단계별 활동 중 대응단계에 해당한다.
131 [X] 재난관리의 단계별 활동 중 대응단계에 해당한다.
132 [X] 재난관리의 단계별 활동 중 대응단계에 해당한다.
133 [X] 재난관리의 단계별 활동 중 대응단계에 해당한다.

134 중앙통제단의 구성·기능 및 운영에 필요한 사항은 대통령령으로 정한다.

135 시·도긴급구조통제단의 단장은 소방본부장이 되고, 시·군·구긴급구조통제단의 단장은 소방서장이 된다.

136 방면현장지휘대는 2개 이상 4개 이하의 소방서별로 소방본부장이 1개를 설치·운영한다.

137 안전관리요원은 대응계획부에 배치한다.

정답 및 해설

134 [O]

135 [O]

> **핵심정리** 시·도긴급구조통제단과 시·군·구긴급구조통제단(지역통제단)
> 1. 시·도긴급구조통제단: 시·도의 소방본부
> 2. 시·군·구긴급구조통제단: 시·군·구의 소방서
> 3. 시·도긴급구조통제단장: 소방본부장
> 4. 시·군·구긴급구조통제단장: 소방서장

136 [O]

> **핵심정리** 긴급구조지휘대 설치기준
> 1. 소방서현장지휘대: 소방서별로 설치·운영
> 2. 방면현장지휘대: 2개 이상 4개 이하의 소방서별로 소방본부장이 1개를 설치·운영
> 3. 소방본부현장지휘대: 소방본부별로 현장지휘대 설치·운영
> 4. 권역현장지휘대: 2개 이상 4개 이하의 소방본부별로 소방청장이 1개를 설치·운영

137 [X] 안전관리요원은 현장지휘부에 배치한다.

> **핵심정리** 긴급구조지휘대 요원 배치
> 1. 현장지휘요원: 현장지휘부
> 2. 자원지원요원: 자원지원부
> 3. 통신지원요원: 현장지휘부
> 4. 안전관리요원: 현장지휘부
> 5. 상황조사요원: 대응계획부
> 6. 구급지휘요원: 현장지휘부

138 긴급구조대응계획의 기본계획은 긴급구조대응계획의 목적 및 적용범위, 긴급구조대응계획의 기본방침과 절차 및 긴급구조대응계획의 운영책임에 관한 사항이 포함되어야 한다.

139 재난유형별 긴급구조대응계획은 '비상경고 방송메시지 작성 등에 관한 사항'을 포함한다.

140 기능별 긴급구조대응계획 중 대중정보는 주민보호를 위한 비상방송시스템 가동 등 긴급 공공정보 제공에 관한 사항 및 재난상황 등에 관한 정보 통제에 관한 사항이 해당한다.

11 재난의 복구

141 재난으로 피해를 입은 사람은 피해상황을 행정안전부령으로 정하는 바에 따라 시장·군수·구청장(시·군·구 대책본부가 운영되는 경우에는 해당 본부장을 말한다.)에게 신고할 수 있으며, 피해 신고를 받은 시장·군수·구청장은 피해상황을 조사한 후 중앙대책본부장에게 보고하여야 한다.

142 중앙대책본부장은 재난피해의 조사를 위하여 필요한 경우에는 대통령령으로 정하는 바에 따라 관계 중앙행정기관 및 관계 재난관리책임기관의 장과 합동으로 중앙재난피해합동조사단을 편성하여 재난피해 상황을 조사할 수 있다.

정답 및 해설

138 [O]

핵심정리 기본계획
1. 긴급구조대응계획의 목적 및 적용범위
2. 긴급구조대응계획의 기본방침과 절차
3. 긴급구조대응계획의 운영책임에 관한 사항

139 [X]

핵심정리 재난유형별 긴급구조대응계획
1. 재난 발생 단계별 주요 긴급구조 대응활동 사항
2. 주요 재난유형별 대응 매뉴얼에 관한 사항
3. 비상경고 방송메시지 작성 등에 관한 사항

140 [O]

141 [O]

142 [O]

143 「재난 및 안전관리 기본법 시행령」상 법 제58조 제3항에 따른 중앙재난피해합동조사단(이하 "재난피해조사단"이라 한다)의 단장은 소방청 및 소방본부 소속 공무원으로 한다.

144 재난관리책임기관의 장은 사회재난으로 인한 피해[사회재난 중 제60조 제4항에 따라 특별재난지역으로 선포된 지역의 사회재난으로 인한 피해(이하 "특별재난지역 피해"라 한다)는 제외한다]에 대하여 제58조 제2항에 따른 피해조사를 마치면 지체 없이 자체복구계획을 수립·시행하여야 한다.

145 재난관리책임기관의 장은 자체복구계획 또는 재난복구계획에 따라 시행하는 사업이 체계적으로 관리되도록 하여야 한다.

146 중앙대책본부장은 대통령령으로 정하는 규모의 재난이 발생하여 국가의 안녕 및 사회질서의 유지에 중대한 영향을 미치거나 피해를 효과적으로 수습하기 위하여 특별한 조치가 필요하다고 인정하거나 지역대책본부장의 요청이 타당하다고 인정하는 경우에는 중앙위원회의 심의를 거쳐 해당 지역을 특별재난지역으로 선포할 것을 대통령에게 건의할 수 있다.

147 대통령령으로 재난의 규모를 정할 때에는 인명 또는 재산의 피해 정도, 재난지역 관할 지방자치단체의 재정 능력, 사상자의 재정 능력, 재난으로 피해를 입은 구역의 범위 등을 고려하여야 한다.

148 특별재난지역의 선포를 건의받은 중앙재난안전대책본부장은 해당 지역을 특별재난지역으로 선포할 수 있다.

149 국가와 지방자치단체는 긴급구조 등의 활성화를 위하여 긴급구조활동과 응급대책·복구 등에 참여하여 현저한 공로가 있는 사원봉사자에게 「상훈법」에 따라 훈장 또는 포장을 수여할 수 있다.

정답 및 해설

143 [X] 중앙재난피해합동조사단(이하 "재난피해조사단"이라 한다)의 단장은 행정안전부 소속 공무원으로 한다.

144 [O]

145 [O]

146 [O]

147 [X] 사상자의 재정 능력은 고려 사항에 해당하지 않는다.

148 [X] 특별재난지역의 선포를 건의받은 대통령은 해당 지역을 특별재난지역으로 선포할 수 있다.

149 [O]

150 국가는 자연재난, 사회재난 중 제60조 제4항에 따라 특별재난지역으로 선포된 지역의 재난의 어느 하나에 해당하는 재난의 원활한 복구를 위하여 필요하면 대통령령으로 정하는 바에 따라 그 비용의 전부 또는 일부를 국고에서 부담하거나 지방자치단체, 그 밖의 재난관리책임자에게 보조할 수 있다.

151 지방자치단체의 장은 재난의 신속한 구호 및 복구를 위하여 필요하다고 판단되면 제66조에 따라 재난의 구호 및 복구를 위하여 지원하는 비용(이하 "복구비등"이라 한다) 중 대통령령으로 정하는 항목에 대해서는 제59조 또는 「자연재해대책법」 제46조에 따른 복구계획 수립 전에 미리 지급할 수 있다.

152 국가는 국민의 안전의식 수준을 높이기 위하여 매년 11월 19일을 국민안전의 날로 정하여 필요한 행사 등을 한다.

153 「재난 및 안전관리 기본법 시행령」상 법 제66조의7에 따른 안전점검의 날은 매월 4일로 하고, 방재의 날은 매년 5월 25일로 한다.

154 행정안전부장관은 재난을 예방하고, 재난이 발생할 경우 그 피해를 최소화하기 위하여 재난 및 안전관리업무에 종사하는 자가 지켜야 할 사항 등을 정한 안전관리헌장을 제정·고시하여야 한다.

155 행정안전부장관은 안전정보를 체계적으로 관리하고 안전정보 및 다른 법령에 따라 재난관리책임기관의 장이 공개하는 시설 등에 대한 각종 안전점검·진단 등의 결과를 통합적으로 공개하기 위하여 안전정보통합관리시스템을 구축·운영하여야 한다.

정답 및 해설

150 [O]

151 [O]

152 [X] 국가는 국민의 안전의식 수준을 높이기 위하여 매년 4월 16일을 국민안전의 날로 정하여 필요한 행사 등을 한다.

153 [O]

154 [X] 국무총리는 재난을 예방하고, 재난이 발생할 경우 그 피해를 최소화하기 위하여 재난 및 안전관리업무에 종사하는 자가 지켜야 할 사항 등을 정한 안전관리헌장을 제정·고시하여야 한다.

155 [O]

156 행정안전부장관은 지역별 안전수준과 안전의식을 객관적으로 나타내는 지수(이하 "안전지수"라 한다)를 개발·조사하여 그 결과를 공표할 수 있다.

157 행정안전부장관은 공표된 안전지수를 고려하여 안전수준 및 안전의식의 개선이 필요하다고 인정되는 지방자치단체에 대해서는 안전환경 분석 및 개선방안 마련 등 안전진단(이하 "안전진단"이라 한다)을 실시할 수 있다.

158 중앙행정기관의 장 또는 지방자치단체의 장은 행정안전부령으로 정하는 지역축제를 개최하려면 해당 지역축제가 안전하게 진행될 수 있도록 지역축제 안전관리계획을 수립하고, 그 밖에 안전관리에 필요한 조치를 하여야 한다.

159 「재난 및 안전관리 기본법 시행령」상 "대통령령으로 정하는 지역축제"는 축제기간 중 순간 최대 관람객이 1천명 이상이 될 것으로 예상되는 지역축제를 포함한다.

160 재난관리기금의 매년도 최저적립액은 최근 5년 동안의 「지방세법」에 의한 보통세의 수입결산액의 평균연액의 100분의 3에 해당하는 금액으로 한다.

📋 정답 및 해설

156 [O]

157 [O]

158 [X] 중앙행정기관의 장 또는 지방자치단체의 장은 <u>대통령령</u>으로 정하는 지역축제를 개최하려면 해당 지역축제가 안전하게 진행될 수 있도록 지역축제 안전관리계획을 수립하고, 그 밖에 안전관리에 필요한 조치를 하여야 한다. 다만, 다중의 참여가 예상되는 지역축제로서 개최자가 없거나 불분명한 경우에는 참여 예상 인원의 규모와 장소 등을 고려하여 대통령령으로 정하는 바에 따라 관할 지방자치단체의 장이 지역축제 안전관리계획을 수립하고 그 밖에 안전관리에 필요한 조치를 하여야 한다.

159 [O]

> **핵심정리 대통령령으로 정하는 지역축제**
> 1. 축제기간 중 순간 최대 관람객이 1천명 이상이 될 것으로 예상되는 지역축제
> 2. 축제장소나 축제에 사용하는 재료 등에 사고 위험이 있는 지역축제로서 다음 각 목의 어느 하나에 해당하는 지역축제
>   가. 산 또는 수면에서 개최하는 지역축제
>   나. 불, 폭죽, 석유류 또는 가연성 가스 등의 폭발성 물질을 사용하는 지역축제

160 [X] 재난관리기금의 매년도 최저적립액은 최근 3년 동안의 「지방세법」에 의한 보통세의 수입결산액의 평균연액의 100분의 1에 해당하는 금액으로 한다.

2026 대비 전면개정판

해커스소방
김정희
소방학개론

단원별 핵심지문+기출 OX

개정 3판 1쇄 발행 2025년 7월 9일

지은이	김정희 편저
펴낸곳	해커스패스
펴낸이	해커스소방 출판팀
주소	서울특별시 강남구 강남대로 428 해커스소방
고객센터	1588-4055
교재 관련 문의	gosi@hackerspass.com
	해커스소방 사이트(fire.Hackers.com) 교재 Q&A 게시판
학원 강의 및 동영상강의	fire.Hackers.com
ISBN	979-11-7404-046-6 (13350)
Serial Number	03-01-01

저작권자 ⓒ 2025, 김정희

이 책의 모든 내용, 이미지, 디자인, 편집 형태는 저작권법에 의해 보호받고 있습니다.
서면에 의한 저자와 출판사의 허락 없이 내용의 일부 혹은 전부를 인용, 발췌하거나 복제, 배포할 수 없습니다.

소방공무원 1위,
해커스소방 fire.Hackers.com

해커스소방

· 해커스 스타강사의 **소방학개론 무료 특강**
· **해커스소방 학원 및 인강**(교재 내 인강 할인쿠폰 수록)

한경비즈니스 2024 한국품질만족도 교육(온·오프라인 소방학원) 1위